WISSEN,
das hängen
bleibt

WISSEN, das hängen bleibt

Mit Hilfe
von einfachen
Erinnerungstechniken
Wissen dauerhaft
bewahren

Reader's Digest

Vorwort

Lernen hat ein schlechtes Image: Oft wird es als anstrengend, langwierig und sinnlos angesehen, man verliert Freizeit und läuft Gefahr, als Streber dazustehen. Tatsächlich profiliert sich die Bildungselite durch eine einzige Eigenschaft: Durchhaltevermögen. Studien haben bewiesen, dass fleißige Studierende erfolgreicher abschließen als die schlauen. Trotz universitärer Pädagogik, digitaler Wunderwelt und unzähligen Bildungsinitiativen hat sich die Art und Weise, wie wir uns Dinge merken, in den letzten 50 Jahren kaum verändert: büffeln, pauken, eintrichtern. Allein die Wortwahl schreckt ab.

Doch es geht auch anders! Merken kann so mühelos sein, wie ein paar tolle Töne ins Mikrofon zu trällern oder das Tor des Jahres zu schießen – und das Alter spielt dabei keine Rolle. Denn wer die richtigen Merktechniken anwendet, verwandelt nicht nur qualvolles Büffeln in einen kreativen Denkprozess, sondern steigert zudem seine Gedächtnisleistung.

Konkret: Wer wichtige Jahreszahlen der griechischen Antike auswendig lernen will, scheitert vermutlich mit den üblichen Methoden. Merktechniken machen das möglich. Doch optimales darf nicht mit schnellem Merken verwechselt werden. Zunächst gilt es, eine Strategie zu entwickeln, dann müssen die Fakten kreativ in verdauliche Informationen verwandelt werden. Das darf dauern. Wer sich nun etwas merkt, dem fällt es anschließend deutlich leichter, noch mehr zu lernen. Mit einer ersten, groben Vorstellung im Kopf kann das Wissen verfeinert und erweitert werden.

Allgemeinbildung bekommt damit wieder Bedeutung als Basis eines umfassenden Wissens. Und nur wer von etwas ein Bild im Kopf hat, der kann darauf aufbauen. Dieses Buch liefert beides: Den Einstieg für den richtigen Umgang mit dem Gehirn in Form von Merktechniken sowie zahlreiche Fakten zu wichtigen Wissensgebieten. Der perfekte Start in die wunderbare Welt des Merkens und Wissens!

Ulrich Bien im Frühjahr 2017

Inhalt

MERKTECHNIKEN

Es lässt sich schwer da hineinschauen! Doch wer weiß, wie das Gehirn Informationen bewältigt, tut sich mit der Auswahl geeigneter Merktechniken leichter.

Wie der Kopf tickt!

Haben Sie sich schon einmal gefragt, was die beste Methode ist, um den Inhalt eines Buchs, eine mathematische Formel, ein Datum oder eine Telefonnummer sicher und nachhaltig im Gedächtnis zu behalten? Wahrscheinlich nicht.

Denn die Devise der meisten Menschen lautet in diesem Fall: irgendwie merken! Was dazu führt, dass wir es zumeist auf unzureichende Weise versuchen. Um es kurz zu machen: Unser Gehirn ist kein Bücherregal, in das Wissen einfach hineingeschoben werden kann. Stellen Sie sich Ihren Kopf besser als eine Gruppe von Menschen vor. Jede Person hat Kontakte zu anderen – aufgrund familiärer Beziehungen, Freundschaften oder gemeinsamer Interessen. Und je größer das Netz um eine Person, desto bekannter ist diese und desto komplexer und bezugsreicher gestalten sich ihre Beziehungen.

Wie das Gehirn Informationen aufnimmt

Das soziale Netz, das jeden Menschen umgibt, ist ein gutes Symbol für die Art, wie unser Gehirn Informationen verarbeitet. Wenn es mit Fakten konfrontiert wird, versucht es zunächst, diese in einen Zusammenhang zu bringen. Es vergleicht, sucht Beziehungen zu anderem Wissen, das Sie bereits im Kopf haben, und ordnet die neuen Fakten entsprechend ein.

Machen Sie ein Experiment, das Sie vielleicht kennen: Betrachten Sie die Wolken am Himmel. Oder wenn

Wer sachfremde Formen und Muster in Informationen und Gesehenem erkennt, hat keine Halluzinationen – zumindest nicht unbedingt. Der Grund dafür: Unser Gehirn sucht stets Bezüge zwischen Unbekanntem und Bekanntem.

gerade keine Wolken zu sehen sind, blicken Sie für ein paar Minuten auf eine andere strukturierte Fläche, zum Beispiel einen Rasen, eine nicht gestrichene Betonmauer oder ein grobes Stück Stoff. Ihr Gehirn wird nach ein paar Sekunden anfangen, Bilder in den Strukturen zu erkennen – jedenfalls, wenn Sie Ihrer Fantasie eine Chance und etwas Zeit geben.

An diesem Versuch können Sie gut erkennen, wie Ihr Kopf tickt: Obwohl das angestarrte Muster zufällig ist, sucht – und findet – Ihr Gehirn Formen und Muster, die ihm bekannt vorkommen: das Gesicht eines Freundes, eine Kaffeemaschine, ein paar Buchstaben, geheime Botschaften, Schatzkarten und vieles mehr.

Nein, Sie haben keine Halluzinationen, wenn Sie auch so etwas sehen! Die Formen und Muster entspringen nur der oben beschriebenen Arbeitsweise des Gehirns: Wenn es nichts mit dem Gesehenen anfangen kann, sucht es so lange, bis es Zusammenhänge findet (in diesem Fall Fantasiebilder), um die Informationen irgendwie verarbeiten und einordnen zu können.

Abstrakte Fakten – keine Reaktion

Und noch etwas können Sie an diesem Versuch gut erkennen: Abstrakte Informationen – und dazu gehören nicht nur Formen, sondern auch harte Fakten wie Zahlen, Daten und Vokabeln – lösen im Gehirn nicht sofort eine Reaktion aus. Erst wenn das Gehirn aus einer Fünf das Bild einer Hand mit fünf Fingern macht, wird die abstrakte Zahl für die eigene Vorstellung greifbar.

Nehmen wir ein anderes Beispiel: Die englische Vokabel *sword* erzeugt im Kopf keine Reaktion – sofern Sie die Übersetzung nicht kennen. Wenn Sie aber wissen, dass *sword* übersetzt „Schwert" bedeutet, dann stellt Ihr Kopf eine gewisse Ähnlichkeit der Begriffe fest und wird sich später darüber wieder an die Bedeutung erinnern. Auf diese Weise wird eine Beziehung zwischen zwei Fakten hergestellt, die beim Merken hilft.

Um die Beziehung zwischen Vokabel und Übersetzung weiter auszubauen, berücksichtigen Sie diesen Zusammenhang: Ausgesprochen wird *sword* wie „soort", was wie sortieren klingt. Lassen Sie nun Ihrer Fantasie freien Lauf und stellen Sie sich folgendes Bild vor: Englische Ritter „sortierten" einst ihre Gegner mit dem Schwert aus. Natürlich ist das Unsinn, doch mit dieser Vorstellung steckt Ihr Gehirn bereits mittendrin in den Merktechniken!

Der Einstieg in das Übersetzen von abstrakten Fakten in gehirngerechte Informationen beginnt damit, den zu merkenden Stoff in Beziehung zu setzen mit Dingen, die Ihnen bereits vertraut sind – und das müssen nicht unbedingt artverwandte Fakten sein. Merktechniken helfen Ihnen dabei, indem sie jede Art von Information in merkwürdige Bilder verwandeln. Wie das gelingt, erfahren Sie in den nächsten Kapiteln.

Warum heißt „Schwert" auf Englisch sword*? Warum auch immer! Doch die Ähnlichkeit zwischen beiden Worten ist unverkennbar.*

Esel sind wasserscheu und weigern sich sogar, flache Gewässer zu durchqueren. Auch wenn die sprichwörtliche Brücke für den Esel einen Umweg darstellt, führt sie mit ihm im Schlepptau schneller zum Ziel – dasselbe gilt für die Anwendung von Merktechniken.

Brücken ins Gedächtnis: Eselsbrücken

Überlegen Sie, welche Eselsbrücken Sie kennen. Das bekannte „drei, drei, drei bei Issos Keilerei" dient zum Beispiel als Merksatz für die erste Schlacht von Alexander dem Großen gegen die Perser im Jahre 333 v. Chr.

Doch aufgepasst! Es existiert eine ähnliche Version des Spruches: „zwei, null, zwei bei Zama Keilerei" (für die Schlacht von Zama zwischen dem Römischen Reich und Karthago in Nordafrika 202 v. Chr.).

Oder kennen Sie den Merksatz für die Reihenfolge der Planeten im Sonnensystem: „*M*ein *V*ater *e*rklärt *m*ir *j*eden *S*onntag *u*nsere *n*eun *P*laneten" (Merkur, Venus, Erde, Mars, Jupiter, Saturn, Uranus, Neptun, Pluto – wobei Pluto mittlerweile offiziell nicht mehr als Planet gezählt wird). Mit einer etwas unkonventionellen Eselsbrücke lässt sich der Unterschied zwischen Taiga und Tundra merken – und zwar mithilfe des Spitzengolfers Tiger Woods: Die Bedeutung des Nachnamens (*wood* bedeutet Holz auf Englisch) weist darauf hin, dass die Taiga mit Wald bewachsen ist. Im Gegensatz dazu ist die Tundra verwüstet.

Kennen Sie den Unterschied zwischen scheinbar und anscheinend? Anscheinend drückt eine Vermutung aus, dass etwas ist. Scheinbar sagt, etwas ist nicht so. Zwei Merksätze dienen als Eselsbrücke: „Die Lampe ist

ANscheinend an." Und: „Der Dieb ist schein(bar)heilig." Auch in der Chemie finden Eselsbrücken Anwendung – zum Beispiel um das Ergebnis des Lackmus-Tests zu merken: „SäuRe macht rot. Basen färben blau."

Eselsbrücken und Merktechniken

Eselsbrücken enthalten alle grundlegenden Merktechniken. Umgekehrt lassen diese sich letztlich immer als Eselsbrücken verstehen. Bevor Sie weiterlesen: Denken Sie einmal darüber nach, warum Eselsbrücken merkwürdig sind! Und welche Arten von Fakten wie verarbeitet werden (denken Sie an die Beispiele oben). Wenn Sie sich weiter inspirieren lassen wollen, dann schauen Sie unter *https://de.wikipedia.org/wiki/Liste_von_Merksprüchen* in die lange Liste der Eselsbrücken. Dort finden Sie alle möglichen Merkhilfen nach Themen geordnet.
Das sind ein paar Regeln, nach denen die meisten Eselsbrücken funktionieren:

- **Reime:** „Drei, drei, drei bei Issos Keilerei" und auch die berüchtigte Merkhilfe für konvex und

Eselsbrücken

Kennen Sie diese Merksprüche?

- **Volt mal Ampere ergibt in Watt, was der Strom geleistet hat.** Damit können Sie den Unterschied zwischen Volt (= Spannung), Ampere (= Strom) und Watt (= Leistung) merken.
- **Lahme Clowns Dösen Mittags.** Mit diesem Merkspruch lassen sich die römischen Zahlen für 50 (= L), 100 (= C), 500 (= D) und 1000 (= M) zuverlässig merken. (Auch wenn „dösen" und „mittags" laut deutscher Rechtschreibung natürlich kleinzuschreiben sind, wird hier der Anfangsbuchstabe durch Großschreibung hervorgehoben, sodass die römische Zahl erscheint.
- **Im Sommer muss man früher aufstehen. Im Winter gibt es Winterschlaf.** So merken Sie sich, ob Sie bei der Umstellung auf Sommer- oder Winterzeit die Uhr vor- oder zurückstellen müssen. Für zahlenaffine Menschen gibt es die 2-3-2-Regel. Im Sommer wird die Uhr nachts von zwei auf drei Uhr, im Winter wieder von drei auf zwei Uhr gestellt.
- **Ist die Schale konkav, bleibt die Suppe brav. Ist die Schale konvex, macht die Suppe klecks!** Diese einprägsame Eselsbrücke gibt zu verstehen: Konkav bedeutet nach innen und konvex nach außen gewölbt.
- **Effizient klingt nach Cent, effektiv nach aktiv.** Die Eselsbrücke macht durch Vergleich den Unterschied zwischen beiden Wörtern deutlich: Effizient bedeutet „wirtschaftlich", effektiv hingegen „wirksam".
- **Das DromEdar hat einen Höcker, das TrampEltiEr dagegen zwei.** Ob ein oder zwei „e" im Wort macht hier den Unterschied und zeigt auf, welches Kamel über zwei Höcker verfügt.
- **Alle Ehemaligen Kanzler Bringen Sonntags Keine Semmeln Mit.** Mithilfe von diesem Merkspruch können Sie die deutschen Bundeskanzler in der richtigen Reihenfolge merken. Der Anfangsbuchstabe verweist auf die Namen: Adenauer, Erhard, Kiesinger, Brandt, Schmidt, Kohl, Schröder, Merkel.
- **Der Regenbogen hat diese ROGGenBegenVarben.** Das Kunstwort enthält Hinweise auf die Reihenfolge der Spektral- oder Regenbogenfarben: Rot, Orange, Gelb, Grün, Blau, Violett.
- **Elba, Rückkehr, Waterloo, Helena bis Ultimo.** So merken Sie sich wichtige biografische Eckdaten von Napoleon Bonaparte, der 1814 auf Elba verbannt wurde. Nachdem er aus dem unfreiwilligen Exil zurückgekehrt war, verlor er die Schlacht bei Waterloo, wurde anschließend abermals verbannt (auf die Insel St. Helena), wo er bis zu seinem Tod bleiben musste („bis ultimo").

konkav („Ist das Mädchen brav, so ist der Bauch konkav. Hatte sie jedoch Sex, wird der Bauch konvex.“) basieren auf diesem Prinzip. Durch den Reim wird im Kopf eine Assoziation geschaffen, die wieder zum gesuchten Begriff führt.

- **Ähnlichkeiten:** Diese können entweder im Klang, wie bei „Taiga Woods“, oder im Aussehen bestehen; ein Beispiel dafür ist die Merkhilfe für den Unterschied zwischen Kathode (Minuspol) und Anode (Pluspol): Häufig wird empfohlen, sich den Querstrich des T bei Kathode als Minuszeichen vorzustellen. Aber Achtung! Das T könnte auch aussehen wie ein Pluszeichen, bei dem der Querstrich nach oben gerutscht ist. Deshalb wäre folgende Eselsbrücke besser geeignet: „Sich AN(ode) etwas zu lehnen ist gut (positiv) und eine KATastrophe negativ.“
- **Abkürzungen oder Erweiterungen:** „HOMES“ ist die Merkhilfe für die fünf großen Seen in den USA: Huron, Ontario, Michigan, Erie und Superior. Genau umgekehrt – nämlich durch Erweiterung einer Buchstabenfolge – wird die Stimmung von Gitarren gemerkt. Die Anfangsbuchstaben der Wörter in dem Merksatz „*E*ine *a*lte *D*ame *g*eht *H*eringe *e*inkaufen“ stehen für die Saiten E, A, D, G, H und E.
- **Vergleiche und Bilder:** „Zama, oh, Zama!“ – hier wird die Ähnlichkeit von Buchstaben mit Ziffern genutzt, um ein einprägsames Bild zu konstruieren (für Schlacht von Zama zwischen dem Römischen Reich und Karthago in Nordafrika 202 v. Chr.). Und: Obwohl Gartenmöbel und Zeitumstellung wenig miteinander zu tun haben, gibt der folgende Vergleich einen Hinweis darauf, wann die Uhr in welche Richtung gestellt werden muss: Im Frühling stellt man die Gartenmöbel vor das Haus und im Herbst wieder zurück ins Haus. Für die Sommerzeit wird die Uhr also eine Stunde vorgestellt und für die Winterzeit eine Stunde zurück.
- **Witze** – ganz nach dem Motto: Einmal gehört und nie wieder vergessen. Komische Geschichten bleiben hängen. So zum Beispiel die falsche Frage eines Gastes in einem englischen Restaurant: „When will I become a steak?“ Und die Antwort des Kellners: „Hopefully never, Sir!“ Dieser kleine Dialog soll auf die falsche Verwendung des Verbs *become* hinweisen, das nicht „bekommen“, sondern „werden“ heißt.

Eselsbrücken funktionieren! Doch viel zu selten verwandeln wir selbst Informationen in eigene Merkhilfen. Es gibt zwar Nachschlagewerke für Eselsbrücken, aber die Wahrscheinlichkeit, die Telefonnummer Ihres besten Freundes oder spanische Verben darin zu finden, ist äußerst gering. Deswegen sollten Sie nicht nur bekannte Eselsbrücken übernehmen, sondern sich besser selbst gute Übersetzungen für abstrakte Fakten ausdenken.

Sollte Ihnen das am Anfang schwerfallen: Bitte geben Sie nicht auf! Geistige Leistungsfähigkeit braucht Übung. Das Gehirn kann trainiert werden wie ein Muskel – auch in Sachen Kreativität. Autoren, die unter Schreibblockaden leiden, verfassen einfach weiter ihre Manuskripte, egal wie gut oder wie schlecht die Texte sind, die das Gehirn produziert. Denken Sie sich analog dazu zur Übung irgendwelche Eselsbrücken aus, wie unzureichend diese auch immer erscheinen mögen. Mit der Zeit entwickelt Ihr Gehirn ein Bauchgefühl für gute – also merkbare – Merkbilder. Und nach einer guten Eselsbrücke muss selbstverständlich nicht Schluss mit dem Ausdenken sein. Machen Sie einfach weiter und denken Sie sich zwei, drei, vier weitere aus.

Die Merktechniken, die auf den folgenden Seiten dargestellt werden, sollen Ihnen dafür ein gutes Rüstzeug an die Hand geben.

Auch Witze können als Eselsbrücke verwendet werden: When will I become a steak?

Zu den grundlegenden Merktechniken dieses Buches zählt das Verbildern. Und tatsächlich: Wer Merkbilder der in seinem Kopf entwirft, ähnelt dem Maler, der ein schönes Bild auf die Leinwand bringt.

Basistechniken

Sieben (plus oder minus zwei) Fakten kann das Kurzzeitgedächtnis im Kopf behalten – dann ist das Ende seiner Kapazität erreicht. Das fand Mitte der 1950er-Jahre der US-amerikanische Psychologe George A. Miller von der Universität Princeton in den Vereinigten Staaten heraus. Aber ist unser Auffassungsvermögen tatsächlich so begrenzt?

So bekannt die Studie von Miller auch ist – tatsächlich vermag das Gehirn unendlich viele Informationen abzuspeichern, auch wenn das zunächst unglaublich klingt. Jedes menschliche Gedächtnis ist dazu in der Lage – und zwar ohne Ausnahme. Bewiesen wurde das bereits in den 1960er-Jahren: Wissenschaftler haben Versuchspersonen statt Fakten jede Menge Bilder gezeigt, teilweise Tausende von Fotos in schneller Folge hintereinander, die anschließend ohne Schwierigkeiten und mit höchster Präzision von den Probanden wiedererkannt wurden. Unter *www.tausendschlau.com* können Sie dieses Experiment selbst ausprobieren.

Basistechnik I: Verbildern

Letztlich ist keine der beiden Studien falsch – das Merk-Potenzial des Kopfes ist tatsächlich unbegrenzt oder genau sieben plus minus zwei. Es hängt schlicht davon ab, wie Sie sich etwas merken. Nackte Fakten, Zahlen und Daten in den Kopf zu laden, das funktioniert nur mit einer Hand voll Informationen. Doch wer in Bildern denkt, kommt weiter. Versuchen Sie daher, in Zukunft Ihren Kopf mit lebhaften Vorstellungen zu füttern. Er wird es Ihnen mit einem überragenden Gedächtnis danken!

Erst Bilder schöpfen das Merk-Potenzial des Kopfes aus. Eine Flut schierer Fakten bleibt dagegen nicht nachhaltig im Gedächtnis haften.

Und wie lassen sich trockene und öde Fakten in lebendige und vorstellbare Merkbilder verwandeln? Mit dem Ausdenken von Eselsbrücken haben Sie bereits den ersten Schritt in die richtige Richtung gemacht. Statt Informationen wie üblich auswendig zu lernen und irgendwie zu merken, verändert die Eselsbrücke die Qualität der Information. Und je verrückter Sie sich Fakten in Form eines Bildes merken, desto besser bleibt es hängen – im Idealfall für immer.

Tomate (mit der Betonung auf dem e) bedeutet so viel wie „Stopp" oder „Halt" in Japan. Stellen Sie sich eine Tomate auf einer Kreuzung vor, die fast von einem Auto überfahren und zu Ketchup gemacht wird. Nun können Sie sich auch vorstellen, warum Stoppschilder rot sind: Die Farbe wird aus frischen Tomaten hergestellt. Natürlich ist das blanker Unsinn, doch das Gehirn kann sich solche Dinge vorstellen und unglaublich gut im Gedächtnis behalten – auch dank der unendlichen Kreativität, die in unserem Kopf steckt.

Lassen Sie uns weitere Merkhilfen für die Übersetzung japanischer Wörter finden – zum Beispiel: In den japanischen Metropolen herrscht Raummangel überall, selbst die *Ra(h)men* von Fotos sind dünn wie Spaghetti, um Platz zu sparen. Das ist eine gutes Bild dafür, dass „Nudel" auf Japanisch *Ramen* heißt. Und weiter geht's! Schildkröten tragen in Japan einen Kamm auf dem Rücken, weswegen sie *Kame* genannt werden. Auch in Japan werden *Demo*(nstrationen) zum Widersprechen veranstaltet: Aber! Damit haben Sie eine weitere Übersetzung im Kopf. Nun stellen Sie sich noch einen Gemüsehändler vor, der sich über seine Ware beugt und dafür entschuldigt, dass sie verdorben ist. *Ware* bedeutet nämlich: „Tut mir leid!"

Nun prüfen Sie, ob Sie sich die japanischen Begriffe gemerkt haben. Suchen Sie zunächst nicht gleich nach der richtigen Übersetzung, sondern zuerst nach dem entsprechenden Bild. Mit jedem Erinnern sollten Sie Ihre Vorstellung von Neuem aufblühen lassen. Das stabili-

Und wer weiß noch, was das Japanische Tomate *bedeutet? Vielleicht hilft Ihnen das Merkbild mit „unserer" Tomate auf einer Kreuzung?*

siert die Merkhilfe, und die Informationen, in diesem Fall Vokabeln, bleiben besser gegenwärtig.

- Was bedeutet *Tomate*?
- Und was heißt *Ramen*?
- Wie widerspricht ein Japaner?
- *Kame* wird wie übersetzt?
- Tut mir leid heißt auf Japanisch?
- Und Stopp?
- Was ist die Übersetzung von *Demo*?
- Was bedeutet *Ware*?
- Wie lautet das japanische Wort für Schildkröte?

Wenn Sie nicht geübt im Verbildern von Informationen sind, werden Sie bei jeder Frage vermutlich zunächst mit Unwissenheit reagieren. Denn tatsächlich sucht das Gehirn dieses Vokabelwissen zunächst im konventionellen Register der Erinnerungen. Die rechte Gehirnhälfte, in der das Bildergedächtnis angesiedelt ist, antwortet bei untrainierten Menschen erst, wenn der Verstand signalisiert: Ich habe keine Ahnung, was diese Frage soll!

Lassen Sie Ihrem Kopf also anfangs einen Moment Zeit, das Bild wieder in Ihrer bewussten Erinnerung aufzubauen. Sie können beruhigt sein: Das Gehirn lernt schnell. Nach kürzester Zeit werden Sie auch bildliche Erinnerungen ganz schnell vor dem inneren Auge sehen.

Noch ein Hinweis: Wenn Sie sich eine Vokabel nicht merken konnten, dann haben Sie sich vermutlich das entsprechende Bild nicht lebendig genug vorgestellt. Nehmen wir *Ware* als Beispiel: Sollte die Bedeutung dieser Vokabel erloschen sein, dann stellen Sie sich einen leidenschaftlichen Gemüsehändler vor, der aufgelöst seine Ware betrachtet und theatralisch alle anwesenden Kunden um Verzeihung bittet, auf die Knien fällt und „Tut mir leid!“ ruft.

Je drastischer und extremer ein Bild, desto besser wird es in Erinnerung behalten. Und haben Sie keine Hemmungen: Niemand kann Ihnen ins Gehirn schauen – Sie dürfen also bedenkenlos übertreiben.

Das waren die ersten Beispiele für das Denken in Bildern. Wir werden später diese Technik zum Merken von Vokabeln weiter verfeinern. Damit Sie sich selbst im Verbildern üben, verwandeln Sie bitte folgende Fakten in starke Bilder:

- *Baka* bedeutet auf Japanisch „Idiot“ oder „dumm“.
- Die Sumer haben das Rad erfunden.

Auswendig lernen ist keine Lösung! Wer einige Minuten in ein brauchbares Merkbild investiert, merkt länger.

Moment! Bitte nicht einfach nur merken, sondern denken Sie sich für die Fakten Bilder aus, die Information und Bedeutung geschickt miteinander verbinden.

Basistechnik II: Verbinden

Neben einem leistungsfähigen Bildspeicher hat das Gehirn eine zweite Stärke: Es kann an bestehende Kenntnisse neues Wissen anknüpfen. Wenn Sie also neue Informationen gewinnen, dann verbinden Sie diese mit Wissen, das Sie bereits im Kopf haben.

Lassen Sie uns dazu ein kleines Experiment machen. Betrachten Sie aufmerksam die zehn folgenden Begriffe:

- Handtasche
- Katze
- Tür
- Schaukel
- Papierkorb
- Jumbojet
- Marmelade
- Ballon
- Tennis
- Gummiband

Wie Sie bereits erfahren haben, lassen sich zwischen fünf und neun Fakten für kurze Zeit im Gedächtnis behalten. Wenn Sie wollen, machen Sie nun eine Pause und schreiben nach drei bis fünf Minuten auf, an welche Begriffe Sie sich erinnern.

Das Einprägen solcher Listen wurde bereits wissenschaftlich untersucht. Das Ergebnis ist: Anfang und Ende solcher Listen bleiben am besten im Gedächtnis. Der Grund dafür ist klar: Am Anfang ist die Aufmerksamkeit am höchsten und die Begriffe am Ende hallen am längsten in der Erinnerung nach. Doch eigentlich haben Sie alle Begriffe im Kopf, sobald Sie die Liste nur einmal gelesen haben. Denn Sie werden mit Sicherheit, ohne einen weiteren Blick zu riskieren, sagen können, ob Limonade auf der Liste steht oder nicht. Wie ist es mit Marmelade, Jumbojet oder Orangensaft?

Zehn Begriffe (oder andere Fakten) sind aber noch keine Herausforderung für den Kopf. Deswegen werden wir die Liste um zehn weitere Begriffe ergänzen. Aber verlängern Sie die Aufzählung nicht einfach auf beliebige Weise, sondern verbinden Sie jeweils einen neuen Begriff mit einem bereits erwähnten Gegenstand. Das kann folgendermaßen aussehen:

Die Handtasche wird um eine Kuh ergänzt. Stellen Sie sich zum Beispiel vor, wie die Kuh die Handtasche zertrampelt oder einen Kuhfladen darauf fallen lässt.

Die Katze wird mit einem Streifenwagen verbunden. Sie können sich beispielsweise vorstellen, wie in der Nacht eine Einbrecherkatze von einem Polizeiauto mit Sirenengeheul und Blaulicht verfolgt wird.

Die Tür bekommt Gesellschaft in Form einer Blumenvase, die mit einem wuchtigen Knall an der Tür zerschellt, sodass es Blumen auf die Fußmatte regnet.

Auf der Schaukel steht ein Schaufelbagger, der sich mit seiner riesigen Baggerschaufel so stark vom Boden abstößt, dass die Schaukel inklusive Bagger einen Looping macht. Das Beispiel zeigt: Denken Sie in extremen Bildern, die umso einprägsamer sind.

Und jetzt sind Sie an der Reihe: Verbinden Sie die Begriffe Papierkorb und Müsli miteinander. Denken Sie einen Moment nach, um in Ruhe ein gutes Bild zu finden. Denn wenn Sie eine wirklich ausgefallene Szene finden, erspart Ihnen das später lästiges Wiederholen und unangenehmes Vergessen.

Als Nächstes kombinieren Sie die Begriffe Jumbojet und Gartenhäuschen miteinander. Haben Sie ein gutes Bild gefunden? Dann machen Sie einfach weiter so. Verknüpfen Sie bitte Marmelade und Brille. Das nächste Paar ist Ballon und Swimmingpool, dann sollten Sie die Begriffe Tennis und Opernball zusammendenken. Zuletzt gilt es, eine „Bildpartnerschaft“ zwischen Gummiband und Dracula zu finden. Auch dafür sollten Sie sich wieder ein außergewöhnliches Bild einfallen lassen.

Was ist gerade geschehen? Obwohl die Liste mit den 20 Begriffen vollkommen neu für Sie war, haben Sie diese komplett und zuverlässig durch Verbinden und Verbildern auf Ihren inneren Bildspeicher gebannt. Auf herkömmliche Weise, das heißt durch Auswendiglernen,

Können Sie sich lebendig genug vorstellen, wie die Vase an der Tür in tausend Stücke zerspringt? Dann haben Sie beide Begriffe in Ihrer Fantasie verbunden.

hätte das Merken sicherlich nicht so gut geklappt. Und es hätte wohl kaum so viel Spaß gemacht.

Oder glauben Sie immer noch nicht, dass Sie sich die Verbindungen mithilfe der zugehörigen Bilder zuverlässig gemerkt haben? Dann versuchen Sie, ob Sie sich anhand des ersten Begriffs jeweils zuerst das Bild und dann den passenden zweiten Gegenstand wieder in Erinnerung rufen können. Greifen Sie dazu am besten auf die ursprüngliche Liste zurück.

Wenn Sie sich vorher alles lebendig genug vorgestellt haben, dann haben Sie sicher keinen Fehler gemacht und nichts vergessen. Lassen Sie uns testen, ob Sie sich die Begriffe auch in umgekehrter Reihenfolge merken konnten. Hatten Sie Erfolg? Wenn ja, wunderbar!

Nun fragen Sie sich bestimmt, wann sich diese Technik praktisch einsetzen lässt. Eine gute Gelegenheit bietet sich, wenn Sie eine To-do-Liste im Kopf behalten wollen: Ergänzen Sie Aufgaben, indem Sie diese mithilfe von Bildern verknüpfen.

Wenn Sie zum Beispiel am Abend Kürbissuppe kochen wollen, dann stellen Sie sich vor, dass Sie zum Umrühren keinen Kochlöffel benutzen, sondern ein Buch – was Sie daran erinnert, einen neuen Krimi im Internet zu bestellen. Das Buch rutscht Ihnen anschließend aus der Hand und Sie rufen den Koch, der Ihnen helfen soll, den Roman wieder aus der gelben Suppe zu fischen – ein Hinweis darauf, dass Sie einen Herrn Koch anrufen wollen. Stellen Sie sich außerdem vor, wie Sie zusammen mit dem Koch den Topf im Keller verstecken und anstelle von Suppe Winterjacken servieren, um sich daran zu erinnern, diese Jacken wieder aus dem Keller zu holen.

Wir wollen bei den 20 Begriffen bleiben. Bisher haben Sie sich nur nach dem sogenannten Reiz-Reaktions-Schema an diese erinnert. Das ist die häufigste Art und Weise, auf die das Erinnerungsvermögen Wissen aus unserem inneren Archiv abruft: Der Lehrer stellt eine Frage und wir liefern die Antwort, reagieren also auf einen bestimmten Reiz, der uns zu den gesuchten Fakten führt.

Aber es wäre viel besser, wenn Sie die 20 Begriffe auch ohne äußeren Anstoß wieder ins Gedächtnis rufen könnten. Um das zu schaffen, verbinden Sie die im letzten Kapitel erdachten Bilder mit einer weiteren Information – und zwar mit einer Reihenfolge von Fakten, die Sie bereits zuverlässig im Kopf abgespeichert haben. Diese wird später Ihr roter Faden sein, an dem Sie sich zum Erinnern orientieren können. Das klingt kompliziert, ist aber ganz einfach.

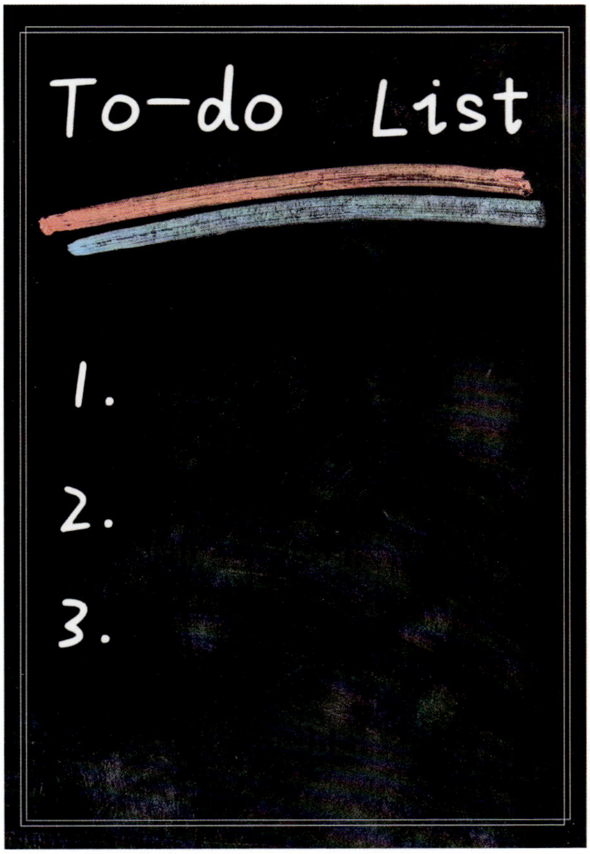

Die Technik des Verbindens eignet sich hervorragend, um To-do-Listen zu merken. Auch wenn sie mehr als drei Punkte umfassen.

Dazu stellen Sie sich einmal ein Auto vor – von vorn bis hinten. Beginnen Sie mit der Stoßstange und überlegen Sie, welche auffälligen Stellen Ihnen weiter auf dem gedanklichen Weg nach hinten in den Sinn kommen. Hier sind ein paar Vorschläge:

- Stoßstange und Kennzeichen
- Kühler
- Motor
- Instrumententafel
- Lenkrad
- Schaltknüppel
- Vordersitze
- Rücksitzbank mit Kindersitz
- Kofferraum
- Auspuff

Bevor Sie weiterdenken, prüfen Sie bitte, ob Sie sich die Stellen garantiert gemerkt haben. Springen Sie in Gedanken von Punkt zu Punkt. Wenn Sie die Reihenfolge sicher im Kopf abspulen können, dann probieren Sie es auch im Rückwärtsgang.

Nun gilt es nur noch, die Bilder von oben mit den verschiedenen Autoteilen zu verbinden. Lesen Sie die Liste unten nicht nur durch, sondern bauen Sie aus den Begriffsketten gleich zusammenhängende Bilder. Dabei sollten Sie sich an die Bilder von oben erinnern und diese um den jeweiligen Autobegriff ergänzen – zum Beispiel auf diese Weise: Die Kuh zertrampelt eine Handtasche und Sie schieben das Tier mit der Stoßstange Ihres Fahrzeugs wieder von der Tasche herunter.

- Stoßstange, Handtasche, Kuh
- Kühler, Katze, Streifenwagen
- Motor, Tür, Blumenvase
- Instrumententafel, Schaukel, Bagger
- Lenkrad, Papierkorb, Müsli
- Schaltknüppel, Jumbojet, Gartenhäuschen
- Vordersitze, Marmelade, Brille
- Rücksitze, Ballon, Swimmingpool
- Kofferraum, Tennis, Opernball
- Auspuff, Gummiband, Dracula

Von der Stoßstange bis zur Kühlerhaube stellen Autos einen ausgezeichneten Merkort dar, an dem man verschiedenste Informationen abspeichern kann.

Die Technik des Verortens eignet sich nicht nur für beliebige, sondern selbstverständlich auch für wichtige Informationen, zum Beispiel Passwörter.

Das waren insgesamt 30 Fakten! Hatten Sie das Gefühl, angestrengt und konzentriert gelernt zu haben? Glauben Sie, dass die Begriffe sicher in Ihrem Kopf verstaut sind? Dazu ist ein Test notwendig: Spazieren Sie gedanklich wieder von vorn nach hinten durch den Wagen und versuchen Sie, sich in aller Ruhe an die Bilder zu erinnern. Wenn Ihnen etwas nicht mehr einfällt, dann schauen Sie nach und verbessern Sie das Merkbild, bis Sie sich die komplette Reihenfolge sicher eingeprägt haben.

Machen Sie sich klar, was Ihr Gehirn gerade geleistet hat? Ohne die Merktechniken des Verbilderns und Verbindens wäre die Aufgabe jedenfalls um ein Vielfaches schwerer gewesen. Und noch etwas ist genial an Merktechniken: Je mehr Fakten Sie sich einprägen, desto besser bleiben die Informationen im Kopf. In diesem Beispiel haben Sie zuerst zehn Fakten um zehn weitere Begriffe erweitert und anschließend daraus eine Merkroute mit zehn Punkten entwickelt.

Statt beliebiger Stichwörter, können Sie dieses Verfahren selbstverständlich genauso für wichtige Informationen benutzen. Sie müssen sie nur in Bilder verwandeln, miteinander verbinden und mit bereits in Ihrem Kopf vorhandenen Fakten verknüpfen.

Basistechnik III: Verorten

Als externer Merkspeicher lässt sich unsere gesamte Umwelt nutzen – das betrifft auch die Bestandteile Ihres Autos (siehe voriges Kapitel). Informationen lassen sich praktisch überall ablegen: in Ihrer Wohnung, auf der Straße oder im Fitnessstudio. Auf diese Weise brauchen Sie keinen äußeren Reiz, um eine Information in Erinnerung zu rufen. Sie können dagegen gezielt an einen Ort denken, um dort abgelegte Fakten wieder zu finden.

Es klingt vielleicht etwas seltsam, wichtiges Wissen gar nicht unmittelbar im Gehirn abzuspeichern. Doch diese Technik nutzt eine weitere Stärke unseres Kopfes: Wir sind sehr gut darin, uns zu orientieren. Sie können selbst den Versuch machen, indem Sie sich einfach an den Ort zurückdenken, an dem Sie aufgewachsen sind. Versuchen Sie auch, ob Sie sich an Ihren Schulweg erinnern. Oder an einen Urlaubsort, an dem Sie einmal gewesen sind.

Lassen Sie uns drei verschiedene Anwendungen ausprobieren, die zeigen, wie Wissen in Form von Bildern an realen Orten abgelegt werden kann, damit Sie Ihre örtliche Vorstellungskraft in Zukunft voll und ganz zum Merken und Lernen nutzen können. Machen wir dazu in Gedanken eine Reise nach London:

- Die Nelsonsäule auf dem Trafalgar Square ist mit 55 Metern genauso hoch wie die HMS Victory, das Flagschiff des britischen Admirals Horatio Nelson (1758-1805), nach dem das Denkmal benannt ist.

Ihre erste Aufgabe lautet: Verbinden Sie die sogenannte Kerninformation (Fakten über den Ort) am Ort selbst in einem merkwürdigen Bild. Ein Lösungsvorschlag wäre: Lord Nelson streckt oben auf der Säule zwei Finger in die Höhe und macht das V-Zeichen (für Engl. *victory*) und gibt uns damit einen Hinweis auf den Namen seines Schiffes. Dann schaut er nach, ob noch alle Finger an seinen Händen sind und sieht zweimal fünf Finger (ein Hinweis auf die Höhe von Säule und Schiff).

Nun verbinden Sie weitere Informationen mit der Nelsonsäule, die sich nicht auf den Platz selbst, aber auf die Person oben auf dem Monument beziehen (solche

Trafalgar Square mit Nelsonsäule

Fakten werden Kontextinformationen genannt, die Sie sich – in diesem Fall – im Zusammenhang mit Lord Nelson merken wollen): Die Säule wurde Lord Nelson zu Ehren wegen des englischen Sieges über die Franzosen und Spanier in der Schlacht von Trafalgar (1805) errichtet.

Erweitern Sie das vorige Bild um die große Schlacht von Trafalgar: Stellen Sie sich vor, wie Menschenmassen den Platz stürmen, weil Sie sich über den „Fraß" beschweren (eine zusammengesetzte Abkürzung für Franzosen und Spanier). Franzosen und Spanier laufen durch die Brunnenbecken des Platzes – ein Verweis auf eine Seeschlacht. Es fallen Schüsse auf die Säule (die einer 1 ähnlich sieht) und acht Kanonenkugeln fliegen auf Nelson zu (ähnlich der Ziffer 8), durch die er an einer Hand alle Finger verliert. Nun stellen seine Hände die Ziffern 0 und 5 dar – das ergibt zusammen 1805, den Zeitpunkt der Schlacht.

Kern- und Kontext-Informationen über die Nelson-Säule auf dem Trafalgar Square haben Sie nun erfolgreich durch Verbilderung auf dem Platz in London verortet. In das umfangreiche Bild lassen sich nun weitere Fakten einbauen, die gar nichts damit zu tun haben müssen. Überlegen Sie kurz, welche Informationen Sie als Träger für weiteres Wissen nutzen können:

- Lord Nelson
- die 55 Meter hohe Säule
- die HMS Victory
- Spanier und Franzosen
- die Brunnen
- Kanonen und deren Kugeln

Machen Sie sich das Vergnügen und verbinden Sie das Merkbild rund um die Nelsonsäule mit dem Rezept für einen Sidecar Cocktail der englischen Schule (in dem doppelt so viel Cointreau verwendet wird, wie sonst üblich):

- ein Teil Weinbrand
- ein Teil Zitronensaft
- zwei Teile Cointreau

Das Ganze wird in Eis geschüttelt und im Cocktailglas mit Zuckerrand und Zitronenscheibe serviert. Und vergessen Sie beim Merken nicht, den Namen des Getränks mit einzubauen – zum Beispiel indem Nelson sein Auto mit der Seite beim Parken gegen die nach ihm benannte Säule rammt.

Orte, die es gar nicht gibt

Seit der Urzeit ist Orientierung eine der großen Stärken unseres Gehirns. Wir bewegen uns im Geist fast besser auf Wegen von Ort zu Ort als in der Wirklichkeit – zumindest deutlich schneller. Diese Gabe beherrscht unser Kopf so gut, dass wir uns auch an Plätze denken können, die es gar nicht gibt. Das sogenannte Kopfkino nutzen Autoren und erschaffen ganze Welten, die in unserer Fantasie wie real erscheinen.

Und jetzt denken Sie sich im Geiste an Bord eines Piratenschiffes. Stehen Sie auf dem riesigen Deck, blicken Sie zum Heck, wo sich die Kajüte des Kapitäns befindet. Zu Ihren Füßen ist ein Holzgitter, das den Laderaum abdeckt. Nun können Sie die Orte dieses Schiffs zusätzlich mit Fakten belegen: Das Deck ist mit „Chiffren" bemalt, in der Kajüte hausen ein paar ungehobelte „Cops" und im Lagerraum surren die „Mücken". Damit haben Sie sich erfolgreich Merkhilfen für die Namen der drei großen Pyramiden in Kairo eingeprägt: Die größte Pyramide steht in der Kajüte des Kapitäns (Cops = Cheops), auf Deck befindet sich die mittlere Pyramide (Chiffren = Chephren) und unter Deck die kleinste (Mücke = Mykerinos).

Soeben haben Sie ein Beispiel für die Königsklasse der Merktechniken erlebt: Gedächtnispaläste. Anders als bei der Grundtechnik des Verortens und bei Römischen Räumen (siehe nächstes Kapitel) werden in diesem Fall Informationen nicht nur an einem einzelnen Ort oder Raum, sondern in komplexen Raumgefügen abgelegt. Anfänger sollten in jedem Fall das Verorten an sich gut beherrschen, bevor sie sich an den Gedächtnispalast heranwagen.

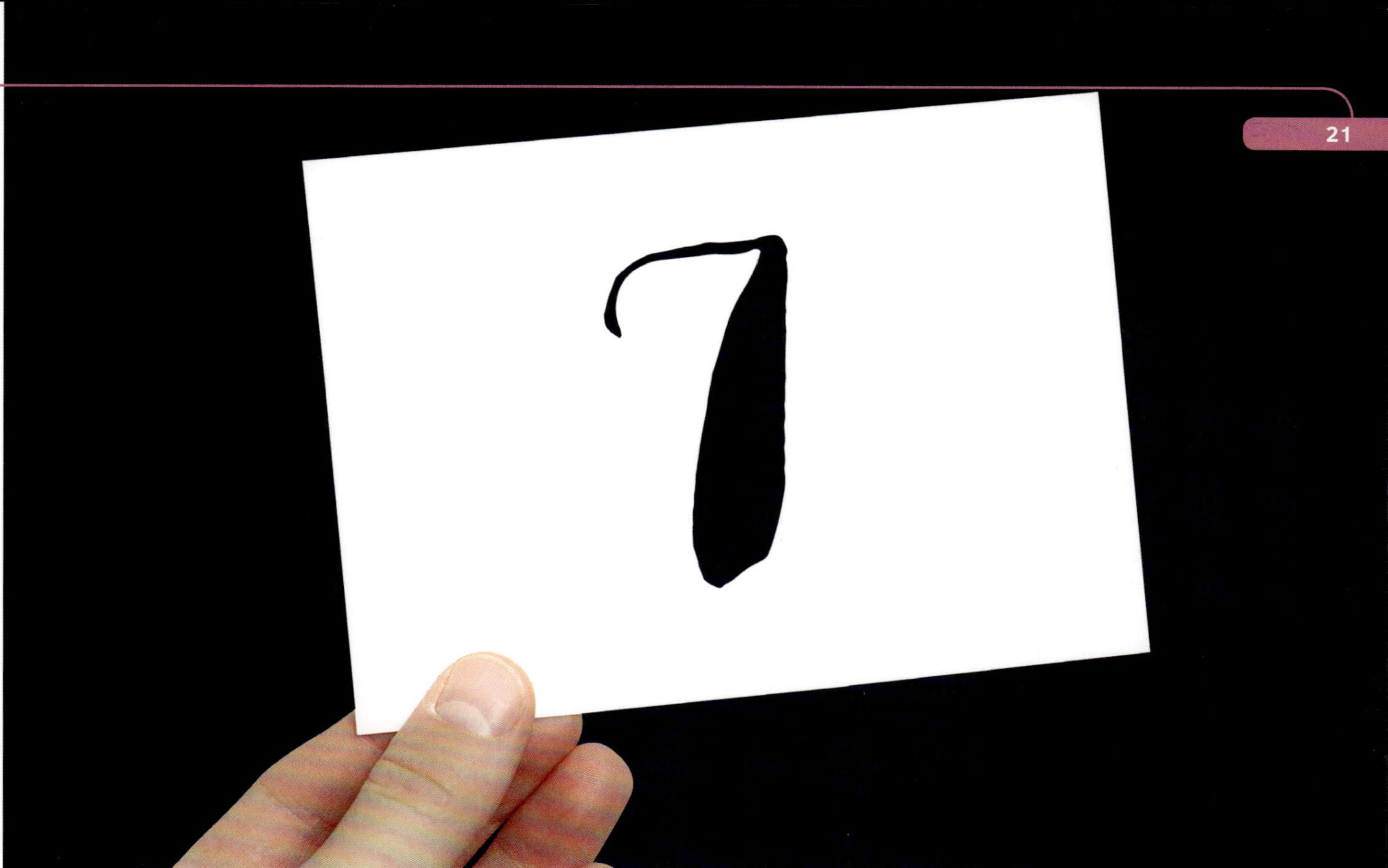

Sieben neue Informationen kann man geradeso im Gedächtnis behalten. Wer sich ausgefeilter Merktechniken bedient, kann diese Zahl um ein Vielfaches überschreiten.

Masse merken: Netztechniken

Wie Sie bereits im vorherigen Teil erfahren haben, gibt es einen Unterschied zwischen dem Merken von Fakten und dem Erinnern. Wir können uns zwar an unendlich viele Bilder erinnern, wenn wir diese wiedererkennen sollen. Doch es fällt viel schwerer, spontan eine Abfolge Hunderter Informationen abzurufen.

Tatsächlich scheitert das Gehirn an der magischen Nummer von sieben (plus/minus zwei) Informationen. Aber nur, wenn Sie mit herkömmlichen Mitteln denken, merken und lernen. Die Grenze von sieben Informationen können Sie mühelos überwinden, denn im Grunde verfügen Sie über die geistigen Fähigkeiten, um Masse zu merken. Die solide Basis, um viele Fakten, wie zum Beispiel Vorträge, Vorlesungen, Gedichte, Theatertexte, Fernsehsendungen und sogar ganze Bücher im Kopf zu behalten, ist das geschickte Verbinden dieser Fakten mit sich selbst – wie Sie im folgenden Kapitel sehen werden.

In diesem Teil des Buchs werden Sie unterschiedliche Ansätze kennenlernen, mit denen Tausende von Fakten zum merkwürdigen Kinderspiel werden. Mit den Basistechniken aus dem vorigen Teil, sind Sie dafür bestens gerüstet. Wo wir gerade beim Thema sind: Am besten überlegen Sie sich sogleich eine gute Eselsbrücke, um die drei Basistechniken nachhaltig zu merken.

Die Geschichten-Methode

Vor langer Zeit dachten die Menschen, Gewitter seien Schlachten der Götter im Himmel. Auch wenn wir heute wissen, dass es sich dabei bloß um eine rein meteorologische Erscheinung handelt, zeigt das Beispiel: Die Suche nach Zusammenhängen und Erklärungen ist eine uralte, typisch menschliche Denkweise. Machen Sie Ihrem Partner grundlos und einfach so ein Geschenk – es wird sicher ein Gespräch darüber geben, warum Sie das getan haben.

Umgekehrt kann das Gehirn sich all jene Dinge gut merken, die einen Zusammenhang aufweisen: Wenn es – wie für den britischen Union Jack, der eine Überlagerung der englischen, schottischen und nordirischen Flaggen als Symbol der Zusammengehörigkeit darstellt – einen guten Grund gibt, warum etwas so oder anders ist. Oder wenn eine Tatsache eine andere zur Folge hat, dann entsteht sofort ein Bild oder eine Geschichte dazu in Ihrem Kopf.

Das Hollywoodkino ist ein Musterbeispiel dafür, wie sehr uns logische Zusammenhänge faszinieren. Die Filme aus der amerikanischen Traumfabrik sind frei von Zufall. Jede Begegnung, jedes Ereignis hat weitreichende Folgen für die Entwicklung der Geschichte. Der Reiz am Film: Wir erkennen erst später Zusammenhänge, die uns vorher angedeutet wurden. Und das wiederum löst eine ungeheure Zufriedenheit in uns aus.

Bei der Technik des Verbindens hält die Mischung aus Fakten besonders gut, wenn sie logisch erscheint. „Aus einem Barrel Öl lässt sich weniger Diesel als Benzin raffinieren, weil Diesel billiger ist als Benzin.“ Dieser Merksatz ist – technisch gesehen – absoluter Unsinn, aber die Vorstellung von Preis und Menge liefert Ihrem Kopf einen Zusammenhang, der logisch klingt. Und beide Tatsachen getrennt sind richtig: Aus einem Barrel Rohöl – circa 159 Liter – lassen sich 50 Liter Benzin und 40 Liter Diesel gewinnen. Und natürlich ist Diesel an der Tankstelle günstiger als Benzin.

Eigentlich stellt all das nichts Neues mehr für Sie dar. Sie haben die Technik des Verbindens schließlich in den vorhergehenden Kapiteln bereits intensiv benutzt. Aber sie lässt sich auch auf das Merken von Masse anwenden. Der kleine Unterschied besteht darin, jetzt eine sehr, sehr lange Folge von Verbindungen zu konstruieren.

Eine der einfachsten Methoden, eine lange Kette von Zusammenhängen zu schaffen, ist die Geschichte. Schauen Sie sich folgende kleine Erzählung an: Ein ko-

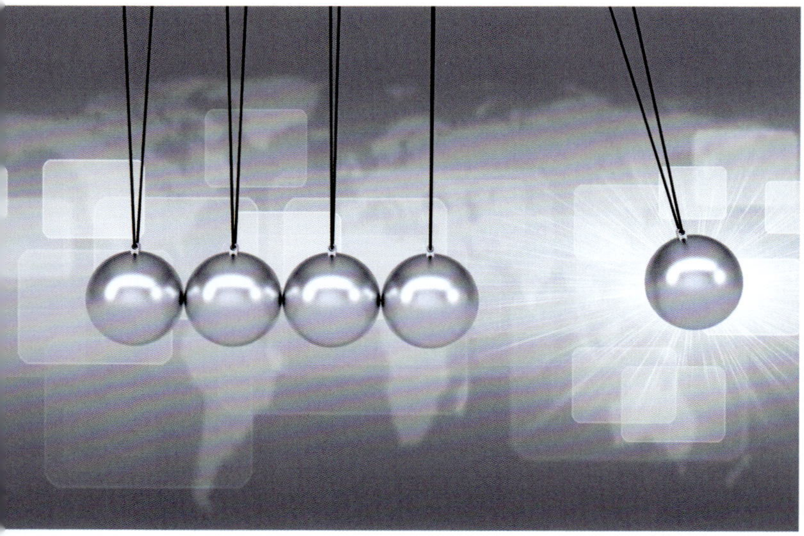

Wenn man eine seitliche Kugel anhebt und ins Schwingen bringt, stößt sie auf die mittleren Kugeln, kommt zum Stehen und verursacht den Abstoß der gegenüberliegenden Kugel. Das Kugelstoßpendel stellt somit ein gutes Bild dar, um die Vorliebe unseres Gehirns für Ursachen und Zusammenhänge zu verdeutlichen.

Könnten Sie sich die Werke des berühmten Dramatikers durch Auswendiglernen dauerhaft merken? Das wird wohl schwierig. In eine Geschichte verpackt, die im Gedächtnis haften bleibt, würde es Ihnen bestimmt leichter fallen. Achten Sie daher darauf, dass Ihre Geschichte einen einprägsamen roten Faden aufweist.

mischer Irrer glaubt, seine Liebe verloren zu haben, und ist deswegen vor Wut kaum zu zähmen. Zwei Herren aus Verona versetzen ihn in einen Traum: Er würde in einer Gondel fahren und es wäre furchtbar laut um ihn herum. Das gefällt dem Wahnsinnigen nicht. Er vergnügt sich lieber mit adeligen Weibern aus Großbritannien. „Was Ihr wollt!", sagen die beiden Männer, zucken mit den Achseln und verschwinden.

So kryptisch die Geschichte auch klingen mag – sie birgt Literaturwissen in geballter Form. Vielleicht erahnen Sie es oder haben es bereits erkannt: Darin enthalten sind alle Dramen von William Shakespeare in chronologischer Reihenfolge.

Doch bevor wir uns anschauen, wie die Fakten eingebaut sind, probieren Sie aus, wie viel von dieser Geschichte Sie beim ersten Lesen im Kopf behalten haben. Es ist nicht schlimm, wenn Sie sich nicht alles merken konnten. Schließlich entspringt die Geschichte nicht Ihrer Einbildungskraft und Sie haben sie nur einmal gelesen. Versuchen Sie dennoch herauszufinden, was Ihr Gehirn gut behalten kann und welche Informationen durchfallen. Irgendwann werden Sie auch erkennen, warum Sie sich Dinge nicht gemerkt haben. Einer der häufigsten Gründe ist: Die Bilder waren nicht stark genug.

Zurück zu unserer Geschichte: Sie enthält Stichworte, die Sie zu den Shakespeare-Dramen führen. Der „komische Irre" ist ein Hinweis auf die *Komödie der Irrungen*. „Die verlorene Liebe" führt zur *Verlorenen Liebesmüh* und das „kaum zu zähmen" zur *Widerspenstigen Zähmung*. Die *Zwei Herren aus Verona* sind als Titel vollständig in den Plot eingebaut, der *Sommernachtstraum* wird auf den „Traum" reduziert und der *Kaufmann von Venedig* ist in das Bild einer „Gondel" übersetzt worden. Das „furchtbar laut" weist auf das Drama *Viel Lärm um nichts* hin. Das „Nicht-Gefallen" geht zurück auf *Wie es Euch gefällt*, die „britischen Weiber" beziehen sich auf das Stück *Die Lustigen Weiber von Windsor* und *Was Ihr wollt* findet sich wieder direkt in die Geschichte eingebaut.

Wenn Sie die Stücke nicht kennen, wird Ihnen diese Merkgeschichte nicht helfen. Aber wenn Sie sich mit Shakespeare beschäftigen und für das Theater interessieren, dann haben Sie von den meisten Titeln schon gehört. Und damit vielleicht auch einen guten Grund, die Dramen im Kopf abspeichern zu wollen. Das Gleiche gilt für Bilder: Wir haben die Informationen irgendwo

Stellen Sie sich eine Merkhilfe als Murmel vor, die durch einen Trichter bis ins Zentrum Ihres Gehirns rollt und dort als Reiz dient, um eine Erinnerungsreaktion auszulösen.

im Gehirn abgespeichert. Das entsprechende Stichwort (Schlüsselwort) in der Geschichte gibt den entscheidenden Hinweis, dass sich unser Gehirn an den Titel des jeweiligen Stücks erinnert.

Übersetzt in ein Bild können Sie sich das als Erinnerungstrichter vorstellen. Der Reiz muss nicht unbedingt sehr viel mit der gesuchten Information zu tun haben. Aber er wird wie eine Murmel, die in einen Trichter fällt, ins Zentrum rollen, also zu den gesuchten Fakten führen, sofern wir uns mit diesen irgendwann vorher schon einmal beschäftigt haben.

Normalerweise wird aus Fakten zuerst eine Merkhilfe gebaut, die Sie sich einprägen. Später erinnern Sie die gesuchten Informationen aus der Merkhilfe heraus. Am Anfang dieses Kapitels hatten wir die übliche Reihenfolge des Merkens umgedreht. Lassen Sie uns nun wieder die Richtung ändern. Anstatt mithilfe von fremden Geschichten und Bildern zu merken, sollten Sie nun Ihre eigene Merkhilfe aufbauen.

Anfänger neigen dazu, Informationen mit einem „und" zu verbinden. Doch denken Sie daran, dass dieses Bindewort – so geläufig es ist – zum Merken nicht geeignet ist. Denken Sie diese beiden Sätze einmal durch:

- Die Straße ist nass und es hat geregnet.
- Die Straße ist nass, weil es geregnet hat.

Sogleich wird ihnen auffallen: Die zweite Version enthält eine logische (in diesem Fall kausale) Verknüpfung, durch die sie verständlicher erscheint. Eine Verbindung mit „und" schmiedet Fakten hingegen wenig zusammen. Schließlich kann, um beim Beispiel zu bleiben, die Straße auch nass sein, weil jemand dort sein Auto gewaschen hat. Das Gleiche gilt für den schon bekannten Beispielsatz:

- Ein komischer Typ, der irre ist und seine Liebe verloren hat.
- Ein komischer Typ, der irre geworden ist, weil er die Liebe verloren hat.

Wieder stehen im ersten Beispiel die Fakten nur nebeneinander, während im zweiten Teil ein Grund benannt wird, warum der Zustand des Mannes kein normaler ist.

Klappe, die erste! Wenn Sie eine geeignete Geschichte entwickeln, sollten Sie vorgehen, wie der Drehbuchschreiber und Regisseur eines Hollywoodfilms.

Beurteilen Sie selbst, welcher der beiden Zusammenhänge sich tiefer in Ihrem Gehirn verankert.

Zum Merken mithilfe von Geschichten erschaffen Sie – wie in einem gut gemachten Film auch – eine Kette logischer Verbindungen. Ein „weil" hält tausendmal besser als ein liebloses „und". Achten Sie beim nächsten Kinoabend darauf: Jede Figur und fast jede Handlung in einem Hollywoodstreifen erfüllt einen Zweck. Nichts und niemand taucht auf, um wieder grundlos zu verschwinden (und wenn doch, gibt es dafür ein Fachwort: Es wird von „blinden Motiven" gesprochen, die nicht erwünscht sind in Kassenschlagern, weil sie den Zuschauer verwirren).

Versuchen Sie nun, sich mithilfe einer selbst entwickelten Geschichte, die Dramen von William Shakespeare zu merken:

- *Die Komödie der Irrungen*
- *Verlorene Liebesmüh*
- *Der widerspenstigen Zähmung*
- *Zwei Herren aus Verona*
- *Sommernachtstraum*
- *Kaufmann von Venedig*
- *Viel Lärm um nichts*
- *Wie es euch gefällt*
- *Die Lustigen Weiber von Windsor*
- *Was ihr wollt*

Prüfen Sie Ihre Geschichte kritisch! Haben Sie lose und zusammenhanglos oder mittels logischer Folgen erzählt? Seien Sie nicht enttäuscht, wenn es Ihnen nicht auf Anhieb gelingt, eine fesselnde Geschichte auszuarbeiten. Einerseits werden Sie mit der Zeit immer mehr Routine entwickeln, andererseits darf das Aufbauen einer guten Merkhilfe ruhig etwas dauern. Vergessen Sie nicht: Auf diese Art zu merken, sparen Sie Tage und Wochen grässlicher Wiederholungsarbeit.

Versuchen Sie nun außerdem, aus den folgenden (Ihnen bereits bekannten) Stichworten eine merkwürdige Geschichte aufzubauen:

- Handtasche
- Katze
- Tür
- Schaukel
- Papierkorb
- Jumbojet

- Marmelade
- Ballon
- Tennis
- Gummiband
- Kuh
- Streifenwagen
- Blumenvase
- Bagger
- Müsli
- Gartenhäuschen
- Brille
- Swimmingpool
- Opernball
- Dracula

Wenn es schnell gehen muss, dann basteln Sie einfach die erstbesten Einfälle aneinander – später können Sie immer noch korrigieren und bessere Verknüpfungen finden. So könnte die Geschichte beginnen: Sie nehmen Ihre Handtasche, stopfen eine Katze hinein und werfen diese durch die Tür nach draußen in den Garten, wo die Tasche auf einer Schaukel landet und danach in einem Papierkorb, auf den ein Jumbojet kracht, der mit Marmelade beladen ist! Merkwürdig, oder?

Mithilfe folgender Elemente können Sie merksichere Verbindungen und Geschichten herstellen. Dabei bezieht sich A auf die erste und B auf die nachfolgende Information:

- A verändert B. („Das Wasser aus dem Swimmingpool überflutet den Opernball, sodass alle Gäste flüchten". Oder: „Der Bagger mixt das Müsli.")
- A verwandelt sich in B. („Der Handtasche wachsen Fell und Beine, und sie läuft zur Katze geworden davon.")
- B ist eine Eigenschaft oder ein Teil von A. („Das Gartenhäuschen ist voller Brillen." Oder: „Der Tennis(ball) fliegt ins Netz, das aus Gummibändern gewebt ist.")
- A ist der Grund für B. („Weil der Ballon geplatzt ist, wird stattdessen Tennis gespielt.")

Zugegeben, eine Liste von Stichwörtern bietet mehr Freiheiten beim Ausdenken von Geschichten als harte Fakten. Doch auch diese lassen sich wunderbar miteinander verbinden, sofern Sie wiederum schöne Bilder für die Informationen an sich finden.

Wenn einer dieser Ballone platzt, könnten die darin befindlichen Personen anschließend wohl nicht mehr Tennis spielen! Doch auch diese kausale Verkettung von Ursache und Wirkung wäre für eine griffige Geschichte gut geeignet.

Trainieren Sie Ihre Kreativität an einem weiteren Praxisbeispiel, indem Sie die Gegenstände auf dem Einkaufszettel unten zu einer merkwürdigen Geschichte verbinden:

- Heftpflaster
- Büroklammern
- Blumenvase
- Schmierseife
- Zahnseide
- Schwimmflügel
- Saxofon
- Kamillentee
- Streukäse
- Dosensuppe

Der Kinderspiel-Klassiker „Ich packe meinen Koffer!" ist hervorragend zum Trainieren der Geschichten-Methode geeignet. Wenn Sie das Spiel nicht kennen, finden Sie hier die Regeln: Ein Spieler nennt, was er zuerst in seinen Koffer packen will, dann wiederholt der nächste Spieler den Begriff und fügt einen weiteren hinzu – und so weiter. Wer einen Fehler macht, indem er die Reihenfolge nicht im Kopf behält, hat verloren. Statt mit frei erfundenen Begriffen zu spielen, können Sie genauso eine Liste auf den Tisch legen und gemeinsam eine Lösung entwickeln.

Römische Räume

Wie Sie Ihre Umgebung als Merkspeicher benutzen können, haben Sie bereits im Kapitel „Verorten" kennengelernt. Anstatt aber nur eine Information an einem Platz abzuspeichern, können Sie Orte auch als eine Art mentales Regal benutzen, in dem mehrere Fakten abgelegt werden können. Dafür ist nur ein wenig Vorbereitung notwendig, und schon werden Küche, Wohnzimmer und Hörsaal zum vollbepackten Merkspeicher – oder zu Römischen Räumen.

Der Name dieser Mnemotechnik leitet sich angeblich von der römischen Art zu speisen ab: Alle Teilnehmer saßen bei einem Festmahl um eine Tafel herum. Im Römischen Raum bekommen alle Informationen einen definierten Platz zugewiesen.

Lassen Sie uns wieder mit einem kleinen Gedankenexperiment beginnen: Zählen Sie die zehn auffälligsten Dinge auf, die sich in Ihrem Wohnzimmer befinden. Wenn Sie Merken und Erinnern weiter absichern wollen, dann schlagen Sie eine definierte Route ein. Starten Sie an der Eingangstür und gehen Sie dann im Uhrzeigersinn durch den Raum.

Sie können die Plätze auch auf einem Blatt Papier notieren, wenn Ihnen das bei der Orientierung hilft. Danach machen Sie eine kleine Pause. Überprüfen Sie anschließend, ob Sie sich richtig an die Liste erinnern. Für das Gehirn ist diese Übung kein größeres Problem, weil Sie mit Ihrem Wohnzimmer ziemlich vertraut sein dürften. So könnte eine Liste von Orten in einem typischen Wohnzimmer aussehen:

- Tür
- Schrank
- Kommode mit Fernseher
- Heizkörper
- Gummibaum
- Fenster
- Balkontür
- Bücherregal
- Sofa
- Wohnzimmertisch

Ein schickes Wohnzimmer, finden Sie nicht? Ihr eigenes kennen Sie natürlich besser – und so eignet es sich perfekt als Römischer Raum zur Aufnahme einer Vielzahl von Fakten durch Verorten und Verbinden.

Damit ist Ihr erster Römischer Raum gut vorbereitet für die Aufnahme von Fakten. Was Sie jetzt noch tun müssen, ist, die zu merkenden Informationen mit den Orten zu verknüpfen. Versuchen Sie zum Beispiel, Ihren Einkaufszettel im Wohnzimmer zu platzieren, indem Sie jeden Gegenstand auf der Liste mit einem Einrichtungsstück kombinieren:

- Kerzen
- Gurken
- Salat
- Schokolade
- Nudeln
- Milch
- Müsli
- Gummibärchen
- Rätselheft
- Klopapier

Ein Vorteil dieser Merkmethode ist, dass Sie nicht alles auf einmal abspeichern müssen. Wenn Ihnen später noch etwas einfällt, das Sie kaufen wollen, suchen Sie sich einfach einen weiteren Ort in Ihrem Wohnzimmer und verbinden Sie diesen mit dem jeweiligen Produkt. Römische Räume sind flexibel und können ganz einfach erweitert werden.

Bedenken Sie, dass Sie mehr Fakten in einem Raum unterbringen können, wenn Sie Punkte doppelt und dreifach belegen: Garnieren Sie den Salat mit Kerzen und stellen Sie sich das Gesamtkunstwerk auf den Wohnzimmertisch – statt Adventskranz. Überziehen Sie eine Gurke mit Schokolade und benutzen diese als Tischbein des Wohnzimmertisches. Damit haben Sie vier Punkte auf Ihrer Liste an einem einzigen Merkort untergebracht.

Römische Räume müssen übrigens nicht zwangsweise aus Räumen bestehen. Sie können alles zum Abspeichern von Wissen benutzen, das sich mit einem Rundumblick erfassen lässt. Daher wird diese Merktechnik manchmal auch 360-Grad-Methode genannt. Zerlegen Sie zur Übung folgende Dinge in Merkräume:

- Mobiltelefon (Display, Tasten, Batterie)
- Bushaltestelle (Häuschen, Bank, Fahrplan, Mülleimer)
- Körper (Haare, Gesicht, Hals, Schultern)
- Supermarkt (vom Eingang bis zur Kasse)

Wer es nicht glaubt, sollte es ausprobieren! Auch ein Eisbecher kommt als Römischer Raum in Betracht.

- Herbst (Wind, Regen, trockene Blätter, kahle Bäume, Kastanien)
- Eisbecher (Eis, Sahne, Schale, Löffel)
- Paris (Eiffelturm, Louvre, Pont Neuf)

Der amerikanische Schauspieler Jack Nicholson ist Oscar-Rekordhalter. Er hat das Goldmännchen insgesamt zwölfmal für seine Filmrollen gewonnen. Wählen Sie nun einen beliebigen Raum aus und belegen ihn mit den Titeln der Filme. Und vergessen Sie nicht, den Schauspieler selbst präsent zu platzieren.

Hier ist die Liste der Filme:

- *Einer flog über das Kuckucksnest*
- *Zeit der Zärtlichkeit*
- *Besser geht's nicht*
- *Easy Rider*
- *Ein Mann sucht sich selbst*
- *Das letzte Kommando*
- *Chinatown*
- *Reds*
- *Die Ehre der Prizzis*
- *Wolfsmilch*
- *Eine Frage der Ehre*
- *About Schmidt*

Ein Römischer Raum funktioniert im Grunde wie eine Festplatte, auf der Informationen nach Belieben abgespeichert werden können.

Wenn Sie die Aufgabe erfolgreich erledigt haben, stellt sich natürlich noch die entscheidende Frage: Wie lange bleiben solche Informationen in einem Raum und damit im Gedächtnis abrufbar? Zwar werden Sie sicherlich nicht jeden Einkaufszettel im Kopf behalten und damit eine Vielzahl von Räumen belegen wollen. Doch idealerweise sollten Sie sich wichtige Fakten für immer und ewig einprägen.

Merkbilder, ob verortet oder nicht, verblassen jedoch mit der Zeit – es sei denn, sie werden regelmäßig abgerufen und angewendet. Wenn Sie für Ihren Einkaufszettel immer den gleichen Raum benutzen wollen, können Sie nach ein paar Tagen die alten Merkbilder mit frischen und damit stärkeren Vorstellungen überschreiben. Nutzen Sie für sich wiederholende Listen, zum Beispiel drei verschiedene Räume, die Sie im Wechsel zum Merken einsetzen.

Eine andere Möglichkeit, Römische Räume optimal zu nutzen, ist das doppelte Belegen des externen Merkspeichers. Sie können an einem Ort beliebig viele Fakten ablegen, sofern diese unterschiedlich genug sind, damit keine Gefahr der Verwechslung besteht. Wenn Sie im Wohnzimmer die wichtigsten Daten der Französischen Revolution abgelegt haben, dann spricht nichts dagegen, diese mit Ihrem Einkaufszettel zu kombinieren.

Ganz im Gegenteil: Denn wenn Sie dieses Wissen lange nicht mehr abgerufen haben, besteht die Gefahr des Verblassens. Diese können Sie mit dem aktiven Abrufen und Kombinieren reduzieren.

Versuchen Sie es und befüllen Sie den Merkraum von oben mit einer zweiten Schicht Wissen – zum Beispiel mit den Namen der Zwölf Apostel:

- Simon
- Andreas
- Jakobus
- Johannes
- Philippus
- Bartholomäus
- Thomas
- Matthäus
- Jakobus der Jüngere
- Thaddäus
- Simon
- Judas

In vielen Büchern über Merktechniken wird empfohlen, die sogenannten Römischen Räume auch zum Merken von Fakten in Reihenfolge zu nutzen (indem Sie zum Beispiel immer im Uhrzeigersinn durch den Raum gehen). Allerdings stehen an einem Ort nicht immer alle Gegenstände fein säuberlich an den Wänden aufgereiht oder die Reihenfolge ist nicht immer eindeutig. Wie zum Beispiel bei Ihrem Körper: Springen Sie von der Hand zum Oberschenkel oder gehen Sie im Geiste zurück zur Schulter und denken von der Brust weiter nach unten? Wie Sie später sehen werden, gibt es andere Techniken, mit denen das Merken in Reihenfolge viel zuverlässiger funktioniert.

Die Routen-Methode

Die Geschichten-Methode und Römische Räume sind bereits für das sichere Merken von 30 und mehr Fakten geeignet. Allerdings werden Sie bei der Geschichten-Methode bereits gemerkt haben, dass, wenn ein Glied in der Ereigniskette fehlt, auch der gesamte Rest im dunklen Nirwana der Gehirnwindungen zu verschwinden droht.

Unser Gehirn ist in Bewegung am leistungsfähigsten. Das Gleiche gilt bei der Anwendung von Merktechniken. Statt wie bei den Römischen Räumen auf der Stelle zu stehen, können Sie die gleiche Denkweise in Bewegung setzen und sind damit bereits bei einer der leistungsfähigsten Merktechnik überhaupt angekommen: Die Routen-Methode gehört zum Standard der Denkweltmeister, weil damit die meisten Fakten im Kopf behalten und wieder abgerufen werden können – und das in der richtigen Reihenfolge.

Bei dieser Technik wird eine weitere Stärke des menschlichen Geistes mit den bereits bekannten Methoden kombiniert. Denn wir verfügen über einen besonders gut ausgeprägten Orientierungssinn, der vermutlich in der Urzeit entstanden ist: Beim Jagen von Tieren oder dem Suchen nach Beeren und Pilzen mussten sich unsere Vorfahren bereits den Weg zurück zur Ansiedlung merken – oder sich bei der Jagd eine Möglichkeit vorstellen, der Beute den Weg abzuschneiden.

Machen Sie auch an dieser Stelle wieder eine kleine Übung zur Vorbereitung und stellen Sie sich den Weg von Ihrer Wohnung zur Arbeit, in die Schule oder an einen anderen Ort vor, den Sie regelmäßig besuchen. Markieren Sie im Geiste dabei auffällige Punkte, die sich zum Merken eignen. Dabei brauchen Sie nicht sparsam zu sein. Versuchen Sie, mindestens 25 auffällige Orte zu finden.

Hier ist ein Vorschlag zum Start:

- Garderobe
- Haustür
- Treppenhaus
- Briefkasten
- Haustür
- Stellplatz des Autos
- Ausfahrt vor dem Haus
- usw.

Bleiben Sie bei jeder Route in ähnlichen Dimensionen und halten Sie etwa gleiche Abstände ein. Dann sucht (und findet) Ihr Kopf nach dem nächsten Punkt ganz automatisch im richtigen Abstand. Es macht keinen Sinn, an der Haustür von der Türklinke zum Türschild, zur Fußmatte und zum Klingelknopf zu springen und dann plötzlich die Dimension zu wechseln, zum Beispiel in eine entfernte Stadt. Die besten Routen entstehen, wenn Sie – wie bei der Raum-Methode – von Punkt zu Punkt blicken können.

Sie werden bereits ahnen, wie die praktische Anwendung abläuft: Verbildern Sie die zu merkenden Fakten

Wir Menschen sind Orientierungskünstler – mit oder ohne Kompass. Eine Eigenschaft, die der Routen-Methode als Merktechnik zugutekommt.

und legen Sie diese durch kreatives Verbinden auf den Merkpunkten ab, indem Sie im Geiste die Route abschreiten oder abfahren. Zur Übung bietet sich etwas Allgemeinwissen an: Merken Sie sich die Gruppe der 20 wichtigsten Industrie- und Schwellenländer (G20) mithilfe einer selbst ausgedachten Route:

- Vereinigte Staaten
- Japan
- Deutschland
- China
- Großbritannien
- Frankreich
- Italien
- Kanada
- Brasilien
- Russland
- Indien
- Südkorea
- Australien
- Mexiko
- Türkei
- Indonesien
- Saudi-Arabien
- Südafrika
- Argentinien
- Europäische Union

Mit Ausnahme der Europäischen Union ist die Liste nach der Größe des Bruttoinlandsprodukts sortiert. Sie können also gleichzeitig die wirtschaftliche Leistungsfähigkeit der Staaten untereinander beurteilen.

Wenn Sie die Beispielroute von oben benutzen, könnten Sie sich Folgendes vorstellen: An der Garderobe hängt die Robe der Freiheitsstatue. Durch die Haustür zwängt sich eine Gruppe japanischer Touristen. Im Treppenhaus marschiert eine bayerische Kapelle im Takt über die Stufen. Die Briefkästen sind mit chinesischen Schriftzeichen bemalt – und so weiter.

Gehen Sie die Route im Geiste durch und schauen Sie, ob alles richtig gut vorgestellt und gemerkt ist. Das Erinnern können Sie hervorragend trainieren, indem Sie nicht nur vorn anfangen, sondern die Route auch rückwärts abschreiten. Oder Sie wählen einen beliebigen Punkt irgendwo in der Mitte und denken sich Vorgänger und Nachfolger dazu.

Merkmeister feilen an ihren Routen, indem sie sich die Wege nicht nur vorstellen, sondern tatsächlich abschreiten und dabei bewusst auf auffällige Stellen achten, an denen später Fakten abgelegt werden können. Der Vorteil bei dieser Vorgehensweise ist: Sie nehmen Ihre Umwelt bewusster wahr und steigern gleichzeitig Ihre Aufmerksamkeit. Besonders gut funktioniert diese Art zu denken im Urlaub. So können Sie zudem nach Jahren Ihren Freunden noch erklären, was es an fernen Orten alles zu sehen gibt.

Nun sind Sie wieder an der Reihe! Merken Sie sich das Alphabet nicht in der üblichen Reihenfolge, sondern nach Häufigkeit der Buchstaben in der deutschen Sprache – um es einfach zu machen, können Sie Gegenstände benutzen, die mit dem jeweiligen Buchstaben beginnen.

Hier ist die Reihenfolge:
E, N, I, S, R, A, T, D, H,
U, L, C, G, M, O, B, W,
F, K, Z, P, V, J, Y, X, Q

Statt jeden Buchstaben auf einem Merkort abzulegen, sollten Sie versuchen, sinnvolle Bündel zu bilden und so Routenpunkte zu sparen. Auf diese Weise können in der Reihenfolge durchaus verständliche Begriffe wie „Rat" oder „Mob" auftauchen. Doch versuchen Sie es selbst. Übung macht schließlich den Meister.

Ob sich die berühmte Route 66 in den USA als Merkroute eignet? Wenn Sie den Weg in Teilen kennen, könnten Sie zumindest einige Orte am Rand herauspicken und sie mit Informationen verknüpfen.

Wird er sich den Namen merken können? Und wie lange? Personen merken gelingt besser, wenn man alle Sinne aktiviert – vielleicht fällt einem eine geeignete Eselsbrücke ein?

Personen merken: kurzer Vorstellungsprozess

Neben abstrakten Informationen wie Zahlen, Daten und Formeln oder komplexen historischen Ereignissen stellen Namen, die mit bestimmten Personen verbunden sind, eine konkrete Merkaufgabe dar – die uns aber oft nicht minder schwerfällt.

Viele Menschen glauben, sie hätten ein schlechtes Gedächtnis, weil sie sich Namen und Gesichter nicht einprägen können. Aber das liegt nicht unbedingt daran, denn Namen stellen schlicht keine leichte Merkaufgabe dar – aus verschieden Gründen:

- Sie können einer Person den Namen nicht ansehen. Und es gibt keinen logischen Grund dafür, dass wir einen bestimmten Namen tragen. Entsprechend unmöglich ist der logische Rückschluss. Das gilt auch für Geburtsdatum und Telefonnummer, die uns anhaften, aber willkürlich sind.
- Nicht alle Namen sprechen Bände: Während Frau Hirschgeiger oder Herr Rotloch recht einprägsam sind, weigern sich Namen wie Rudinski oder Schill zunächst einmal dagegen, eindeutige Bilder in unseren Köpfen zu erzeugen.
- Wir haben Kontakt zu immer mehr Menschen: Das persönliche Netzwerk wächst. Wer in einem

Konzern arbeitet oder in der Großstadt wohnt, der begegnet jeden Tag Hunderten von Menschen.

- Gleichzeitig beschränken sich diese Kontakte auf ein Minimum von persönlicher Kommunikation. Der Umgang miteinander ist oft begrenzt auf Fachthemen (zum Beispiel in Meetings), das schnelle Erledigen der Arbeit (im Verkaufsgespräch) oder den Smalltalk (auf einer Party). Für ein richtiges Kennenlernen bleibt oft gar keine Zeit. Oder wann wurden Sie zuletzt jemandem ganz förmlich vorgestellt?

Umgekehrt schauen wir neidisch auf Menschen, die jeden zu kennen scheinen und mit Namen anreden können. Networking liegt voll im Trend und ist heute eine der wichtigsten Fähigkeiten für Menschen, die Karriere machen wollen.

Namen zuverlässig merken

Wenn Sie zum Merkmeister von Namen werden wollen, müssen Sie anfangen, sich intensiv mit Ihren Mitmenschen zu beschäftigen. Ein Arzt erzählte beispielsweise, dass er nach einem Blick in die Akte seine Patienten zwar mit Namen begrüßt, aber bereits Sekunden später beim Beginn der Behandlung diesen wieder vergessen hat. Das ist kein Beispiel für ein schlechtes Gedächtnis, sondern für eine schlechte Aufmerksamkeit.

Wenn Sie einen Menschen kennenlernen, entscheiden die ersten Minuten darüber, ob Sie sich den Namen einprägen oder nicht. Denn wer nach einer halben Stunde Unterhaltung fragt, wie sein Gegenüber denn heiße, der steht in dieser Hinsicht nicht besonders gut da.

Aktivieren Sie also alle Sinne, wenn Ihnen jemand gegenübersteht, dessen Namen Sie im Gedächtnis behalten wollen, damit es Ihnen nicht so geht wie dem

Jetzt ist Smalltalk angesagt. Oder sollten Sie sogar „netzwerken“? In beiden Fällen gilt: Personen und Namen merken!

Arzt. Eine wirksames Hilfsmittel dafür ist ein intensiver Vorstellungsprozess. Wir neigen dazu, unseren Namen zu murmeln, um dann sofort über das Wetter zu sprechen. Das sollten Sie auf jeden Fall vermeiden!

Hier ist ein Vorschlag, wie ein optimales Kennenlernen ablaufen könnte:

- Signalisieren Sie Ihrem Kopf, dass wichtige Informationen kommen, wenn Sie einer Person gegenüberstehen, die Sie noch nicht kennen.
- Sagen Sie laut und deutlich Ihren Namen – damit sind Sie Vorbild für Ihr Gegenüber, der es anschließend vielleicht genauso nachmacht.
- Idealerweise können Sie gleiche eine Merkhilfe mitliefern. Das erleichtert dem anderen, Ihren Namen zu behalten: „Ich heiße Ulrich Bien – Bien wie die Biene, nur ohne E am Ende. Das ist ein altdeutscher Begriff für das Bienenvolk."
- Hören Sie genau zu und sprechen Sie erst weiter, wenn Sie den Namen des Gegenübers genau verstanden haben. Sie können auch fragen, wie der Name geschrieben wird oder woher er stammt. Damit haben Sie gleich das erste interessante Gesprächsthema und müssen nicht über das Wetter plaudern.
- Wiederholen Sie den Namen und sprechen Sie den anderen konsequent mit seinem Namen an. Auch wenn sich das ungewöhnlich anhören mag: Die meisten Menschen fühlen sich geschmeichelt, wenn Sie mit Namen angesprochen werden – nicht umsonst tun Verkäufer so, als wären Sie Ihre besten Freunde und sind schneller beim Duzen als es Ihnen lieb ist.
- Suchen Sie in aller Ruhe nach einer guten Merkhilfe für den Namen.

Wenn Sie so gründlich nach Knigge vorgehen und sich in den ersten Minuten des Kennenlernens intensiv mit dem anderen und seinem Namen beschäftigen, haben Sie diesen in der Regel im Kopf; Sie wissen, woher der Name stammt, und Sie haben ihn bereits ausgesprochen.

Ob die beiden Herren wohl über das schlechte Wetter plaudern? Damit Sie sich beim Kennenlernen den Namen des Gegenübers merken, gilt die simple Devise: Hören Sie richtig zu!

Verbildern von Namen

Etwas mehr Übung braucht das Verbildern von Namen. Beginnen Sie am besten mit dem Nachnamen. Ein Tipp: Der Großteil deutscher Nachnamen sind Berufs- oder Eigenschaftsnamen, die sogleich ein fertiges Bild nahelegen. Bei fremdsprachigen Namen können Sie Ihr Gegenüber nach der deutschen Übersetzung fragen, dann haben Sie gleich ein Gesprächsthema, das Ihnen zusätzlich beim Merken hilft. Vornamen sind schwieriger zu verbildern. Hier hilft es, ebenfalls die Bedeutung zu recherchieren. So heißt Melanie, wenn man die ursprüngliche Bedeutung des Namens aus dem Griechischen kennt, „die Schwarze", und Peter wird mit „Fels" übersetzt. Wenn Sie Namen langfristig im Gedächtnis behalten wollen, lohnt es sich, nach dem Kennenlernen und dem ersten Gespräch den Namen noch einmal gründlich und in Ruhe mit einem einprägsamen Bild zu versehen.

Ob es sich nun um französische Vokabeln handelt oder um Wörter aus einer anderen Fremdsprache – die Schlüsselwortmethode hilft dabei, den Merkvorgang zu erleichtern.

Vokabeln besser merken: Schlüsselwortmethode

Eine der wenigen wissenschaftlich untersuchten (und für erfolgreich befundenen) Merktechniken ist die Schlüsselwortmethode zum Einprägen von Vokabeln. Kern der Technik ist wiederum das Erweitern einer Information (Vokabel mit Bedeutung) um ein weiteres Wort beziehungsweise Bild, um das Merken zu erleichtern.

Das sogenannte Schlüsselwort wird dabei abgeleitet aus dem Klang der ausgesprochenen Vokabel. Ein Beispiel: Das englische *sword* („Schwert") wird ausgesprochen wie das deutsche Wort „sortieren" (mit Betonung auf „O"). Mithilfe dieses Begriffs denken Sie sich dann ein lebhaftes Bild aus: Stellen Sie sich vor, wie ein Ritter mit seinem Schwert seine Feinde „aussortiert". Dabei sollten Sie sich nicht krampfhaft an die Wortbedeutung im engsten Sinne klammern.

Was sind Schlüsselbegriffe?

Damit Sie ein Gespür für Schlüsselbegriffe bekommen, finden Sie an dieser Stelle noch ein paar weitere Beispiele für Worte aus dem Englischen:

- *gain* („gewinnen") = Obwohl er sich gelangweilt hatte und die ganze Zeit „gähnen" musste, hat er gewonnen.

- *bored* („gelangweilt") = Mir ist so langweilig, dass ich mir den Finger in den Kopf „bohre".
- *cough* („husten") = Ich wohne in einem „Kaff", in dem die Luft so schlecht ist, dass ich dauernd husten muss.
- *fog* („Nebel") = Die „Fock" (also das Vorsegel bei einem Segelschiff) nimmt einem die Sicht wie ein dichter Nebel.
- *niece* („Nichte") = Meine kleine Nichte muss immerzu „niesen".
- *pan* („Pfanne") = Pan „pennt" in einer Pfanne!
- *rail* („Schiene"): Die Eisenbahn fährt eine „Rallye" auf der Schiene.

Diese Art zu merken hat einen unbestreitbaren Vorteil: Vor allem Schulkinder pauken sich oft unmotiviert massenhaft Vokabeln in den Kopf. Wenn in Reihenfolge abgefragt wird, scheinen die Wörter zu sitzen. Beginnt die Abfrage jedoch nicht am Anfang oder wird die Richtung umgedreht (Übersetzung zu Vokabeln statt Vokabeln zu Übersetzung), vernimmt man schnell ein: „Hey, das ist unfair!" Tatsächlich lernt das Gehirn beim herkömmlichen Lernen die Abfolge mit und benutzt diese als Erinnerungshilfe – keine besonders gute Art, eine Sprache zu lernen.

Abfrage in beide Richtungen

Bei der Schlüsselwortmethode verhält es sich anders: Denn mithilfe des Merkbildes ist eine spontane Abfrage in beide Richtungen möglich, da das Gehirn sich immer zuerst an dieses erinnert! Woran denken Sie, wenn Sie an die Vokabel Schwert geraten? Und woran, wenn Sie „SOOORT" hören? In beiden Fällen wird Ihnen zuerst der bewaffnete Ritter einfallen – und damit blicken Sie quasi gleichzeitig auf die Vokabel und ihre Bedeutung. Versuchen Sie sich zur Übung an folgenden Vokabeln:

- *Luka* = Hand
- *Monsi* = Rücken
- *Noka* = Bein
- *Pali* = Arbeit
- *Pilin* = Herz

Ein Hinweis: Die Wörter oben stammen aus der Kunstsprache *Toki Pona*, die einen Wortschatz von insgesamt nur 123 Vokabeln umfasst.

Und trainieren Sie diese Art zu lernen mit Ihren Kindern. Das macht das Büffeln von Vokabeln nicht nur leichter und interessanter, es regt auch die Kreativität und die Vorstellungskraft Ihres Kindes an.

Auch hier gilt wieder: Übung macht den Geist kreativer! Am Anfang schaltet das Gehirn auf Durchzug, aber sprechen Sie sich die Vokabel ein paarmal laut vor und lauschen Sie genau, welchem deutschen Wort (oder mehreren Wörtern) sie ähnelt. In fast allen Fällen findet der Kopf eine gute Lösung. Kinder sind bei dieser Merktechnik übrigens gegenüber Erwachsenen im Vorteil, weil sie sich besser vom geschriebenen Wort lösen können. Selbst wenn es zuerst zäh und langwierig ist, spätestens nach zehn bis 20 Vokabeln entwickeln Sie immer mehr Routine und Sie werden mit der Schlüsselwortmethode so zuverlässig und schnell wie noch nie Vokabeln lernen können.

Vokabeltest! Wer die Wörter nur auswendig lernt, hat oft das Problem, dass er sie nur in der gelernten Reihenfolge und Richtung beherrscht.

Zahlen begegnen uns in vielen Situationen des Lebens. Doch wie lassen sie sich merken? Zahlen-Symbol-System und Majorsystem schaffen Abhilfe und zeigen, dass Zahlen auch beim Merken von anderen Informationen behilflich sein können.

Ziffern über Ziffern: Zahlensysteme

Zahlen sind überall: Preise, Bestell- und Telefonnummern, Daten, Geburtstage, PINS, TINS, TANS und TUNS. Die menschliche Eigenschaft, alles und jeden zu vermessen und jedem Ding eine Nummer zu verpassen, haben die Welt um eine Informationsform reicher gemacht, die dem Kopf gar nicht schmeckt: Denn mit Zahlen kann das Gehirn rein gar nichts anfangen.

Während eine Zahl nur einen Ort in unserem Denkorgan anspricht, werden im Vergleich dazu durch das Betrachten eines Bilds weit über 20 Regionen im Gehirn angeregt. So bleibt unser Kopf angesichts der Nummer 2 kühl und uninteressiert. Stellen wir uns jedoch stattdessen ein Zwillingspaar vor, ist unser Gehirn voll bei der Sache und spinnt sofort weitere Bilder und Assoziationen.

Das Zahlen-Symbol-System

In diesem Kapitel werden Sie eine einfache, aber besonders kreative Art kennenlernen, abstrakte Zahlen für den Kopf einprägsamer zu machen. Im nächsten Kapitel werden Sie sich dann mit einer weiteren Merktechnik für Zahlen vertraut machen, die zwar anspruchsvoll ist, aber zu den genialsten Merktechniken überhaupt zählt.

Die einfachste Methode, sich Ziffern und Zahlen zu merken – Sie werden es bereits ahnen – ist, diese in vorstellungsstarke Bilder zu verwandeln. Verwandeln Sie dazu die Zahlen von 0 bis 9 in Bilder, die den Ziffern ähnlich sehen. Das klingt auf den ersten Blick ungewohnt, doch Ihr Kopf dürfte im Ausdenken von Bildern durch die vorigen Kapitel bereits gut trainiert sein.

Betrachten Sie zum Beispiel eine 1 und stellen Sie sich vor, welche Gegenstände der Ziffer ähneln? Und? Haben Sie ein gutes Vergleichsbild gefunden? Ein Turm sieht etwa aus wie die Ziffer 1. Genauso ein Fahnenmast, ein Spazierstock, ein Mensch, eine Nadel, eine Angel – je länger Sie nachdenken, desto mehr Dinge werden Ihnen einfallen.

Und weiter geht's. Gönnen Sie sich eine Denkpause und grübeln Sie in aller Ruhe nach, in welchen Dingen welche Ziffer versteckt sein könnte. Steigern Sie den Schwierigkeitsgrad und finden Sie so viele Gegenstände zu einer Ziffer wie möglich (kreative Köpfe schaffen locker 20 und mehr Vergleichsbilder). Hier sind ein paar Vorschläge:

- 0 = See, Auge, Ring
- 1 = Kerze, Turm, Fahne, Mensch, Nadel, Bleistift
- 2 = Schwan, kniender Prediger
- 3 = Gabel, Kneifzange, Hinterteil, Brüste (Entschuldigung, aber tatsächlich kann sich unser Kopf an derbe und deftige Vorstellungen besonders gut erinnern.)
- 4 = Segelboot, Klappstuhl, Schwert mit kurzer Klinge, Wegweiser, Zelt
- 5 = Abschlepphaken, Gesicht mit offen stehendem Mund
- 6 = Pendel, Einrad, Kirsche
- 7 = Kran, Krücke, Hakennase
- 8 = Kette, Brille, Schneemann
- 9 = Lupe, Ballon mit Schnur

Bevor wir mit dem praktischen Übersetzen von Zahlen in Bilder beginnen, sollten Sie zwei weitere Übungen ausprobieren: Suchen Sie für jeden Begriff einen kleinen und einen großen, ähnlichen Gegenstand. Jede Variante schafft kreative Freiheit. Wenn Sie später eine Zahl mit dem immer gleichen Bild übersetzen, wird es langweilig oder es besteht Verwechslungsgefahr, wenn sich zu oft das gleiche Bild wiederholt.

Die US-amerikanische Flagge als 1? Mittels des Zahlen-Symbol-Systems ließe sich das so „übersetzen". Natürlich könnte jede andere Nationenflagge als Symbol dienen.

Stellen Sie sich zum Beispiel vor, eine Telefonnummer enthält dreimal die Ziffer eins. Sie können das mit 3 mal 1 – etwa einer Kombination von Kneifzange und Kerze – merken. Hierbei sehen Sie, dass diese Art zu denken riskant sein kann, weil Sie in diesem Bild später vielleicht die 31 erkennen. Auch drei Kerzen geistig nebeneinanderzustellen, hat Nachteile – wenn Sie sich später nur noch an zwei oder eine Kerze erinnern. Ein zuverlässiges Bild für die Ziffernfolge ist dagegen ein Mensch, der eine Kerze in der Hand hält, in die er eine Nadel sticht – unverwechselbar und merkwürdig.

Wenn Sie sich nun noch vorstellen, dass eine Nadel von Menschenhand in die Kerze gestoßen wird, hat das nicht mit Voodoo zu tun, sondern mit einem Zahlen-Symbol für die 31.

Lassen Sie uns auch den umgekehrten Weg trainieren. Probieren Sie aus, ob Sie die Ziffern in folgenden Merkhilfen erkennen:

- Seiltänzer, der Bleistift in der Hand hält
- Fledermaus, die gegen das Zifferblatt einer Turmuhr fliegt
- Zwerge, die Speere auf Schneemänner werfen
- Zwillinge, die mit der Sprechblase (einer Comicfigur) spielen
- Luftballon, der von einem Bagger zerdrückt wird
- Pfeil, der durch eine Brille fliegt
- Kneifzange und Schraubenzieher, die in einem See versinken
- Sex in der Unendlichkeit des Weltraums
- Handschellen statt zweier Augenringe
- Geodreieck mit Kerzen in jeder Ecke

Ziffern müssen nicht grundsätzlich über ihre äußere Form in ein Bild verwandelt werden. Haben Sie die drei Ausnahmen in der Liste oben entdeckt? Die 6 wurde durch einen ähnlich klingenden Begriff (Sex) in ein Bild verwandelt. Die Unendlichkeit hat mit der Lemniskate eine gewisse Ähnlichkeit mit einer 8. Die 7 ist mit den unverwechselbaren sieben Zwergen übersetzt worden. Die 2 ist der Seiltänzer (eine leicht gebeugte Person, die auf einem horizontalen Strich steht). Die 5 ähnelt einer Fledermaus, die während des Schlafs an der Decke hängt. Eine Comic-Sprechblase ist ein Kreis mit einem Bogen unten, der aussieht wie eine 9. Der Luftballon ist rund wie die 0. Der Pfeil mit einer angewinkelten Spitze deckt sich mit der Ziffer 1. Die Handschellen sind unverwechselbar als 8 erkennbar und das Geodreieck hat die gleiche Form wie eine 4.

Und jetzt sind Sie wieder dran: Finden Sie für folgende Ereignisse gute Übersetzungen in Bildern. Bitte beachten Sie, dass jede Variation erlaubt ist, sofern Sie Ihnen beim Merken hilft. Statt zum Beispiel die Ziffer 6 mit einem Einrad in Verbindung zu bringen, können Sie genauso gut an einen zwischenmenschlichen Akt denken, der so ähnlich wie die Ziffer klingt. Das sind die vier historischen Daten zum Üben:

- Christoph Kolumbus entdeckte Amerika im Jahr 1492.
- Gottlieb Daimler und Karl Benz erfanden 1885 das Automobil.
- 1789 begann die Französische Revolution.
- Linoleum wurde 1860 erfunden.

Kaum zu glauben, dass der Bodenbelag Linoleum bereits 1860 erfunden wurde. Können Sie das Erfindungsjahr mittels Zahlen-Symbol-System verbildern?

Und hier wären mögliche Lösungen, um die Daten von oben in Bilder zu verwandeln:

- Als Kolumbus Amerika entdecken wollte (dass er in Wahrheit Indien als Ziel hatte, spielt hierbei keine Rollte), warf er ein Geodreieck auf die Landkarte und untersuchte mit einer Lupe, ob sich an der Stelle Rauch gebildet hat.
- Der Fahrer des ersten Autos hatte vier Räder unter sich und am Heck einen riesigen Abschlepphaken.
- Die französische *Tricolore* weht an einem Kran, der mit Ketten gesichert ist, die wiederum mit einem Schüssel abgeschlossen werden.
- Der Hausmeister wird angekettet, damit er mit einem riesigen Wischmop den Linoleumboden so lange poliert, bis er glänzt wie eine Weihnachtskugel.

Haben Sie im ersten Bild nur drei Ziffern entdecken können? Dann haben Sie keinen Fehler gemacht. Merktechniken folgen dem Motto: „Erst denken, dann lernen!" Deshalb genügt es für die eigentlich vierstellige Jahreszahl, sich drei Ziffern zu merken: das „Geodreieck" (4), die „Lupe" (9) und der „Rauch" (eine kleine Rauchfahne, die von einer Oberfläche aufsteigt – 2). Den Rest erledigen Sie durch Logik: Das Jahr 492 wäre für den Entdecker zu früh gewesen.

Das zweite Merkbild veranschaulicht die Jahreszahl der Erfindung des Automobils wie folgt: Es handelt sich um den Fahrer des „ersten" (1) Autos, die Doppel-8 wird durch die vier Räder symbolisiert und der Abschlepphaken stellt die 5 dar.

Erinnern Sie sich an das Bild für den Beginn der Französischen Revolution? Die Fahne steht für die 1, der Kran für die 7. Ketten und Schlüssel ergeben 8 und 9. Allerdings gab es damals noch keine Kräne – jedenfalls keine, wie wir sie heute kennen, und das Bild hat auch nur wenig mit einer Revolution zu tun. Wie wäre es damit: Ein Aristokrat wird zur Guillotine geführt, dort angekettet und ihm wird mit einem Tennisschläger der Kopf abgeschlagen. (Entwickeln Sie selbst ein Bild, in dem die unnötige 1 nicht vorkommt.)

Und erkennen Sie auch in dem Merksatz, der die Jahreszahl für die Erfindung des Linoleums versinnbildlicht, alle Symbole? Der Hausmeister steht für die Ziffer 1.

Wie alle Kugeln oder runden Gegenstände eignet sich die Weihnachtskugel perfekt, um als Zahlen-Symbol die 0 zu verbildlichen.

Die Kette gleicht wiederum unverwechselbar der 8, der Wischmop bildet die 6 ab und die Weihnachtskugel eine kugelrunde 0.

Die Zahlen aus den Beispielen sind gewiss recht kurz. Machen Sie den Selbstversuch und probieren Sie aus, ob Sie auch aus einer Telefonnummer eine merkbare Bildgeschichte machen können. Dabei werden Sie die Erfahrung machen: Das Zahlen-Symbol-System ist gut geeignet für den Umgang mit eher wenigen Ziffern. Wenn Sie längere Folgen übersetzen wollen, werden Sie im nächsten Kapitel eine wesentlich bessere Technik dafür kennenlernen.

Wie bereits angesprochen, müssen Sie nicht in Ähnlichkeiten zwischen Ziffer und Gegenstand denken. Versuchen Sie deshalb, ob Sie die zehn Ziffern auch in andere Themen übersetzen können. Hier wären ein paar Möglichkeiten:

- Denken Sie sich Variationen in unterschiedlichen Größen.
- Suchen Sie Gegenstände aus verschiedenen Themenfeldern (Werkzeuge, Zoo, Weltraum, Wilder Westen etc.)

- Verwenden Sie Begriffe, die sich auf die Zahlen reimen (zum Beispiel im Sinne von Goethes *Hexenalphabet*: „Aus eins mach keins" usw.)
- Nützen Sie Symbole oder Bedeutungen, die für die Ziffer stehen können (zum Beispiel Zwillinge für die 2 oder die sieben Zwerge für die 7). Sie können so auch über die 9 hinausdenken (zum Beispiel mit der 13 als Unglückszahl, der 12 als Dutzend und der 10 als ein Bild von zehn Fingern).

Hier gilt wieder der Grundsatz: Jede Form der Abwechslung fördert Ihre Kreativität im Denken und sorgt dafür, dass Sie sich immer neue und andersartige Merkbilder ausdenken können.

Die sogenannten Zahlen-Symbole lassen sich übrigens auch als Route benutzen. Verbinden Sie einfach die Dinge auf einer Liste mit einem entsprechenden Zahlen-Symbol. Diese Art zu merken hat einen Vorteil: Sie können spontan jede Position auf der Liste nennen, ohne umständlich durchzählen zu müssen. Versuchen Sie nun, sich die neun britischen Königshäuser in der richtigen Reihenfolge zu merken. Verbinden Sie diese dazu einfach mit Zahlen-Symbolen Ihrer Wahl:

Schloss Windsor in der Nähe von London ist eine der offiziellen Hauptresidenzen der britischen Königin. Das Haus Windsor stellt seit 1910 die Regenten des Vereinigten Königreichs.

- Normannische Könige
- Haus Plantagenet
- Haus Lancaster
- Haus York
- Haus Tudor
- Haus Stuart
- Haus Hannover
- Haus Sachsen-Coburg-Gotha
- Haus Windsor

Und machen Sie sich dabei nicht zu viele Gedanken, sondern gehen Sie es beim ersten Versuch praktisch an: „Nordmänner wärmen sich an einer einzigen Kerze. Der Schwan versteckt sich in einer Plantage und wird mit einem Netz (Engl. *net*) gefangen. Burt Lancaster befreit sich in *Der Gefangene von Alcatraz* mit einer Kneifzange. In New York findet eine große Segelregatta statt – und so weiter." Wenn Ihnen das eine oder andere Bild nicht gefällt: Später können Sie Ihre Bilder weiter ausarbeiten und verfeinern!

Und machen Sie zwischendurch eine kleine Denkpause. Danach sollten Sie testen, ob Sie sich richtig an alle Fakten erinnern. Dabei müssen Sie nicht unbedingt bei der Eins oder bei der Null beginnen. Genauso können Sie hinten anfangen oder auch in der Mitte.

Das Majorsystem

Es ist mühevoll, lange Zahlenfolgen mithilfe des Zahlen-Symbol-Systems in Geschichten zu verwandeln. Stellen Sie sich vor, Sie wollten sich auf diese Weise den kompletten Nummernspeicher Ihres Mobiltelefons in den Kopf schaffen? Vergleichen Sie selbst: Was lässt sich leichter merken? Die Zahlenfolge …

2 0 1 3 4 7 8 6 0 2 7 4 2 8 5 7 2 7 4 1 0 4

… oder dieses Merkbild:

„In Südamerika wachsen grüne Wolkenkratzer."

Die Anfänge des Majorsystems gehen bereits auf den Beginn des 18. Jahrhunderts zurück. Zeitweise wurde es sogar an Schulen gelehrt. Heute gibt es erstaunlich viele Menschen, die sich dieser Merktechnik bedienen (viele Manager versuchen, damit die Kennzahlen ihrer Unternehmen im Gedächtnis zu behalten).

Das Majorsystem zählt zu den faszinierendsten Merktechniken, weil neben dem erleichterten Umgang mit Zahlen genauso Vorstellungskraft und Wortschatz gefördert werden. Die Variations- und Anwendungsmöglichkeiten des Majorsystems, das auf der Zuordnung von Buchstaben, Lauten und Wörtern zu Zahlen beruht, sind endlos. Zusammengefasst weist es folgende Vorteile auf:

- Zuverlässig: Jedes Merkbild lässt sich eindeutig in eine Zahl verwandeln.
- Komprimiert: Es werden mehrere Ziffern in einem Bild zusammengefasst .
- Kreativ: Gleiche Ziffernfolgen können in unterschiedliche Begriffe beziehungsweise Bilder verwandelt werden – die Variationsmöglichkeiten sind grenzenlos.

Anders als die Zahlen-Symbol-Technik funktioniert das Majorsystem nicht durch die direkte Verbindung zwischen Zahl und Bild, sondern es setzt eine Ebene tiefer an: Die Ziffern werden zunächst in Buchstaben übersetzt, aus denen Wörter und anschließend ganze Merkbilder konstruiert werden – so passen viele Ziffern in ein einziges Bild.

Lassen Sie uns gleich in die Praxis einsteigen, damit Sie verstehen, wie diese Technik funktioniert. Hier sind die Buchstaben für die ersten drei Ziffern:

- 1 = T oder D
- 2 = N
- 3 = M

Statt die Übersetzung von der Ziffer zum Buchstaben einfach nur auswendig zu merken, bauen Sie sich am besten gleich eine Eselsbrücke: Die 1 sieht ähnlich aus wie ein T (außerdem wird sie mit D gleichgesetzt, weil es ähnlich wie das T klingt). Ein klein geschriebenes N weist zwei senkrechte Linien auf – ein guter Hinweis auf die dazugehörige Ziffer 2. Auf die gleiche Weise lassen sich ein klein geschriebenes M und die 3 miteinander verbinden.

Zuverlässig, komprimiert und kreativ – weil sich auf diese Weise Zahlen verarbeiten lassen, arbeiten auch die Manager großer Unternehmen mit dem Majorsystem.

Wenn Sie jetzt zum Beispiel die 31 in ein Merkbild verwandeln wollen, beginnen Sie mit den Buchstabenkombinationen MT oder MD – das ist kaum aussprechbar und noch nicht als Bild zu denken. Dazu müssen Sie ein paar zusätzliche Regeln beachten:

Regel Nummer eins: Sie dürfen zwischen zwei für Ziffern stehende Buchstaben beliebige Vokale (a, e, i, o, u), Umlaute (ä, ö, ü) und Kombinationen aus beidem (zum Beispiel eu oder äu) einfügen. Vielleicht erkennen Sie schon das Potenzial dieser Technik, denn mit ein wenig Nachdenken lässt sich die 31 (oder die Buchstabenkombination MT) damit in den „Mut" verwandeln. Auf den zweiten Blick werden Sie womöglich einen Seemann erkennen: den „Maat".

Regel Nummer zwei: Sie können Vokale auch vor und hinter die Ziffern-Buchstaben platzieren. Das könnte beispielsweise die „Miete" oder die „Mode" ergeben, wenn wir bei der 31 bleiben.

Die Zahl 31 lässt sich in das Wort „Mode" übersetzen – und umgekehrt. Dafür brauchen Sie nur die Grundregeln des Majorsystems zu beherrschen.

Regel Nummer drei: Sofern es sich um unterschiedliche Ziffern handelt (und damit um verschiedene Buchstaben), braucht nicht unbedingt ein Vokal eingeschoben werden, um zwei Ziffern zu unterscheiden. Bei der 31 ergibt sich so zum Beispiel das „Amt". Andererseits können für Ziffern stehende Konsonanten in einem Wort verdoppelt sein, ohne dass diese in zwei getrennte Ziffern zurückübersetzt werden: Das Wort „Mama" ergibt die 33 (gleiche Ziffern durch Vokale getrennt). Dagegen steht „Mann" für die Ziffer 32 (doppelter Konsonant ohne Vokal dazwischen) und nicht für die 322, für die Sie das Wort „Mahnen" benutzen können. Die Übersetzung von „Mutti" ist die 31 und nicht die 311, während die Wörter „Tat" und „Tod" mit 11 und „Attentat" mit 1211 übersetzt werden.

Außerdem gibt es Konsonanten im Alphabet, die nicht mit einer Ziffer übersetzt werden. Diese können Sie ebenfalls hinzufügen, um leichter Wörter zu bilden. Allerdings handelt es sich dabei nur um das H sowie X und Y. Wie Sie im Beispiel für die 322 schon gesehen haben, bleibt das H in „Mahnen" für die Übersetzung folgen- und ziffernlos. Auch die 21 kann auf diese Weise in die „Naht" übersetzt werden.

Ferner können Sie Majorbegriffe bilden, die nur aus einer Ziffer bestehen: „Hut" oder auch „Tee" für die 1, „Huhn" für die 2 und „Oma" für die 3. Nutzen Sie diese einstellige Übersetzung aber nur im Sonderfall, wenn Sie zum Beispiel an eine längere Zahl eine Ziffer anhängen müssen.

Jetzt sind Sie dran! Suchen Sie Majorbegriffe für alle Kombinationen aus den Ziffern 1, 2 und 3.

11 12 13
21 22 23
31 32 33

Majorbegriffe aus zweistelligen Ziffern sind praktisch. Einerseits lassen sie sich recht einfach bilden und andererseits haben Sie damit zwei Ziffern in einem Bild verbunden. Wenn Ihnen bei der Anwendung des Majorsystems längere Begriffsketten gelingen, dann ist das hervorragend, aber Ihr Gehirn arbeitet nicht weniger effektiv, wenn Sie konsequent Majorpärchen bilden.

Haben Sie gute Begriffe für die Zahlen oben gefunden? Dann wollen wir weitermachen und uns den Rest des Major-Übersetzungssystems für die übrigen Ziffern ansehen (suchen Sie auch wieder nach Eselsbrücken, die jede Ziffer und deren Übersetzung sicher im Gedächtnis behalten lassen):

- 4 = R
- 5 = L
- 6 = SCH oder CH
- 7 = K oder G (lautverwandt)
- 8 = V, W, F oder auch PH
- 9 = P und B
- 0 = S, SS und Z

Erinnern Sie sich an die Zahl vom Anfang des Kapitels? Vermutlich nicht. Aber vielleicht haben Sie das Merkbild noch im Kopf? Dann können Sie daraus ganz einfach mithilfe des Majorsystems die Zahl zurückübersetzten. Testen Sie, ob Sie aus „in Südamerika wachsen grüne Wolkenkratzer" wieder die richtige Ziffernfolge bilden können. Ist es im Moment noch zu schwierig, diese Aufgabe im Kopf zu bewältigen? Dann nehmen Sie Stift und Papier zur Hand (sofern Sie es zum Konstruieren guter Merkhilfen und nicht als Informationsspeicher benutzen).

Das Majorsystem braucht von allen vorgestellten Merktechniken am meisten Übung. Aber spätestens nach ein paar Tagen Training werden Sie mühelos alle Zahlen in Wörter und genauso schnell Wörter in Zahlen verwandeln können – der etwas höhere Aufwand wird belohnt mit einem effektiven System zum Merken von Ziffern und Zahlen.

Nun lassen Sie uns üben: Suchen Sie zuerst einmal Wörter, die jeweils nur eine Ziffer enthalten. Die 1 lässt

Wer nicht nur privat, sondern auch beim Aufstellen von Majorbegriffen Pärchen bildet, tut sich beim Verwenden der Merktechnik leichter.

Darauf kommt nur der gewiefte Merktechniker: das „Reh“ als Majorbegriff und Symbol für die Zahl 4.

sich als „Tee“, „öde“ oder „Hut“ wiedergeben. Die 2 ist der schwerste der einstelligen Begriffe. Am besten denken Sie an ein „Huhn“ – kein ganz leichter Begriff, weil der Schlüsselkonsonant nicht am Anfang des Worts steht. Bei der 3 bietet sich die „Oma“ an und bei der 4 zum Beispiel das „Reh“.

Machen Sie einfach so weiter, bis Sie bei der Null angekommen sind. Eine ausführliche Liste einstelliger Majorbegriffe finden Sie in der Kategorie „Zahlen merken“ auf der Webseite *www.denkreich.com/wiki/basistechniken/*. Sollten Sie diese Aufgabe sportlich angehen wollen, können Sie versuchen, so viele Begriffe wie möglich für eine Ziffer zu finden.

Jetzt sind Sie mit eigenen Zahlenkombinationen am Zug: Notieren Sie sich lange Zahlenreihen anfangs auf einem Blatt Papier, damit Sie in Ruhe experimentieren können, wie sich die Kombinationen am besten in Begriffe und Merksätze verwandeln lassen. Dabei gilt es, eine einfache Regel des Majorsystems zu beachten:- Merke von links! Beginnen Sie mit der ersten Ziffer und bilden Sie einen so langen Majorbegriff wie möglich.

Wenn Sie nicht weiterkommen, eröffnen Sie einen neuen Begriff, den Sie mit dem vorigen verknüpfen.

Ein Beispiel: Wenn Sie die Telefonnummer 1 4 8 4 1 6 0 5 in ein Bild verwandeln wollen, können Sie mit dem „Tor“ beginnen (14). Oder Sie fassen die ersten drei Ziffern zum bekannten Moorprodukt „Torf“ zusammen. Mit ein wenig Übung erkennen Sie in den ersten fünf Ziffern auch das Wort „Torwart“ – das sind fünf Ziffern in einem einzigen Bild und damit ein sehr guter Majorbegriff. Danach hängen Sie noch den Begriff „Schüssel“ an und stellen sich als Merkbild einen Torwart vor, der in einer Schüssel steht – das ist viel leichter zu merken als die achtstellige Zahl von oben, oder?

Die Suche nach Majorbegriffen ist ein hervorragender Denksport, der den Wortschatz massiv verbessert. Je länger die Begriffe, desto besser wird der Zugriff auf das innere Lexikon. Sollten Sie mit einer Ziffernkombination gar nicht weiterkommen, dann werfen Sie einen Blick ins Internet. Dort gibt es Seiten, auf denen gezielt nach Majorbegriffen gesucht werden kann, zum Beispiel auf *www.zahlen-merken.de*. Doch Achtung! Auf manchen Seiten gelten für das Majorsystem etwas andere Regeln als die hier erwähnten (was Sie gerade gelernt haben, ist jedoch internationaler Standard, der auch in anderen Ländern und Sprachen benutzt wird).

Wer häufig nach Majorbegriffen sucht, lernt nicht nur effektiver, sondern verbessert darüber hinaus seinen Wortschatz.

ALLGEMEINWISSEN

Liebe Leserin, lieber Leser,

nun haben Sie sich bereits grundlegend mit einigen wichtigen Merktechniken auseinandergesetzt. Damit Sie zugleich lernen, wie diese erfolgreich in der Praxis angewendet werden können, sollten Sie weiterlesen.

Auf den folgenden Seiten erfahren Sie in fünf Kapiteln allerlei Wissenswertes – Allgemeinwissen im besten Sinne – zu Themen aus den Bereichen Naturwissenschaft, Geografie, Biologie, Geschichte und Kultur.

Unterbrochen wird die Darstellung in regelmäßigen Abständen von sogenannten **„Wie merke ich es mir"-Boxen**: Diese greifen die Merktechniken aus dem Einführungsteil auf und bringen sie an ausgewählten Beispielen aus den fünf Kapiteln zur Anwendung. Dabei sind die angewendeten Techniken in kursiver Schrift hervorgehoben. Zumeist werden in einer Box gleich mehrere Merktechniken zum Einsatz gebracht.

Wichtig: Die „Wie merke ich es mir"-Boxen sollen Sie dazu ermutigen und ermächtigen, selbst Eselsbrücken zu bilden und Merktechniken anzuwenden. Sie dienen als Anschauungsbeispiel. Zum auswendig lernen sind sie nicht gedacht.

Außerdem werden Sie auf den folgenden Seiten auf **einprägsame Bilder und informative Tabellen** stoßen, die viele ergänzende Informationen bereithalten. Bitte beachten Sie auch die zahlreichen **„Schon gewusst?"-Boxen**! Sie halten ebenfalls weiterführende Hinweise bereit oder bieten faszinierende und kuriose Fakten zu den jeweiligen Themenbereichen dar.

Viel Freude bei der weiteren Lektüre!

FASZINATION WISSENSCHAFT

Egal ob man es Universum, Kosmos oder Weltall nennt – von den elementaren Teilchen bis hin zu gigantischen Galaxien ist darin die Gesamtheit von Raum, Zeit, Energie und Materie enthalten.

Universum und Sonnensystem

Wer hat beim Blick in den nächtlichen Sternenhimmel nicht auch schon einmal philosophierend über das eigene Leben nachgedacht? Da liegt die Unendlichkeit direkt vor einem, versehen mit unzähligen funkelnden Sternen. Doch wie sind Universum und Sonnensystem entstanden? Und wie ist die darin enthaltene Materie aufgebaut?

Bewegt hat die Menschen stets das, was am Himmel über ihnen zu sehen war. Das Weltall und die Sterne faszinieren uns bis heute. Schon kleine Kinder fragen sich, was denn um den Planeten Erde herum noch existiert. Die Fortschritte in unseren Wissenschaften helfen uns immer besser zu verstehen, wie die Erde und das Leben entstanden sind – Fragestellungen, die zu den spannendsten überhaupt zählen und deren Antworten für den menschlichen Geist oft nur schlecht vorstellbar, manchmal auch kaum greifbar erscheinen.

Kosmologie

Wir stehen auf einer großen Kugel, die sich nicht nur atemberaubend schnell um die eigene Achse dreht, sondern sich auf einer elliptischen Bahn um ein noch viel größeres Gestirn bewegt, auf dem unvorstellbar hohe Temperaturen herrschen – die Sonne. Und das Licht eines Sterns, den man gerade beobachtet, kann sich bereits seit vielen Jahre auf dem Weg zur Erde befinden. In dem Moment, wo wir es erblicken, existiert der Stern vielleicht schon gar nicht mehr, da er beispielsweise längst verglüht oder implodiert ist.

Die Erfolge der Menschheit in der Raumfahrt haben uns viele atemberaubende Aufnahmen unserer Nachbarplaneten beschert. Und wer denkt beim Einschalten seines Navigationsgeräts schon daran, dass er diesen Komfort künstlichen Erdtrabanten, also Satelliten, verdankt, die von den Menschen ins All transportiert wurden? Zwischen den ersten zaghaften Versuchen, einen Flugkörper ins All zu entsenden und der Navigation mittels Satelliten liegen nur wenige Jahrzehnte intensiver Forschung.

Die Geschichte des Universums

Das Weltall und die deutlich sichtbaren Sterne haben die Menschen von jeher fasziniert. Lange Zeit wurde jedoch das Geschehen am Himmel als gegeben hingenommen. Der Weltraum galt als beständige Größe. Zwar wurde in der wechselvollen Geschichte der Wissenschaft intensiv darum gerungen, ob sich die Erde denn nun um die Sonne bewege oder ob alle Sterne unseren blauen Planeten umkreisen. Doch wie das All eigentlich entstand, war lange Zeit eine – wenn überhaupt – nachrangige Fragestellung.

Die Verbesserung unserer Messinstrumente und Forschungstechnik führte ebenfalls zu neuen Einsichten: Es wurden weitere Galaxien entdeckt, was ein Bewusstsein für die Größe des Weltalls schuf. Das alles mündete schließlich in der Frage, wie denn das Weltall und die darin enthaltenen Materie überhaupt entstanden.

Dank wissenschaftlicher Forschung ist klar, dass unser Universum einen Anfangspunkt hatte, der vor ca. 13,8 Milliarden Jahren liegt. Zu diesem Zeitpunkt war alles, was später zum Universum werden sollte, auf einen winzigen Punkt mit extremer Dichte und außerordentlichen Temperaturen zusammengepresst. Es kam zu dem, was die Wissenschaft als „Urknall" bezeichnet – der Anbeginn von Zeit und Raum. Binnen weniger Sekunden und Minuten sank die Temperatur. Bereits jetzt waren

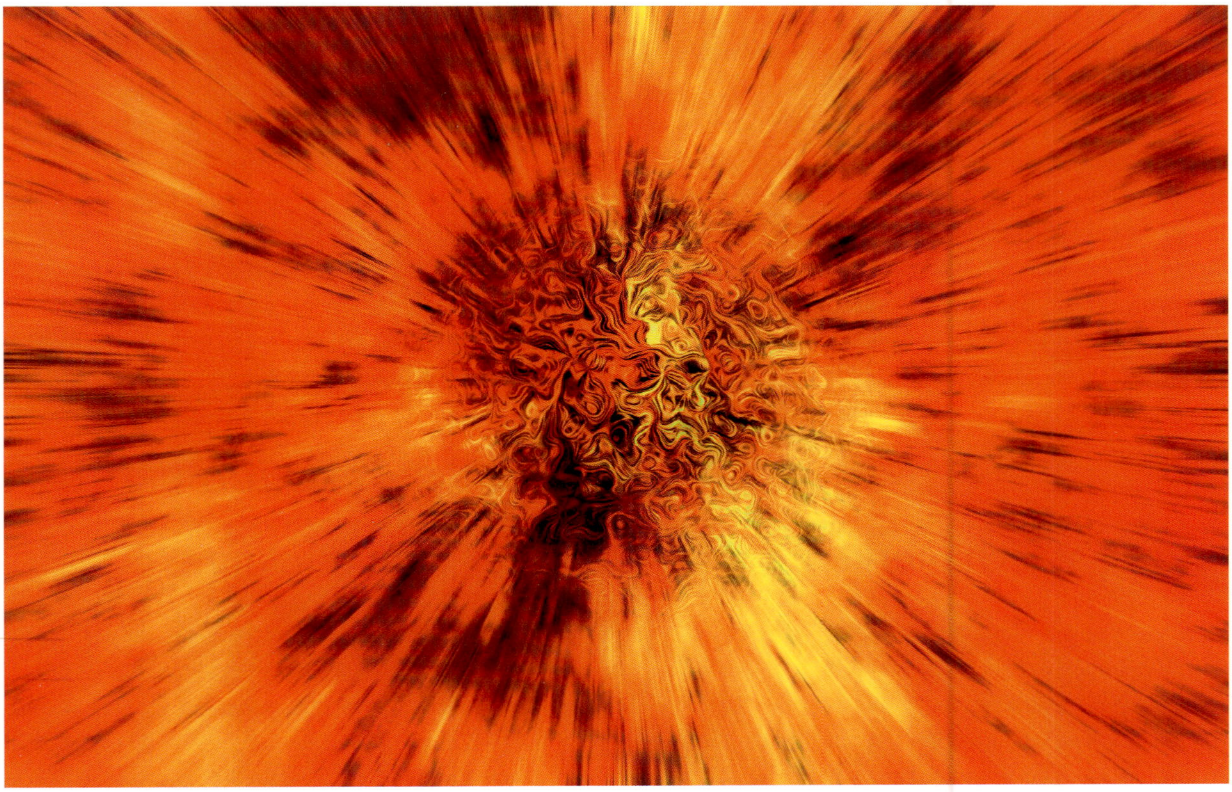

Anders als wir es uns gemeinhin vorstellen, ist mit „Urknall" keine Explosion in einem vorhandenen Raum gemeint. Vielmehr ist damit die Vorstellung verbunden, dass sich Raum und Zeit einst von einem singulären Punkt aus entwickelten.

Die Sonne stellt eine Plasmakugel dar, auf deren Oberfläche es 6000 Grad Celsius heiß ist. Sonnenstrahlung ist Grundvoraussetzung für Entstehung und Bestand von Leben auf der Erde.

die Bausteine entstanden, aus denen unsere Materie besteht: Neutronen, Protonen und Elektronen bewegten sich frei. Es wird angenommen, dass außerdem bereits zu diesem Zeitpunkt erste einfache Elemente aus diesen Bausteinen entstanden: Wasserstoff, Helium, Lithium, Beryllium und Deuterium. Von dieser ersten Sekunde an dehnte sich das Universum aus. Und wie wir wissen, setzt sich diese Ausdehnung auch heute noch fort.

Die Temperaturen im noch jungen Universum waren so hoch, dass sich keine stabilen Verbindungen zwischen den Bausteinen zusammenfinden konnten. Die Bausteine der Materie schwammen wie Zutaten in einer Suppe herum. Daher leitet sich auch der in diesem Zusammenhang oft verwendete Begriff der „Ursuppe" ab. Erst nach rund 400 000 Jahren war die Temperatur auf etwa 3000 Kelvin (absolute Temperatur) gesunken. Nun konnten sich erste dauerhafte Verbindungen einstellen. Etwa eine Millionen Jahre nach dem Urknall begann sich Materie durch die eigene Schwerkraft zu verdichten. Es bildeten sich Gaswolken, in deren Innerem Kernfusionen stattfinden konnten. Die ersten Sterne entwickelten sich und auch so wichtige Elemente wie Kohlenstoff, Stickstoff und Sauerstoff.

Vor 4,7 Milliarden Jahren bildete sich langsam unser Sonnensystem heraus. Materie zog sich zusammen und bildete Klumpen unterschiedlicher Größe. Der größte Teil der Masse sammelte sich im Zentrum – das Ergebnis: unsere Sonne. Rund hundert Millionen Jahre später existierte bereits die Erde. Der junge Planet wurde von einem riesigen Asteroiden getroffen, der einen Teil heraussprengte. Unser Mond war entstanden. In der Zeit zwischen 4,4 und 3,5 Milliarden Jahren kühlte sich die Oberfläche der Erde allmählich ab. Es bildete sich eine Kruste, auf der sich langsam auch Wasser sammeln konnte. Die grundlegenden Voraussetzungen für die Entstehung des Lebens waren geschaffen.

Wenn sich, wie die Wissenschaft annimmt, das Universum permanent ausdehnt, stellt sich damit die Frage nach dessen Zukunft. Hier sind die Experten unterschiedlicher Ansicht. Als am wahrscheinlichsten gilt, dass sich das All auf alle Zeiten hin immer schneller ausdehnen wird. Irgendwann wird diese schiere Größe

Wie merke ich es mir?

Wie lässt sich merken, ob der Mond zu- oder abnimmt?

Eine bekannte *Eselsbrücke* dafür, ob der Mond zu- oder abnimmt, beruht auf der alten Schreibschrift. Wir wollen uns an dieser Stelle aber nicht damit befassen. Denn es wird Zeit für eine moderne Fassung, um sich dauerhaft zu merken, wann der Mond dicker wird oder gerade auf Diät ist.

Bei dieser neuen Fassung für die Eselsbrücke der Mondphasen wird aus der Außenkante des Monds in Gedanken die Spitze eines Pfeils. Zeigt dieser Pfeil nach rechts, dann nimmt der Mond zu. Und zeigt der Pfeil nach links, nimmt der Mond ab. Das ist eigentlich gar nicht so schwierig zu merken, oder?

Das Universum als leerer Raum? Das ist in der Tat eine Vorstellung, die den Menschen verunsichert – vielleicht weil sie uns vor Augen führt, dass unsere Zeit auf Erden endlich ist?

den Zusammenhalt von Materie unmöglich machen und die Energie der Sterne aufbrauchen. Am Ende stünde ein unendlicher und leerer Raum. Diese Vorstellung wirkt auf uns Menschen befremdlich, denn es fällt uns schwer, an unser eigenes Ende zu denken. Doch die Wissenschaft ist sich in dieser Hinsicht einig: Den Menschen wird es zu diesem Zeitpunkt dann schon lange nicht mehr geben.

So ist Materie aufgebaut

Wir selbst, die uns umgebende Luft und alles, was wir berühren, besteht aus Materie. Aber woraus ist diese aufgebaut? Die einfache und kurze Antwort lautet: aus Atomen und Molekülen. Die Vorstellung von einem kleinsten Teilchen, aus dem sich alle Stoffe zusammensetzen, dem Atom, wurde bereits in der Antike entwickelt. Dabei handelte es sich aber nicht um eine naturwissenschaftliche Hypothese, sondern eher um das Ergebnis philosophischer Betrachtung. Tatsächlich konnten Forscher noch am Ende des 19. Jahrhunderts die Existenz von Atomen guten Gewissens bestreiten, denn die Bausteine unserer Welt sind so klein, dass sie mit konventionellen Mikroskopen nicht sichtbar gemacht werden können. Einen endgültigen Beweis für die Existenz von Atomen blieb die Physik bis Anfang des 20. Jahrhunderts schuldig.

Die Stoffe und die Materie, die uns umgeben, sind also aus Atomen zusammengesetzt. Diese gehen wiederum Verbindungen ein, solch ein Verbund an Atomen wird Molekül genannt. Das Wasser, aus dem unser Körper zum Großteil besteht und das wir in Form von Getränken zu uns nehmen, besteht zum Beispiel aus der Verbindung von einem Sauerstoffatom und zwei Wasserstoffatomen, einem sogenannten Wassermolekül.

Schon gewusst?

Eine der verheerendsten Entdeckungen der Menschheit ist sicherlich die Kernspaltung. Am 17. Dezember 1938 konnte am Berliner Kaiser-Wilhelm-Institut für Chemie der Beweis angetreten werden, dass sich der Atomkern von Uran durch Neutronen spalten lässt. Dies wurde durch den Nachweis der bei der Spaltung entstehenden Produkte Barium und Krypton aufgezeigt. Schon vier Jahre später wurde ein erstes Reaktorexperiment in den USA durchgeführt. Danach dauerte es nur mehr drei weitere Jahre, bis es zu den verheerenden Atombombenabwürfen über Japan kam.

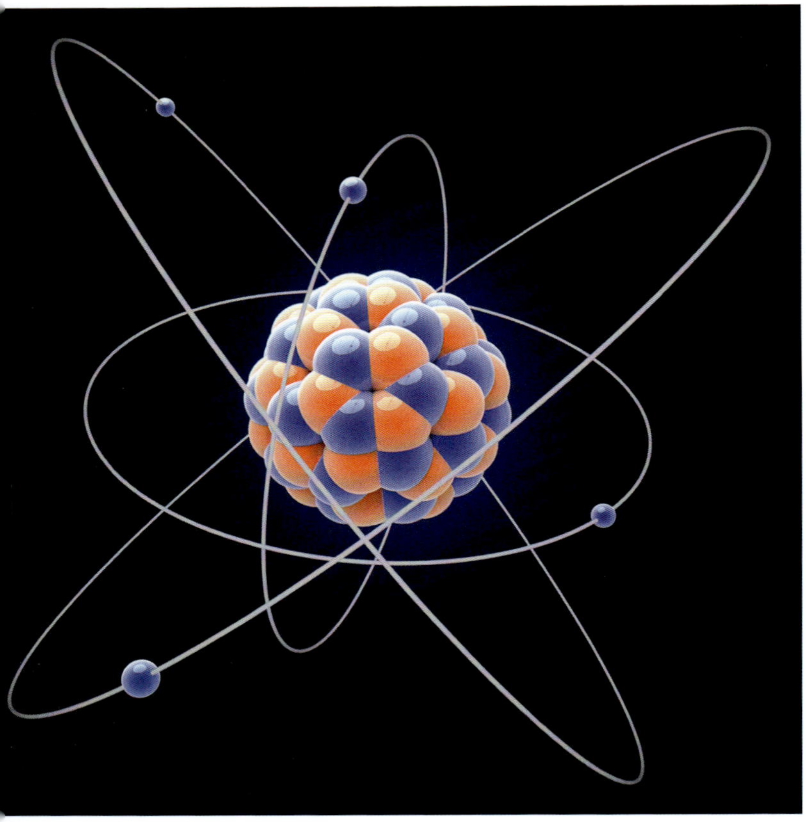

Modell eines Atoms: Um den Kern kreisen die Elektronen.

Die moderne Forschung hat allerdings ergeben, dass auch die Atome selbst wiederum aus noch kleineren Teilen bestehen. Ein Atom setzt sich aus seinem Kern und unteilbaren, negativ geladenen Teilchen, den Elektronen, zusammen. Folgt man dem Atommodell des Physikers Niels Bohr, befinden sich diese Elektronen auf einer Kreisbahn um den Kern selbst, ähnlich den Monden um einen größeren Planeten. Im Kern des Atoms liegen positiv geladene Teilchen, die Protonen. Die Zahl der Elektronen, die den Kern umkreisen, ist stets so groß wie die Anzahl der Protonen. Damit heben sich die elektrischen Ladungen der Teilchen auf. Der Stoff ist in elektrischer Hinsicht neutral.

Der Atomkern selbst besteht aber nicht nur aus den Protonen, deren Vorhandensein somit nicht die Masse der meisten Atome bedingt. Im Kern sind auch noch neutrale Teilchen vorhanden, sogenannte Neutronen. Da Protonen und Neutronen den Kern bilden, werden sie auch gemeinsam als Nukleonen bezeichnet (lat. *nucleus* = „Kern“).

Dieses Wissen vom grundlegenden Aufbau der Atome blieb lange Zeit Schulwissen. Komplizierte Berechnungen und Hypothesen aus anderen Bereichen der Physik legten allerdings die Vermutung nahe, dass es vielleicht noch kleinere Bausteine der Materie geben könnte. Und das trieb die Physik dazu, der Frage nachzugehen, woraus sich denn die bisher bekannten kleinsten Bausteine zusammensetzen könnten. Die Antwort lautet: Diese Bausteine sind Quarks, von denen verschiedene Arten existieren: Up-Quarks sind positiv geladen, Down-Quarks negativ. Das Proton besteht aus zwei Up-Quarks und einem Down-Quark, das Neutron aus einem Up-Quark und zwei Down-Quarks.

Dass es Quarks gibt, entdeckte ursprünglich 1963 der Schweizer Physiker André Petermann. Da seine Entdeckung aber erst 1965 veröffentlicht wurde, kam ihm der Physiker Murray Gell-Mann zuvor, der ein Jahr später zu dem gleichen Ergebnis kam. Gell-Mann erhielt für seine Entdeckung 1969 schließlich den Nobelpreis für Physik. Unabhängig von Petermann und Gell-Mann entwickelte der US-amerikanische Physiker George Zweig am CERN ein ähnliches Modell, nannte die Teilchen aber nicht Quarks, sondern „Asse“. Da Zweig auf den Widerstand seiner Vorgesetzten stieß, scheiterte die Veröffentlichung seiner Theorie und so heimste Gell-Mann den Erfolg für die Entdeckung der Quarks ein. Der Name ist übrigens dem Roman *Finnegans Wake* von James Joyce entlehnt. Der Satz „three quarks for Muster Mark“ („drei Quarks für Muster Mark“ – gemeint sind hier drei Krähenrufe) inspirierte Gell-Mann dazu, den Teilchen diesen Namen zu geben, da man ursprünglich davon ausging, dass es drei Quarks in jedem Atom geben müsse.

Schon gewusst?

Bisher ist es nicht gelungen, freie Quarks zu beobachten. Ein Nachweis darüber, warum das so ist, steht mathematisch noch aus. Deswegen gehört diese Problemstellung auch zur Liste der sogenannten Millennium-Probleme. Mathematiker, denen es gelingt, eines davon schlüssig zu lösen, dürften mit einem Preisgeld in Höhe von einer Million Dollar rechnen. 17 Jahre nach Ausloben der Liste steht ein solcher Beweis noch aus.

Unser Sonnensystem

Wir sprechen ganz selbstverständlich von unserem Sonnensystem, aber den wenigsten Menschen ist bewusst, aus welchen Teilen ein solches System überhaupt besteht. Dabei liegt es auf der Hand: Im Zentrum eines Sonnensystems muss eine Sonne gelegen sein. Sie wird von Planeten umkreist, zu denen selbstverständlich auch die Erde zählt.

Ein Planet zeichnet sich nach Definition der Astrophysiker durch drei Merkmale aus. Zum einen hat er durch die ihn bestimmenden physikalischen Kräfte eine kugelförmige Gestalt angenommen. Zum anderen muss er der dominierende Körper auf seiner Umlaufbahn sein.

Haben Sie eine schlüssige Idee, weshalb es Wissenschaftlern trotz modernster Technik nicht gelingt, freie Quarks zu beobachten? Dann winkt Ihnen ein sattes Preisgeld.

Denn durch seine Masse und der daraus resultierenden Anziehungskraft hat er andere Objekte auf seiner Bahn verdrängt. Daraus folgt, dass große Planeten teilweise von Monden umkreist werden. Außerdem umkreisen Planeten stets einen Stern.

Zum Sonnensystem gehören des Weiteren unzählige Gasteilchen, Kometen, Asteroiden, Meteoriten und Satelliten. Natürliche Satelliten werden oft auch als Mond bezeichnet. Sie sind kleinere Himmelskörper, die sich ebenfalls auf einer Umlaufbahn befinden. Zu unserem Sonnensystem gehören folgende Planeten (angeordnet nach ihrer Distanz zur Sonne):

Der Merkur besitzt keine Atmosphäre, die ihn schützt, und ist der Sonne am nächsten. Damit ist er deren Strahlen unerbittlich ausgesetzt, was zu Temperaturschwankungen von über 400 Grad Celsius plus bis 170 Grad Celsius minus führt. Seinen Namen verdankt er der dem römischen Gott der Händler und Diebe: *Mercurius*. Gemeinsam mit Venus und Mars zählt der Merkur zu den erdähnlichen Planeten, da er der Erde in Größe und chemischer Zusammensetzung tatsächlich gleichkommt.

Eine dichte reflektierende Wolkendecke macht die Venus zu einem der hellsten Punkte am Nachthimmel. Seinen Namen verdankt dieser Planet der römischen Liebesgöttin. Das dürfte auch damit zusammenhängen, dass er durch seine Helligkeit besonders hervorsticht. Besonders schön ist das Klima auf der Venus aber nicht – dort herrschen Temperaturen von fast 500 Grad Celsius.

Im Gegensatz dazu kommen auf unserem Heimatplaneten, der Erde, viele positive Faktoren zusammen, die Leben ermöglichen. Dazu zählen vor allem eine schützende Atmosphäre und ein ausreichender Abstand zur Sonne.

Dass die Erde über eine solche Atmosphäre verfügt, hat sie übrigens ihrem Umfang zu verdanken, da Planeten eine bestimmte Größe benötigen, um mit ihrer Schwerkraft eine Atmosphäre aus flüchtigen Gasen festhalten zu können. Gäbe es die abschirmende Gashülle nicht, wären wir beispielsweise zerstörerischen Sonnenwinden ungeschützt ausgeliefert.

Das Bildnis der Venus stammt aus der Casa di Venus, das sich in den antiken Ausgrabungsstätten von Pompeji befindet. Der römischen Göttin kommt noch heute Ehre zuteil, indem sie als Namenspatin eines besonders schönen Planeten firmiert.

Der Mars ist zwar nur halb so groß wie die Erde, aber ihr ansonsten so ähnlich, dass Wissenschaftler es für wahrscheinlich halten, dass auf ihm Leben entstehen könnte. Er wird im Volksmund gern als „roter Planet" bezeichnet. Der Grund dafür: In seiner dünnen, von Kohlenstoffdioxid geprägten Atmosphäre hat sich ebenso wie auf seiner Oberfläche Eisenoxid gesammelt. Das ist der chemische Ausdruck für Rost, ein irdisches Phänomen, das jeder Autobesitzer kennt. Der roten Farbe, die gemeinhin für Aggressivität steht, verdankt der Mars seinen Namen. Er stammt von dem römischen Kriegsgott gleichen Namens.

Er ist der größte der Planeten und besitzt keine feste Oberfläche – Jupiter. Deswegen wird er zu den sogenannten Gasriesen gezählt, er besteht überwiegend aus Wasserstoff und Helium. Dennoch besitzt er eine enorme Masse, die größer ist als die aller anderen Planeten zusammengerechnet. Benannt wurde der Riese nach dem Hauptgott der Römer. Und das erscheint aufgrund seiner Dimensionen ja auch durchaus angemessen.

Bei Saturn handelt es sich um den zweitgrößten Planeten im Sonnensystem. Er besteht ebenfalls aus Gas und kommt ohne feste Oberfläche aus (vorherrschend sind Wasserstoff und Helium). Typisch für den Saturn sind die über hundert Ringe, die ihn umgeben und bereits mit einfacheren Teleskopen auch von der Erde aus sichtbar sind. Sie bestehen in erster Linie aus Eis, aber auch aus kleinen Gesteinsbrocken, die den Planeten umkreisen.

Uranus ist immerhin viermal so groß wie die Erde (er umfasst 51 000 Kilometer im Durchmesser) und besteht wiederum aus Gasen. Über seinen genauen Aufbau weiß man allerdings wenig. Es ist vorstellbar, dass sich in seinem Kern Gestein befindet, das anschließend von flüssigen und danach gasförmigen Gasen umgeben ist. Auch Neptun hat einen Durchmesser von knapp 50 000 Kilometern, besteht aus Gasen und ist mit einer mittleren Temperatur von minus 201 Grad sehr kalt. Der gasförmige Pluto ist hingegen deutlich kleiner (sogar als der Mond). Seitdem in seiner Nähe ähnliche Him-

melskörper gefunden wurden, verlor er seinen Status als Planet unseres Sonnensystems (im Jahr 2009 wurde von der internationalen Astronomischen Union beschlossen, dass Pluto nicht der Definition eines Planeten entspricht). Dafür wurde extra für ihn die Kategorie „Zwergplanet" geschaffen.

Kosmische Phänomene

Im Weltall passieren viele Dinge, die schon immer das Interesse der Menschheit auf sich gezogen, aber teilweise auch Ängste hervorgerufen haben. Einige dieser Phänomene sollen an dieser Stelle vorgestellt und kurz beschrieben werden:

Dazu zählt der Einfluss der Sonne auf die Entstehung des Lebens auf der Erde: Die Umlaufbahn unseres Heimatplaneten befindet sich genau dort, wo es weder zu warm noch zu kalt ist, um das Leben, so wie wir es kennen, möglich zu machen. Und es ist die Anziehungskraft der Sonne, die unseren Planeten auf genau dieser Bahn hält. Die lange Verweildauer in der sogenannten habitalen Zone ermöglicht das Leben in der heutigen Form. Nicht zu unterschätzen ist dabei auch der Einfluss des Mondes. Seine Gravitationskraft bremst die Erdrotation und hält die Achse der Erde stabil. Ohne seinen Einfluss könnte es, streng genommen, alle vier Jahreszeiten innerhalb eines Tages geben, und es käme zu extremen Temperaturschwankungen.

Asteroiden sind astronomische Kleinkörper, die sich um die Sonne bewegen. Sie werden auch „Kleinplaneten" genannt.

Von der Sonne aus betrachtet ist Neptun mit einer Distanz von ca. 4,5 Milliarden Kilometern der äußerste Planet im Sonnensystem.

Was das nächste Phänomen betrifft, sind wir froh, wenn es uns nicht zu nahe kommt. Doch im Kino kommt kein Weltraumepos ohne sie aus. Die Rede ist von Asteroiden, die sich zumeist mutigen Raumfahrern in den Weg stellen. Allgemein ausgedrückt, handelt es sich um kleinere Objekte, die durch das All fliegen, indem sie um einen Zentralstern (in unserem System eben um die Sonne) kreisen. Sie sind kleiner als Zwergplaneten und ihre Schwerkraft ist zu gering, damit sie eine kugelförmige Gestalt annehmen.

Eng verwandt mit den Asteroiden sind Meteoroiden. Diese sind noch kleiner als Asteroiden, wobei sich die Wissenschaft bisher nicht zu einer eindeutigen Abgrenzung durchringen konnte. Damit sind die Übergänge zwischen beiden fließend. Ein Teil der Meteoroiden wurde in den Anfangsjahren unserer Erde von ihrer Masse angezogen und in ihre Bahn gelenkt, sodass sie auf die Erde fielen – ein Phänomen, das auch heute noch auftreten kann. Bisher verlief dies aber ohne größere Schäden. Einen der bekanntesten Einschlagkrater von Meteoroiden in Deutschland stellt das Nördlinger Ries in Bayern dar (der Einschlag fand wohl vor ca. 14,6 Millionen Jahren statt). Genau gesagt liegt es in Schwaben oder im Dreieck zwischen den Städten Stuttgart, Nürnberg und München. Der Einschlagkrater von 24 Kilometern Durchmesser zeugt auch heute noch von den gewaltigen Energien, die damals freigesetzt wurden.

Wie lässt sich der Unterschied zwischen Asteroid und Meteoroiden merken?

Wer nicht fragt ... Zu schnell streift der ungeduldige Leser durch den Kosmos von Wissen und vergisst schnell ein paar harte Fakten der Allgemeinbildung. Schließlich sind Lesen und Verstehen zwei sehr verschiedene Dinge! Offen gesagt: Kennen Sie den Unterschied zwischen Meteoroiden und Asteroiden? Und können Sie sich das auch langfristig merken?

Wenn nicht, dann heißt es, Lesetempo drosseln, genau hinsehen und ordentlich *verbildern*: Asteroiden heißen so, weil sie „astronomisch" groß sind – sie werden auch als Kleinplaneten bezeichnet. Meteoroiden dagegen sind „klein wie Regentropfen" und werden von „Meteorologen" beobachtet, wie sie auf die Erde fallen (natürlich nicht, aber so lässt sich merken, dass Meteoroiden kleiner als Asteroiden sind). Mit ein wenig kreativer Fantasie lässt sich dieses Merkbild unterstützen, indem man sich den Anfangsbuchstabe „M" vorstellt, dessen Linien den Spuren von Regentropfen unter dem Symbol für Wolken auf einer Wetterkarte ähneln – eine hilfreiche *Eselsbrücke*.

Und Achtung! Denn Meteoroiden werden zu Meteoren (Sternschnuppen), wenn sie auf die Erde fallen. Folgende *Eselsbrücke* hilft beim Merken des Unterschieds: „Der Ritus des Fallens fällt beim Meteoroid weg und es bleibt der Meteor." Wenn Sie sich das vorstellen können, haben Sie alle Begriffe sicher im Kopf verankert.

Wenn Sternschnuppen am Himmel erscheinen, sollen Wünsche in Erfüllung gehen. Doch das ist natürlich jahrhundertealter Aberglaube.

Mit Meteoroiden hat übrigens auch das Phänomen der Sternschnuppen zu tun. Denn dabei handelt es sich um nichts anderes als kleine Himmelskörper, die von der Erde angezogen wurden und in die Atmosphäre gelangten. Typische Sternschnuppen sind nur wenige Millimeter groß. Das Leuchten der Sternschnuppe kommt übrigens nicht daher, dass der Körper glüht. Ursache ist vielmehr eine heiße Gashülle, die sich beim Durchfliegen der Atmosphäre bildet.

Besonders viele Sternschnuppen können jedes Jahr um den 12. August herum beobachtet werden. Dann nämlich geht der Perseiden-Schauer nieder, ein wiederkehrender Meteorstrom mit rund hundert Sternschnuppen pro Stunde. Ein wahrlich beeindruckendes Himmelsspektakel – sofern es nicht bewölkt ist.

Schon gewusst?

Polarlichter zählen zu den schönsten optischen Phänomenen, die auf der Erde sichtbar sind. Sie erscheinen wie ein weißer Lichtbogen über dem Horizont, manchmal sind sie auch deutlich als Strahlen sichtbar. Verursacher des hübschen Effekts sind Sonnenteilchen, die aus dem All bis zur Erde gelangen. Der sogenannte Sonnenwind besteht aus elektrisch geladenen Teilchen. Sie stoßen in der Luft mit Molekülen der Erdatmosphäre zusammen und regen diese zum Leuchten an. Das Phänomen ist auf Nord- und Südpol beschränkt, weil die Teilchen vom Magnetfeld der Erde abgelenkt werden. Hier durchdringt das Erdmagnetfeld die Atmosphäre, sodass der Leuchteffekt stattfindet.

Mondfinsternis & Co.

Wenn sich plötzlich der Himmel verdunkelt oder der Mond scheinbar verschwindet, hat das die Menschen vergangener Zeiten in Angst und Schrecken versetzt. Denn dass die Wärme der Sonne Leben und Energie spendet, war schon früh bekannt. Gleichwohl hat das Verschwinden der Gestirne schlicht mit den Bahnen zu tun, auf denen sich die Planeten bewegen. Bei einer Sonnenfinsternis schiebt sich der Mond zwischen Erde und Sonne. Da die Sonne rund 400-mal größer als der Mond ist und auch 400-mal so weit entfernt, kommt es zu dem optischen Eindruck, dass sich der Mond vollständig vor die Sonne schiebt. Die Verdunkelung der Umgebung ist das Resultat des Mondschattens, der dann auf die Erde geworfen wird. Bei einer Mondfinsternis schiebt sich die Erde zwischen Sonne und Mond. Dann ist es der Schatten der Erde, der den Himmelskörper verdunkelt.

Ein sehr seltenes Phänomen ist eine Nova, auch Supernova (lat. *novus* für „neu") genannt. An eine Stelle, an der vorher ein eher unauffälliger Stern zu sehen war, scheint plötzlich ein neuer Stern getreten zu sein, der hell leuchtet. Doch eine Nova stellt bloß einen Stern dar, der am Ende seines Lebenszyklus angekommen ist. Was man über diese Erscheinung annimmt, ist, dass es sich um einen Stern handeln kann, der über mehr Masse als die Sonne verfügt. Enden die im Sterninneren stattfindenden nuklearen Reaktionen, bricht der Stern unter seiner eigenen Anziehungskraft zusammen. Dabei zünden die nuklearen Reste und es kommt zu einem sehr starken Leuchten, das tausendfach heller als unsere Sonne sein kann. Überreste des Sterns in Form von Staub können es dann sogar bis auf die Erde schaffen.

Aus einer Supernova kann ein sogenanntes schwarzes Loch entstehen. Dessen Existenz folgt zwingend aus den Arbeiten Albert Einsteins. Doch es gelang erst nach dem Tod des berühmten Physikers, dieses Phänomen auch zu beobachten. Die Masse eines gestorbenen Sterns kann so stark zusammengepresst sein, dass sich selbst Licht nicht mehr ausbreiten kann. Das sprichwörtliche schwarze Loch verschluckt in diesem Fall alles um sich herum. Gleichzeitig macht dies das Aufspüren des Phänomens so schwierig. So lässt sich das Vorhandensein nur durch andere Beobachtungen nachweisen, etwa wenn ein anderer Stern von dem schwarzen Loch beeinflusst wird und plötzlich beschleunigt. Oder wenn vorbeiziehende Gaswolken angesaugt werden. Durch das Ansaugen von Materie werden schwarze Löcher immer schwerer und massiver, wodurch sich ihr Einflussbereich beständig vergrößert. Auch dadurch, dass Lichtstrahlen von schwarzen Löchern regelrecht „verbogen" werden, kann man deren Existenz beobachten. Denn je nachdem, wie nahe das Licht dem schwarzen Loch kommt, wird es entweder nur schwach abgelenkt bzw. in eine andere Richtung umgelenkt oder aber es kommt dem schwarzen Loch zu nahe – dann wird das Licht vollständig eingesaugt.

Die gesamte Masse eines schwarzen Lochs konzentriert sich übrigens an nur einem einzigen Punkt, der eine unendlich hohe Dichte und ein unendlich hohes Gravitationsfeld aufweist – der Punkt der maximalen Krümmung. Da es in jedem schwarzen Loch nur einen einzigen solchen Punkt gibt, spricht man hierbei in Fachkreisen auch von der sogenannten Singularität (von lat. *singularis* für „einzeln").

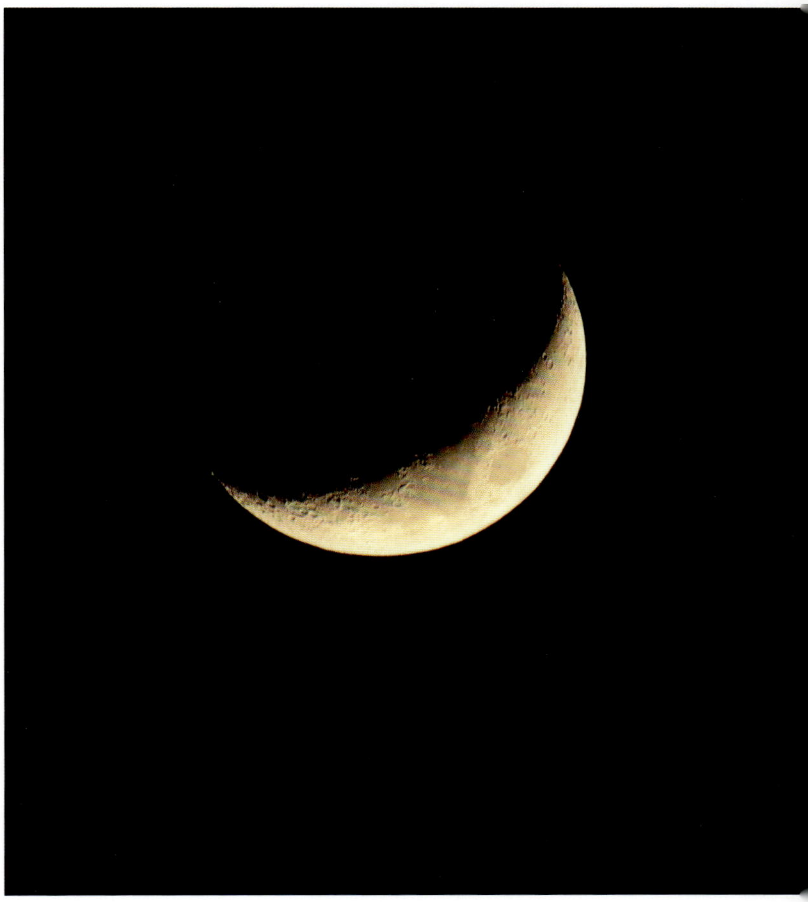

Teilweise Mondfinsternis – das beeindruckende astronomische Ereignis tritt nur ein, wenn Vollmond ist.

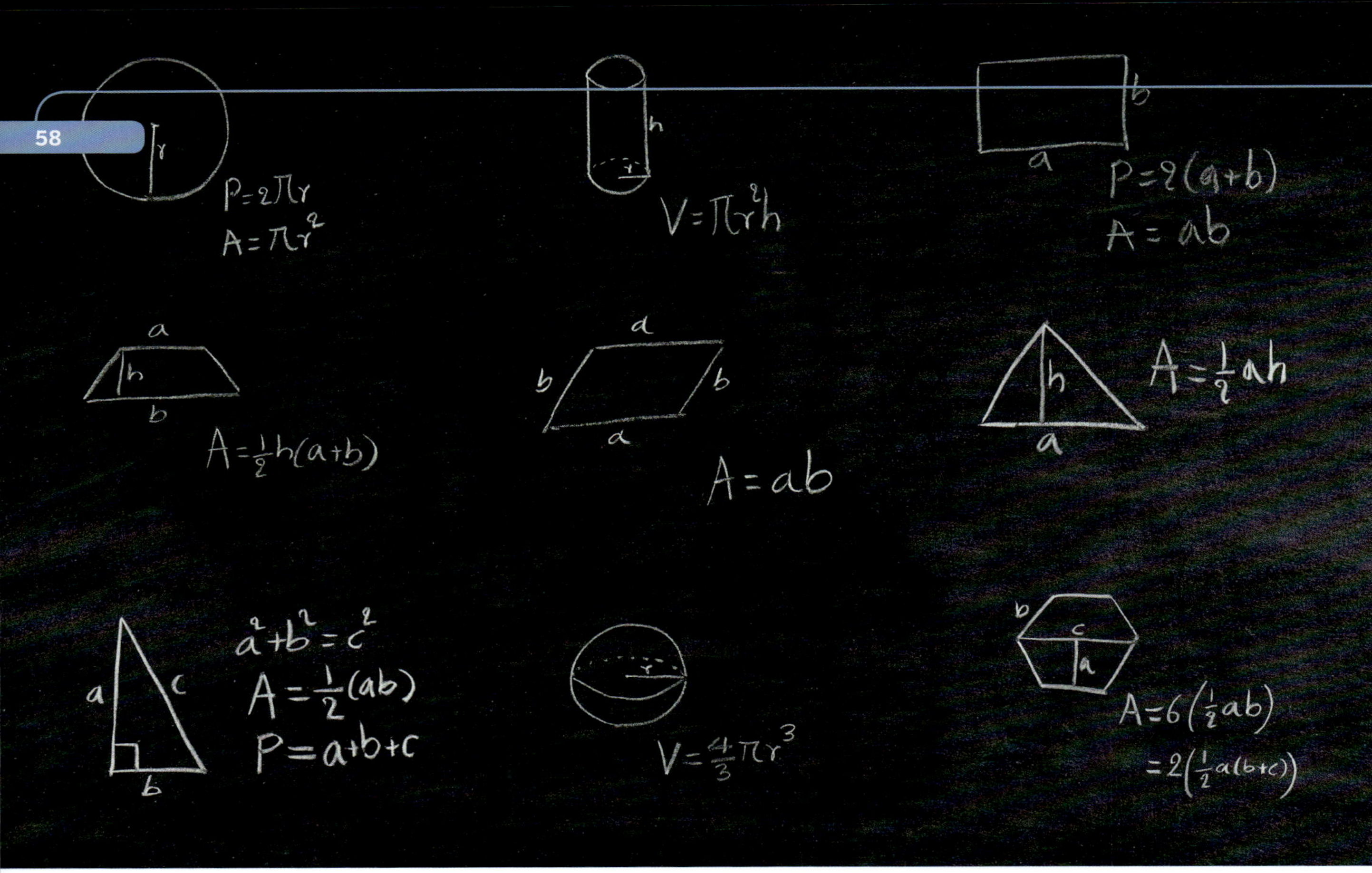

Können Sie sich an diese Formeln erinnern? Wenn nicht, macht das nichts. Dieses Kapitel handelt ohnehin mehr von schlauen Köpfen – Mathematikern wie Physikern.

Mathematik und Physik

An den Unterricht in Mathematik und Physik erinnert sich nicht jeder gern. Der Spaß an der Welt der Zahlen oder verblüffenden Experimenten kann schnell vergehen, wenn Lehrkräfte es nicht schaffen, den Stoff anschaulich zu präsentieren. Dabei bilden beide Fächer die Grundlage für viele Erfindungen unseres Alltags und zum Verständnis unserer Welt.

Die abstrakt erscheinende Mathematik begegnet uns andauernd im täglichen Leben. Das beginnt mit der Prozentrechnung, wenn wir die Mehrwertsteuer beim Einkaufen berücksichtigen müssen oder uns ein Händler Rabatt in einer bestimmten Höhe verspricht. Bestimmt kennen Sie auch das Gefühl, im Supermarkt grundsätzlich an der falschen Kasse zu stehen. Falls es Sie ein wenig tröstet – mit dieser Empfindung sind Sie nicht allein. Die Psychologie spricht in diesem Fall von selektiver Wahrnehmung. Die Wahrscheinlichkeitsrechnung erklärt die Entstehung von Schlangen mit der sogenannten Unregelmäßigkeit der Ereignisse.

Wir Menschen sind eben Menschen – und deswegen kann es keine Regelmäßigkeit geben. Der eine braucht etwas länger als der andere, und auch die Verteilung der Menschen, die einen Laden betreten, ist nicht gleich. Je mehr Menschen einkaufen, umso mehr treten Unregelmäßigkeiten auf und umso schneller und häufiger gibt es eben eine Schlange. Ein weiteres Alltagsphänomen, das ebenfalls unmittelbar etwas mit Mathematik zu tun hat, ist das MP3-Format, das uns digitalen Musikgenuss ermöglicht. Die Kompression der Audiosignale basiert auf reiner Mathematik und macht die Dateien erst transportabel.

Eine kurze Geschichte der Mathematik

Der Mathematikunterricht verweist oft auf die Geschichte des Faches. Klingende Namen wie Thales oder Pythagoras tauchen regelmäßig auf, die viele Lehrsätze und damit Grundlagen des Fachs entwickelt haben. Doch wann genau fing das mathematische Denken eigentlich an? Mit ein wenig Spekulation lässt sich sagen, dass der Beginn der Mathematik in einem archäologischen Fund wurzelt, der in den 1950er-Jahren ausgegraben wurde. Die Ishango-Knochen enthalten in mehreren Spalten eine Reihe von Kerben. Wissenschaftlichen Vermutungen nach könnte es sich um eine Art Rechenstab gehandelt haben.

Moderne Verfahren zur Altersbestimmung zeigen, dass die Knochen etwa 20 000 Jahre alt sind. Offenbar hatte der Mensch bereits früh das Bedürfnis, Mengen festzuhalten und zu zählen. Aus der Zeit zwischen 1800 bis 1600 v. Chr. sind einige Tontafeln überliefert, auf denen ebenfalls offensichtlich gezählt, vielleicht auch bereits gerechnet wurde. Vermutlich ging es darum, Vieh, Vorräte und vielleicht auch den Lohn zu bemessen. Die ägyptische Hochkultur (3000-300 v. Chr.) hat mit den Pyramiden Baudenkmäler hinterlassen, die auch heute noch zu besichtigen sind. Undenkbar, dass solche ausgefeilten Konstruktionen ohne mathematische Kenntnisse und Berechnungen errichtet werden konnten. Allerdings gibt es in dieser Hinsicht wenige Zeugnisse aus dieser Zeit. Denn die Ägypter schrieben auf Papyrus. Und dieser Stoff ist äußerst empfindlich und vergänglich.

Sicher ist: Im antiken Griechenland erlebte die Mathematik ihren ersten Höhepunkt. Und die Griechen waren nicht nur an den praktischen Zwecken der Mathematik interessiert, sondern hatten ein philosophisches Interesse daran. Insbesondere auf den Gebieten der Trigonometrie und der allgemeinen Geometrie haben sie Beachtliches geleistet und Formeln und Lehrsätze entwickelt, die heute noch gültig sind. Der bekannteste Grundsatz der Trigonometrie ist der, dass alle Winkel in einem Dreieck zusammen immer 180 Grad ergeben. Man spricht hier auch vom sogenannten Innenwinkelsatz. Nebenbei bemerkt: Hat ein Dreieck drei unterschiedlich große Winkel, nennt man es unregelmäßig. Hat es zwei gleich große Winkel, ist es gleichschenklig.

Knochen als Rechenstab? Demgegenüber ist der gute alte Taschenrechner eindeutig zu bevorzugen.

Der Abakus oder Rechenschieber stellt ein Rechenhilfsmittel einfachster Prägung dar – Kugeln helfen beim Zählen.

Mit dem „Ziegenproblem“ liefert die Mathematik sogar eine Strategie für Spielshows. Sie haben die Wahl zwischen drei Türen, hinter zweien verbergen sich Ziegen, hinter einer der Hauptpreis. Gesetzt den Fall, dass Sie den Hauptpreis gewinnen wollen, besteht, mathematisch gesehen, die beste Strategie darin, in jeder Spielrunde die gewählte Tür zu wechseln.

Doch nicht nur die griechische, sondern viele Hochkulturen der Vergangenheit beschäftigten sich mit Mathematik und stellten im Alltag Berechnungen an. Griechen und Römer rechneten bereits mit einer kleinen Rechenmaschine, dem Abakus. Dieses Hilfsmittel überdeckte ein Dilemma, in dem sich die damaligen Zahlensysteme befanden: Sie kannten noch keine Null, was zunächst auch nicht notwendig war. Auf dem Abakus blieb die entsprechende Spalte des Stellenwertsystems einfach leer. Das Fehlen einer Null hatte konkrete Auswirkungen: Als die Kirche bei der Einführung des julianischen Kalenders die Geburt Jesu als wichtiges Ereignis einstufte, gab es das Jahr 1 v. Chr., gleich anschließend folgte 1 n. Chr. Die Null als vollwertige Zahl wurde in Indien entdeckt. Etwa um das Jahr 700 übernahmen dann die Araber die Null.

Das Mittelalter trägt ganz zu Unrecht den Beinamen „Dunkles Zeitalter“. Diesen bekam das Zeitalter eher aus der Sicht späterer Epochen und aufgrund einer teils schlechten Quellenlage. Tatsächlich gab es auch hier kulturelle Höhepunkte. So leistete Leonardo Fibonacci von Pisa (1180-1250) einen großen Betrag zum Siegeszug der Null in der Mathematik. In seinem Werk *Liber abaci* stellte er die Vorteile dieser Zahl an konkreten Beispielen dar.

Das Zeitalter der Renaissance (ab 1400) erlebte den Aufschwung der „Rechenmeister“. Das tägliche Leben (Einkäufe, Buchhaltung und Zinsberechnungen) machte es notwendig, dass breitere Bevölkerungskreise auch Kenntnisse wenigstens der Grundrechenarten erlangen mussten. Einer der bekanntesten Rechenmeister war Adam Ries. „Nach Adam Riese“ ist heute noch ein geflügeltes Wort. Auch er setzte bei seinen Berechnungen die Null ein und gilt daher als einer der Väter des modernen Rechnens.

Schon gewusst?

Es gibt fünf sogenannte platonische Körper. Dabei handelt es sich um Figuren mit einer großen Symmetrie: Tetraeder (vier Flächen aus vier Dreiecken), Hexaeder (sechs Flächen aus sechs Quadraten = Würfel), Oktaeder (acht Flächen aus acht Dreiecken), Dodekaeder (zwölf Flächen aus zwölf Fünfecken) und Ikosaeder (zwanzig Flächen aus zwanzig Dreiecken). Große Symmetrie bedeutet, dass alle Kanten gleich lang und alle Flächen gleichseitig und gleichwinklig sind.

Die Null musste erst erfunden werden – kaum zu glauben!

Vom Zeitalter der Aufklärung an wurde die Mathematik immer mehr zu dem, was sie heutzutage ist: eine der wichtigsten Wissenschaftsdisziplinen, die in vielerlei Hinsicht auch die Grundlagen für andere Disziplinen (Physik, Chemie und Biologie) bildet. Sie umfasst eine faszinierende Geschichte, die mit den Berechnungen eines Albert Einstein noch lange nicht am Ende ist und ohne deren Entdeckungen die moderne Welt der Informationstechnologie nicht denkbar wäre. Vor allem die letzten zwei Jahrzehnte haben Innovationen hervorgebracht, die mehr denn je auf Mathematik basieren: sichere Bezahlung im Internet oder sogar Suchmaschinen – um nur zwei Beispiele zu nennen.

Schon gewusst?

Wer eine Suchmaschine im Internet bedient, kennt bestimmt diese einfachen logischen Paarungen: A UND B, A ODER B. Doch wer weiß, dass die Mathematik insgesamt 16 verschiedene Formen dieser sogenannten zweistelligen Verknüpfungen kennt? Eine der umgangssprachlich sinnlos erscheinenden ist sicherlich die Tautologie, die immer wahr ist – zum Beispiel: „Heute scheint die Sonne oder auch nicht."

Berühmte Physiker und Mathematiker

Die Geschichte von Mathematik und Physik wäre ohne die Arbeiten unzähliger Männer und Frauen nicht denkbar, die teilweise ihr ganzes Leben der Lösung einer bestimmten Denkaufgabe verschrieben haben. Unter ihnen ragen aber immer wieder besonders bedeutende Persönlichkeiten hervor, die es auch in die Geschichtsbücher geschafft haben. Einige davon sollen an dieser Stelle gewürdigt werden:

Thales von Milet (625-546 v. Chr.) hat mit seinem bedeutenden Lehrsatz Schulwissen geprägt: Bildet die längste Seite eines Dreiecks den Durchmesser eines Kreises, dann ist das Dreieck rechtwinklig, sofern der dritte Punkt auf dem Kreis liegt. Thales gilt aber nicht nur als bedeutender mathematischer Denker, sondern zugleich als einer der Begründer der Astronomie und Philosophie.

Pythagoras von Samos (ca. 580-496 v. Chr.) hat den wohl berühmtesten Lehrsatz der Mathematik aufgestellt: Im rechtwinkligen Dreieck ist die Summe der Inhalte über den Kathetenquadraten gleich dem Inhalt des Quadrates über der Hypotenuse. Kurz: $a^2 + b^2 = c^2$ – auch Satz des Pythagoras genannt. So gewiss diese Lehre ist, umso weniger weiß man allerdings über das Leben des Pythagoras. Das ist umso verwunderlicher, als die Geschichtswissenschaft seit jeher intensive Nachforschungen angestellt hat. Pythagoras gehört daher zu den rätselhaftesten Persönlichkeiten der Antike – und zugleich auch zu den bedeutendsten. Im Spätmittelalter war man sogar weitläufig der Überzeugung, Pythagoras wäre der eigentliche Begründer der Mathematik gewesen. Auch heute gilt der antike Meisterdenker als derjenige, durch den die Mathematik wesentliche Impulse erhalten hat.

Wie lassen sich bedeutende Persönlichkeiten im Gedächtnis behalten?

Es gibt zahllose Möglichkeiten, sich Fakten zu merken. Und deswegen sollten Sie sich *vor* dem Lernen grundsätzlich ein paar Gedanken über die Vorgehensweise beim Lernen machen. Denn Fakten können auf ganz unterschiedliche Weise in gehirnfreundliche Kost verwandelt werden.

Dieses Kapitel enthält eine Liste von Namen mitsamt Geburts- und Sterbejahren. Hinzu kommen die Entdeckungen und Errungenschaften der Forscher. Vom Satz des Thales oder des Pythagoras haben Sie bestimmt in der Schule gehört. Doch damit ist die Persönlichkeit bloß auf ein Schlagwort reduziert, das nicht mehr als eine vage Vorstellung auslöst.

Das gilt es zu ändern, damit ein lebendiges Bild in ihrem Kopf entsteht. In den meisten Fällen bedeutet das, mehr Wissen zu einem Thema zu sammeln. Zum Beispiel stammte der antike Philosoph und Mathematiker Thales aus Milet, das als Wiege abendländischer Philosophie bezeichnet wird. Die Stadt an der Westküste Kleinasiens liegt in der Türkei und wurde im Mittelalter *Palatia* genannt, heute trägt sie den Namen Balat. Was Sie nun brauchen, ist eine griffige *Verbilderung*: Thales geht „durch ein Tal (für Thales), das Meilen (für Milet) lang ist. Dabei tanzt er Ballett (für Balat) und isst Palatschinken (für *Palatia*)."

Sie sehen: Mittels dieses *Merkspruches* wurde der Mathematiker und Philosoph mit seinem Herkunftsort auf kreative und merkwürdige Weise *verbunden*. Machen Sie mit den Jahreszahlen genauso weiter. 625 bis 546 v. Chr. – das löst in Ihnen keine Reaktion aus. Doch die Differenz lässt das Gehirn aufmerken: Thales ist ein halbes Jahrtausend vor Christus fast 80 Jahre alt geworden. Ein beachtliches Alter, wenn man die durchschnittliche Lebenserwartung zu dieser Zeit bedenkt. Gelingt es Ihnen anhand dieser Tatsache unser Merkbild zu erweitern?

Wer sich Fakten über Thales von Milet merken möchte, muss ihn sich vielleicht als Balletttänzer vorstellen – Merktechniken verlangen im wahrsten Sinne des Wortes Denken in „merkwürdigen" Bahnen.

Euklid (ca. 365-300 v. Chr.) stellte eine Reihe von Axiomen bzw. Grundsätzen auf, die eine wichtige Basis der Mathematik bilden. Axiome lassen sich indes nicht mathematisch beweisen, aber durch Berechnungen empirisch stützen. Die wichtigste Entdeckung von Euklid ist das Axiom, dass jede natürliche Zahl, die größer als eins ist, entweder eine Primzahl, also nur durch eins und sich selbst teilbar ist, oder als Produkt von Primzahlen geschrieben werden kann. Es sind übrigens alle Primzahlen – mit Ausnahme der 2 – ungerade.

Archimedes von Syrakus (287-212 v. Chr.) entdeckte nicht nur die Hebelgesetze – etwas, das wir wie selbstverständlich in unserem Leben verwenden, wenn wir zum Beispiel den Deckel einer Farbdose mit dem Schraubendreher aufhebeln. Die Mathematik verdankt ihm auch die Entdeckung der Zahl Pi, die er zwar nicht berechnen konnte, aber mittelbar erschlossen hatte.

Pierre de Fermat (1607-1665) ist in erster Linie deshalb in die Geschichte der Mathematik eingegangen, weil er eine Vermutung aufstellte, die bis zum Jahr 1995 unbewiesen war. Ein mathematisches Rätsel, der Große Fermatsche Satz, an dem sich einige Mathematiker die Zähne ausbissen. Erst Andrew Wiles und Richard Taylor konnten nach 350 Jahren dessen Beweis antreten.

Gottfried Wilhelm Leibniz (1646-1716) war, für die damalige Zeit nicht ungewöhnlich, aber dennoch selten, ein Universalgelehrter, der sich in der Mathematik genauso zu Hause fühlte wie in Rechtswissenschaften oder Philosophie. Zu seinen Verdiensten in der Mathematik gehört die Entwicklung der Infinitesimalrechnung. Allerdings stritt sich Leibniz bis zu seinem Lebensende mit Newton darum, wer dieses Gebiet der Mathematik nun als Erster beschritten hatte.

Carl Friedrich Gauß (1777-1855) soll den Abschluss der Mathematiker in dieser Reihe bilden. Nicht nur, weil er ein wahres Rechengenie gewesen sein muss, das bereits als Kind seine Lehrer verblüffte. Sondern wegen der Entdeckung, die noch immer in der Statistik eine wichtige Rolle spielt: die sogenannte Standardnormalverteilung, die in einem Koordinatensystem wie eine Glocke aussieht. Sie spielt auch bei der Bewertung und Ermittlung von Messergebnissen in Physik und Chemie und sogar in der modernen Versicherungsmathematik eine wichtige Rolle.

Der niederländische Physiker Christiaan Huygens (1629-1695) beschäftigte sich mit unterschiedlichen Themen: Astronomie, Optik und auch Mechanik zählten dazu. Huygens stellte eine Theorie zur Ausbreitung von Licht auf und konnte damit die Brechung des Lichts an einer Linse berechnen. Und seine Experimente in der Mechanik brachten einen ganz konkreten Nutzen hervor: Er konstruierte die erste Pendeluhr.

Erwin Schrödinger (1887-1961) hat besondere Verdienste in der Quantenmechanik vorzuweisen. Die nach ihm benannte Schrödingergleichung brachte ihm nicht nur Weltruhm, sondern auch den Nobelpreis ein. Am

Gottfried Wilhelm Leibniz – einer der bedeutendsten Philosophen des späten 17. und frühen 18. Jahrhunderts.

bekanntesten ist er aber sicherlich wegen eines Gedankenexperiments, das als „Schrödingers Katze“ bekannt ist. Dabei werden die Gesetze der Quantenmechanik auf die uns bekannte Welt übertragen. Mit dem Ergebnis, dass die erwähnte Katze zwei Zustände einnehmen kann – nämlich tot und gleichzeitig lebendig zu sein.

Doch wie ist das möglich? Schrödinger sperrte – rein gedanklich – eine Katze mit einer kleinen Menge radioaktiver Substanz in eine Kiste. Die Menge wählte er dabei so, dass es in etwa gleich wahrscheinlich ist, ob diese radioaktiv zerfällt oder nicht. Im ersten Fall würde Giftgas freigesetzt und die Katze wäre natürlich tot. Das wüsste man aber erst, sobald man in die Kiste hineinschaut. Solange sie verschlossen bleibt, herrscht von außen Ungewissheit – und die Katze befindet sich wie das instabile Atom in dem berühmten Zwischenzustand.

Statue zu Ehren von Max Planck an der Humboldt-Universität zu Berlin

Nach Heinrich Hertz (1857-1894) ist der Fernsehturm in Hamburg benannt. Denn Radio und Fernsehen per Antenne verdanken diesem Physiker ihre Existenz. Hertz war es im Jahr 1887 gelungen, elektromagnetische Wellen zu erzeugen und zu empfangen. Und das bildete die Grundlage für das Radio. Die Physik hat es ihm mit der Maßeinheit „Hertz" (Hz) gedankt, die sich nach wie vor auf den Skalen von Radios und Fernsehern findet.

Dagegen hat sich Niels Bohr (1885-1962) besonders mit den Atomen beschäftigt. Zwischen 1913 und 1915 publizierte er seine Theorien zur Struktur des Atoms in verschiedenen Fachzeitschriften. Eine Leistung, für die er 1922 den Nobelpreis erhielt. Er bezog sich bei seinen Arbeiten stark auf Max Planck. In Detailfragen mag sein Atommodell inzwischen überholt sein, aber dass das Atom aus einem positiven Kern und negativen Elektronen besteht, hat im Schulwissen immer noch Bestand.

Die größten Verdienste von Max Planck (1858-1947) liegen auf dem Gebiet der theoretischen Physik. Er gilt als einer der Begründer der Quantenphysik, die neben der Relativitätstheorie Einsteins die moderne Physik geprägt hat. Die Quantenhypothese von Max Planck konnte zahlreiche Phänomene der Physik erklären. Im Kern besagt sie, dass Energie nur als Vielfaches kleinster Energieportionen vorkommen kann – die sogenannten Quanten.

Der aus Neuseeland stammende Physiker Ernest Rutherford (1871-1937) erhielt den Nobelpreis für Chemie. Bienenfleißig im Forschen zählt er zu den größten Experimentalphysikern seiner Zeit. 1897 erkannte er, dass die ionisierende Strahlung des Urans aus verschiedenen Teilchenarten besteht. Das führte zur Hypothese, dass chemische Elemente beim radioaktiven Zerfall in andere Elemente mit einer geringeren Ordnungszahl übergehen. Seinen Beobachtungen verdankt die Wissenschaft so bedeutende Begriffe wie die Halbwertszeit, aber auch die Aufteilung der radioaktiven Strahlung in Alpha-, Beta- und Gammastrahlung.

Werner Heisenberg (1901-1976) hat seine besonderen Verdienste, die ihm den Nobelpreis einbrachten, auf dem Gebiet der Quantenmechanik. 1925 führten seine mathematischen Überlegungen zur Schaffung dieses neuen Teilbereichs der Physik. Der große Gelehrte, den nicht wenige Experten für den größten Physiker des 20. Jahrhunderts halten, sah die Physik und die Philosophie eng miteinander verbunden. Und wie die meisten seiner Kollegen in dieser Reihe hat er der Wissenschaft auch eine eigene Formel hinterlassen: die Heisenbergsche Unschärferelation, die im Kern besagt, dass bestimmte Messgrößen eines Teilchens gleichzeitig nicht beliebig genau zu bestimmen sind.

Kennen Sie diese Wellen?

Wellen haben in unserem Alltag ganz praktische Bedeutung, denn ohne die Entdeckung elektromagnetischer Wellen wären Radio und Fernsehen nie in die Wohnstuben der Menschen gelangt. Auch im Sonnenlicht verstecken sich Wellen und Strahlungen, die für Wärme und Helligkeit sorgen. Das Licht stellt hier ein besonders bemerkenswertes Phänomen dar. Denn um verschiedene seiner Eigenschaften mathematisch erklären zu können, gehen Physiker davon aus, dass Licht sowohl wellenartig als auch teilchenartig ist. Allein das zeigt deutlich, wie stark sich die Vorstellungswelten von Wissenschaftlern von denjenigen anderer Menschen unterscheiden. Die in unserem Alltag wohl bekanntesten Wellen sind: der Schall, das Licht, elektromagnetische Wellen, mit denen Funksignale ausgestrahlt werden (die uns aber auch aus dem Kosmos erreichen) und natürlich Wasserwellen.

Die Wellenbewegung wird in allen Fällen von unterschiedlichen Quellen initiiert. Die uns im Alltag begegnenden Wellen bestehen meist nicht aus einer einzigen Welle, sondern häufig setzen sie sich aus verschiedenen Wellenformen zusammen. Um diese Wellen voneinander zu unterscheiden, nutzen die Physiker zwei wichtige Messgrößen.

Da ist zum einen die Wellenlänge: Zur Wellenbewegung gehört, dass die Welle zwischen zwei Extremen erfolgt (Berg und Tal). Der Abstand zwischen zwei Punkten der gleichen Phase (also von Berg zu Berg oder von Tal zu Tal) wird als Wellenlänge bezeichnet. Davon zu unterscheiden ist die Frequenz, die angibt, wie oft der Wechsel zwischen den beiden Phasen in einer Zeiteinheit erfolgt. Die Maßeinheit für die Frequenz ist Hertz, während die Wellenlänge in Metern gemessen wird. Das Sonnenlicht besteht etwa aus drei Bestandteilen:

Sichtbares Licht: Physikalisch sind dies die Strahlen mit einer Wellenlänge, die von unseren Augen wahrgenommen und ausgewertet werden kann. Werden diese Wellen nacheinander auf einem Diagramm zusammengefügt, ergibt sich ein Spektrum, das von Violett bis Rot reicht.

Ultraviolette Strahlung: Dieser nicht sichtbare Teil des Sonnenlichts besitzt eine kürzere Wellenlänge, als es das Auge wahrnehmen kann. Da es jenseits des violetten Anteils sitzt, ist es eben „ultraviolett".

Infrarote Strahlung: Auch dieser Teil ist nicht sichtbar, aber durchaus spürbar. Die Wellen haben eine größere Länge, als es für das Auge wahrnehmbar ist. Infrarotstrahlen begegnen Menschen auch im Alltag, beispielsweise mittels eines Heizstrahlers.

Während wir Schall, Licht und elektromagnetische Wellen mit bloßem Auge nicht erkennen, stellen Wasserwellen ein beeindruckendes Naturschauspiel dar – zumindest in dieser Größe!

Ohne Funktechnik geht da nichts! Antenne für die Übertragung von Radio, Fernsehen und Telekommunikation.

Bekannte elektromagnetische Strahlungen aus dem Alltagsleben sind aber auch Mikrowellen, die man vielleicht in der Küche vorfindet. Sie werden auf einer Frequenz emittiert, die nach oben durch den Infrarotbereich und nach unten von Radiowellen begrenzt wird. Anhand von letzteren lassen sich Radio- und Fernsehsendungen übertragen. Sie werden vom Menschen künstlich hervorgerufen, kommen aber auch in natürlicher Form durch kosmische Strahlung vor. Radiowellen werden teilweise in der Medizin zur Erwärmung eingesetzt. Auch die allseits durch ihre medizinische Verwendung bekannten Röntgenstrahlen zur Durchleuchtung des menschlichen Körpers stellen im physikalischen Sinne Wellen dar.

Schon gewusst?

In der Radiotechnik wird immer noch zwischen drei Wellenformen unterschieden: Langwelle, Mittelwelle und Kurzwelle bzw. Ultrakurzwelle. Interessanterweise wurden die ersten Versuche mit Radiowellen im Langwellenbereich durchgeführt. Kurzwellen wurde keine große Bedeutung beigemessen, weil man (fälschlicherweise) annahm, dass deren Reichweite eben kurz sein würde. Doch das ist falsch. Der Vorteil der Kurzwelle liegt indes darin, dass eine große Reichweite mit relativ wenig Energieaufwand erreicht werden kann. Das erklärt auch ihren Erfolg in der Geschichte des Radios. Wer nach UKW-Sendern in seinem Radio suchte, wurde stets schnell fündig.

Bei Schallwellen gibt es einen in der Natur wahrnehmbaren Effekt. So ändert sich der hörbare Ton der Sirene eines Rettungswagens deutlich, wenn er aus der Ferne auf Sie zufährt, um sich dann wieder zu entfernen. Dieser akustische Eindruck hat damit zu tun, dass sich die Schallquelle, also das Martinshorn auf dem Fahrzeug, in Bewegung befindet. Die Schallwellen treffen entsprechend in kürzeren Abständen bei Ihnen ein, um sich dann wieder zu entfernen. Und das ist akustisch wahrnehmbar. Dieser Effekt wird als Dopplereffekt bezeichnet.

Musik stellt im Übrigen rein physikalisch betrachtet auch nichts anderes als Schwingungen in der Luft dar. Der Ton eines Instruments setzt sich dabei aus einem Grundton zusammen. Der Ton besteht nicht aus einer einzelnen bestimmten Welle, sondern setzt sich aus einer ganzen Reihe von Wellen zusammen. Und obwohl das Klavier und die Oboe den gleichen Ton spielen, hören sie sich doch verschieden an. Das liegt daran, dass die Instrumente nicht nur den Grundton erzeugen, sondern auch eine Reihe von Obertönen. Das sind Wellen mit einem ganzen Vielfachen der Frequenz des Grundtons. Und sie machen den für uns akustisch hörbaren Unterschied zwischen den Instrumenten aus.

Auch Musikinstrumente erzeugen Klangwellen. Ob die bei Blasmusik besonders heftig schwingen?

Wie Galileo und Newton unser Weltbild verändert haben

Der Italiener Galileo Galilei stammte aus einer verarmten, wenn auch stolzen Patrizierfamilie aus Pisa. Schon früh entdeckte er sein Talent und seine Leidenschaft für die Mathematik – ein Fach, das er als Dozent an der Universität Padua unterrichtete. Er experimentierte fortan und beschäftigte sich mit vielen Grundlagen einer Wissenschaft, die später Physik genannt werden sollte. Der 1564 geborene Galileo fand dabei zwar recht spät zur Astronomie, das aber mit weitreichenden Folgen. Denn im Januar 1610 richtete er sein Fernrohr in den Nachthimmel und machte eine Beobachtung, die unser Weltbild beeinflussen sollte.

In der Nähe des Jupiters entdeckte er drei kleine, aber sehr helle Sterne. Es sind die Monde des Jupiters, die er da erspähte. Als er am nächsten Tag erneut die Monde

Wie merke ich es mir?

Wie lässt sich das Erfindungsjahr des Fernrohrs merken?

Wissen Sie, wie ein Fernrohr funktioniert? Das Prinzip ist eigentlich ganz einfach. Sie schauen mit einem Auge zuerst durch eine kleine Linse, dann durch eine große Linse bis zu den Sternen, das heißt in die unendlichen Tiefen des Weltraums.

Es war im Jahr 1608, als der deutsch-niederländische Brillenmacher Hans Lipperhey das erste Teleskop entwickelte, das sogenannte holländische Fernrohr, auch Galilei-Fernrohr genannt (denn Galileo Galilei entwickelte Lipperheys Erfindung weiter und nutzte sie für seine astronomischen Untersuchungen). Aus merktechnischer Sicht werden Sie sich bestimmt wundern: Denn die Jahreszahl der Erfindung des Fernrohrs findet sich in der – wohlgemerkt sehr vereinfachten – Beschreibung seiner Funktionsweise verborgen. Die *Verbilderung* gelingt u. a. mittels des *Zahlen-Symbol-Systems*.

Gehen wir die Erklärung Schritt für Schritt – oder eigentlich Ziffer für Ziffer – durch: Sie schauen durch das Rohr mit „einem" Auge, das die erste Stelle der Jahreszahl symbolisiert. Als Nächstes blicken Sie durch „eine kleine Linse". An dieser Stelle müssen Sie Ihre Fantasie dem Aussehen der Zahlen widmen. Welche davon enthalten einen kleinen Kreis, der einer Linse ähnelt?

Auf den ersten Blick kommen dafür zwei Ziffern infrage, denn sowohl die 6 als auch die 9 enthalten einen kleinen Kreis. Logischerweise kommt die 9 in diesem Fall allerdings nicht in Betracht, da das Fernrohr offensichtlich nicht erst im 20. Jahrhundert erfunden worden ist. Die nächste Ziffer wird durch die „große Linse" symbolisiert, die zweifellos einer 0 ähnelt. Bei der letzten Stelle ist wieder etwas Allgemeinwissen gefragt: Kennen Sie das mathematische Symbol für „unendlich"? Die sogenannte Lemniskate sieht in der Tat aus wie eine auf der Seite liegende 8.

Wer das weiß, hat sich mit diesem logischen Bild das Erfindungsjahr des Fernrohrs zuverlässig gemerkt.

Das Fernrohr funktioniert im Grunde wie eine Lupe. Seine Erfindung im Jahr 1608 war bahnbrechend für die astronomische Wissenschaft.

Statue des bedeutenden italienischen Universalgelehrten Galileo Galilei auf dem Prato della Valle in Padua. Galileo gilt als einer der Begründer der exakten Naturwissenschaft der Neuzeit.

beobachtete, hatten diese offensichtlich ihre Position gewechselt. Wenige Tage später sah er nur noch zwei Monde, doch dann erschien drei Tage später ein vierter. Als Mann der Mathematik sucht Galilei eine logische Erklärung: Die Monde umkreisen den Jupiter! Das widersprach allerdings dem damals herrschenden und von der Kirche abgesegneten Weltbild. Denn demnach umkreisen alle Himmelskörper die Erde. Galileis Entdeckung schien das Modell des Kopernikus zu bestätigen. Denn dieser hatte erstmals die Theorie aufgestellt, dass sich die Erde um die Sonne bewege. Beweisen konnte er das indes nie.

1611 reiste Galileo nach Rom, um die kirchlichen Behörden von der Richtigkeit des sogenannten heliozentrischen Weltbilds zu überzeugen. Doch die Behörden zeigten sich eisern und verboten seine Schriften. Der ihm zugeschriebene Ausruf „Und sie bewegt sich doch!" ist indes eine Legende und nicht belegbar. Als Folge des Prozesses der Inquisition verlor Galilei die Erlaubnis der Lehre und lebte unter Arrest, wenn auch nicht im Kerker. 1642 starb Galileo, der im Alter fast vollständig erblindete. Er hinterließ der Wissenschaft nicht nur seine Theorie, sondern auch das experimentelle Vorgehen, das nach wie vor die Grundlage der Naturwissenschaften bildet. Erst im Jahr 1992 wurde er von der katholischen Kirche offiziell rehabilitiert und das Verfahren gegen ihn verurteilt.

Im Jahr seines Todes wurde ein weiterer bedeutender Physiker geboren: Isaac Newton wurde in eher schwierige Verhältnisse hineingeboren. Sein Vater verstarb kurz vor seiner Geburt, und als sich die Mutter wieder verheiratete, wurde der Junge zu seiner Großmutter gegeben. Doch der junge Newton hatte Glück und wurde nach Cambridge geschickt, wo er studieren konnte. Newton war vielseitig interessiert und arbeitete an verschiedenen Themen. So verbesserte er etwa das Spiegelteleskop.

Porträt Isaac Newtons – der englische Naturforscher bezeichnete sich selbst als Philosophen.

Unser Weltbild wurde aber durch seine Entdeckung verändert, dass sich alle Körper gegenseitig anziehen. Angeblich soll er sich mit der Fragestellung erstmals beschäftigt haben, als er einen herabfallenden Apfel beobachtete. Warum fällt dieser eigentlich stets senkrecht herunter? Und wieso fallen Planeten und Sterne nicht auf die Erde? Daraufhin entwickelte er seine Theorie von der Gravitationskraft. Während Galileo bewiesen hatte, dass die Himmelskörper sich um die Sonne bewegen, konnte Newton erklären, warum dies so war. Um die Kräfte und Bahnen der Himmelskörper vorhersagen zu können, entwickelte Newton ein völlig neues Gebiet der Mathematik, die Infinitesimalrechnung. 1705 wurde Newton zum Ritter geschlagen, allerdings wegen seines politischen Engagements, nicht wegen seiner wissenschaftlichen Entdeckungen.

Der Universalgelehrte im reinsten Wortsinn galt als bescheiden und zerstreut. Allerdings war es mit seiner Kritikfähigkeit nicht zum Besten bestellt. So tobten teilweise erbitterte Wortgefechte zwischen ihm und anderen Gelehrten seiner Zeit. Besonders die Rivalität zwischen ihm und Gottfried Wilhelm Leibniz über die Frage, wer Urheber der Infinitesimalrechnung sei, war stark ausgeprägt.

Doch sollte man Wissenschaftler nicht (in erster Linie) nach ihren Charaktereigenschaften beurteilen, sondern nach ihren akademischen Verdiensten. Und hier hat Isaac Newton über die Theorie der Gravitationskraft und die Infinitesimalrechnung hinaus einiges vorzuweisen, sodass er zu Recht auf beiden Gebieten – Physik und Mathematik – als einer der bedeutendsten Wissenschaftler aller Zeiten gelten darf. Auch heute noch ist Newton allgegenwärtig: So ist beispielsweise die physikalische Maßeinheit Newton nach ihm benannt. Außerdem gibt es das newtonsche Näherungsverfahren (zur numerischen Lösung von nichtlinearen Gleichungen), weitere Newtonsche Axiome (Grundgesetze der Bewegung), das Newtonsche Fluid (zur Bezeichnung von linearem Fließverhalten) und die Newton-Cotes-Formeln (zur Berechnung von Integralen). 1727 starb der brillante Forschergeist, nachdem ein 1908 entdeckter Asteroid namens Newtonia benannt wurde.

Schon gewusst?

Die Einheit Newton ist die Maßeinheit, die im sogenannten internationalen Einheitensystem (das am weitesten verbreitete Einheitensystem für physikalische Größen) für die physikalische Größe Kraft verwendet wird. Ein Newton entspricht der Kraft, die aufgebracht werden muss, um einen ein Kilogramm schweren Körper in einer Sekunde gleichförmig auf die Geschwindigkeit 1 m/s (Meter pro Sekunde) zu beschleunigen.

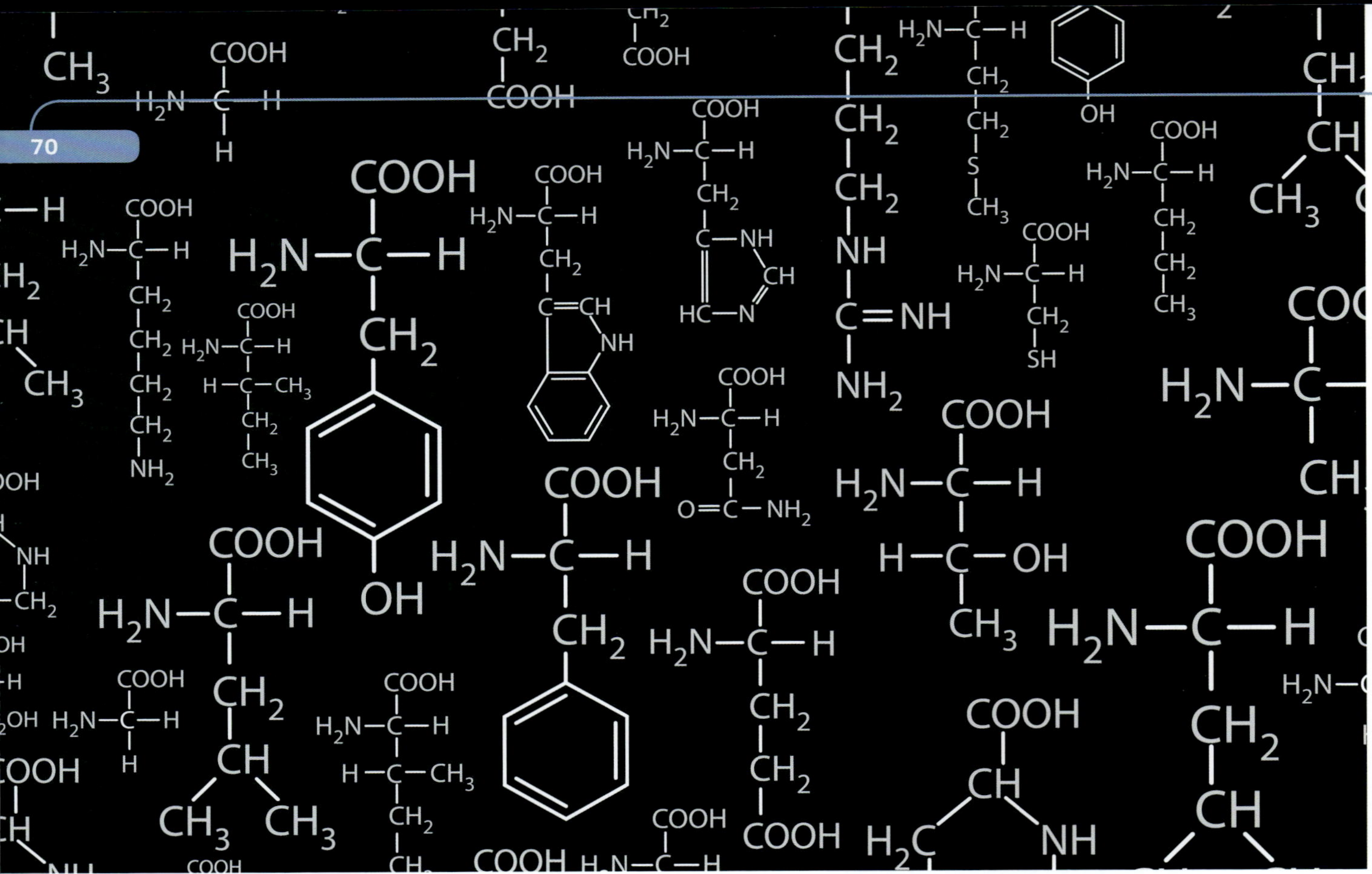

Formeln über Formeln. Was so abstrakt erscheint, beschreibt die Zusammensetzung chemischer Verbindungen. Und diese bestehen wiederum aus Atomen von mindestens zwei chemischen Elementen.

Von der Chemie zur Medizin

Die Entstehung des Lebens ist ohne chemische Vorgänge nicht denkbar. Und ohne die Erkenntnisse von Medizinern, die über Generationen hinweg gesammelt wurden, würden Menschen heute nicht so alt werden, wie es möglich ist.

Die Geschichte unserer wissenschaftlichen Disziplinen ist hochinteressant. Denn im Mittelalter und weit bis in das 18. Jahrhundert hinein war es keine Seltenheit, dass sich Gelehrte mit einer ganzen Reihe von Themengebieten beschäftigten. Zu dieser Zeit war es noch möglich, Universalgelehrter zu sein. Der wissenschaftlichen Spezialisierung zum Trotz gibt es nach wie vor Überschneidungen zwischen verschiedenen naturwissenschaftlichen Themengebieten. Am Begriff „Biochemie" lässt sich zum Beispiel gut erkennen, dass die Grenze zwischen den Wissenschaften nicht so exakt verläuft, wie es oft den Anschein hat. Die Frage nach der Entstehung von Leben betrifft somit nicht nur die Biologie, sondern auch die Chemie, die sich mit Aufbau, Eigenschaften und der Umwandlung von Stoffen und Materie befasst.

Wie das Leben entstand

Bei der Frage, wie genau das Leben auf der Erde entstand, bewegt sich die Wissenschaft noch heute in einem Bereich interdisziplinärer Theoriebildung. Die Biologen wissen zwar nahezu alles über den Aufbau von Zellen und Lebewesen (zu Fragen der Biologie siehe ausführlich das Kapitel „Reich der Natur"). Und selbst die Bestandteile der Erbinformationen sind vollständig bekannt. Allerdings genügt es eben nicht, alle Bausteine in der richtigen Mischung in ein Reagenzglas zu füllen, um daraus Leben zu erzeugen. Es fehlt offensichtlich eine wichtige Essenz. Nur welche? Es konkurrieren verschiedene Theorien miteinander. Die Frage nach der Entstehung des Lebens hat allerdings nicht Lebewesen mit einem höheren Bewusstsein vor Augen. Es geht hier nur um die allerersten primitiven Formen von Leben.

Eine wichtige Theorie lautet: Vor vier Milliarden Jahren erlebt die noch junge Erde gewaltige vulkanische Aktivität. Der gesamte Kosmos befindet sich in Aufruhr und der Planet wird von allerlei Asteroiden getroffen, die riesige Krater hinterlassen. Sie sind glühend heiß und bringen das Wasser der Ur-Ozeane zum Kochen. Oder sie schlagen so tief ein, dass aus dem Meeresboden Gase entweichen. In diesem Gemisch aus Chemikalien und Gasen könnten dann erste chemische Verbindungen entstanden sein, welche die Grundbausteine des Lebens bilden. Die Verbindungen werden anschließend komplexer, bis sich die ersten lebenden Zellen bilden. Demnach bildeten sich die ersten Lebensformen in der Nähe von heißen Quellen. (Im Hinblick auf die Themen Vulkanismus und Geysire siehe das Kapitel „Rund um die Welt“.)

Eine andere Theorie ist schon etwas älter, aber noch nicht widerlegt. Sie basiert auf einem Experiment aus den 1950er-Jahren. Damals war es einem Chemiker gelungen, in einem Reagenzglas erste Bausteine des Lebens zu erzeugen: ein Gemisch aus Chemikalien, das später „Ursuppe“ genannt wurde. Es besteht aus Wasser, das damals auf der Erde im Überfluss vorhanden war und einige Gasen, welche die dünne Atmosphäre prägten. Aus Methan, Ammoniak und Wasserstoff – angeregt durch elektrische Spannung, die aus Blitzschlägen freigesetzt wurde – bildeten sich Aminosäuren. Gemäß dieser Theorie nahm das Leben also mehr oder weniger seinen Ursprung in der Atmosphäre. Wie sich aus den Bausteinen anschließend Leben formte, beantwortet sie allerdings nicht.

Der Gedanke mag etwas abseitig erscheinen, doch manche Wissenschaftler vermuten, dass das Leben auch aus dem All zu uns gekommen sein könnte. Nicht in Form wilder Aliens, sondern als Vorformen von Bakterien, die auf Gesteinsbrocken durch das All transportiert wurden. Ein schlüssiger Beweis konnte bisher für keine der Theorien gefunden werden.

Stand am Beginn des Lebens auf der Erde vulkanisches Treiben enormen Ausmaßes?

Seewasser, von Cyanobakterien bedeckt. Diese zeichnen sich durch die Fähigkeit zur oxygenen Fotosynthese aus, was in Hitzeperioden zu starker Algenbildung führen kann.

Einig sind sich alle Wissenschaftler aber in einer Tatsache: Das Leben, wie wir es heute kennen, verdankt die Erde einem anderen Prozess, der rund zwei Milliarden Jahre später einsetzte, als sich die Atmosphäre zu formen begann und statt giftiger Gase der Anteil an Sauerstoff immer höher wurde. Und das verdankt der Planet sogenannten Cyanobakterien. Sie betreiben wie Pflanzen Fotosynthese, nutzen also das Sonnenlicht für ihren Stoffwechsel. Und dabei wird als Abfallprodukt Sauerstoff freigesetzt.

Schon gewusst?

Bis in das 17. Jahrhundert hinein vertraten Gelehrte die Ansicht, dass es eine „Urzeugung" gegeben habe. Diese könnte mit Gottes Hilfe oder ohne übersinnliche Kräfte entstanden sein. Dann gelang es allerdings, diese Theorie zu entkräften – auf unappetitlichem Weg: Francesco Redi, ein italienischer Arzt, zeigte, dass in Flaschen verpacktes Fleisch, das langsam schlecht wurde, keine Maden aufwies, so lange ausgeschlossen werden konnte, dass Fliegen daran kamen. Daraus folgerte er, dass alles Leben von Pflanzen und Tieren selbst abstammt.

Die größten Erfindungen der Medizin

Die Geschichte der Medizin steckt voller interessanter Entdeckungen und Entwicklungen. Eine Auswahl der bedeutendsten fällt entsprechend schwer und kann nur subjektiv getroffen werden.

Spätestens wenn eine Reise in tropische Länder ansteht, wird der sonst wenig beachtete Impfpass aus der Schublade geholt. Sich gegen schwerwiegende Krankheiten zu impfen, ist heute eine Selbstverständlichkeit. Die Grundlage der Impfung wurde bereits 1796 entwickelt. Damals spritzte der englische Landarzt Jenner etwas Wundsekret einer offenbar gegen Kuhpocken immunen Person einem gesunden Kind. Das erwarb damit Immunität gegen die Krankheit. Es sollte einige Jahrzehnte dauern, bis die Methode anerkannt wurde. Aber das Vorgehen beschreibt das noch heute gültige Prinzip der Schutzimpfung.

Die Erfindung der Narkose bzw. von Schmerzmitteln dürfte ohne Zweifel eine weitere große medizinische Errungenschaft darstellen. Ob bei der Zahn-OP oder größeren Eingriffen – wir vertrauen darauf, nichts oder kaum etwas vom Eingriff zu bemerken. Um 1845 experimentierte in den USA der Zahnarzt Horace Wells mit Lachgas und entdeckte dessen narkotische Wirkung. Damit war die Grundlage der modernen Anästhesie geschaffen. Durch den Einsatz von Äther waren die Patienten bewusstlos und konnten sich auch nicht an den Eingriff erinnern – ein wichtiger Nebeneffekt des Beruhigungsmittels. Die Patienten lagen auch für längere Zeit völlig reglos dar. Der Chirurg hatte dadurch mehr Zeit, um seinen Eingriff erfolgreich durchzuführen. Dies ermöglichte immer aufwendigere und kompliziertere Operationen.

Apropos Operationen: Es ist einem ungarischen Gynäkologen zu verdanken, dass sich Ärzte vor Behandlungen und Eingriffen die Hände gründlich waschen. Denn ohne Desinfektion und Sterilisation der ärztlichen Instrumente sind auch Routineeingriffe unter Umständen lebensbedrohlich. Entdeckt wurde das Phänomen erst in der Mitte des 19. Jahrhunderts.

Wie merke ich es mir?

Wie lassen sich die Theorien zur Entstehung von Leben merken?

Ein *Gedächtnispalast* besteht aus einer Reihe (fiktiver) *Römischer Räume*, die in einem größeren Gesamtbild miteinander verbunden sind. Damit erhalten Sie die Möglichkeit, eine Vielzahl von Informationen zu *verorten*; Sie bekommen einen unglaublichen Überblick und können sich aktiv an eine Vielzahl von Fakten erinnern. Durch einen Gedächtnispalast kann das Gehirn in Gedanken spazieren und das darin eingearbeitete Wissen betrachten – wie Bilder einer Ausstellung. Bevor Sie die Technik anwenden, sollten Sie sich mit dem grundlegenden Verorten an sich befassen.

Aus den Szenarien, wie das Leben entstanden sein könnte, lässt sich schnell ein gut vorstellbarer Gedächtnispalast konstruieren (in diesem Sinne: drei miteinander verbundene Merkorte). Arbeitstitel für die drei Theorien sind: Vulkane, Ursuppe und Weltraum. Ohne weitere Details lässt sich daraus eine kleine Welt formen, die drei anschauliche und gleichzeitig ganz unterschiedliche Orte enthält: Stellen Sie sich einen unendlichen Ozean (als Symbol für Ursuppe) vor, in dem eine einsame Vulkaninsel liegt, über der ein UFO (als Symbol für das All) schwebt.

Wenn Sie sich das große Ganze einmal genau vorgestellt haben, können Sie sich nun mental durch die einzelnen Räume bewegen. Im UFO befinden sich dann zum Beispiel „zwei komische und bunte Bakterien, die diskutieren, ob der Planet, über dem sie schweben, ein tolles neues Zuhause sein könnte" (Theorie 3). Im Innern des Vulkans „fallen mit exotischer Chemie gefüllte Reagenzgläser durcheinander und bilden erste lebendige Verbindungen" (Theorie 1). Und in den Ozean „schlagen Blitze ein und treffen ein paar lahme Einzeller und hauchen diesen Lebensenergie ein" (Theorie 2).

Damit haben Sie in wenigen Minuten einen wirkungsvollen Gedächtnispalast aufgebaut, der sich hervorragend mit ganz viel weiterem Wissen anreichern und ausbauen lässt!

So wie ein Palast, in diesem Fall der Londoner Buckingham Palace, aus verschiedenen prachtvollen Gebäudeabschnitten besteht, setzt sich ein Gedächtnispalast aus mehreren Römischen Räumen zusammen – die Möglichkeit, darin Informationen abzuspeichern, wächst stetig.

Schon gewusst?

1885 entdeckte Prof. Dr. Conrad Röntgen in seinem Labor eine neuartige Strahlung, mit der das Innere des Körpers dargestellt werden konnte. Seine Röntgenstrahlen gehören zum Standardrepertoire medizinischer Diagnostik. Wie Wärmestrahlung oder Licht bestehen sie aus elektromagnetischen Wellen.

Die Acetylsalicylsäure ist als Heilmittel bereits aus der Zeit der alten Germanen bekannt. Aber erst 1897 ist es dem Forscher Felix Hoffmann gelungen, den Stoff künstlich herzustellen und magenverträglich zu entwickeln. ASS ist ein Schmerzmittel, das in keiner Hausapotheke fehlt und erstaunliche zusätzliche Wirkungen entfaltet. So wird es beispielsweise in geringeren Dosen zur Blutverdünnung bei Risikopatienten eingesetzt.

1928 machte Alexander Fleming (wie so oft in der Wissenschaft) eine zufällige, aber bahnbrechende Entdeckung. Der Forscher experimentierte mit Bakterienkulturen. Eine davon war mit Schimmelpilzen verunreinigt. Und rund um einen dieser Schimmelpilze wuchsen die Bakterien nicht weiter. Fleming hatte das Penicillin entdeckt. Bisher lebensbedrohliche Krankheiten konnten nun geheilt werden. Fleming erhielt im Jahr 1945 für seine Entdeckung zu Recht den Nobelpreis.

Eine eher junge Erfindung, die aber die Diagnostik weit voranbrachte, ist die Computertomografie. Nach einigen Jahren der Vorarbeit wurde im Jahr 1971 die erste CT-Aufnahme an einem Menschen vorgenommen. Die CT ermöglicht es, das Innere des Körpers dreidimensional bis in feinste Gliederungen zu betrachten. Auch einige weitere Entwicklungen haben es verdient, hier hervorgehoben zu werden – beispielsweise die Erfindung der Antibabypille, die immerhin das Sexualleben der Menschen weltweit veränderte.
Diabetes (Zuckerkrankheit) konnte ein Todesurteil sein. 1921 wurde das Hormon Insulin isoliert und ermöglicht heute Menschen mit Diabetes ein (fast) unbeschwertes Leben, denn ihr Körper kann das eigene Insulin nicht verwerten und gar nicht erst produzieren. Von ebenso großer Bedeutung ist die Dialyse, ohne die viele Menschen mit eingeschränkter Nierenfunktion vorzeitig sterben müssten. Die Blutwäsche ist die einzige Möglichkeit, um die Wartezeit bis zu einer Organtransplantation zu überleben.

Die Entschlüsselung der Erbinformation (DNA) ist wohl eine der bahnbrechendsten Entdeckungen der Menschheitsgeschichte. Die beiden Biochemiker und Molekularbiologen Francis Crick und James Watson konnten 1953 die Struktur der genetischen Informationen aufzeigen. Seitdem ist viel geschehen: So wissen wir heute, welcher Bereich der Erbinformationen beispielsweise für die Farbe der Augen verantwortlich ist. Und unsere Technik ist inzwischen so weit fortgeschritten, dass auch gezielte Veränderungen des Erbguts möglich sind – wie auch immer man aus moralischer Sicht dazu stehen mag. Die Frage der Rechtmäßigkeit von biotechnischen Anwendungen allgemein steht im Zentrum intensiver bioethischer Debatten.

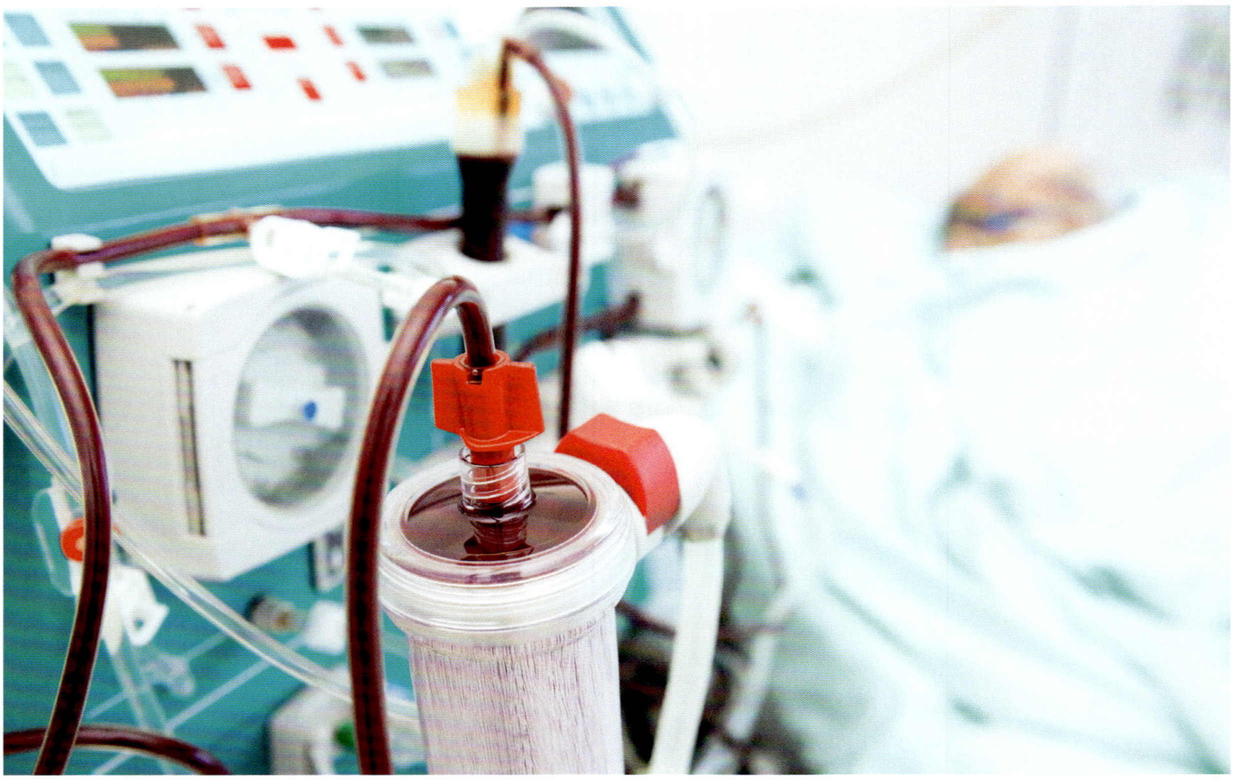

Dialysemaschinen übernehmen im Falle eines chronischen Nierenversagens die Blutreinigung. Neben der Nierentransplantation stellt die Dialyse die bedeutsamste Nierenersatztherapie dar.

Wie merke ich es mir?

Wie lassen sich die wichtigen Erfindungen der Medizin merken?

Dieses Kapitel enthält ein Feuerwerk wichtiger Stichworte, die fast zum Mitschreiben zwingen und in einer langen Liste enden. Die *Geschichtenmethode* ist ein gutes Werkzeug, um eine nicht allzu lange Liste von Fakten schnell im Gedächtnis zu behalten. Das *Verbinden* von Fakten ist hierbei leichter anzuwenden, weil im Gegensatz zur *Routenmethode* keine Vorbereitung nötig ist (hier müssten Sie zuerst die Eckpunkte der Route, ob Zahlen oder Orte, festlegen).

Das Prinzip ist schnell erklärt: Statt Fakten ohne Zusammenhang aneinanderzureihen, werden die Elemente sinnvoll miteinander verbunden – wie bei einer Geschichte, in der jedes Ereignis das Ergebnis der vorigen Handlung ist. Verbinden Sie immer nur das aktuelle Element mit dem vorigen. So können Sie schnell genug denken und bereits während des Lesens merken. Eine mögliche Geschichte, um die genannten wichtigen medizinischen Errungenschaften zu verarbeiten, lautet:

„Impfen" Sie sich am Anfang die wichtigsten Erfindungen der Medizin ein (damit haben Sie ein starkes Bild für den Start der Geschichte). Weil die Impfung schmerzt, gönnen Sie sich einen tiefen Zug „Lachgas" oder „Schmerzmittel". Um die Wirkung des Gases zu mindern, halten wir unsere „Hände unter kaltes Wasser" (Symbol für Hygiene) und stellen erstaunt fest, dass die Extremitäten davon „durchsichtig" geworden sind (Symbol für Röntgen). Mit einer Dosis ASS verdünnen wird unser Blut und die Hände werden so wieder normal.

Probieren Sie aus, ob Sie sich bis hierher an alle Teile der Geschichte richtig erinnern. Und dann machen Sie genauso mit dem Rest der medizinischen Erfindungen weiter! Wichtig ist, dass die Übergänge zwischen den Merkbildern logisch sind. Hängen Sie Begriffe nicht mit „und", sondern mit „weil" und „wegen" aneinander. Nicht: Meine Hände sind durchsichtig „und" ... Sondern: Ich verdünne mein Blut, „weil" ...

So ist das Periodensystem der Elemente aufgebaut

Es hängt in jedem Lehrsaal, in dem das Fach Chemie unterrichtet wird: Das Periodensystem der Elemente mit seinen vielen, meist farbig untergliederten Teilen. In der Chemie gehört es zu einem der wichtigsten Werkzeuge, wenn es um die Arbeit mit Elementen geht. Und es ist nebenbei so wunderschön gestaltet, dass es im Internet in regelmäßigen Abständen Nachahmer findet, die auf ähnliche Art und Weise andere Sachverhalte in eine ähnliche Form bringen.

Bis es zur Herausbildung eines Ordnungssystems wie dem Periodensystem kam, musste sich die Chemie erst einmal die eigenen Grundlagen schaffen. Dazu gehörte, überhaupt eine Vorstellung davon zu entwickeln, dass es so etwas wie Elemente gibt bzw. mehr als nur die damals anerkannten vier: Wasser, Erde, Feuer, Luft. Zwischen Mitte des 18. Jahrhunderts bis zum Ende des 19. Jahrhunderts hatten sich die Kenntnisse über ganz reine Stoffe soweit vergrößert, dass es langsam notwendig erschien, Ordnung hineinzubringen.

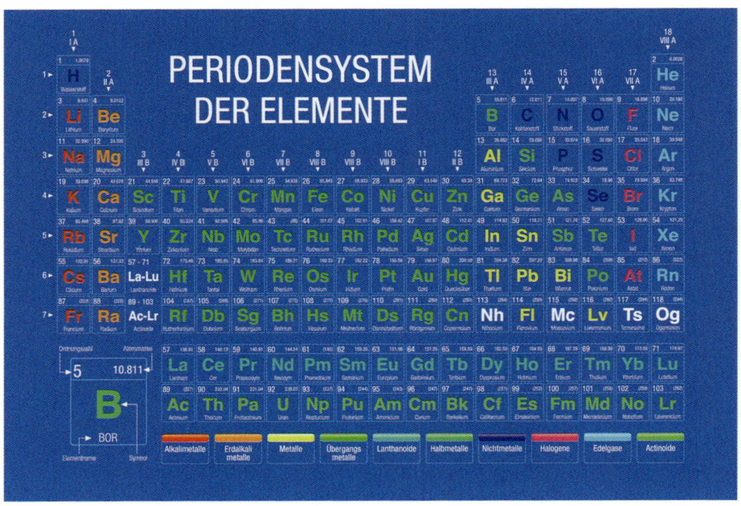

Das Periodensystem der Elemente mit Perioden sowie Haupt- und Nebengruppen

Es war Dmitri Mendelejew (1834-1907), der als erster ein Periodensystem der Elemente aufstellte. Seine Ordnungsprinzipien wurden damals heiß diskutiert, aber noch viel intensiver wurde in Fachkreisen über seine kühnen Thesen gesprochen. Denn von seinem System ausgehend, behauptete er, dass es noch unentdeckte Elemente geben müsste. Gewagt war dann zweifellos, als er auch noch die Eigenschaften der Elemente beschrieb, die er für nicht entdeckt hielt. Sie ahnen vielleicht bereits das Ende der Geschichte (oder kennen es noch aus dem Schulunterricht). Denn tatsächlich wurden solche Elemente (Germanium, Gallium, Scandium) entdeckt. Damit war der Eintrag des Russen in die Geschichtsbücher nur noch Formsache.

Charakteristisch für das Periodensystem ist, dass die chemischen Elemente jeweils mit ihrer Ordnungszahl und einem Symbol aufgeführt sind. So steht der Buchstabe „H" für *Hydrogenium* und bezeichnet den Wasserstoff. Die waagerechten Abschnitte im System werden als Perioden bezeichnet, die senkrechten Abschnitte als Gruppen. Sogenannte Elementfamilien sind Gruppen, die über besonders ähnliche chemische Eigenschaften verfügen.

Wie merke ich es mir?

Wie lässt sich die Gruppe der Edelgase zuverlässig merken?

In diesem Artikel wird Ihnen eine Möglichkeit dargestellt, mit der Sie sich die Serie der Edelgase aus dem Periodensystem der chemischen Elemente leicht merken können – und zwar die Namen der Elemente inklusive Ordnungsnummer. Dazu wird das *Majorsystem* benutzt, mit dem Zahlen (in diesem Fall die Ordnungsnummern) in brauchbare Merkbilder verwandelt werden können, die sich zusammengefasst zu einer *Geschichte verbinden* lassen.

Hier sind zunächst einmal die Namen der sechs Elemente (in Klammern sind die Ordnungsnummern angegeben):

- Helium (2)
- Neon (10)
- Argon (18)
- Krypton (36)
- Xenon (54)
- Radon (86)

Und so können Sie sich die Informationen merken: Eine „edle" (für Edelgase) „Fee" (Majorbegriff für die Zahl 8, welche die Seriennummer der Edelgase im Periodensystem darstellt) schaltet mit „Vollgas" (weiterer Hinweis auf Edelgase) das „Radio" (für Radon) ein, sodass Sie schlagartig „wach" (mit Majorsystem = 86) sind. Es läuft ein „kryptischer" (für Krypton) Beitrag in der Sprache der Glaubensgemeinschaft der „Amische" (= 36), ob „Neon"-Licht aus der „Tasse" (= 10) oder ausge-„leier"-tes (= 54) „Xenon"-Licht die bessere Beleuchtung für einen „Helium"-Ballon ist, in dem „Noah" (= 2) über „Nebel von Aragon" (für Argon) zu einer „Taufe" (= 18) fliegt.

Ob in diesem Ballon ein gewisser Noah sitzt und damit über die Nebel von Aragon fliegt? Nun ja, man sollte Geschichten nicht für bare Münze halten.

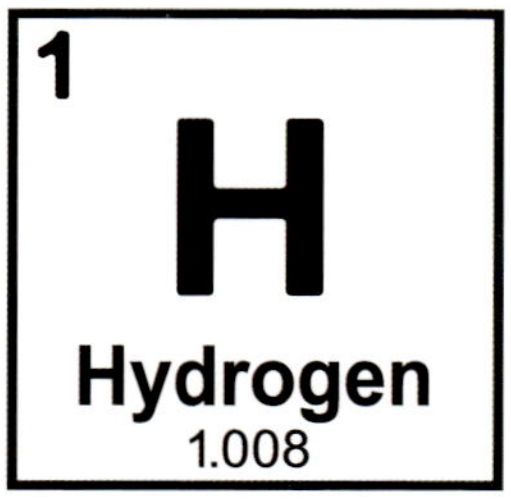

Hydrogen oder Wasserstoff mit Ordnungszahl 1. Im Periodensystem befindet es sich in der ersten Periode und in der zweiten Hauptgruppe.

Die Elemente sind nicht einfach nummeriert. Die Reihenfolge ergibt sich durch die Ordnungszahl, die angibt, wie viele Protonen sich im Atomkern befinden. Protonen sind elektrisch positiv geladen, deswegen muss ein Element genauso viele Elektronen enthalten, damit es elektrisch neutral ist. Die Ordnungszahl 16 besagt also, dass sich im Inneren des Atoms 16 Protonen befinden.

Die Elemente einer Gruppe besitzen die gleiche Anzahl an Elektronen in der äußeren Bahn um den Atomkern. Sie werden Valenzelektronen genannt, weil sie sich an Bindungen zu anderen Atomen beteiligen können. Es ist diese Eigenschaft, welche die Elemente einer Gruppe chemisch so ähnlich macht.

Insgesamt kennt das Periodensystem 18 Gruppen, davon werden acht als sogenannte Hauptgruppen bezeichnet. Sie tragen ihre Namen deswegen, weil in ihnen die Übereinstimmung der chemischen Eigenschaften zwischen den Elementen am größten ist. Diese Hauptgruppen sind von links nach rechts im Periodensystem: Alkalimetalle, Erdalkalimetalle, Borgruppe, Kohlenstoff-Phosphor-Gruppe, Stickstoff-Silicium-Gruppe, Sauerstoffgruppe (Chalkogene), Halogene und Edelgase.

Schon gewusst?

Ohne Kohlenstoff, der seiner Gruppe im Periodensystem den Namen verlieh, ist das Leben, wie wir es kennen, schlicht nicht denkbar. Das Element hat eine absolut zentrale Bedeutung und findet sich in so unterschiedlichen Stoffen wie Traubenzucker und Kohlendioxid, das wir im Stoffwechsel ausstoßen. Kohlenstoff kommt aber auch im Erdöl und Benzin sowie den meisten Kunststoffen vor. Und selbst Diamanten stellen nichts anderes als Kohlenstoff dar.

Chemische Phänomene im Alltag

In unserem Alltag begegnen uns ständig, ob gewollt oder zufällig, chemische Reaktionen. Über die wenigsten davon machen wir uns indes Gedanken. Oder ist Ihnen wirklich bewusst, dass es sich um eine chemische Reaktion handelt, wenn Sie mit einem Streichholz ein Kaminfeuer entzünden. Chemiker sprechen dabei von einer sogenannten Redoxreaktion, bei der Wärme, Licht und flüchtige Stoffe abgegeben werden.

Ein weiteres Phänomen: Statt aggressive und teure Reiniger für das Badezimmer zu kaufen, greifen immer mehr Menschen zu bewährten Haushaltsmitteln. Um hartnäckige Kalkflecken im Bad zu beseitigen, kann mit Essigessenz oder Zitronensäure geputzt werden. Denn die Kalkflecken bestehen aus Calziumcarbonat, und die in Essig und Zitronen enthaltene Säuremenge genügt, um im Rahmen einer chemischen Reaktion den Kalk aufzuspalten, wobei dann Kohlenstoffdioxid freigesetzt wird.

Eine eher ärgerliche chemische Reaktion ist leider fast jedem aus seinem Alltag bekannt: Wer das Fahrrad ständig im Freien stehen lässt, muss gar nicht lange warten, bis sich ungeliebte Verfärbungen einstellen. Der Rost nagt an Felgen und Rahmen. Der Fachausdruck für das Rosten, Korrosion, beschreibt ziemlich exakt, was passiert. *Corrodere* ist Lateinisch und bedeutet „anfressen“. Und das geschieht auch. Das Metall reagiert mit Chemikalien aus

Essig und Zitronen enthalten chemische Säuren, die als umweltfreundliche Reinigungsmittel ohne Zusätze im Haushalt eine gute Verwendung finden.

seiner Umgebung. Durch Salze, die sich gelöst im Regen befinden, kommt es zu einer elektrochemischen Reaktion, bei der Elektronen ausgetauscht werden.

Eine chemische Reaktion, die dagegen (meistens) zu leckeren Folgereaktionen führt, besteht in der Verwendung von Backpulver. Es besteht aus Natriumhydrogencarbonat (in der Umgangssprache gern als Natron bezeichnet), einem Säuerungsmittel (Weinstein oder Phosphorsäure) und einem Trennmittel (Stärke oder Mehl). Das Trennmittel wird nur dazu benötigt, damit die beiden anderen Komponenten nicht bereits vorzeitig miteinander reagieren. Beim Teigkneten wird Flüssigkeit zugegeben. Damit wird das Säuerungsmittel zu einer Säure, die mit dem Natron reagiert. Dabei zerfällt es in seine Bestandteile und es wird Kohlenstoffdioxid frei. Diese Gasbläschen lassen den Teig „aufgehen". Im Backofen wird die Reaktion heftiger, die Gasbildung wird intensiviert. Deswegen muss Backpulver auch sparsam dosiert werden, damit der Teig nicht zu stark aufgetrieben wird.

Auch die Edelgase spielen im Alltag eine Rolle: Das Xenon begegnet uns in Autoscheinwerfern als gleichnamiges Licht. Doch auch Glühlampen wurden einige Zeit mit Edelgasen gefüllt. Eines der bekanntesten Edelgase ist sicherlich Helium, das etwa in Luftschiffen und Gasballons zum Einsatz kommt. Da es nicht brennbar ist, ist Helium in dieser Hinsicht sehr sicher. Eine Alternative dazu ist der reine Wasserstoff, der auch leichter ist und größere Nutzlasten bei gleicher Größe des Luftschiffes ermöglicht. Die USA hatten einst als weltweit wichtigster Hersteller von Helium ein Exportverbot erlassen. Deswegen musste das größte Luftschiff seiner Zeit, die „Hindenburg", mit Wasserstoff gefüllt seine Reise in die USA antreten. Es verunglückte am 6.5.1937 bei der Landung in Lakehurst, New Jersey. Binnen 30 Sekunden ging das brennende Luftschiff zu Boden. 35 Personen kamen dabei ums Leben.

Schon gewusst?

Halogene verstärken die Lichtausbeute in Glühlampen. Sie werden von Chemikern als Salzbildner bezeichnet, weil sie in Kombination mit einem Metall Salze bilden. Das bekannteste ist sicherlich die Verbindung Na (Metall Natrium) Cl (Gas Chlor). Und diesen Stoff finden Sie in jeder Küche: Es handelt sich um das Kochsalz.

Zum Abschluss des kleinen chemischen Rundgangs im Alltag wird noch ein verblüffender Effekt erwähnt, der im Winter nützlich ist. Gerade im Herbst landen Taschenwärmer verstärkt in den Verkaufsregalen. Sie enthalten ein flüssiges Gel. Wird ein Metallplättchen geknickt, wird das Gel plötzlich fest und gibt eine erstaunlich lange Zeit Wärme ab. Dahinter steckt eine einfach aufgebaute chemische Verbindung: Natriumacetat-Trihydrat ist ein Salz der Essigsäure, das in besonderer Form vorliegt. Denn in die Kristalle ist Wasser eingelagert. Beim Erhitzen des Beutels wird dieses Wasser abgegeben und das Salz darin gelöst. Kühlt das Kissen ab, handelt es sich immer noch um eine Schmelze. Diese ist unterkühlt, wie die Chemiker sagen. Durch das Metallplättchen wird ein Druckpunkt gesetzt und dieser genügt, um eine lawinenartige Reaktion hervorzurufen. Die Wärme, die ursprünglich zum Schmelzen benötigt wurde, wird wieder freigesetzt. Und das sorgt für angenehme Temperaturen.

Bei Kraftfahrzeugen wird Xenonlicht durch den Einsatz einer Xenon-Gasentladungslampe im Abblend- oder Fernlicht bereitgestellt. Im Gegensatz zu herkömmlichen Halogenlampen sorgt Xenon für helleres Licht und geringeren Energieverbrauch.

Erfindungen über Erfindungen zeichnen die Geschichte der Menschheit aus. Während die Glühlampe eine der entscheidenden technischen Innovationen im 19. Jahrhundert darstellte, haben elektronische und digitale Speichermedien wie die Festplatte das Alltagsleben seit dem 20. Jahrhundert revolutioniert.

Entdeckungen und Erfindungen

In diesem Abschnitt soll es um große Erfindungen gehen, Technik im weitesten Sinn, wobei die Mobilität eine große Rolle spielen wird. Und das ganz zwangsläufig, denn unser Lebensstil wäre ohne die gewachsene und erschwingliche Mobilität gar nicht möglich.

Menschen, die den technischen Fortschritt seit den 1960er-Jahren bewusst wahrgenommen haben, reiben sich möglicherweise gelegentlich die Augen. In wenigen Jahrzehnten haben sie Erfindungen kommen und gehen sehen, die unseren Alltag nicht nur komfortabler machen, sondern auch unsere Wirtschaft tief greifend verändert haben. Denken Sie beispielsweise an Dinge wie den Zeitungsdruck. Der Beruf des Schriftsetzers ist dank der Gestaltung von Seiten am Computer und moderner Druckverfahren überflüssig geworden. Und Ingenieure konstruieren heute direkt am Rechner. Das Faxgerät kann wohl zu Recht als Übergangstechnologie bezeichnet werden. Zunächst setzte es den klassischen Brief unter Druck, bis es bereits nach wenigen Jahren selbst an Bedeutung verlor, weil die Menschen inzwischen den Versand von E-Mails bevorzugen. Und hätte man den Zeitgenossen, die die Erfindung des Automobils bewusst erlebte haben, mitgeteilt, dass heute das autonome Fahren erprobt wird, wäre ein ungläubiges Kopfschütteln die Reaktion gewesen.

Der mobile Mensch – die größten Erfindungen für unsere Mobilität

Unser Leben wäre ohne Mobilität nicht denkbar. Wie selbstverständlich setzen wir uns in das Auto und fahren zur Arbeit. Teilweise nehmen wir Distanzen dafür in Kauf, für die unsere Vorfahren mehrere Tage lang unterwegs gewesen wären. Am Anfang der Geschichte unserer Mobilität stehen das Pferd und die Erfindung des Rades. Doch auch Schiffe gehören zu den ältesten Transportmitteln. Bereits im Altertum wurden damit Waren befördert. Das Gespann aus Wagen und Pferd blieb das vorherrschende Fortbewegungsmittel während des Mittelalters. Rasante Fortschritte ergaben sich erst im Lauf des 18. und 19. Jahrhunderts.

Ein wichtiger Meilenstein war hierbei die Erfindung der Dampfmaschine. Der Brite James Watt gilt zwar gemeinhin als ihr Erfinder, tatsächlich verbesserte er aber nur bereits vorliegende Konstruktionen. Ab 1769 begann er, Dampfmaschinen zu bauen, die er jedoch nicht verkaufte, sondern kostenlos zur Verfügung stellte. Gleichwohl ließ er sich an den gesparten Kosten der Nutzer beteiligen. Mit Dampf wurden dann auch erste Erntemaschinen betrieben.

Es sollte allerdings noch bis zum Jahr 1801 dauern, als ebenfalls ein Brite, Richard Trevithick, auf die Idee kam, eine Dampfmaschine in ein Fahrzeug einzubauen. Dies bildete sowohl die Grundlage unseres heutigen Automobils als auch der dampfbetriebenen Lokomotive. 1816 liefen die ersten von Dampfmaschinen angetriebenen Schiffe in Deutschland vom Stapel. Die erste dampfbetriebene Eisenbahn fuhr hierzulande im Jahr 1835 zwischen Nürnberg und Fürth. Und der Dampf blieb lange die vorherrschende Antriebsquelle.

Die berühmten Wiener Fiaker. Während das Pferdegespann noch bis weit in das 19. Jahrhundert hinein ein gängiges Transportmittel darstellte, wird es heute – zumindest in der westlichen Welt – nur mehr als touristische Attraktion in Gebrauch genommen.

Wie merke ich es mir?

Wie lässt sich ein Meilenstein der industriellen Revolution merken?

Manchmal tut das Gehirn Dinge, die es gar nicht soll – und konstruiert ein fragwürdiges Merkbild in Form einer kurzen *Geschichte*: Als James Watt die ersten, schlecht funktionierenden Dampfmaschinen untersuchte, griff er mit seinem „Arm" eine „Klappe", öffnete sie und entdeckte darunter ein „nacktes Pärchen in einer freizügigen Körperhaltung". „Ja, watt ist das denn?" Das war das Einzige, was der überraschte Schotte dazu sagen konnte.

So hat es sich damals natürlich nicht angespielt, als Watt die Idee hatte, einen Kondensator in Dampfmaschinen einzubauen, statt das Wasser im Zylinder kondensieren zu lassen. Doch beim Anblick der Jahreszahl 1769 hat das Gehirn spontan reagiert und die beiden letzten Ziffern mit der gleichnamigen sexuellen Stellung assoziiert (ja, bei der anrüchigen Bezeichnung „69" für eine bestimmte Sexualpraktik handelt es sich um nichts anderes als ein *Zahlen-Symbol*).

Mittels des *Zahlen-Symbol-Systems* lassen sich zudem die 1 durch den „Arm" und die 7 durch die „Klappe" ersetzen. „Ja" steht für James, und das umgangssprachliche Fragewort „Watt" für den Nachnamen. Auf diese Weise wurde der „Erfinder" der Dampfmaschine und das Jahr, seit dem Watt diese baute, auf originelle Weise gemerkt.

Denken Sie sich: „Sauerei! Hier wird professionelle Wissenschaft, die den Lauf der Geschichte verändert, mit Sexualpraktiken assoziiert, die sicherlich nicht jedermanns Sache sind"? Leider denkt Ihr Kopf spontan, was er will, wenn niemand auf ihn aufpasst und keiner es mitbekommt.

Wenn er ein so drastisches Bild produziert, dann sollten wir es dabei belassen. Extrem lustige, gruselige oder sexuelle Bilder haften nachweislich am besten im Gedächtnis. Wir sollten dementsprechend der Fantasie freien Lauf lassen. Sie müssen ja niemandem verraten, was sie denken!

Spontane Einfälle sollten Sie kritisch betrachten, denn die ersten Assoziationen sind nicht unbedingt die besten Gedankenverknüpfungen. Wenn es (zu) lange dauert, geben wir uns dagegen manchmal mit einer halbherzigen Lösung zufrieden. Aber wie lässt es sich einschätzen, ob ein Bild gut ist? Wenn Sie über Ihre eigene Idee lachen, ist das der ein sicherer Hinweis für ein tolles Merkbild. Wenn es logisch ist (Verknüpfung mit „weil" oder „wegen") und wenn Sie es als Szene vor Ihrem inneren Auge sehen, dann sind Sie lerntechnisch auf dem besten Weg.

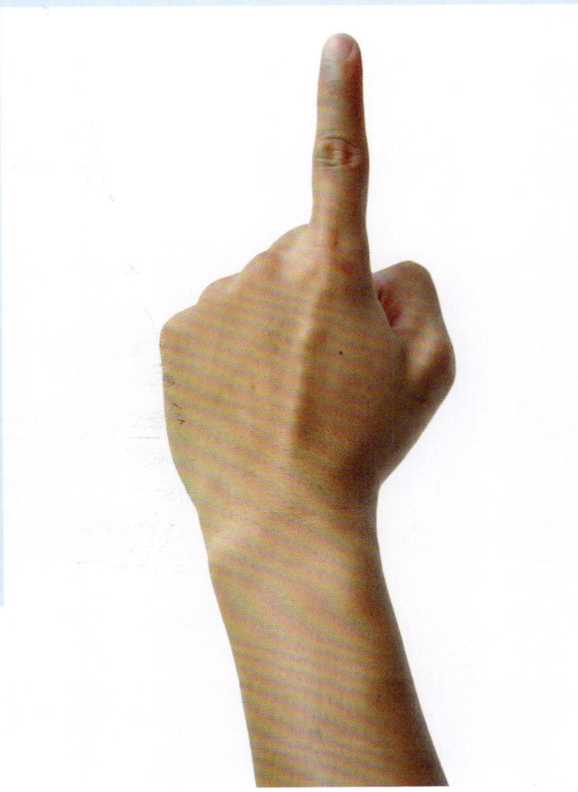

Den erhobenen Zeigefinger bräuchte es dazu gar nicht erst – auch wenn er das Merkbild verfeinert. Ein gestreckter Arm ist schon allein ein hervorragendes Zahlen-Symbol für die 1.

Schon gewusst?

Die Hansestadt Hamburg erhielt 1912 als dritte deutsche Stadt eine eigene U-Bahn. Charakteristisch für das Liniennetz ist ein sehr hoher Anteil von Strecken, die nicht in Tunneln, sondern oberirdisch verlaufen (rund zwei Drittel). Deswegen lautet der Name der Betreibergesellschaft auch HHA (Hamburger Hochbahn Aktiengesellschaft). Eine weitere interessante Information rund um Züge ist Folgende: 1435 Millimeter beträgt die Spurbreite der Deutschen Bahn. Sie wird auch auf fast 90 Prozent aller Strecken innerhalb Europas und der USA verwendet. Deutschland verdankt diese Spurbreite der Tatsache, dass die erste Lok, die auf deutschem Boden fuhr, ein Exportartikel aus England war. Und die Spur für seine Loks hatte der Hersteller seinerzeit auf vier Fuß, achteinhalb Zoll festgelegt.

Das änderte sich erst mit der Erfindung des mit Benzin betriebenen Verbrennungsmotors. 1888 fuhr Bertha Benz zum ersten Mal in einer Motorkutsche mit Benzinantrieb, die von ihrem Mann Carl entwickelt wurde. Seitdem ging es Schlag auf Schlag. Bereits 1913 wurde bei Ford in den USA am Fließband gearbeitet, um der Nachfrage nach Automobilen genügen zu können. Etwas früher, im Jahr 1903, gelang es den Brüdern Wright in den USA, ein Flugzeug mit einem Motor auszustatten – ein wichtiger Schritt, ohne den die moderne Luftfahrt nicht möglich wäre.

Auf Basis der Arbeiten dieser Pioniere wurden dann ständige Fortschritte erzielt. Die dahinterstehenden technischen Prinzipien blieben zwar die gleichen, doch die Entwicklungen waren rasant: 1937 und 1938 duellierten sich die Fahrer der schnellsten Wagen von Mercedes und Auto Union und erzielten dabei auf öffentlichen Straßen Höchstgeschwindigkeiten von über 400 km/h. 1939 wurden die ersten Kampfflugzeuge mit Strahltriebwerken konstruiert. Zur Revolution der zivilen Luftfahrt kam es aber erst mit der Serienfertigung der Boeing 747, auch als Jumbojet bekannt, im Jahr 1970. Seit 1961 gab es die ersten Flugzeuge, die schneller als Schallgeschwin-

Am White Brothers National Memorial in North Carolina, USA, kann man einen anschaulichen Nachbau des ersten motorisierten Flugzeugs in Bronze betrachten.

digkeit flogen. Mit Ausnahme der Concorde hat es aber keines dieser Flugzeuge in den Linienbetrieb geschafft – was schlicht an ihrer Unwirtschaftlichkeit lag. Ab den 1980er-Jahren setzte eine Entwicklung ein, die in Hochgeschwindigkeitszügen gipfelte, die mit zum Teil über 300 km/h durch die Landschaft brausen. In Frankreich der TGV und in Deutschland die ICE-Flotte.

Schon gewusst?

In einem modernen Fahrzeug ist inzwischen so viel Elektronik und Technik verbaut, dass Hunderte Meter Kabel verlegt werden müssen, damit alle Bedienelemente und Komponenten zentral gesteuert werden können.

Doch die Mobilität, insbesondere der Einsatz von Verbrennungsmotoren, hat auch ihren Tribut gefordert – vor allem in Form von Treibhausgasen. Das wachsende Umweltbewusstsein führt heute verstärkt zur Erforschung und Etablierung von Alternativen wie dem Elektromotor. Und unser Wunsch, es einerseits möglichst bequem zu haben, andererseits die menschenbedingte Unsicherheit zu reduzieren, führt zur Entwicklung von Techniken des autonomen Fahrens. Am Automobil, das nicht nur selbstständig einparkt, sondern auch im Stadtverkehr oder auf der Autobahn den Fahrer sicher ans Ziel bringt, zeigt sich die Zukunft des Fahrens.

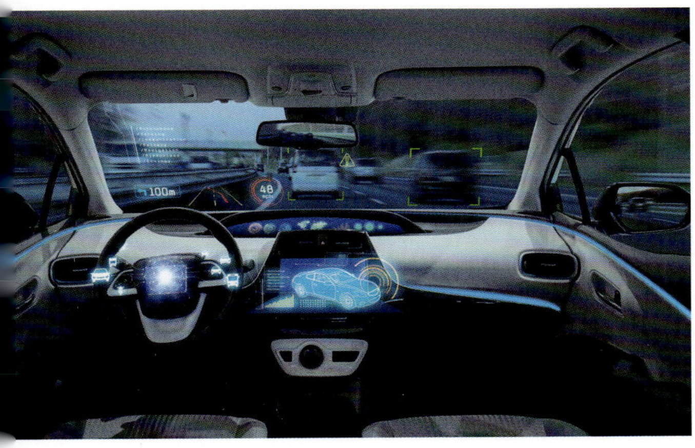

Sieht so die Zukunft des Fahrens aus? Sie nehmen bequem auf der Rückbank Platz und ein hochautomatisiertes Fahrzeug steuert Sie, ausgestattet mit Mikroprozessoren und Sensoren, sicher durch den Verkehr? Noch existierten nur Prototypen autonomer Autos.

Ein Ausflug in die Welt des Hightech

Was unter Hochtechnologie (Hightech) verstanden wird, wechselt im Verständnis der Menschen. Meist sind Entwicklungen der Automobil- und Luftfahrtindustrie gemeint. Aber auch der Medizinsektor bietet teils atemberaubende Entwicklungen. In Science-Fiction-Filmen der 1970er-Jahre kommunizieren die Menschen ganz selbstverständlich mit intelligenten Computersystemen, die unterschiedlichste Aufgaben übernehmen. Und diese sind zum Teil sogar lernfähig. Zukunftsmusik ist das inzwischen nur noch bedingt. Denn sprachgesteuerte Assistenten gehören, zum Beispiel bei Smartphones, inzwischen zum Alltag. Zudem liefert die Industrie inzwischen auch Geräte aus, die wir in unsere Wohnzimmer stellen können, um per Sprache die Wiedergabe von Musik und Filmen zu steuern oder uns an Termine erinnern zu lassen. Tatsächlich sind diese Systeme lernfähig und besitzen erste Ansätze einer „künstlichen Intelligenz" (KI).

Schon gewusst?

Die Technologie der künstlichen Intelligenz hat in den vergangenen Jahren atemberaubende Fortschritte gemacht. Die regelmäßig gewonnenen Partien von Computersystemen im Schach oder Go sind nur die pressewirksamsten Höhepunkte dieser Entwicklung, deren Ende noch nicht abzusehen ist. Allerdings wird es noch eine ganze Weile dauern, bis Systeme entwickelt werden, die genauso wie der Mensch kombinieren und kreative Lösungen finden können.

Die mithilfe von Sprache gesteuerten Boxen, die in unseren Wohnzimmern platziert werden, bilden das Zentrum von etwas, das passend als *Smart Home* bezeichnet wird. Mittels Sensoren werden die Zustände von Haushaltsgeräten, Heizung, Raumluft und Beleuchtung überwacht. Die Auswertung der Nutzergewohnheiten führt dann beispielsweise dazu, dass werktags kurz vor Eintreffen der Bewohner nach Feierabend die Heizung höher gestellt oder die Klimaanlage aktiviert wird. Sensoren melden Vorkommnisse und Störungen in Haus oder Wohnung und alarmieren bei Bedarf Polizei, Rettungskräfte oder Handwerker.

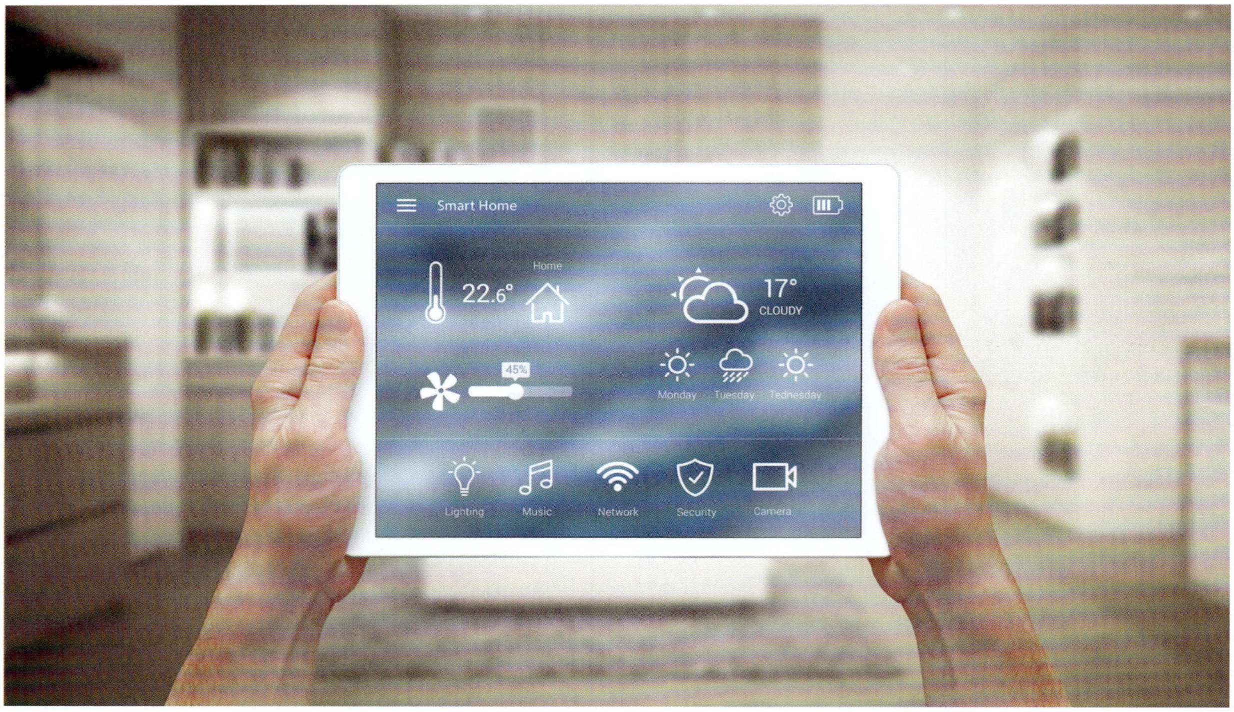

Im Gegensatz zum autonomen Fahren ist das Smart Home bereits Realität und im Alltag vieler Menschen angekommen. Die Vernetzung von Haustechnik und Unterhaltungselektronik sowie deren Fernsteuerung soll nicht nur effiziente Energienutzung ermöglichen, sondern auch die Lebensqualität erhöhen.

Regelrechte Umwälzungen in Handel und Industrie sind mit der Entwicklung sogenannter 3D-Drucker verbunden. Deren Name führt allerdings in die Irre, denn gedruckt wird im klassischen Sinn dabei nichts. Vielmehr werden spezielle Werkstoffe erhitzt und mittels frei im Raum beweglicher Düsen gespritzt. Durch die Raumtemperatur härtet der Stoff dann sofort ab. Das finale „Druckstück" entsteht. Im Computerfachhandel und auch in den Spielwarengeschäften sind erste Modelle bereits für private Haushalte erschwinglich. Die Möglichkeiten dieser Geräte lassen indes nur erahnen, was die Industrie damit plant. In Zukunft können Ersatzteile für Haushaltsgeräte beispielsweise direkt vor Ort beim Kunden gefertigt werden, in der Medizintechnik reichen denkbare Anwendungsszenarien bis zur Herstellung von passgenauen Prothesen. Und auch in der Baubranche sind Teile, die direkt aus dem Drucker stammen, vorstellbar oder bereits über die Testphase hinaus.

Unsichtbares Hightech stellt die Blockchain-Technologie dar. Dabei handelt es sich um einen Algorithmus für Datenbanken, der sich vielfältig einsetzen lässt. Man stelle sich eine Art großes Archiv vor, mit der Besonderheit, dass es keinen zentralen Platz gibt, an dem dieses lagert, das aber genau deswegen nicht manipuliert werden kann, weil der Algorithmus nicht nur jede Änderung protokolliert, sondern auch Manipulationen erkennt. Mit Blockchain werden beispielsweise bereits heute die Wege von Produkten nachvollziehbar, vom Produzenten bis zum Supermarkt. Und in der virtuellen Währung Bitcoin, die rein digital vorliegt, kommt ebenfalls Blockchain-Technologie zum Einsatz.

Schon gewusst?

In unserer Umwelt sind wir umgeben von Kunststoffen. Diese basieren aber häufig auf Erdöl – eine Ressource, die unweigerlich knapp werden wird, wenngleich sich Experten nach wie vor nicht einig darüber sind, wann die Vorräte an Rohöl erschöpft sein werden. Neue Syntheseverfahren für Bioplastik kommen dagegen ohne diese Ressource aus und belasten im Herstellungsprozess deutlich weniger unser Klima. Erprobt werden sie derzeit bereits in der Medizin.

In Fabriken werden Roboter seit längerem eingesetzt – in Deutschland seit ca. 1970. Die vielseitigen Maschinen erledigen Schweißarbeiten, etwa in der Automobilindustrie, wo sie bestücken, montieren, kleben und messen.

Roboter sind ein Beispiel für eine Hochtechnologie, die für viele Menschen im Alltag noch utopisch erscheint. Wer an Roboter denkt, hat wahrscheinlich Bilder aus Kinofilmen vor Augen oder er denkt an Industrieroboter, die in Fabrikhallen Verbindungen verschweißen. Roboter, die auf künstlicher Intelligenz basieren, sind inzwischen in der Lage, menschliche Emotionen zu erkennen und angemessen darauf zu reagieren. Und damit könnten sie zukünftig auch in unserem Alltag eine wichtige Rolle spielen. Beispielsweise bei der Betreuung von Kindern, in der Alten- und Krankenpflege oder schlicht als Assistenten, die uns beim Einkaufen begleiten, bei der Hausarbeit unterstützen und uns Gesellschaft leisten.

Wie die Menschheit Wissen und Erinnerungen konserviert

Schon sehr früh in der Menschheitsgeschichte finden sich die ersten Beweise für den Wunsch des Menschen, Wissen zu konservieren oder weiterzugeben. Vor allem in Südfrankreich gibt es zahlreiche Höhlenmalereien (seit ca. 40 000 v. Chr.), mit denen unsere Vorfahren in diesem Punkt Zeugnis über sich selbst ablegten. Anschließend wendeten sich die Menschen bereits den ersten transportablen „Datenspeichern“ zu. Denn seit dem 5. Jahrtausend v. Chr. wurde gerade in Regionen mit trockenem und heißem Klima auf Tontafeln geschrieben. In den noch feuchten Ton wurden die Schriftzeichen eingeritzt. Und das Geschriebene wurde durch den Trocknungsprozess konserviert. Die frühesten Texte auf Tontafeln geben in Keilschrift Steuereinnahmen wieder.

Schon gewusst?

Der Begriff des „Scherbengerichts“ ist jedem wahrscheinlich schon einmal im Schulunterricht begegnet. Die Namen von Bürgern, oft mächtige Männer, die in antiker Zeit aus einer Stadt verbannt werden sollten, wurden dazu auf kleine Scherben geritzt. Diese Scherben wurden als „Stimmzettel“ verwendet und sind in großer Zahl als archäologische Funde überliefert.

Scherben mit den Namen attischer Politiker, Staatsmänner und Feldherren: Perikles, Kimon und Aristeides. Die Funde beweisen, dass sich die Herren einem Scherbengericht ausgesetzt sahen.

Die Gutenberg-Bibel (dieses Exemplar ist in der New York Public Library zu sehen) ist 1452 und 1454 entstanden. Wegen ihrer hohen Qualität gilt sie als Meisterwerk des Erfinders des modernen Buchdrucks.

Die Tontafeln waren natürlich sehr anfällig und vor allen Dingen schwer und unhandlich, wenn es um die Bewahrung einer größeren Menge Informationen ging. Der Erfindungsreichtum der Menschen brachte dafür ein viel leichteres Material ins Spiel: Zu Beginn des 3. Jahrtausends v. Chr. sind die ersten Verwendungen von Papyrus nachweisbar – ein Vorläufer unseres Papiers, der zwar empfindlich gegen Feuchtigkeit und mechanische Beanspruchung, aber erstaunlich widerstandsfähig ist. Selbst aus dieser längst vergangenen Zeit haben sich einige Fundstücke erhalten. Das hatten die Erfinder wohl kaum im Sinn, es zeigt aber eindrucksvoll, wie robust das Material ist.

Zwischen 200 v. Chr. und 100 n. Chr. wurde das Papier in China erfunden. Es hatte natürlich noch nicht viel mit dem Stoff zu tun, mit dem wir heute unsere Drucker bestücken. Es wurde handgeschöpft, war dementsprechend teuer und vor allen Dingen nicht gleichmäßig gefertigt. Die maschinelle Produktion von Papier begann in Europa erst im Mittelalter. Am Ende dieser Epoche begann das Papier, Schritt für Schritt den damals vorherrschenden Beschreibstoff abzulösen – das Pergament, das aus durchscheinender Tierhaut besteht.

Schon gewusst?

Bei der modernen Papierherstellung werden Holz und Wasser verbraucht. Hier hat die Industrie in den vergangenen hundert Jahren enorme Fortschritte erzielt. Im Jahr 1900 wurden für die Herstellung von einem Kilogramm Papier zwischen 600 und 800 Litern Wasser benötigt. Inzwischen gelingt die Produktion mit deutlich weniger Wasser. Und natürlich leiten heutige Papierfabriken ihr Abwasser nicht mehr ungeklärt in Flüsse und Seen ab.

Papyrus, Pergament und Papier – alle wurden sie mit der Hand beschrieben. Und das machte die Reproduktion von geschriebenen Inhalten schwierig und vor allen Dingen fehlerbehaftet. Mit der Erfindung des Buchdrucks mit beweglichen Mettallettern durch Johannes Gutenberg um 1450 sollte sich das ändern. Bücher konnten zwar vorher schon gedruckt werden, dabei wurde aber die ganze Seite in den Druckstock geschnitzt. Erst das System von Gutenberg ermöglichte die Massenproduktion von Büchern und damit die schnelle und kostengünstige Weitergabe von Wissen.

Bereits früh in der Geschichte gab es aber auch Bestrebungen, Informationen zu verarbeiten, die sich nicht so ohne Weiteres aufschreiben ließen, zum Beispiel die „Programmierung" mechanischer Webstühle. Tatsächlich wurden die ersten Lochstreifen bereits 1725 in Frankreich verwendet. Sie sind also nicht erst eine Erfindung des Computerzeitalters. Die schleichend einsetzende Digitalisierung brachte im 20. Jahrhundert dann in immer kürzer werdenden Abschnitten diejenigen Speichermedien hervor, die teils heute noch in Gebrauch sind.

So wurde um 1935 das Magnetband entwickelt, das als Bestandteil der Kompaktkassette in jedem tragbaren Musikplayer seit den 1980er-Jahren eingesetzt wurde. 1956 entstand die erste magnetische Festplatte, die bis heute das vorherrschende Speichermedium in unseren Computern dargestellt hat. Wenig später, 1969, kam die Diskette auf den Markt, die nach dem gleichen Prinzip wie die magnetische Festplatte arbeitet, aber im Gegensatz zu dieser transportabel ist. Die CD-ROM ist seit 1979 erhältlich und wird sowohl zur Speicherung von Daten als auch für die Wiedergabe von Musik verwendet.

CDs werden aus einer sehr dünnen Metallschicht und dem Kunststoff Polycarbonat hergestellt. Anders als Vinyl (Schallplatten) werden sie nicht gepresst, sondern in Spritzgussmaschinen gefertigt.

Schon gewusst?

Auf eine klassische CD passen 74 Minuten Musik. Die Frage ist nur: Warum gerade dieser Wert? Hierbei spielt besonders ein Aspekte eine Rolle: Der neue Tonträger sollte nicht viel größer als eine Musikkassette sein. Eine wohl nicht wahre Legende besagt, dass es der Wunsch des damaligen Vize-Präsidenten des Herstellerunternehmens war, *Beethovens Neunte* ohne störenden Wechsel des Tonträgers hören zu können. Die Techniker hielten sich an die damals längste bekannte Version von Wilhelm Furtwängler. Diese Aufnahme aus dem Jahr 1951 hat eine Spieldauer von exakt 74 Minuten.

Kennen Sie den Unterschied zwischen CD-ROM und Audio-CD? Im Grunde handelt es sich stets um eine Compact Disc zur Speicherung digitaler Daten: Erstere wird für Computer, letztere zur Wiedergabe von Musik verwendet.

Das Medium CD-ROM wurde in der Folge immer weiter entwickelt – bis hin zur modernen Blu-ray-Disk, die vom Standpunkt unserer Vorfahren aus betrachtet enorme Datenmengen speichern kann. Eine Frage stellt sich in Anbetracht dieser Entwicklung jedoch – und zwar diejenige nach der Lebensdauer dieser modernen Datenträger. Denn während Papyrus, Ton, Papier und Pergament viele Jahrhunderte überdauert haben (wenn sie denn optimal gelagert wurden), ist bei unseren modernen Datenträgern nicht einmal gewährleistet, dass diese Jahrzehnte halten werden.

Disketten etwa beruhen auf Magnetismus. Selbst wenn die Mechanik längere Zeit standhält, setzt schließlich ein physikalischer Prozess ein, der langsam zum Zerfall der gespeicherten Informationen führt. Und um CD-ROM, DVD und Blue-ray steht es aus chemischen Gründen nicht besser. Zumal wir unsere Informationen in digitalen Formen speichern, für deren Anzeige eine Software benötigt wird. Wer bereits einmal versucht hat, ein Textdokument eines älteren Programms mit einer aktuelleren Version zu lesen, wird die Erfahrung gemacht haben, dass hierbei bereits einige Daten verloren gehen können – schlechte Aussichten für Historiker also.

Die größten Erfinder der Geschichte

Aus den unzähligen Persönlichkeiten der Weltgeschichte diejenigen auszuwählen, die als die bedeutendsten Erfinder gelten, ist keine leichte Aufgabe. Schließlich werden damit automatisch viele kluge Köpfe ausgeblendet, die mit ihrem technischen Erfindergeist Herausragendes entwickelt haben. Zu den weniger bekannten Helden des Alltags zählen sicherlich der Erfinder der Eismaschine oder des abrollbaren Toilettenpapiers. Hier ist, wie gesagt, eine unvollständige Auswahl von Erfindern und Ingenieuren, deren Wirken noch heute unseren Alltag prägt:

Leonardo da Vinci, der von 1452 bis 1519 lebte, war das, was zu Recht als Universalgenie bezeichnet wird. Er ist nicht nur ein bedeutender Künstler gewesen, dem die Welt das berühmte Gemälde der Mona Lisa verdankt, sondern auch ein grandioser Erfindergeist. In seinen Ideen- und Skizzenbüchern nahm er Dinge vorweg, die sich erst sehr viel später haben umsetzen lassen, etwa die Idee zu einem Hubschrauber. Es mangelte ihm letzt-

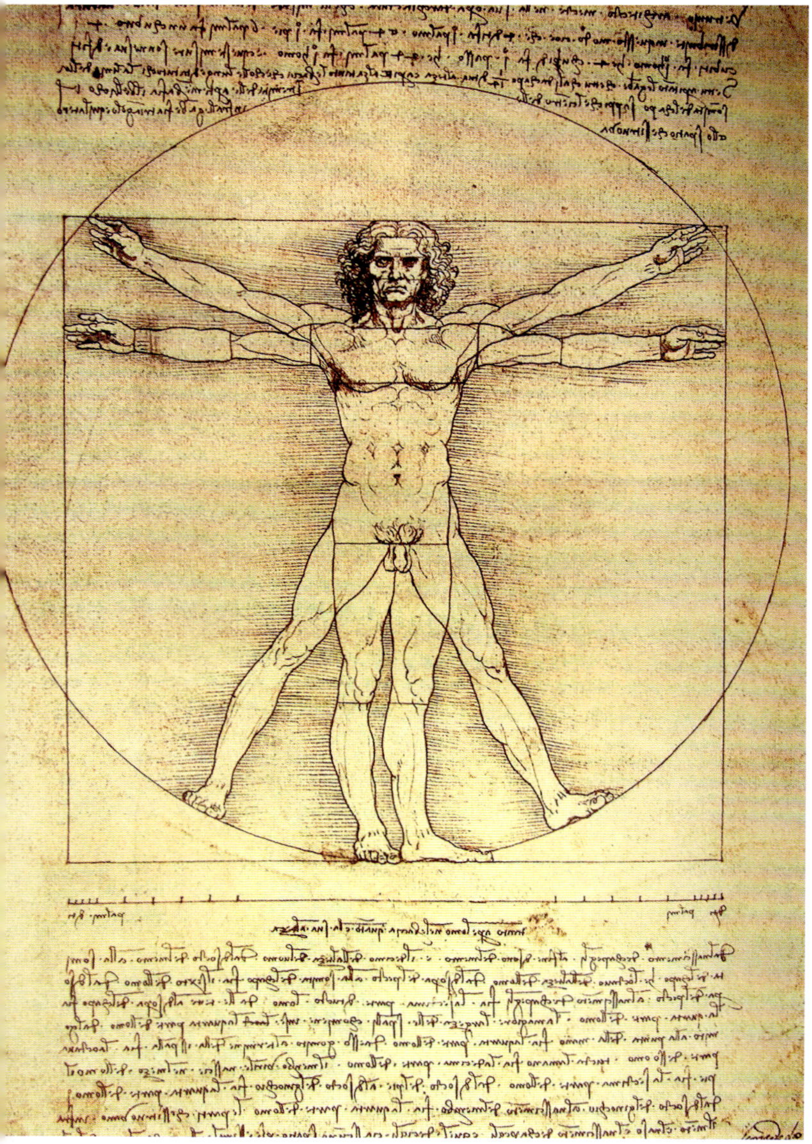

Der vitruvianische Mensch, eine idealisierte Körperstudie, skizzenhaft festgehalten in Leonardo da Vincis Tagebüchern, zeigt das Interesse des Malers an Proportionen.

lich an Geld und den technischen Voraussetzungen, um seine kühnen Gedanken Realität werden zu lassen. James Watt, der Wegbereiter der Dampfmaschine, wurde 1736 geboren. Watt studierte eifrig Schriften zur Wärmelehre, denn er hatte als Schwachpunkt der bisherigen Konstruktionen von Dampfmaschinen deren Energiehaushalt entdeckt. Und so wurde der Wirkungsgrad seiner Maschinen deutlich höher: Dampfmaschinen wurden leistungsfähiger und brauchten zugleich weniger Brennstoff. Ohne die Dampfmaschine hätte die industrielle Revolution nicht stattfinden können. Deswegen gebührt ihm in dieser Liste ein Platz, auch wenn er die Dampfmaschine nicht als Erster konstruierte.

Karl Wilhelm Otto Lilienthal (1848-1896) war der erste Mensch, dem wiederholt Gleitflüge mit seinem Flugzeug gelangen. Damit erfand er nicht nur das Prinzip des Segelflugzeugs, sein besonderes Verdienst liegt vielmehr in der noch immer gültigen Beschreibung der Tragflächen und ihrer aerodynamischen Prinzipien.

Ohne elektrischen Strom wäre unsere heutige Zivilisation nicht denkbar. Und zwei Männern ist es zu verdanken, das Problem gelöst zu haben, Strom auch über größere Distanzen zu transportieren. Denn erst damit war elektrische Beleuchtung oder auch der Einsatz von Elektromotoren, wie sie in Staubsaugern und Küchenmaschinen vorkommen, möglich. Thomas Alva Edison (1847-1931) gilt als einer der produktivsten Erfinder der Geschichte (er hatte auch Anteil an der Entwicklung des Telefons). Er erfand die Glühbirne und hatte großen Anteil an der Elektrifizierung New Yorks. Dabei nutzte er Gleichstrom. Nikola Tesla (1856-1943) beschäftigte sich mit dem gleichen Problem wie Edison, kam aber zu einem anderen Lösungsansatz: Seine Arbeiten stellen die Grundlage unseres Wechselstroms dar.

Otto Hahn (1879-1968) war Chemiker und baute auf den Forschungen vieler anderer Wissenschaftler auf. Er interessierte sich besonders für Atome und deren Modelle. So wurde er zum Entdecker der Kernspaltung, deren Verlauf er als Erster korrekt vorhersagte und 1938 auch in der Praxis durchführte. Damit gilt er einerseits als gedanklicher Vater der Kernenergie, aber auch der Atombombe, deren Abwürfe im Zweiten Weltkrieg ihn zu einem der größten Kritiker der nuklearen Aufrüstung machten.

Nicolaus August Otto (1832-1891) war ein Autodidakt der Ingenieurskunst mit einer kaufmännischen Ausbildung, die ihn kaum für das qualifizierte, was er der Menschheit schenkte. Otto experimentierte mit Motoren und gilt als Miterfinder des Viertakter-Prinzips bei einem Hubkolbenmotor (Ansaugen, Verdichten mit Zündung, Arbeiten und Ausstoßen). Viele Details, die er bei seinen Arbeiten entdeckte, stecken heute noch im Gebrauch von Motoren. Und Viertaktmotoren sind nach wie vor die dominierende Antriebsquelle unserer Autos. Für Otto gilt

Nikola Tesla blickt den Besucher des Victoria Parks an den Niagarafällen, Kanada, an. Der Physiker erfand nicht nur den Zweiphasenwechselstrom zur elektrischen Energieübertragung – insgesamt 280 Patente zeugen von zahlreichen weiteren Neuerungen in der Elektrotechnik.

somit zu Recht der Satz „Ehre, wem Ehre gebührt“. Für seine Verdienste erhielt er nicht nur eine Ehrendoktorwürde. Auch verdankt ihm der sogenannte Ottomotor seinen Namen.

Charles Babbage (1791-1871) studierte Chemie und Mathematik. 1812 war er Mitbegründer der Analytical Society, die das Ziel hatte, die Mathematik in England zu reformieren. Die Mathematik regte seinen Erfindergeist an. Und so stellte er 1822 das erste funktionierende Modell einer Rechenmaschine her. 1823 begann er mit Unterstützung der Regierung an der Arbeit seiner Difference Engine No. 1. 1832 war das erste Modul (bestehend aus über 2000 Einzelteilen) dieser Maschine fertiggestellt. Ein Jahr später begann er die Arbeit an einer weiteren Maschine, die er Analytical Engine nannte. Obwohl es zu seinen Lebzeiten nie gelang, ein funktionierendes Modell fertig zu produzieren, was auch an Geldmangel lag, da die britische Regierung 1842 finanzielle Unterstützung verweigerte, gelten die Arbeiten Babbages als Ausgangspunkte für moderne Computer. Die Grundlagen, auf der seine Überlegungen fußten, sind letztlich dieselben wie in der modernen EDV: Eine Aufgabe wird in Teilschritte zerlegt und dann automatisiert gelöst.

Auch der Name von Konrad Zuse (1910-1995) ist eng mit der Entwicklung von Computern verknüpft: 1941 baute er seinen Z3, den ersten vollautomatischen, frei programmierbaren Computer der Welt. Er besaß bereits eine zentrale Recheneinheit und einen davon getrennten Speicher. Als Aufgaben für eine solche Rechenmaschine galten langwierige Vergleiche und Auswertungen. Zu einer „Serienreife“ der aufwendig konstruierten Maschine kam es jedoch nicht. Das Original wurde 1943 bei einem Fliegerangriff zerstört, das Deutsche Museum zeigt aber einen Nachbau. Zuses eigenes Unternehmen baute nach dem Krieg bis 1967 über 250 Computer.

Hierbei handelt es sich um den ersten Computer, den Z3, entwickelt vom deutschen Ingenieur Konrad Zuse. Das Ausstellungsstück befindet sich im Deutschen Technikmuseum in Berlin (Aufnahme vom Mai 2014).

Der Pionier besaß zu seinem Tod niemals einen Personal Computer, obwohl dieser seine Existenz Zuses Grundlagen verdankte.

Der Schwede Alfred Nobel (1833-1896) war Chemiker und ein überaus produktiver Erfinder. Ingesamt meldete er über 350 Patente erfolgreich an. Seine berühmteste, aber auch traurigste Erfindung war das Dynamit. Bereits vorher hatte er mit Nitroglyzerin experimentiert, wobei es immer wieder zu Unfällen kam. 1864 wurde durch eine Explosion sein Labor zerstört, dabei verlor sein Bruder Emil das Leben. Der Legende nach, die Nobel aber immer bestritt, fand er einen Weg, Nitroglyzerin handhabungssicher als Sprengstoff zu verwenden. Seine Entdeckung ließ er sich unter dem Namen Dynamit patentieren. Das machte ihn reich. Nobel blieb kinderlos, und ob es nun das berühmte schlechte Gewissen war, das ihn dazu trieb, oder andere Gründe; auf jeden Fall brachte er sein Vermögen in eine Stiftung ein und verfügte, das aus den Zinsen Preise für bedeutenden Leistungen in der Wissenschaft ausgelobt werden sollten. 1901 wurden die ersten Nobelpreise denn auch verliehen.

Leistungen und Friedensbemühungen

Dazu gehört der Nobelpreis für Physik, dessen Preisträger jährlich von Königlich Schwedischen Akademie der Wissenschaften ausgewählt wird, die auch den Nobelpreis für Chemie und den Alfred-Nobel-Gedächtnispreis für Wirtschaftswissenschaften vergibt. Der Nobelpreis für Physiologie und Medizin wird von der Nobelversammlung des Karolinska-Instituts in Solna, Schweden, ausgelobt.

Herausragende Autoren erhalten den Nobelpreis für Literatur (vergeben von der Schwedischen Akademie). Hinzu kommt der berühmte Friedensnobelpreis, den das fünfköpfige norwegische Nobelkomitee auswählt. Die Vergabe erfolgt jährlich „an denjenigen, der am meisten oder am besten auf die Verbrüderung der Völker und die Abschaffung oder Verminderung stehender Heere sowie das Abhalten oder die Förderung von Friedenskongressen hingewirkt hat“. Die Entscheidungen des Komitees bei der Vergabe werden in der Regel kontrovers diskutiert.

Wenn Sie in diesem Gebäude, dem Nobel-Friedenszentrum in Oslo, eine Auszeichnung verliehen bekommen, handelt es sich um den Friedensnobelpreis. Die Nobelpreise für wissenschaftliche Leistungen werden in Stockholm vergeben.

RUND UM DIE WELT

Die Hintergrundfarbe ist gut gewählt: Weil die Erde zu etwa zwei Dritteln aus Wasser besteht, erscheint sie, vom Weltall aus betrachtet, als „Blauer Planet". Doch wie ist unser Heimatplanet im Inneren aufgebaut? Und was kommt, wenn man die Erdoberfläche verlässt?

Vom Aufbau der Erde bis zur Atmosphäre

Haben Sie sich schon einmal bildlich vorgestellt, dass sich das Bett, aus dem Sie morgens aufstehen, auf einer großen Kugel befindet, deren Inneres unvorstellbar heiß und flüssig ist und sich mit unglaublicher Geschwindigkeit nicht nur um sich selbst dreht, sondern sich in einem luftleeren Raum um einen ebenfalls unglaublich heißen Stern bewegt?

Genau das ist unsere Heimat. Damit auf dieser durch das Weltall rasenden Kugel überhaupt Leben entstehen konnte, mussten eine Reihe von sehr günstigen Faktoren zusammenkommen. s ist faszinierend, sich einmal intensiver damit zu beschäftigen, was die Erde eigentlich zusammenhält und was ihre Hülle, die Erdatmosphäre, ausmacht. Jedenfalls ist die Erde keine Hohlkugel, wie man noch im 18. Jahrhundert dachte.

So ist die Erde im Inneren aufgebaut

Wer etwas über den Aufbau der Erde im Inneren wissen möchte, kann nur graben und bohren. Um größere Tiefen zu erreichen, ist das alles andere als eine triviale Angelegenheit. Denn schließlich muss die verdrängte Erde an die Oberfläche geschafft werden und außerdem ist dann auch noch mit dem Grundwasser zu kämpfen. Der technische Fortschritt hat hier für erstaunliche Ergebnisse gesorgt. So konnten die bisher tiefsten erfolgreich verlaufenden Bohrungen in das Erdinnere eine Tiefe von zwölf Kilometern erreichen. Das klingt zunächst sehr beeindruckend. Allerdings relativiert sich der Wert schnell, wenn man sich den Durchmesser unseres Planeten vor Augen führt. Er beträgt über 12 000 Kilometer. Damit verglichen kratzen die Bohrungen sprichwörtlich an der Oberfläche der Erde. Trotzdem ist das Wissen über den Aufbau des Erdinneren in tieferen Schichten nicht blanke Theorie.

Doch wie kommen die Geologen nun an ihre Erkenntnisse über die größeren Tiefen? Der Chemie verdankt die Geologie eine Menge Fakten über die Zusammensetzung von Gestein. Der Anteil eines bestimmten Minerals oder Gesteins in der Erde lässt sich durch eine chemische Reaktion erklären. Und für diese müssen bestimmte Umstände zutreffen. So wird für Reaktionen eben ein bestimmter Druck und eine bestimmte Temperatur benötigt.

Eine der wichtigsten Methoden der Geologen, um Erkenntnisse über die Zusammensetzung der tieferen Erdschichten zu gewinnen, besteht in der Auswertung sogenannter seismischer Wellen. Wird der Erdboden erschüttert, setzt sich diese Erschütterung messbar kreisförmig rund um den Entstehungsort fort. Das funktioniert auch in tieferen Bodenschichten. Wie bei Wasser- oder Schallwellen verändern sich auch die Eigenschaften seismischer Wellen, wenn sie auf Hindernisse und verschiedene Materialien treffen. Solche seismische Wellen, die ausgewertet werden können, sind entweder natürlichen Ursprungs (durch Erdbeben) oder künstlich (zum Beispiel durch Atomwaffentests) hervorgerufen. Mit Seismografen und Geofonen werden die Wellen gemessen. Aus der Interpretation der Messergebnisse konnte im Lauf vieler Forschungsjahre ein gefestigtes Bild über den Aufbau der Erde erreicht werden. Der Erdkörper besteht, so kann vorweggenommen werden, aus konzentrischen Kugelschalen mit zunehmender Dichte von außen nach innen, bis der Erdkern erreicht ist.

Von außen nach innen ist die Erde so aufgebaut:

- **Erdkruste:** Wir stehen, gehen und schwimmen auf der Erdkruste. Verglichen mit dem Gesamtdurchmesser ist die Schicht mit gut 35 Kilometern nicht gerade dick. Sie besteht geologisch aus der ozeanischen Kruste, die mit fünf bis zehn Kilometern sehr dünn ist, und der kontinentalen Erdkruste. Die kontinentale Erdkruste besteht aus Platten, die von ozeanischer Kruste umgeben sind. Beide Krusten „schwimmen" auf der darunter liegenden Schicht. Schwimmen suggeriert in diesem Zusammenhang nennenswerte Geschwindigkeiten. Faktisch bewegen sich die Landmassen, auf denen wir uns bewegen, mit maximal zehn Zentimeter pro Jahr. Die Bewegung ist für das Auge also unsichtbar. Und auch wir Menschen merken unmittelbar davon nichts. Allerdings sind diese Bewegungen für uns dann aber spürbar, denn sie sind für Erdbeben verantwortlich.

Seismografen zeichnen nicht nur Bodenerschütterungen bei Erdbeben, sondern auch andere seismische Wellen auf. Das Seismogramm stellt deren grafische Aufzeichnung dar.

Der Aufbau der Erde: außen die Erdkruste mit Erdoberfläche, darunter der in der Mitte gelegene Erdmantel und anschließend innen der heiße Kern

- Erdmantel: Es folgt der Erdmantel, der sich in drei Teile gliedert. Der obere Mantel verläuft von der Erdkruste bis zu einer Tiefe von 410 Kilometer. Zu ihm gehört auch der zähe aber plastische Bereich, der die Bewegung auf der Kruste erst möglich macht. Es gibt auch einen unteren Mantel, der in der Tiefe zwischen 600 und 2900 Kilometern liegt. Dort betragen die Temperaturen bereits ca. 2000 Grad Celsius. Zwischen den beiden Mänteln findet sich die Übergangszone.
- Erdkern: In der Tiefe befindet sich der Erdkern, der sich in einen äußeren und inneren Kern gliedert. Der innere Kern ist fest und reicht vom Mittelpunkt bis etwa 5100 Kilometer nach oben. Es wird vermutet, dass dort Temperaturen von knapp 6000 Grad Celsius herrschen. Er ist vom äußeren Kern umgeben, in dem Temperaturen von 3000 bis 5000 Grad Celsius herrschen. Dieser äußere Kern ist flüssig. Das hier geschmolzene Eisen und dessen Bewegung sorgen übrigens dafür, dass sich um die Erde ein Magnetfeld gebildet hat.

In den Tiefen unserer Erde befinden sich viele Bodenschätze, deren Abbau den technischen Fortschritt erst ermöglicht hat. Von Stein- und Braunkohle, bis hin zu seltenen und wertvollen Metallen. So sind in der Erdkruste rund 30 Milliarden Tonnen Gold versteckt.
Die Theorien zur Entstehung der Erde und ihrem Aufbau vermögen das Vorkommen einiger chemischer Elemente und deren Konzentration nicht hinreichend zu erklären. Platin, Iridium, Rhodium und Palladium etwa sind selten und teuer und verbinden sich eigentlich vorzugsweise mit Eisen. Trotzdem findet sich davon reichlich im Erdinneren. Das Vorhandensein dieser Elemente erklären sich die Wissenschaftler damit, dass vor mehr als vier Milliarden Jahren ein wahrer Hagel an Meteoriten die Erde traf.

Schon gewusst?

Abseits von Gold und Platin sind im Erdinneren noch weitere Schätze verborgen, die deutlich weniger bekannt sind, aber in der heutigen Zeit eine wichtige Rolle spielen. Sie werden nach ihrer chemischen Zugehörigkeit „seltene Erden" genannt. Neodym beispielsweise wird in Festplatten und Elektromotoren eingesetzt, Scandium wird für die Laser- und Röntgentechnik benötigt und Yttrium spielt eine Rolle bei der Produktion von LED- und LCD-Bildschirmen.

Wie merke ich es mir?

Wie lässt sich der Aufbau der Erde merken?

Auswendiglerner fangen einfach und immer von vorn an und wiederholen, bis sie das Wissen für eine Weile behalten. Der geschickte Merktechniker beginnt mit dem Lernen erst, wenn die richtige Technik gefunden ist. Aber manchmal geht die Wahl der Waffen zu schnell vonstatten und das Merken gerät in eine Sackgasse.

Der Aufbau der Erde lässt sich gut *verbildern*, indem wir uns einen Mann mit Mantel vorstellen: Auf dem Mantel ist „ein krustiger Fleck" sichtbar (Symbol für die Erdkruste). Der Mantel steht für sich und die Person darin für den Erdkern. Damit steht das „Grobgerüst", in das später weitere Detailinformationen eingebaut werden können – durch die Grundtechniken des *Verortens* und *Verbindens*.

„Wir stehen, gehen und schwimmen auf einer Erdkruste." Moment mal! Passt diese Beschreibung überhaupt so richtig zu einem Fleck? Nun, der Fleck kann auf dem Mantel schwimmen – das ist vorstellbar. Doch was die Schwimmgeschwindigkeit von zehn Zentimetern pro Jahr sowie die Dicke der Kruste von 35 Kilometern betrifft, da gerät das Bild an seine Grenzen.

Aber Merkbilder lassen sich umbauen. Und wenn Sie das Gefühl haben, dass entweder die Technik nicht funktioniert oder die in Bilder verwandelten Fakten nicht richtig im Gedächtnis greifen, dann bauen Sie um. Unbedingt! Denn der Kopf kann sich von schlechten Bildern problemlos trennen.

Also steht der Mann nun „auf einer knusprigen Krusteninsel aus Müll (*Majorsystem*: M = 3, L = 5), die in einer gigantischen Tasse (T = 1, S = 0) schwimmt". Indem wir in unserer Vorstellung aus dem Fleck eine Insel machen, schaffen wir mehr Platz, sodass mehr Fakten untergebracht werden können.

Wird ein schönes Bild gelingen? Meistens ist das Urteil darüber Ansichtssache. Schlechte Merkbilder sollten Sie jedoch schnellstens austauschen.

Vulkanismus – wenn es rumpelt

Vulkane haben die Menschen schon immer fasziniert. Der spektakuläre Ausbruch glühend heißen Gesteins ist gefährlich und hat in der Geschichte auch immer wieder Menschen in große Not gebracht. Die Wissenschaft ist sich einig, dass der Ausbruch von Vulkanen für viele Naturkatastrophen der Geschichte verantwortlich ist. Nicht zuletzt auch durch die sich unmittelbar aus dem Ausbruch ergebenden Veränderungen von Klima und Wetter in den betroffenen Regionen. Geologen und Physiker wissen inzwischen eine Menge über den Vulkanismus, aber längst sind nicht alle Fragestellungen geklärt. Die wohl wichtigste Frage in diesem Zusammenhang, nämlich wie sich vorhersehen lässt, wann ein Vulkan ausbricht, konnte noch nicht richtig geklärt werden.

Kennzeichnend für den Ausbruch eines Vulkans ist das Aufsteigen von heißen Gasen und glühender Gesteinsmasse, die Magma genannt wird. Magma stammt nicht aus dem Erdkern, der einen flüssigen Teil umfasst, sondern aus den tieferen Schichten der Erdkruste und dem oberen Teil des Erdmantels. Und hier steht die

Vulkanausbruch auf Java, Indonesien. Der Semeru zählt zu den aktivsten Vulkanen auf dieser Erde. Seit 1800 wurden mehr als 50 Ausbrüche gezählt.

Wissenschaft bereits vor ihrem ersten Rätsel. Denn es ist bekannt, dass der Erdmantel bis zur Grenze des Erdkerns eigentlich fest ist. Wie es in diesen Schichten zur Schmelze von Gestein kommt, ist noch nicht hinreichend erklärt. Fest steht, dass dies nur unter besonderen Bedingungen überhaupt möglich ist.

Die flüssige Gesteinsmasse sammelt sich zunächst unter der Erde in sogenannten Magmakammern. Beim Aufschmelzen des Gesteins entstehen dabei auch Gase, die beim Mechanismus des Vulkanismus eine besondere Rolle spielen. Da sie sich ausdehnen, erhöht sich der Druck in der Magmakammer. Das ist vergleichbar mit der Kohlensäure in einer Flasche Sekt. Der entstehende Druck sorgt dafür, dass der Korken mit Wucht aus der Flasche springt. So verhält es sich auch mit dem Magma. Durch Risse in der Erdkruste, die bis in den oberen Mantel reichen, kann die flüssige Gesteinsmasse mit Druck an die Oberfläche transportiert werden.

Das an die Oberfläche transportierte Magma wird als Lava bezeichnet. Dass die Lava so spektakulär auf die Erdkruste trifft, liegt daran, dass sich die Risse, die mit der Magmakammer verbunden sind, nach oben hin verjüngen. Das mit hohem Druck nach oben transportierte Magma muss also eine Art Nadelöhr passieren. Die dort wirkenden Kräfte sind so groß, dass bei diesem Vorgang auch sogenannte vulkanische Bomben herausgeschleudert werden. Das sind Gesteinsfragmente, die mehr als 64 Millimeter im Durchmesser betragen. Während des Fluges aus dem Vulkan kühlen sie bereits ab und landen aufgrund ihres recht hohen Gewichts in der unmittelbaren Nähe. Besonders große Exemplare können durchaus auch einmal einen Durchmesser von mehreren Metern umfassen und über hundert Tonnen auf die Wage bringen. In viel größerer Zahl werden unzählige kleinere Stücke in die Luft geschleudert, die in der Nähe dann als vulkanisches Gestein erkalten.

Heiße Fontänen

Ein besonderes Phänomen des Vulkanismus sind Geysire. Die bekannteste dieser heißen Quellen, der Große Geysir, befindet sich auf Island. Er gab dem Naturphänomen seinen Namen. Ein Geysir stößt in regelmäßigen und unregelmäßigen Abständen heißes Wasser aus. Eine solche Quelle benötigt ebenfalls eine seltene Konstellation in der Natur. Dazu gehört einerseits eine Wärmequelle, die auch als Plume bezeichnet wird. Sie erhält ihre Energie durch die unmittelbare Nähe einer Magmakammer. Erforderlich sind auch eine Speisung mit Grundwasser und schließlich ein Spalt in der Erdkruste, der mit einem Wasserreservoir verbunden ist. Weltweit existieren etwa 600 Geysire.

Wie merke ich es mir?

Wie lassen sich Jahreszahlen am Beispiel des Untergangs von Pompeji merken?

Jahreszahlen sind der Klassiker, wenn es darum geht, etwas im Gedächtnis zu behalten. Also: Wann ist der Vulkan Vesuv im antiken Italien ausgebrochen und hat die römische Stadt Pompeji unter einer dicken Schicht Asche begraben? Um es gleich vorwegzunehmen: im Jahr 79. Mittels des *Zahlen-Symbol-Systems* wollen wir die abstrakte Zahl nun *verbildern*, indem wir sie direkt in die historische Szene einsetzen. (Das Ziel ist eine möglichst einprägsame *Eselsbrücke*.)

Stellen Sie sich die Stadt Pompeji vor, dahinter den Vesuv und über seinem Gipfel eine bedrohliche Rauchwolke. Wenn Sie sich den Vulkan genau anschauen, dann sieht dieser aus wie eine auf die Seite gedrehte „7". Erkennen Sie auch den Lavastrom, der an der rechten Seite vom Berg herunter rinnt? Dabei handelt es sich um den Querstrich der Ziffer. So wird die Verwechslung mit der Ziffer 1 vermieden.

Die Rauchwolke über dem Berg ähnelt einer „9". Ein dünner Rauchfaden steigt aus dem Krater auf und bildet in großer Höhe eine runde, düstere Wolke. Damit haben Sie auch diese Zahl in einem Bild verarbeitet.

Die Reihenfolge der Ziffern ergibt sich durch den Blick von der Stadt zum dahinter liegenden Berg und hoch zum Himmel mit der Wolke. Diese Vorstellung sollte zuverlässig wieder aus der Erinnerung auftauchen, wenn Sie an das historische Ereignis denken. In Gedanken blicken wir sozusagen von unten nach oben.

Eruption des Geysirs Strokkur auf Island. Die touristische Attraktion befindet sich neben dem Großen Geysir, der nur mehr selten ausbricht, im Heißwassertal Haukadalur.

Schon gewusst?

Der Name Vulkan leitet sich von der italienischen Insel Vulcano ab. Nach der römischen Mythologie steht hier die Schmiede von *Vulcanus*, dem römischen Gott des Feuers und damit dem Gott aller Schmiede und solcher Berufe, die auf das Feuer angewiesen sind. Nach der Legende ist dieser Gott übrigens so hässlich, dass die anderen Götter bei seinem Anblick lachen mussten, weswegen er als Kind vom Olymp geworfen wurde.

Unsere Hülle – die Erdatmosphäre

Die Erde ist von einer riesigen, für uns Menschen bei näherer Betrachtung aber unsichtbaren Hülle umgeben. Sie trennt unseren Lebensraum vom lebensfeindlichen Weltall, in dem Menschen nur mit Vorräten an Sauerstoff und Schutzkleidung überleben können. Unbestritten ist: Unsere Atmosphäre ist eine wichtige Voraussetzung für die Entstehung des Lebens auf unserem Planeten, so wie wir es kennen. Sie bietet uns nicht nur die sprichwörtliche Luft zum Atmen, sondern schützt auch vor Gefahren aus dem All. Zusätzlich schützt das Magnetfeld der Erde, das zum überwiegenden Teil im flüssigen Erdkern entsteht, vor den gefährlichen Wirkungen der Sonnenwinde.

Unsere Atmosphäre reicht bis in eine Höhe von 10 000 Kilometern (zum Vergleich: Der Durchmesser der Erde am Äquator beträgt über 12 000 Kilometer). Von unten nach oben wird die Atmosphäre von diesen Schichten gebildet:

- Troposphäre: Sie reicht vom Boden bis in eine Höhe von gut 15 Kilometern. An den Polen reicht sie dagegen nur etwa acht Kilometer in die Höhe. In ihr sind 90 Prozent der gesamten Luftmasse und fast der gesamte Wasserdampf der Atmosphäre enthalten, deswegen spielt sich auch in ihr das Wettergeschehen ab. Je höher man in der Troposphäre aufsteigt, desto kälter wird es – pro Höhenkilometer etwa 6,5 Grad. An der Grenze der Troposphäre können rasch Temperaturen von minus 80 Grad herrschen.
- Tropopause: Durch Temperaturmessungen kann ein Grenzbereich zur nächsten Schicht gezogen werden. Dafür wird der Bestandteil „Pause" an die vorherige Schicht angehängt.
- Stratosphäre: In der Stratosphäre, die sich über eine Höhe von 15 bis 50 Kilometer erstreckt, befindet sich die Ozonschicht. Sie absorbiert die ultraviolette Strahlung der Sonne, was dazu führt, dass es in dieser Schicht nicht kälter, sondern wieder wärmer wird. Die Temperatur steigt dort von minus 80 Grad auf null Grad an. Die Ozonschicht besitzt, wie heute wohl jedes Schulkind weiß, eine wichtige Filterfunktion. Würde sie die UV-Strahlen der Sonne nicht absorbieren, wäre auf der Erdoberfläche kein Leben möglich. Ozon hat die chemische Bezeichnung O_3.
- Stratopause: Die Grenze für den Übergang zur nächsten Schicht.
- Mesosphäre: Sie erstreckt sich in einer Höhe von 50 bis 85 Kilometern. Hier kommt Ozon fast nicht mehr vor, deswegen sinken die Temperaturen hier wieder bis auf minus hundert Grad Celsius. Staubteilchen und kleinere Gesteinsbrocken aus dem All, die von der Gravitationskraft der Erde angezogen werden, verglühen in dieser Schicht. Ohne die bremsende Wirkung der Atmosphäre würden diese Brocken ständig auf die Erde niederprasseln. Ihr Verglühen ist von der Oberfläche der Erde als Sternschnuppe sichtbar. Atmen kann in der Mesosphäre niemand mehr, denn die Dichte der Luft in dieser Schicht beträgt nur noch ein Tausendstel im Vergleich zur Erdoberfläche.
- Mesopause: Die Grenze für den Übergang von der Mesosphäre zur nächsten Schicht.
- Thermosphäre: In der Höhe zwischen 85 und 500 Kilometern ist die Luft so dünn, dass der Abstand zwischen einzelnen Molekülen einige Tausend Meter betragen kann. Dafür ist es hier mit 1700 Grad Celsius sehr heiß. Im Bereich der Thermosphäre kreist die Weltraumstation ISS. Diese Schicht wird mitunter auch als Ionosphäre bezeichnet.
- Exosphäre: Diese Schicht in 500 bis 10 000 Kilometer Höhe bildet den fließenden Übergang zum Weltall. Mit fortschreitender Höhe reicht die Erdanziehungskraft nicht mehr aus und Gasmoleküle können in das All entweichen. Nicht nur dir Erde, sondern auch andere Planeten wie der Merkur besitzen eine Exosphäre.

Vom Weltall aus stellt sich die Erdatmosphäre als weiß-blauer Schimmer dar. Die gasförmige Hülle der Erdoberfläche weist einen hohen Anteil an Stick- und Sauerstoff auf.

Dieses Modell verwendet als Kenngröße die herrschenden Temperaturen. Physiker und Chemiker untergliedern gelegentlich unsere Atmosphäre nach dem Zustand der darin enthaltenen Teilchen. Bei diesem Ansatz wird für die Thermosphäre der Begriff Ionosphäre genutzt. Dort sind die Teilchen elektrisch geladen und kommen also nicht als neutrale Atome vor, sondern als Ionen.

Wissenswertes zur Troposphäre

Die für uns so wichtige Troposphäre, in der sich unser Wetter und das Klima abspielen, ist übrigens maßstabsgerecht betrachtet dünner als die Schale eines Apfels. Das allein sollte uns Menschen eigentlich schon dazu bewegen, über den Klimawandel nachzudenken. Der Anteil des Sauerstoffs in dieser Schicht war im Lauf der Erdgeschichte nicht konstant. Etwa 2,4 Milliarden Jahre gab es so gut wie keinen freien Sauerstoff. Erst als die Oxidationsprozesse auf der Erde stoppten, wuchs der Anteil langsam an. Der erste Forscher, der sich mit dem Thema Luft wissenschaftlich auseinandersetzte, ist nach heutigem Wissen Galileo Galilei, der nachweisen konnte, dass Luft etwas wiegt, also aus etwas bestehen musste.

Anders als Wasser, das auch unter hohen Drücken kaum komprimierbar ist, sieht dies bei Luft anders aus. Je höher man kommt, umso geringer wird der Luftdruck selbst, was dazu führt, dass der Anteil an Sauerstoffmolekülen geringer wird. Deswegen leiden die meisten Menschen ab Höhen von 2000 Meter unter der sogenannten Höhenkrankheit. Deswegen war es im Jahr 1978 eine echte Sensation, als der Bergsteiger Reinhold Messner ohne zusätzlichen Sauerstoff den Mount Everest (8848 Meter Höhe) bezwingen konnte.

Man muss nicht erst in das Weltall hinausfliegen, damit die Luft dünn wird. Schon auf dem Mount Everest, dessen Spitze über die Hälfte der Troposphäre reicht, kommen wir in Atemnot. Nur die am besten trainierten Bergsteiger kommen hier ohne Sauerstoffflaschen aus.

Welche Auswirkungen der globale Klimawandel nach sich zieht, ob es trockener wird oder ob Überschwemmungen drohen, hat entscheidend mit der geografischen Lage zu tun. Fest steht nur: Es wird wärmer!

Von Klimazonen, Winden und Wolken

Nachdem im vorigen Abschnitt der Aufbau der Erde und die Atmosphäre vorgestellt wurden, folgen nun spannende Informationen über wenig handfeste, dafür aber umso prägendere Phänomene, die das Leben auf unserem Planeten gestalten.

Es ist inzwischen wissenschaftlich wohl unstrittig, dass sich unser Klima verändert. Umstritten dagegen ist, wie stark sich der Wandel auf unseren Lebensraum auswirken wird und wie sich die Klimazonen der Erde verschieben werden. Dabei ist der Wandel des Klimas nicht das eigentliche Problem. Im Lauf der Erdgeschichte hat es immer wieder Änderungen in unserer Atmosphäre gegeben, die dann auch Auswirkungen auf das Klima und die Klimazonen hatten. Problematisch ist indes die Geschwindigkeit, mit der sich aktuell der Wandel vollzieht. Denn damit dürfte der Evolution nicht ausreichend Zeit zur Verfügung stehen, damit sich Arten und Ökosysteme anpassen können.

Die Klimazonen der Erde

Vergleichbar mit den Luftschichten gibt es auch bei der Definition der Klimazonen unterschiedliche Ansätze, die zusammengehörenden Bereiche zu definieren. Am geläufigsten sind wohl die physischen Klimazonen, die sich an den Verhältnissen am Erdboden orientieren. Dabei werden fünf Klimazonen unterschieden, die sich vom Äquator ausgehend auf der Nord- und Südhalbkugel erstrecken:

- Tropen: Sie liegen um den Äquator (zwischen 23,5 Grad nördlicher und 23,5 Grad südlicher Breite). Geprägt sind die Bereiche von lediglich tageszeitlichen Temperaturschwankungen. Im Jahresmittel ändert sich die Temperatur dagegen kaum und liegt bei durchschnittlich 25 Grad. Im Tagesverlauf kann sie jedoch durchaus zwischen null und 40 Grad pendeln, was von der geografischen Lage abhängt. Die teilweise hohen Temperaturen bedeuten aber nicht, dass hier ständig schönes Wetter herrscht. Ganz im Gegenteil. Tägliche Regenfälle mit durchaus gewaltigen Wassermengen sind für die Tropen durchaus kennzeichnend, ebenso die Vegetation mit Tropenwäldern.
- Subtropen: Dort herrschen im Sommer hohe Temperaturen, der Winter ist mäßig warm. Die Temperaturunterschiede zwischen Tag und Nacht können hoch sein. Im Winter werden weniger als 20 Grad erreicht, die mittlere Temperatur liegt etwa bei 20 Grad. Die Vegetation ist dagegen uneinheitlich. Es gibt unwirtliche Gegenden und Wüsten, wie zum Beispiel die Sahara, aber auch Landstriche, die eher dem Mittelmeerraum ähneln.
- Gemäßigte Zone: Deutschland liegt in der gemäßigten Zone, die durch mehrere Faktoren gekennzeichnet ist. So können die Temperaturen über den Tag verteilt stark schwanken. Und auch zwischen den Jahreszeiten sind deutliche Unterschiede messbar. Auch wenn es uns anders vorkommt, sind die Niederschlagsmengen im Mittel über das Jahr ausgeglichen. Für die gemäßigte Zone ist die Vegetation, wie wir sie aus unseren heimischen Wäldern kennen, typisch. Nadel-, Laub- und Mischwälder sind kennzeichnend. In Richtung des Äquators kommen Nadelhölzer allerdings immer seltener vor. Bedingt durch den Lauf der Erde sind in der gemäßigten Zone die Sonnenscheinstunden jahreszeitlich sehr unterschiedlich. Sie können von acht bis zu 16 Stunden reichen.

Tropenwälder lassen sich in tropische Trockenwälder, laubabwerfende Wälder und Regenwälder unterscheiden. Hier sieht man Regenwald (im Kaeng Krachan Nationalpark, Thailand), der sich durch ganzjährigen Niederschlag auszeichnet.

- **Subpolarzone:** Sie bildet den Übergang zwischen gemäßigter Zone und dem unwirtlichen Klima im hohen Norden und tiefen Süden. Im Jahresmittel liegen die Temperaturen unter der Nullgradgrenze, was an den besonders langen Wintern mit geringem Niederschlag liegt. In den Sommermonaten können hier bis zu zehn Grad erreicht werden. Da die Sonnenstrahlen etwas weniger flach auf die Erde fallen, gedeihen hier einige Flechten und Gräser. Typisch für die Zone sind permanent gefrorene Böden (Permafrost). Aus diesem Grund kann das aus Niederschlägen stammende Wasser nicht in den Boden versickern, was zu einer hohen Luftfeuchtigkeit führt.
- **Polare Zone:** Dazu zählen die Gebiete rund um den nördlichen (Arktis) und den südlichen (Antarktis) Polarkreis. Die Temperaturen liegen hier dauerhaft unter oder knapp über der Nullgradgrenze. Die Sonneneinstrahlung ist dort gering (etwa 40 Prozent weniger als am Äquator) und es fallen auch nur wenig Niederschläge. Es gibt keine Vegetation, was nicht nur an den niedrigen Temperaturen mit den dauerhaft gefrorenen Böden zu tun hat, sondern auch mit dem sehr flachen Winkel, mit dem die Sonnenstrahlen auf den Boden fallen. Es ist Pflanzen so nicht möglich, Fotosynthese zu machen, also ihren Stoffwechsel zu betreiben. In der Literatur wird die polare Zone auch gern einmal als Kältewüste bezeichnet.

Kennen Sie diese Winde?

Vor allem die Älteren unter Ihnen kennen vielleicht noch einige Autotypen, die auf so klingende Namen wie Passat oder Scirocco hören. Vielleicht wissen Sie sogar, dass der Hersteller die Fahrzeuge nach bekannten Winden genannt hat?

Die Kraft des Winds zieht bereits Kinder in ihren Bann. Und der Wind war auch lange Zeit eine wichtige Kraftquelle für die Menschen. Schon 3500 Jahre v. Chr. haben die Ägypter den Wind genutzt, um ihre Segel-

Ewiges Eis kennzeichnet die polare Zone. Doch wenn aufgrund der Erderwärmung infolge des globalen Klimawandels die Gletscher schmelzen, droht ein stetiger Anstieg des Meeresspiegels mit unwägbaren Folgen.

Wo ist Luv? Wo ist Lee? In diesem Fall ist rechts die dem Wind zugewandte Seite (Luv) und die linke Seite des Segelbootes dem Wind abgewandt (Lee).

schiffe anzutreiben. Bis zur Erfindung und Entwicklung der Dampfmaschine und deren Nutzung auf Schiffen war das Segelschiff das Transportmittel, um den Handel mit entfernten Ländern zu ermöglichen. Ein gefährliches Unterfangen, beispielsweise wenn es um die Umsegelung des Kap Hoorn ging. Angesichts der Gefahr und der Dauer der Reisen, die durch Flauten unberechenbar war, werden die Bemühungen verständlich, Seewege durch Kanalbauten abzukürzen.

Wind entsteht, weil unterschiedliche Drücke in den Luftschichten herrschen. Diese haben physikalisch das Bestreben, sich auszugleichen. Die Luft mit höherem Druck fließt in Richtung des niedrigeren Drucks. An der Entstehung von Wind wirkt auch die Sonne mit. Sie erhitzt die Landmassen am Tag stärker als die See. Infolgedessen erwärmt sich die Luft über dem Land und steigt auf. Es strömt dann Luft von der See nach. Dieser Druckausgleich wird von uns als Wind wahrgenommen. Am Abend kehrt sich das Phänomen dagegen um. Der Wind ändert seine grundlegende Richtung und strömt vom Land Richtung See. Die Kopplung zwischen dem Klima an Land und dem Klima auf See wird auch als Windsystem bezeichnet.

Im Zusammenhang mit Winden spielen nicht nur in der Seefahrt zwei Begriffe eine wichtige Rolle, mit denen definiert wird, ob man sich dem Wind zuwendet oder abwendet. Im Falle von Luv wendet man sich dem Wind zu. Er trifft also (mehr oder weniger) von vorn auf das Objekt auf. Lee beschreibt die Seite, die dem Wind abgewandt ist. Die Stärke der Winde wird übrigens mittels der Beaufortskala angegeben. Die 13 Einteilungen von Windstill (0) bis Orkan (12) berücksichtigen nicht nur die aktuelle Windgeschwindigkeit, sondern nehmen auch naturnahe Beobachtungen mit auf.

Schon gewusst?

Die Unterscheidung zwischen Luv und Lee macht gerade Menschen, die nicht täglich mit der Seefahrt zu tun haben oder regelmäßig Kreuzworträtsel lösen, durchaus Schwierigkeiten. Es gibt aber einen einfachen Satz aus der Seefahrt, mit der sich die Unterschiede einprägen lassen: „Spuck in Lee, dann fällt‘s in den See.“ Man muss sich also vom Wind abwenden, um dann dessen Strömung auszunutzen. Raucher auf Segelschiffen verinnerlichen den Begriff ebenfalls, denn geraucht werden darf üblicherweise nur in Lee, da damit der Rauch auf die offene See zieht und nicht über Deck. Die Begriffe Luv und Lee werden übrigens nicht nur in der Schifffahrt, sondern auch in der Luftfahrt gebraucht, um die Seiten des Flugzeugs in Bezug auf den Wind zu benennen.

Fallwinde lassen sich schlecht auf Bild bannen. Doch ein Aspekts des Föhns ist auf diesem Bild gut erkennbar: eine grandiose Fernsicht (in diesem Fall von München auf die Alpen).

Aufgrund geografischer Gegebenheiten auf der Oberfläche der Erde gibt es Winde, die so regelmäßig auftreten, dass sie von den Menschen Namen erhalten haben. Hier die bekanntesten Windsysteme:

Der Föhn ist gerade den Menschen in den Alpen gut bekannt. Er ist ein abwärtsgerichteter Wind, der im Gebirge auftritt. Auf der Seite des Berges, die dem Wind zugewandt ist (Luv), steigt Luft nach oben. Es kommt dabei zu Wolkenbildung und Niederschlag. Durch den Niederschlag lösen sich die Wolken wieder auf, die jetzt trockenere Luft sinkt wieder zu Boden, was sich als warmer Fallwind auf der dem Wind abgeneigten Seite (Lee) zeigt. Dabei erreicht er durchaus einmal Geschwindigkeiten von 150 Kilometer pro Stunde. Solche Fallwinde können auch in anderen Gebirgen entstehen. In den gebirgsreichen Gegenden von Kanada wird der Föhn Chinook genannt.

Auch die Bora ist ein Fallwind, der allerdings in kälteren Regionen entsteht. Er bläst in der Adria in den Segelrevieren von Kroatien und Montenegro und erreicht durchaus über 200 Kilometer pro Stunde. In den Sommermonaten sind die Stürme bereits meistens nach einem Tag wieder zu Ende. In den Wintermonaten bläst die Bora durchaus schon einmal mehrere Wochen. Ihren Namen verdankt Sie übrigens dem Namen des Nordwindes in der griechischen Mythologie, *Boreas*.

Der Mistral kommt im westlichen Mittelmeer (Frankreich und spanische Küste) vor und bläst mit teilweise über 130 Stundenkilometern. Die Strömung kann mehrere Tage andauern und hat damit auch Einfluss auf das Wetter der Region. Die Ursache für den Wind ist ein Düseneffekt, der durch die Alpen und Sevennen hervorgerufen wird. Die aus dem Norden strömende kalte Luft sammelt sich im Rhonetal und wird dann kanalisiert und beschleunigt.

Der Passat ist ein beständiges Phänomen in der Nähe des Äquators und greift das eingangs erwähnte Prinzip der Seewinde auf. Allerdings in einem größeren Rahmen. Durch die Sonneneinstrahlung in Äquatornähe kommt es dort am Boden zu einem beständigen Tiefdruckgebiet. Dieses wird auch gern als Tiefdruckrinne bezeichnet. In den höheren Luftschichten kühlt diese Luft dann wieder ab. Im Rahmen des Druckausgleichs strömt die Luft wieder nach unten. Durch die Erdrotation wird das ganze dann als wechselhafter Wind spürbar.

Beim Scirocco handelt es sich um einen Wüstenwind, der seinen Ursprung in Nordafrika und der Sahara hat. Seine Strömung basiert auf den Temperaturunterschieden zwischen der heißen Luft über den Wüsten und der dazu deutlich kühleren Luft auf dem Kontinent. Er wirbelt im wahrsten Sinne viel Staub auf und kann kleinere Sandkörner aus der Sahara über Tausende Kilometer mit sich forttragen. Da diese in der Luft bleiben, sehen Fotos mit Wetterfronten des Sciroccos immer sehr beeindruckend aus.

Schon gewusst?

Schnell wie die Windhunde? Die klassischen Jagdhunde verdanken ihren Namen gar nicht dem Wind und dessen Geschwindigkeit. Viel wahrscheinlicher hat die Herkunft des Namens mit der slawischen Volksgruppe der Wenden zu tun. Möglich ist aber auch die Abstammung vom Wort *Wint*, was so viel wie „Jagd" bedeutet. Und auch der Sonnenwind hat mit Luftströmungen rein gar nichts zu tun. Der aus elektrisch geladenen Teilchen bestehende Strom, den die Sonne ausstößt, hat andere Ursachen und bewegt sich auch anders fort. Als Schutzschild gegen die hochenergetische Strahlung dient das irdische Magnetfeld.

Wie merke ich es mir?

Wie lassen sich die bekanntesten Winde merken?

Und zwar, indem wir sie in einen *Merksatz*, in eine *Abkürzung* oder ein einziges *Wort* verpacken? An diesem Beispiel zeigt sich, dass die Arbeit mit Merktechniken vor allem eine ganze Menge Kreativität verlangt. Doch diese „Kopfknobelei" ist bestes Gehirnjogging und Kreativitätstraining zugleich. Und sie werden sehen, wie viel mehr Spaß das Konstruieren einer guten *Eselsbrücke* bereitet – im Vergleich zu ödem Auswendiglernen. Auch wenn das Merken damit nicht unbedingt schneller geht, ist eine gute Eselsbrücke wertvoller, weil sie länger im Kopf hängen bleibt.

Föhn, Bora, Mistral, Passat und Scirocco – bevor Sie weiterlesen, experimentieren Sie mit ähnlich klingenden Wörtern (*Schlüsselwortmethode*), bis diese einen Satz, ein Wort oder ein paar zusammengesetzte Wörter ergeben, die beim Merken helfen.

„Die Boa föhnt den Mist, bis er auf einen Ski passt." Probieren Sie, ob so ein Satz in Ihrem Kopf ein lebendiges Bild erzeugt. Wenn nicht, sollten Sie selbst einen passenderen Satz finden. „PaMiSBoF" wäre der kürzeste Weg zum Merken mittels Abkürzung. Wer so eine Buchstabenansammlung ein paarmal durch das Gehirn zieht, entdeckt auch in diesem Kauderwelsch einen gewissen Reiz – ob das eine geeignete Merkhilfe ist oder nicht.

Etwas mehr Sinn macht dann wieder die leichte Erweiterung: „SchirM und (Feder-)Boa sind Passend, wenn der Wind Föhnt." Beides halten Sie fest „mit fünf Fingern", dann haben Sie auch gleich einen Anhaltspunkt dafür, nach wie vielen Winden Sie in Ihrem Gedächtnis suchen müssen.

Wenn Sie nun noch in Ihrer Vorstellung zum Regenschirm die Federboa ergänzen, ist das Merkbild für die bekanntesten Winde komplett.

Welche Wolken stehen am Himmel?

Wann haben Sie sich zuletzt die Mühe gemacht und ganz bewusst in den Himmel geschaut, um sich die fabelhaften Gebilde dort oben anzusehen? Im Alltag der Erwachsenen gerät etwas für Kinder Selbstverständliches schnell in Vergessenheit: Sich einfach einmal die bizarren Formen der Wolken anzuschauen und mit etwas Fantasie Tiere und Gestalten darin zu erkennen. Die Wolkenformationen am Himmel haben durchaus schöne Namen und deuten zum Teil auf besondere Wetterlagen hin:

Zirruswolken werden auch Federwolken genannt und sehen tatsächlich so aus. Sie bestehen aus Eiskristallen und erinnern an große weiße Federn. Gelegentlich deuten sie auf eine herannahende Warmfront, die dann etwas Regen mit sich bringt.

Stratuswolken besitzen gar keine Kontur. Wenn uns der Himmel so richtig grau und grau vorkommt, dann sind diese Schichtwolken im Spiel. Die Wolken sind mit Wassertröpfchen gefüllt, die für Niederschlag sorgen. Allerdings erreicht dieser die Erde als feiner Sprühregen. Unwetter gehen von den Stratuswolken keine aus. Die Wolken entstehen, wenn die unteren Luftschichten feucht und kalt sind. Sie können auch als Nebel entstehen und lösen sich nicht selten im Tagesverlauf auf, ohne dass sich Niederschlag gebildet hat.

Kumuluswolken sind diese Wolken, die die Fantasie der Menschen anregen. Sie sind prall mit Wasser gefüllt und besitzen eindeutig sichtbare Grenzen, die zu bizarren Formen führen. Im direkten Sonnenlicht strahlen die Wolken in hübschem Weiß. An der Unterseite wirken sie deutlich dunkler. Entstehen die Wolken gegen die Mittagszeit und lösen sie sich bis zum Abend wieder auf, bleibt das Wetter üblicherweise stabil und schön. Wolken, die am Abend oder Morgen entstehen, können dagegen auf einen Wetterwechsel hindeuten.

Nimbuswolken sind kein gutes Zeichen. Stehen Nimbuswolken am Himmel, dann dürfte es in Kürze regnen und auch lang anhaltende Niederschläge fallen können. Die Wolken treten als sehr ausgedehnte Wolkenfelder auf, sind eher grau und besitzen keine sichtbare Kontur. Je nach Jahreszeit und Temperatur kann der Niederschlag der Nimbuswolke als Schnee, Regen, Hagel oder Graupel auf die Erde niederfallen. Die Wolkenformationen dehnen sich sowohl in der Breite als auch der Höhe stark aus. Durch diese gewaltigen Dimensionen kann das Sonnenlicht die Erde nicht mehr erreichen. Ein typisches Phänomen vor länger anhaltendem Niederschlag.

Wie bei so vielen Erscheinungen in der Meteorologie existieren zwischen den verschiedenen Formen auch Übergänge und weitere Unterteilungen. Durch die Luftströmungen zerreißen Wolkenfelder einmal und es gibt Zwischenformen, deren Namen sich von den vorgestellten Grundtypen ableiten. So ist die Zirrostratuswolke ebenfalls konturlos, aber so fein und leicht, dass sie eher den Zirruswolken verwandt ist. Fächert sich eine solche Wolkenformation weiter auf, dann handelt es sich um Zirrokumuluswolken, die wiedererkennbare Konturen besitzen, deren einzelne Teile wieder die Fantasie anregen können.

Das verheißt nichts Gutes! Eine konturlose, graue Wolkendecke, die ab mittlerer Höhe beginnt, auch Nimbostratus genannt, sorgt für lang anhaltende Niederschläge.

Letztlich stellt die für uns Menschen lebensnotwendige Flüssigkeit Wasser nichts anderes als eine chemische Verbindung dar: H_2O, die vielleicht bekannteste Verbindung, die sich aus den Elementen Sauerstoff (O) und Wasserstoff (H) zusammensetzt.

Von den Weltmeeren zu Rhein und Donau

Rund um die Welt – bei dieser geologischen, atmosphärischen und geografischen Reise um unseren Erdball darf ein wichtiges Thema nicht fehlen: Wasser. Das für uns lebensnotwendige Element zeigt sich uns in verschiedensten – auch vom Menschen geschaffenen – Formen und Bahnen.

Die Redewendung von den sieben Weltmeeren kennt wohl jedes Schulkind. Aber welche sind damit gemeint? Die vielleicht überraschende Antwort auf diese Frage lautet: Das hat sich in der Geschichte der Menschheit durchaus gewandelt und unterscheidet sich auch je nach Kulturkreis. Unter einem Meer verstehen die Menschen gerne ein für die zeitgenössische Schifffahrt bedeutendes Gewässer. So kannten bereits die Griechen und Römer die sieben Weltmeere. Allerdings war ihr Gesichtskreis etwas kleiner und zu ihren Weltmeeren gehörten beispielsweise die Ägäis und die Adria. Seit späteren Zeiten gilt auch schon einmal die Ostsee als eines der Weltmeere.

Unsere sieben Meere

Nimmt man die heutige europäische Sichtweise ein, dann sind die sieben Weltmeere: Mittelmeer, Nord- und Ostsee, Kaspisches Meer, Schwarzes Meer, Karibisches Meer (Karibik), Chinesisches Meer oder Gelbes Meer,

Persischer Golf oder Rotes Meer. Nach dem Verständnis der Geografen und Historiker sind die modernen sieben Meere dagegen: Atlantischer Ozean (Atlantik), Indischer Ozean, Pazifischer Ozean (Pazifik, Stiller Ozean oder Großer Ozean), Arktisches Mittelmeer (Nordpolarmeer), Amerikanisches Mittelmeer (Karibisches Meer und Golf von Mexiko), Australasiatisches Mittelmeer und das Europäische Mittelmeer.

Der Begriff der sieben Weltmeere hat indes keine praktische Bedeutung, sondern findet eher Eingang in literarische Beschreibungen. Ein Seemann, der alle sieben Weltmeere befahren hat, gilt als besonders großer Abenteurer. Und wer alle Meere bereist, ist auf jeden Fall ein „Kapitän auf großer Fahrt" im sprichwörtlichen Sinne, was zwar geheimnisvoll klingt. Allerdings stellt der Name bloß die etwas veraltete Berufsbezeichnung eines nautischen Offiziers dar, der die Befähigung erlangt hat, alle Fahrtgebiete mit zivilen Schiffen aller Größen zu bereisen.

Seefahrer um Kap Hoorn

Noch höher im Ansehen sind sicherlich nur noch die Seefahrer angesiedelt, die das legendäre Kap Hoorn, den südlichsten Punkt Südamerikas umsegelt haben. Aufgrund der extremen Wetterbedingungen, die dort über das Jahr herrschen, eine gefährliche Schiffspassage. Allerdings wird die Zahl von „Kap Hoorniers", wie sie sich selber nennen, immer geringer. Denn Segelschiffe kommen heute kaum noch zum Einsatz und dank des Panamakanals ist diese Passage auch unter Handelsgesichtspunkten überflüssig.

Als erstes wurde Kap Hoorn übrigens im Rahmen einer Entdeckungsfahrt der niederländischen Seefahrer Willem Cornelisz Schouten und Jakob Le Maire am 29. Januar 1616 umfahren. Dass der englische Freibeuter Francis Drake den Niederländern 40 Jahre früher zuvorgekommen war, gilt heute als widerlegt. Seit der Erstumseglung fielen dem Kap Hoorn gemäß Schätzungen ca. 800 Boote zum Opfer.

Schon gewusst?

Der Artenvielfalt in den Meeren zum Trotz gibt es auch Fakten, die eher traurig stimmen: Im Meer landet jährlich so viel Plastikmüll, dass dieser ausreichen würde, unsere Hauptstadt Berlin komplett zuzuschütten. Bis zu 13 Millionen Tonnen sind dies geschätzt. Mit fatalen Auswirkungen. So müssen viele Seevögel sterben, weil kleine Plastikteile den Magen verstopfen. Ebenfalls problematisch ist unser Hunger nach (preiswertem) Fisch. Knapp 60 Prozent der Fischbestände sind überfischt, es werden mehr Tiere gefangen, als Nachwuchs da ist. Viele Raubfischarten sind inzwischen ausgestorben. Und auch das kann starke regionale Auswirkungen haben. Fehlen Haie, nehmen dessen Beutetiere schnell überhand. So brach im Jahr 2000 die jahrhundertealte Fischerei nach Jakobsmuscheln in North Carolina zusammen. Dort explodierte die Zahl der Rochen, die sich am Bestand der Muscheln gütlich taten.

Hier kommt nicht jeder rein! Um Kapitän oder Schiffsführer eines zivilen Frachtschiffes zu werden, muss man eine Fachschule (Staatlich geprüfter Nautiker) oder Fachhochschule absolvieren.

Nicht nur Ozeane, sondern auch die Strände versinken in Plastikmüll. Laut WWF (World Wide Fund For Nature) treiben bis zu 46 000 Stück Plastikmüll in jedem Quadratkilometer Meer, der auch als Treibgut an Stränden landen kann.

Unbekannte Untiefen

Ab und an ist in der Literatur zu lesen, dass die Menschheit den Mond besser erforscht habe als die Weltmeere. Und da ist tatsächlich etwas dran. Gerade einmal zehn Prozent des Meeresbodens sind überhaupt erforscht worden. Der Grund dafür: Den Meeresboden zu vermessen, ist extrem aufwendig. Doch nicht nur die Kartografie hat längst nicht alles entdeckt, was sich in den Tiefen der Ozeane verbirgt. Auch was die Tierwelt anbelangt, räumt die aktuelle Forschung deutliche Lücken ein. Es ist sogar möglich, dass in den Meeren noch Millionen Arten leben, von denen die Biologen noch nichts wissen.

Noch im 19. Jahrhundert gingen die meisten Wissenschaftler davon aus, dass die Untiefen der Meere ausschließlich aus Wasser bestehen würden. Das änderte sich erst im Jahre 1872, als ein britisches Forschungsschiff aufbrach, um im Pazifik mittels einem Lot die tiefste Stelle der Erde auszumessen. Die Forschungsreise brachte jede Menge Bodenproben zutage, die wiederum Lebewesen enthielten.

Die größten Inseln Deutschlands

Mallorca zum Trotz – die deutschen Inseln in Ost- und Nordsee gehören zu den beliebten Reisezielen der Deutschen. So besitzt das Ostseebad Binz auf Rügen zwar nur knapp 6000 Einwohner, verfügt aber über 14 500 Betten für Übernachtungen.

Wer in den hohen Norden fährt, um etwa auf Sylt Urlaub zu machen, weiß, dass es keine Garantie für schönes Wetter gibt. Aber das macht nur den wenigsten Urlaubern etwas aus. Die atemberaubende Schönheit von Steilküsten und Stränden bewegt viele Urlauber zum Wiederkommen. Und Sylt wird beispielsweise auch gern als heimliche Provinz von Hamburg bezeichnet. Sind die Wetterprognosen günstig, gibt es für viele Hansestädter kein Halten mehr und nach nur wenigen Stunden Autobahnfahrt kann am Strand entspannt werden. Tourismus gibt es in den Badeorten der deutschen Nord- und Ostseeinseln übrigens bereits seit über hundert Jahren. Westerland auf Sylt zum Beispiel wurde bereits 1855 zum Seebad, in dem die damalige Oberschicht auf Kur ging.

Die größten Inseln Deutschlands verteilen sich auf Nord- und Ostsee. Gerechnet nach Ihrer Fläche ergibt sich dieses Ranking:

Die größten Inselns Deutschlands

Insel	Ort	Fläche in Quadratkilometern
Rügen	Ostsee	926
Usedom	Ostsee	373
Fehmarn	Ostsee	185,4
Sylt	Nordsee	99,2
Föhr	Nordsee	82,9
Pellworm	Nordsee	37,4
Poel	Ostsee	34,3
Borkum	Nordsee	30,7
Norderney	Nordsee	26,3
Amrum	Nordsee	20,4
Langeoog	Nordsee	19,7
Ummanz	Ostsee	19,6
Spiekeroog	Nordsee	18,2
Hiddensee	Ostsee	16,7
Juist	Nordsee	16,4
Langeneß	Nordsee	11,6
Norderoogsand	Nordsee	9,4
Wangerooge	Nordsee	7,9
Baltrum	Nordsee	6,5
Hooge	Nordsee	5,9

Zu jeder der Inseln gibt es unzählige Geschichten und Fakten, viel zu viele, um sie alle aufzählen zu können. Als Ergebnis des Zweiten Weltkriegs wurde ein Teil der Insel Usedom unter polnische Verwaltung gestellt. Diese Trennung hat auch heute noch Bestand. Auf Usedom befand sich während des Krieges auch die Heeresversuchsanstalt Peenemünde. Hier fanden Entwicklung und Testflüge der Raketen statt, die von den Nationalsozialisten als Vergeltungswaffen betitelt wurden. Diese dunkle Vergangenheit hat die Insel längst hinter sich gelassen. Denn mit über 1900 Sonnenstunden pro Jahr ist sie gerade auch für Touristen sehr attraktiv.

Sylt wiederum ist das Sorgenkind unter den Inseln. Durch die exponierte Lage kommt es jährlich durch Sturmfluten zu massiven Landverlusten. Mithilfe verschiedenster Maßnahmen versuchen die Einwohner diesen Landverlust zu minimieren und durch Aufschüttungen die Lage zu entschärfen. Doch aufgrund der Klimaveränderung und der damit wachsenden Gefahr von stärkeren Sturmfluten ist die Insel weiter davon bedroht, auseinanderzubrechen. Besonders gefährdet ist dabei eine gerade einmal 500 Meter breite Schmalstelle. Interessant ist Sylt aber auch wegen seiner Verbindung mit dem Festland. Der Hindenburgdamm stellt die Verbindung mit dem Festland her. Und manche von Ihnen sind vielleicht auch schon einmal mit dem Autoreisezug auf die Insel gefahren.

Imposanter Leuchtturm bei Kampen auf Sylt. Die größte nordfriesische Insel ist vor allem für ihren regen Tourismus bekannt. Der Grund dafür: bedeutende Kurorte wie Kampen und der 40 Kilometer lange Weststrand.

Schon gewusst?

Das kleine Helgoland hat eine historisch größere Bedeutung, als die meisten Besucher ahnen werden. Denn unsere Nationalhymne *Das Lied der Deutschen* wurde 1841 auf der Insel geschrieben.

Zwischen den Nordseeinseln und der Küstenregion befindet sich das Wattenmeer. Der Lebensraum Wattenmeer ist ein sehr flacher Bereich, der unter dem ständigen Einfluss der Gezeiten liegt. Und er steckt voller Lebewesen, die sich an die speziellen Lebensbedingungen angepasst haben. Neben der touristischen Attraktion, das Wattenmeer zu durchwandern, ist das Wattenmeer gerade wegen seiner biologischen Vielfalt besonders schützenswert. So wurden große Bereiche zu Nationalparks, um die Natur möglichst vor störenden Einflüssen des Menschen zu schützen. Denn das Wattenmeer dient Fischen und Meeressäugern gerade auch als „Kinderstube“, um dort in Ruhe den Nachwuchs aufziehen zu können. Ob Hamburgisches, Niedersächsisches oder Schlewig-Holsteinische Wattenmeer: Ein Besuch lohnt sich nicht nur für Menschen, die besonders an der Natur interessiert sind.

Diese Kanäle muss man kennen

Kanäle, also schiffbare künstliche Wasserstraßen, sind faszinierende und imposante Bauwerke. Einige davon haben sich auch ihren Platz in den Geschichtsbüchern erobert – sei es nun, weil einige Personen durch den Bau zu unermesslichem Reichtum gelangt sind oder weil die Wasserstraße eine solch große strategische Bedeutung hatte, dass es regelmäßig zu (kriegerischen) Auseinandersetzungen darum kam.

Aber welche Wasserstraßen sollte man nun tatsächlich kennen? Da gibt es durchaus verschiedene Gesichtspunkte. Vergleichen könnten Sie die Kanäle hinsichtlich ihrer Länge oder der Anzahl der Schiffe, die sie täglich passieren oder nach der Menge der Güter, die von den Schiffen transportiert werden. Schwieriger wird es, wenn nach der Bedeutung des jeweiligen Bauwerks gefragt wird. Hier dürften drei Kanäle für lange Zeit die Spitze behalten, weil sie der Seefahrt pro Jahr Tausende Kilometer an Wegstrecken vermeiden:

Der Sueskanal erspart der Schifffahrt die Umfahrung des afrikanischen Kontinents und verbindet damit den Nordatlantik mit dem Indischen Ozean. Eröffnet wurde der Kanal 1869 mit einer Länge von etwas mehr als

Kanäle verbinden nicht nur Länder, Flüsse und Ozeane, sondern bieten Menschen in wassernahen Städten seit jeher die Möglichkeit zum Verkehr in der Stadt. Neben den Grachten Amsterdams zählen die Wasserwege Venedigs zu den berühmtestens urbanen Kanälen.

Der Panamakanal von seiner Mündung in den Pazifik aus betrachtet. Ca. 14 000 Schiffe durchfahren pro Jahr diese Wasserstraße, wodurch der Kanal zu den bedeutendsten der Welt zählt.

162 Kilometern. Der Kanal kommt ohne Schleusen aus und galt zu seiner Zeit als ein Meisterwerk der Ingenieurskunst. In den nächsten hundert Jahren wurde die Wasserstraße regelmäßig zum Spielball der Politik und Schauplatz von Auseinandersetzungen.

Schon gewusst?

Einer der bekanntesten Kanäle in der deutschen Sprache ist tatsächlich per Definition gar kein Kanal. Denn der Ärmelkanal, den unzählige Touristen jedes Jahr durchqueren, um die Britischen Inseln zu besuchen, ist lediglich ein Meeresarm des Atlantiks.

Um die Umfahrung des gesamten südamerikanischen Kontinents zu umgehen, wurde der Panamakanal gebaut. Er verbindet den Atlantik mit dem Pazifik auf einer Länge von rund 82 Kilometern. Die ersten Versuche des Baus dieser Querung nahm man Ende des 19. Jahrhunderts in Angriff. Die Schwierigkeiten wurden deutlich unterschätzt, die Kosten übertrafen die Schätzungen bei Weitem. Nach dem Vorbild, dem Bau des Sueskanals, erhofften sich viele Anleger eine Verzinsung ihres Kapitals, gingen aber bankrott, als sich herausstellte, dass sie systematisch belogen worden waren. Während der Bauzeit zwischen 1881 und 1889 starben mehr als sieben Menschen pro Tag an Infektionen durch Gelbfieber und Malaria. Fertiggestellt wurde der Bau erst im Jahr 1914. Viel kürzer als die beiden anderen Wasserstraßen ist der Nord-Ostsee-Kanal, der den Weg um Dänemark herum erspart. Er wurde zwischen 1887 und 1895 erbaut und trug bis zum Ende des Zweiten Weltkriegs den Namen Kaiser-Wilhelm-Kanal. Er ist zwar nur hundert Kilometer lang, aber interessanterweise eine der am meisten befahrenen Wasserstraßen der Welt.

Kanäle sind fast untrennbar mit Schleusen verbunden. Erst sie ermöglichen Verbindungen ohne größere Umwege, wenn die Höhenunterschiede entlang des Wasserlaufs zu groß sind. Bereits im Zeitalter der Pharaonen wurden die ersten Schleusen in Ägypten gebaut. Um besonders große Höhenunterschiede auch für größere Schiffe auszugleichen, werden sogenannte Schiffshebewerke eingesetzt.

Schleusen ermöglichen somit ein weit verzweigtes Kanalnetz – über ganze Länder und Kontinente. Aber auch in kleineren Räumen, zum Beispiel am Wasser gelegenen Städten, gibt es ganze Infrastrukturen in

Die zehn längsten Kanäle der Welt

Name	Länge in Kilometern	Ort
Kaiserkanal	2000	China
Weißmeer-Ostsee-Kanal	227	Russland
Sankt-Lorenz-Kanal	204	Kanada und USA
Sueskanal	193	Ägypten
Moskau-Kanal	128	Russland
Wolga-Don-Kanal	101	Russland
Nord-Ostsee-Kanal	98,7	Deutschland
Houston-Kanal	91,2	USA
Panamakanal	81,3	Panama
Amsterdam-Rhein-Kanal	72,4	Niederlande

Wie merke ich es mir?

Wie merkt man sich die längsten Kanäle der Welt?

Ranglisten sind Wissen, das sich gut für die Anwendung von Merktechniken eignet. Eine *Route* entlang von Nummern hilft beim gezielten Zugriff auf bestimmte Positionen. Die *Zahlen-Symbol-Route* (Kerze, Schwan, Gabel usw.) oder die *Majorsystem-Route* (Tee, Huhn, Oma usw.) sind typische Nummern-Routen.

Aber auch andere Routen lassen sich mit Ordnungszahlen ausstatten. Dabei brauchen Sie nicht jeden Punkt mit einer Zahl zu versehen. Wenn Sie für die längsten Kanäle zum Beispiel eine ABC-Route aus Tieren aufbauen (Ameise, Bär, Chamäleon usw.), brauchen Sie sich nur die Buchstaben „EJOTY" einzuprägen. Damit haben Sie alle Fünfer-Stellen des Alphabets im Kopf und müssen maximal zwei Buchstaben vor oder zurück denken. Auch bei anderen Routen lässt sich der Zugriff vereinfachen, indem an bestimmten Stellen Majorbegriffe eingebaut werden (Eule, Tasse, Tal usw.).

Praktisch bedeutet das für den zehntlängsten Kanal: Der „Jaguar" geht in „Amsterdam rein" in ein „Kino", sitzt neben einem „Reh" und isst „Käse". Der Jaguar ist der zehnte Punkt auf der ABC-Tier-Route. Das Kino (*Majorsystem*: K, N = 72) und das Reh (R = 4) zeigen die Länge des Kanals, und der Käse steht als Synonym für das Land (Niederlande), in dem er sich befindet.

Wenn ein Routenpunkt nummeriert wird, kann das so aussehen: Wir werfen einen „Hamster" über einen „Damm rein" in eine „Tasse", die mit „Gin" gefüllt ist, der „irre" macht. Hier ist die Tasse die Ordnungszahl, danach zeigen der Gin und das Attribut irre die Länge an. Wenn Sie alle zehn Kanäle nach dem gleichen Schema im Rahmen einer Route verbildern, haben Sie schnell jede Menge Daten im Kopf.

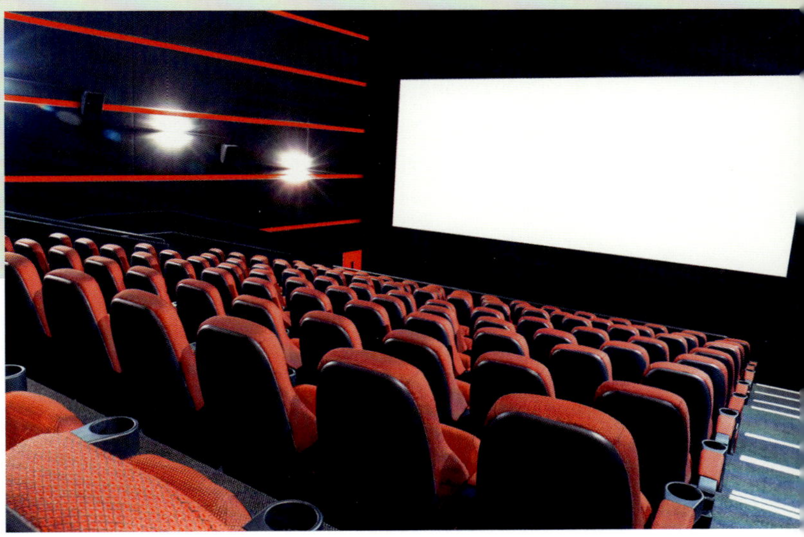

Was hat ein Kinosaal mit der Länge des Amsterdam-Rhein-Kanals zu tun? Im Grunde nichts – es sei denn, man ist des Majorsystems kundig, sodass sich die Ausmaße des Kanals (vor dem Komma) in ein Kino „übersetzen" lassen.

Kanalform: Die in einer Lagune errichtete Stadt Venedig besitzt mehr als 170 Kanäle. Sie dienen nicht nur als Wasserstraßen, sondern in früheren Zeiten auch direkt der Entsorgung entstehenden Abwassers. Über ein geschickt angelegtes Regulationssystem erreichten die Bewohner, dass das Wasser permanent zirkulieren konnte. Auf diese Weise landete das Abwasser dann im Meer.

Birmingham, die zweitgrößte Stadt Großbritanniens, ist ebenfalls von vielen Kanälen durchzogen. In den sie umgebenden *Midlands* verliefen zahlreiche sehr schmale Wasserstraßen, die als Handelswege genutzt wurden. Die enge Bauform wurde gewählt, damit Pferde über Taue die Schiffe auf Treidelpfaden ziehen konnten. Dies machte auch eine besondere Bootskonstruktion notwendig, die den Namen *Narrowboat* trägt. Diese Boote sind lediglich etwas über zwei Meter breit. Dafür sind sie bis zu 22 Meter lang und verfügen wegen der geringen Tiefe der Kanäle über einen flachen Rumpf. Heute werden die Boote meist nicht mehr zum Transport, sondern als fahrbare Wohnung genutzt.

Wo Rhein und Donau fließen

Deutschland und seine Flüsse – sie werden viel besungen (*Warum ist es am Rhein so schön*) oder sind Schauplätze von Geschichten und Legenden. Der Rhein überstrahlt mit seiner Berühmtheit fast alle anderen deutschen Wasserläufe, was sicherlich einerseits an seiner Länge liegt, zum anderen an Legenden wie den Nibelungen und natürlich den an seinen Ufern stattfindenden kriegerischen Auseinandersetzungen mit Frankreich. Und es gibt so viel Wissenswertes über unsere Flüsse zu lernen.

Zum Beispiel die Donau: Mit einer Gesamtlänge von über 2800 Kilometern ist sie nach der Wolga der zweitlängste Fluss in Europa überhaupt. Allerdings ist der in Deutschland befindliche Teil recht kurz, sodass der Wasserlauf für sich nicht den Anspruch erheben kann, der längste Fluss Deutschlands zu sein.

Das ist dann doch der bereits erwähnte Rhein. Der größte Teil seines Laufs fließt durch Deutschland, insgesamt ist er aber nur halb so lang wie die Donau selbst. Für Deutschland hat auch die Elbe große Bedeutung. Hamburg und Dresden – so weit von einander entfernt, und doch am gleichen Flusslauf liegend. Mit Hamburg besitzt Deutschland einen Seehafen von internationaler Bedeutung, auch wenn die Entwicklung hin zu immer größeren Containerschiffen geht, die auch langsam zu groß für den Hamburger Hafen werden. Schaut man sich die nackten Zahlen an, dann sind dies die längsten Flüsse Deutschlands:

Der Rhein ist stark mit der Nibelungensage verbunden. So soll am Drachenfels bei Königswinter Siegfried den Kampf mit dem Drachen ausgefochten haben – mit siegreichem Ende.

Die längsten Flüsse Deutschlands

Rang	Name	Länge	Gesamtlänge	Fakten
1	Rhein	865	1233	Er entspringt in den Schweizer Alpen und fließt dann vom Bodensee bis zur Nordsee.
2	Weser	744	744	Vom Thüringer Wald bis nach Bremerhaven reicht die Weser.
3	Elbe	727	1091	Sie kommt aus dem tschechischen Riesengebirge und mündet bei Cuxhaven in die Nordsee.
4	Donau	647	2888	Die Donau ist mächtig, schafft es aber nur auf Rang vier.
5	Main	524	524	Er entspringt im bayerischen Fichtelgebirge, um bei Mainz in den Rhein zu fließen.
6	Saale	413	413	Auch die Saale stammt aus dem Fichtelgebirge, mündet aber in die Elbe.
7	Spree	382	382	Was wäre Berlin ohne sein bekanntes Gewässer. Das stammt zwar aus den Lausitzer Bergen, vereinigt sich bei Spandau aber mit der Havel.
8	Ems	371	371	Sie ist weniger berühmt als die anderen Flüsse, stammt aus dem Teutoburger Wald und endet bei Emden.
9	Neckar	362	380	Der Neckar ist ein Nebenfluss des Rheins, seine Quelle liegt im Schwarzwald.
10	Havel	325	325	Ihre Quelle liegt in Neustrelitz und sie mündet in die Elbe. Das Havelland kennen viele aus dem wunderbaren Gedicht über Herrn Ribbeck und seinen Birnbaum von Theodor Fontane.

Der Antarktische Eisschild, die südliche der beiden polaren Eiskappen, stellt die größte zusammengehörige Eismasse der Welt dar – eine Eiswüste, die den antarktischen Kontinent nahezu flächendeckend umschließt.

Von Wüsten und Gebirgen

Aus dem Wasser folgt der Schritt an Land. Dort stößt man auf teils karge und abweisende Landschaften wie Wüsten und Gebirge. Doch auch Höhlensysteme mit bizarren Tropfsteinformationen bieten dem Auge faszinierende Anblicke.

Die Überschrift dieses Kapitels führt ein wenig in die Irre. Dazu aber gleich mehr. Wenn Sie an Wüsten denken, kommt Ihnen wahrscheinlich große Hitze und jede Menge Sand in den Sinn. Das trifft auch in der überwältigen Zahl der Fälle zu, aber es gibt eine überraschende Ausnahme. Und das hat damit zu tun, wie die Geografie eine Wüste definiert. Demnach bedeckt in einer Wüste die Vegetation weniger als fünf Prozent der Oberfläche. Und für diese Definition spielt der Grund für das Fehlen von Pflanzen keine Rolle. Das kann übermäßige Dürre durch Hitze sein, wie bei den Wüsten, die Ihnen zunächst eingefallen sind. Es kann aber auch an zu großer Kälte liegen. Und gerade deswegen ist die größte Wüste die Antarktis! Die gewaltigste Kälte- und Eiswüste der Erde stellt sie ohnehin dar.

Mit einer Fläche von 13,2 Millionen Quadratkilometern ist sie nach der geografischen Definition die größte Wüste der Welt und nahezu zweimal so groß wie eine der bekanntesten Sandwüsten, die Sahara. Allgemein lassen sich fünf verschiedene Formen von Wüstengebieten unterscheiden: Sandwüsten, Kieswüsten, Stein- oder Felswüsten, Salzwüsten und Eiswüsten. Alle zählen sie zur Anökumene: Das sind Wildnisgebiete, die wegen der extremen klimatischen Verhältnisse für Menschen unbewohnbar sind. Auf der folgenden Seite finden Sie das aktuelle Ranking der größten Wüsten der Welt:

Die größten Wüsten

Name	Fläche	Ort
Antarktis	13 200 000	Antarktis
Sahara	8 700 000	Afrika
Grönland	2 160 000	Nordamerika
Australische Wüsten	1 560 000	Australien
Arabische Wüsten	1 300 000	Asien
Gobi	1 040 000	Asien
Kalahari	900 000	Afrika
Taklamakan	330 000	Asien
Sonora	320 000	Nordamerika
Karakum	270 000	Asien

Sand, Sand, Sand – die bekanntesten Wüsten der Welt

Die ohne Zweifel bekanntesten Wüsten aus dieser Liste sind die Sahara und Gobi. Die Sahara wurde im 19. Jahrhundert erstmals intensiver erforscht und bereist. Es war ein Deutscher, der Geograf Heinrich Barth, der ein umfangreiches Werk über seine Expedition schrieb, das so voller Fakten ist, dass es auch heute noch von der Wissenschaft beachtet wird. Kaum vorstellbar. Aber die Wissenschaft geht inzwischen davon aus, dass die Sahara im Lauf ihrer Geschichte mehrfach vollständig begrünt war. Lage und klimatische Verschiebungen führten dann aber wieder zur Austrocknung. Beweise für die These von der „grünen Wüste" sind Funde, die auf menschliche Siedlungen durch Jäger und Sammler hinweisen.

Die Wüste Gobi bildet den größten Teil des Stammlands der Mongolen. In der kargen Landschaft regierte der legendäre Stammesfürst und Heerführer Dschingis Khan, der um das Jahr 1200 lebte und weite Teile Zentralasiens und Nordchinas eroberte. Und sie hat Eingang in eine Reihe von mehr oder weniger sinnvollen Sprichwörter gefunden, wie etwa den Spott, dass Gedankenblitze so selten seien, wie dreihöckrige Kamele in der Wüste Gobi.

Übrigens ist das Entstehen neuerer Wüsten oder die Ausbreitung bereits bestehender Wüsten vom Menschen verursacht, was die Wissenschaft als Desertifikation bezeichnet. Die Ursachen sind vielschichtig: Überweidung, nicht an das Biotop angepasste Bewirtschaftung oder auch das Roden von Wäldern. Werden die Flächen aller heute bestehenden Wüsten zusammengerechnet, bedecken diese ein Fünftel der Erde.

Zusammengefasst lässt sich also sagen: Wüsten müssen nicht aus Sand bestehen. Die Definition der Wüste orientiert sich an dem (Nicht-)Vorhandensein von Vegetation. Größte Wüste der Welt ist somit die Antarktis. Eine der wohl bekanntesten Wüsten der Welt, die Sahara, war im Laufe der Geschichte mehrfach begrünt und fruchtbar. Nach aktuellen Schätzungen hat es rund 3000 Jahre gedauert, bis aus der letztmalig in ihrer Geschichte blühenden Landschaft der Sahara die heute bekannte Ödnis wurde. Der Wandel setzte ca. 5000 v. Chr. ein, als die monsunartigen Regenfälle in dem Gebiet nachgelassen hatten.

Zuletzt gilt: Die Ausbreitung und die Entstehung von Wüsten wird auch von den Menschen verursacht.

Besser man reist mit dem Kamel. Gobi, die sechstgrößte Wüste der Welt, liegt in Zentralasien. Ihr Name kommt aus dem Mongolischen und bezeichnet eine Fels- und Geröllwüste (Sanddünen gibt es trotzdem zuhauf).

Wo nun ein Schiffsfriedhof ist, breitete sich einst der Aralsee, Usbekistan, aus. Landwirtschaftliche Nutzung im Umkreis des Sees führte zu starker Versalzung, sodass der einst viertgrößte See der Welt beinahe vollständig ausgetrocknet ist und zur Wüste wurde.

Schon gewusst?

Die in Filmen gern gezeigt Szene von des Nachts frierenden Menschen in der Wüste lässt sich leicht physikalisch erklären. Die Sonne erwärmt tagsüber die Luft und den Sand auf teilweise unerträgliche Temperaturen. Allerdings erhitzt sich der Sand nur oberflächlich und kann die Wärme nicht speichern. Die Wärme entweicht ungehindert in die oberen Luftschichten. So schwankt die Temperatur im Tagesverlauf teilweise um bis zu 50 Grad.

Nebenbei: Auch in Kontinentaleuropa zeigt sich von Zeit zu Zeit ein Stück Wüste. Denn Sand aus der Sahara schafft es durchaus auch bis in unsere Breiten. Heiße Winde aus Afrika schicken den Wüstensand auch schon einmal bis nach Deutschland. Übrigens keine einzelnen Körnchen, sondern durchaus Tonnen davon. Und das kann, obwohl das schönste Sommerwetter in unseren Breiten herrscht, dazu führen, dass die Sonne milchig und trübe erscheint. Es ist der in der Luft aufgewirbelte Sand, der diesen Eindruck hervorruft.

Ab in die Höhle: Was sind Stalagmiten und Stalaktiten?

Sie begegnen uns in Höhlen: Die bizarren Gebilde, die aus Tropfsteinen gebildet sind. Die einen hängen von der Decke herab, die anderen wachsen vom Boden empor. Und schließlich gibt es noch eine besondere Form, wo sich beide Gebilde getroffen haben und zusammengewachsen sind. Aber was ist nun eigentlich was?

Schon gewusst?

Höhlen üben auf viele Menschen eine große Faszination aus. Sie dienten den Menschen oftmals als dauerhafte Wohnstätte. Entweder, um Schutz vor Kälte zu suchen, oder in warmen Regionen als Aufenthalt zum Schutz vor großer Hitze. Häufig wurden Höhlen aber auch als Kultstätte genutzt.

Interessanterweise kennt die Wissenschaft von der Erforschung der Höhlen den in der Alltagssprache gebräuchlichen Begriff der Tropfsteinhöhle gar nicht. Populär wurde er im 19. Jahrhundert und richtiger wäre, dass eine Tropfsteinhöhle eben eine Höhle ist, in der sich Tropfstein befindet. Ausgangsmaterial für den Tropfstein ist der sogenannte Sinter. Dabei scheiden sich im Wasser gelöste Mineralien ab, die dann kristallisieren – ein Vorgang, wie er auch in jedem Haushalt vorkommt.

Tropfsteinhöhlen bieten bizarre Formationen und spektakuläre Ansichten. Wen es in Höhlen nicht gruselt, kann eine der weltweit zahlreichen für Besucher zugänglichen Schauhöhlen besuchen.

Die unansehnlichen Kalkflecken und Ablagerungen in Wasserkochern, Kaffeemaschinen und Armaturen sind prinzipiell nichts anderes. In der Natur werden die Mineralien durch eine leichte Säure gelöst, die sich aus Niederschlagswasser und Kohlendioxid bildet.

Das alles geschieht über einen langen Zeitraum, daher auch das Sprichwort vom steten Tropfen, der den Stein höhlt. Dabei nimmt das Wasser so viel vom Kalk auf, bis die Lösung gesättigt ist. Trifft diese Lösung auf einen Hohlraum, fließt sie an der Decke entlang, die Geschwindigkeit nimmt ab und es bilden sich Tropfen. Über den Sauerstoff in der Luft, die sich in der Höhlung befindet, entweicht Kohlendioxid, das in der Kalklösung enthalten war. Auch die restliche Lösung, die aufgrund der Schwerkraft auf den Boden fällt, enthält noch etwas Kalk. Auch hier entweicht Kohlendioxid. Das Material beginnt, sich wieder zu verfestigen. Tropfstein besteht chemikalisch aus Kalziumkarbonat, also Kalk.

Schon gewusst?

Die Höhle hat auch den Philosophen Platon zu seinem Gleichnis gleichen Namens inspiriert. Im Kern besagt es, dass Menschen, die isoliert voneinander in einer Höhle als Symbol der Unkenntnis gelebt hätten, unweigerlich wieder in ihre Position zurückkehren wollten, falls sie einmal aus ihrer Lage befreit worden wären. Denn sie würden das, was sich in der Höhle befindet, als die Wirklichkeit akzeptieren und ansehen. Dieses Gleichnis wiederum hat Ende der 1990er-Jahre zwei Filmemacher zu ihrer Matrix-Trilogie inspiriert.

Es gibt also zwei potenzielle Stellen, an denen die Mineralien aus der Lösung entweichen und sich verfestigen können. Und diese beiden Fälle werden auch sprachlich voneinander unterschieden. Nur leider ist das alles nicht so einfach zu merken: Stalagnaten sind eher selten und haben sich deswegen auch nicht so stark in der Umgangssprache eingebürgert. Es handelt sich um von oben und unten zusammengewachsene Steingebilde. Stalaktiten wachsen dagegen in eine Richtung – von oben nach unten. Mit anderen Worten ist mehr Masse an der Decke der Höhle zu finden. Stalagmiten wachsen wiederum von unten nach oben. Hier ist die Lage umgekehrt: Die große Masse befindet sich auf dem Boden.

Tropfsteinhöhle im Carlsbad Caverns National Parc, New Mexico, USA. Rechts außen befindet sich ein zusammengewachsener Stalagnat, oben Stalaktiten und unten Stalagmiten.

Wie merke ich es mir?

Wie lässt sich der Unterschied zwischen Stalaktiten, Stalagmiten und Stalagnaten merken?

Sicher kennen Sie die *Eselsbrücke* zum Unterscheiden der verschiedenen Formen von Tropfsteinen: „Mieten steigen, Titel hängen (in Form von Urkunden) an Wänden und Nähte halten zusammen."

1. Stalagmiten („Mieten") wachsen in Höhlen von unten nach oben. 2. Stalaktiten („Titel") wachsen von oben nach unten, hängen also von der Decke herunter. 3. Stalagnaten sind wiederum eine Mischform aus Stalagmiten und Stalaktiten, die, von oben und unten kommend, zusammengewachsen sind.

Die Eselsbrücke nutzt dabei die Grundtechniken des *Verbilderns* und *Verbindens*. Das für den jeweiligen Begriff passende Bild wird dadurch gewonnen, dass die korrespondierenden Worte eine Ähnlichkeit in Schreibweise und Klang aufweisen. Anschließend werden die einzelnen Bilder zu einem zusammenhängenden Merkspruch verbunden.

Doch so probat diese Eselsbrücke auch ist: Ein kleiner Unterschied in der Schreibweise wird jedoch oft übersehen. Während Stalagmiten mit „g" geschrieben werden, enthalten die Stalaktiten ein „k".

Und wie lässt sich das merken? Beachten Sie dazu einfach den Buchstaben nach dem „g" und dem „k". Während das kleine „m" nicht besonders hoch hinausragt, strebt das „t" deutlich mehr nach oben – also wird „folgerichtig" vor dem „t" in Stalaktiten ein herausragendes „k" geschrieben und demgegenüber vor dem „m" ein „g". Das Gleiche gilt übrigens für die Stalagnaten, wo nach dem „g" auch ein eher niedriges „n" folgt. Und? Haben Sie den Unterschied bereits im Gedächtnis abgespeichert?

Jetzt geht es aufwärts – ab ins Gebirge

Gebirgslandschaften sind von teilweise atemberaubender Schönheit. Felswände und von Schnee bedeckte Gipfel sind unbestreitbare Touristenattraktionen. Trotz aller Bemühungen, es Wanderern und Skifahrern mit ausgeschilderten Pisten oder Sesselliften besonders einfach zu machen, haben die Gebirge doch immer noch etwas von ursprünglichen Landschaften bewahrt – auch wenn gerade Alpinisten oft in große Höhen aufsteigen müssen, um eine naturbelassene Welt von ganz oben zu betrachten. Das Deutschland prägende Gebirge sind sicherlich die Alpen. Zu dessen bekanntesten Erhebungen gehören die Zugspitze mit einer Höhe von 2962 Metern, der Großglockner, der es auf 3798 Meter bringt und der Mont Blanc, der stolze 4807 Meter hoch ist.

Das Mont-Blanc-Massiv vom Aguille du Midi aus betrachtet. Auf dem 3842 Meter hohen Vorposten des höchsten Berges Europas befindet sich ein beliebter Aussichtspunkt, den man bequem per Seilbahn erreicht.

Damit kann es der Harz, dessen höchste Erhebung der Brocken ist, nicht aufnehmen. Hier geht es gerade einmal 1100 Meter in die Höhe – ein klassisches Mittelgebirge. Das ist natürlich alles nichts gegen den Mount Everest, den höchsten Berg der Welt, der sich mit 8848 Metern in die Höhe schraubt. Überhaupt: Um zu den zehn höchsten Bergen der Welt zu kommen, muss man schon 8000 Meter hoch steigen. Wohl der Gipfel der Karriere eines jeden Bergsteigers ist das Bezwingen eines solchen Giganten. Und das sind die möglichen Ziele:

Die höchsten Berge

Position	Gebirge	Höhe in Metern
1	Mount Everest	8848
2	K2	8611
3	Kangchendzönga	8586
4	Lhotse	8516
5	Makalu	8485
6	Cho Oyu	8188
7	Dhaulagiri	8167
8	Manaslu	8163
9	Nanga Parbat	8125
10	Annapurna	8091

Deutlich bescheidener geht es in Deutschland zu, obwohl es auch hier einige erstaunlich hohe Bergspitzen gibt. Die höchsten Berge Deutschlands, allesamt in den Alpen gelegen, sind:

Die höchsten Berge Deutschlands

Position	Name	Höhe in Metern
1	Zugspitze	2962
2	Hochwanner	2744
3	Watzmann Mittelspitze	2713
4	Leutascher Dreitorspitze	2682
5	Hochkalter	2607
6	Biberkopf	2599
7	Großer Hundstod	2593
8	Hochvogel	2592
9	Östliche Karwendelspitze	2538
10	Hocheisspitze	2523

Gipfelkreuz der Zugspitze. Die Alpen sind touristisch gut erschlossen: Im Gegensatz zum Mont Blanc führt den Besucher eine Seilbahn bis knapp unter den Gipfel.

Wie merke ich es mir?

Wie hoch ist der höchste Berg der Erde?

Der Mount Everest ist der höchste Berg der Erde – zweifelsfrei! Doch wie hoch der Berg genau ist, steht nicht genau fest. Offiziell sind es 8848 Meter. Die Briten haben 1952 zuerst gemessen und sind auf genau 8847,84 Meter gekommen. Chinesische Experten kamen zu einem etwas anderen Ergebnis: 8.844,42 Meter. Und 1990 haben Wissenschaftler aus den USA sogar 8850 Meter ermittelt. (Nun hat die Regierung von Nepal die erneute Vermessung beauftragt. Das Ergebnis wird allerdings noch zwei Jahre auf sich warten lassen.)

Wie auch immer: Die offizielle Höhe von 8848 Metern lässt sich mithilfe des *Majorsystems* in die kurze Frage „Wofür Hawaii?" verwandeln (WFRW = 8848; der Rest der Buchstaben wird nicht übersetzt). Und genau das könnte man sich doch fragen, wenn man inmitten einer Region aus Schnee, Eis und Gestein auf dem Gipfel steht: Wofür braucht man da noch Hawaii?

Falls Ihnen der Merkspruch nicht zusagt, wählen Sie einfach alternative Majorbegriffe aus!

Doch auch die Gebirge verändern sich: Eine bekannte Kurzgeschichte von Ernest Hemingway trägt den Titel *Schnee am Kilimandscharo*. Als er sie in den 1930er-Jahren verfasste, waren die Gipfel des Gebirges in Tansania tatsächlich schneebedeckt. Doch inzwischen ist die Gletscheroberfläche von 20 auf gerade einmal zwei Quadratkilometer Fläche geschrumpft. Als Verursacher liegt der globale Klimawandel nahe, tatsächlich gehen die Wissenschaftler allerdings eher davon aus, dass zu wenig Niederschlag fällt, um das gefrorene Wasser mit Nachschub zu versorgen. Schuld hat indes trotzdem der Mensch. Denn durch die steigende Abholzung der Wälder am Fuß des Gebirges steigt weniger Luftfeuchtigkeit auf. Und sie speiste die Niederschläge.

Und wer sagt eigentlich, dass Gebirge stets an der gleichen Stelle stehen müssen? Der höchste Berg Kolumbiens, der Pico Christóbal Colón, der aus der Sierra Nevada de Santa Marta hervorragt, hat, im reinsten Wortsinn, eine bewegte Geschichte hinter sich. Während der vergangenen 170 Millionen Jahre driftete der Berg 2200 Kilometer aus dem heutigen Peru nach Kolumbien. Die Beweglichkeit der Erdschichten hat es möglich gemacht.

Rekordhalter – die längsten Flüsse und größten Seen der Welt

Unsere Reise auf unserem Planeten geht weiter: Flüsse haben heute teilweise nicht mehr die gleiche Bedeutung wie für unsere Vorfahren. Dank der gestiegenen Mobilität durch Eisenbahn, Auto und Flugzeug werden in den westlichen Industrienationen weniger Güter auf den Wasserstraßen verschifft. Gleichwohl sieht das in anderen Regionen der Welt noch anders aus. Flüsse sind aber nicht nur Wasserstraßen für den Austausch von Waren. Das daraus abgeleitete Wasser kann zur Bewässerung von Feldern genutzt werden und verwandelt eigentlich unwirtliche Gegenden zu fruchtbaren Landschaften. Das gilt etwa für das Nildelta.

Der Bodensee bei Konstanz. Immerhin ist er der größte See Deutschlands (vor Müritz und Chiemsee) und nach dem Genfer See der zweitgrößte See des Alpenraums.

Die längsten Flüsse der Welt

Rang	Name	Länge	Quelle	Mündung	Kontinent
1	Nil	6852	Ruanda	Mittelmeer	Afrika
2	Amazonas	6448	Anden	Atlantik	Südamerika
3	Jangtsekiang	6380	Tibet	Chinesisches Meer	Asien
4	Mississippi	6051	Rocky Mountains	Golf von Mexiko	Nordamerika
5	Jenissei	5540	Sajangebirge	Arktischer Ozean	Asien
6	Ob	5410	Altai	Obbusen	Asien
7	Amur	5052	Chenti Gebirge	Ochotskisches Meer	Asien
8	Gelber Fluss	4845	Bayan-Har-Berge	Gelbes Meer	Asien
9	Kongo	4835	Tanganjikasee	Atlantik	Afrika
10	Mekong	4500	Tibet	Südchinesisches Meer	Asien

Die größten Seen der Welt

Rang	Name	Fläche in Quadratkilometern	Ort
1	Kaspisches Meer	386 400	Russland, Kasachstan, Aserbaidschan, Turkmenistan, Iran
2	Oberer See	82 414	USA, Kanada
3	Victoriasee	68 894	Kenia, Tansania, Uganda
4	Huronsee	59 596	USA, Kanada
5	Michigansee	58 016	USA
6	Tanganjikasee	32 893	Tansania, Kongo, Burundi
7	Baikalsee	31 722	Russland
8	Großer Bärensee	31 328	Kanada
9	Malawisee	29 600	Malawi, Mosambik, Tansania
10	Großer Sklavensee	28 568	Kanada

Wer schon einmal am schönen Bodensee war, dürfte von dessen Größe beeindruckt gewesen sein. Mit seiner Fläche von gut 536 Quadratkilometer reicht es im internationalen Ranking aber nicht einmal für eine Platzierung unter den hundert größten Binnengewässern: Sind Sie neugierig zu erfahren, welches die längsten Flüsse und größten Seen der Welt sind?

Dann werfen Sie doch einen Blick auf die beiden Tabellen, die sich weiter oben auf dieser Seite befinden. Dabei werden Sie bestimmt erstaunt sein. Denn auch wenn Ihnen die meisten Flüsse bekannt sein sollten, so ist doch manch fremder Name darunter. Das betrifft in jedem Fall den Jenissei: Der Strom, der – im asiatischen Teil Russlands – Sibirien von der mongolischen Grenze im Süden bis zum Polarmeer im Norden durchquert, stellt in dieser Region eine bedeutende Schifffahrtstraße dar. Das gilt auch für den Ob, der durch Westsibirien fließt und ebenfalls in die Karasee des Nordpolarmeeres mündet. Die bekannteste Hafenstadt am Ob ist die Metropole Nowosibirsk.

Auch die größten Seen müssen nicht unbedingt jedem von uns geläufig sein: Offen gesagt, den Tanganjikasee kennen wohl eher weniger Menschen, obwohl es der zweitgrößte See auf dem afrikanischen Kontinent ist. Außerdem handelt es sich dabei um den zweittiefsten See der Erde. An seiner tiefsten Stelle misst er unfassbare 1480 Meter. Nur der Baikalsee in Russland ist noch abgründiger und erreicht eine Tiefe von 1642 Meter.

Schon gewusst?

Welche Bedeutung der Nil für Ägypten hat, lässt sich daran ermessen, dass die Einwohner den Nil schlicht als „großer Fluss" bezeichnen. Die heutige Bezeichnung verdanken wir der altgriechischen Bezeichnung *Neilos*. Dem griechischen Geschichtsschreiber Herodot wird das Zitat zugeschrieben, dass Ägypten „ein Geschenk des Nils" sei.

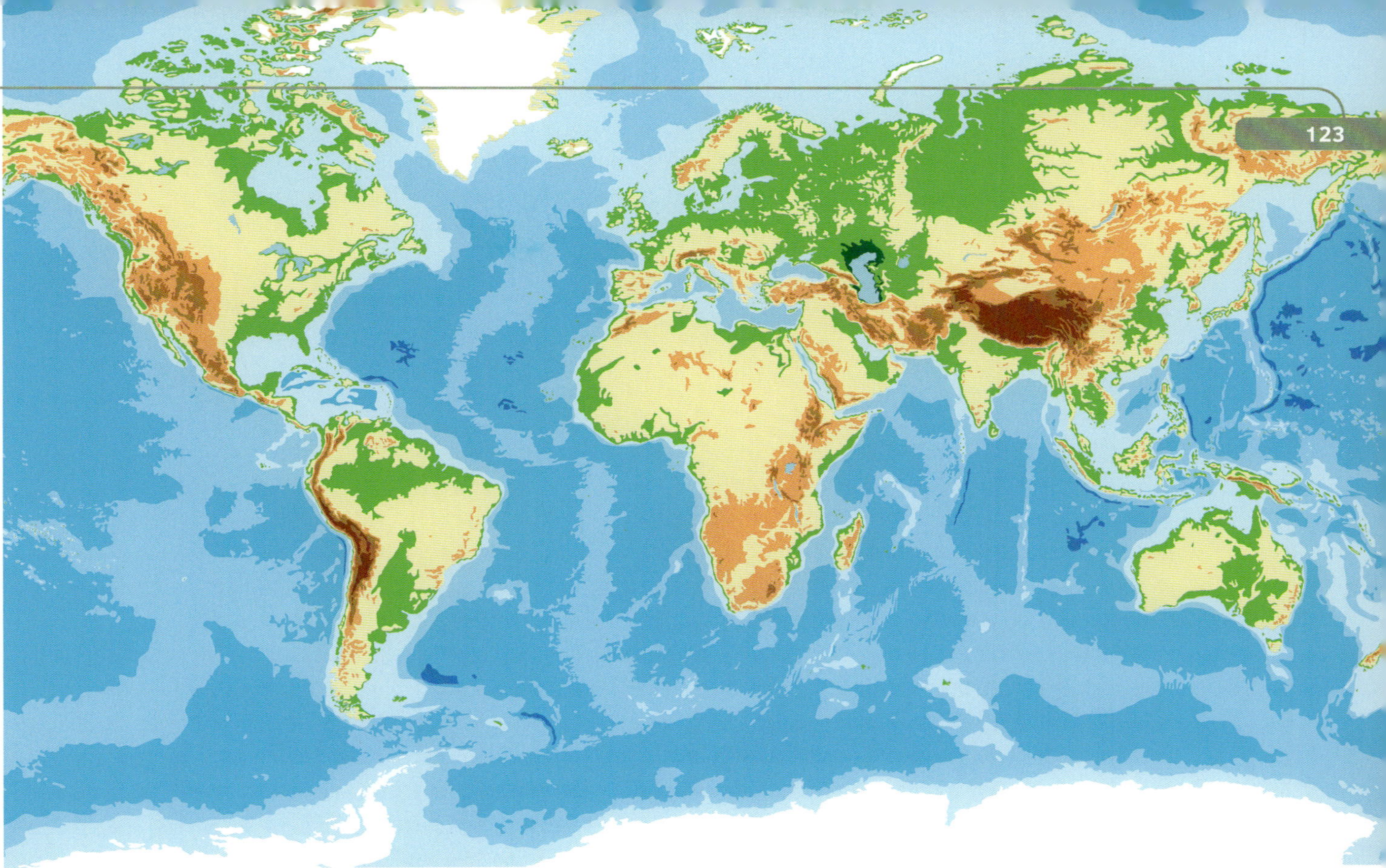

Die Kontinente der Welt auf einen Blick. Der weiße Rand ganz unten stellt die Ausläufer von Antarktika dar, dem siebten Kontinent. Erst Ende des 19. Jahrhunderts wurde entdeckt, dass im Inneren der Antarktis Land kontinentalen Ausmaßes liegt.

Von Kontinenten, Ländern und Städten

Nach dem Erdinneren, der Atmosphäre, dem Klima, Meeren, Landschaften und vielem mehr wird es Zeit, einen Blick auf Gefüge zu werfen, die nicht nur von der Natur geschaffen wurden, sondern auch durch menschliches Gestalten. Wenden wir uns nun den Kontinenten, Ländern und Städten dieser Erde zu.

Was ein Kontinent ist, weiß doch jeder, oder? Erstaunlicherweise ringt die Geografie immer noch um eine allgemeinen Definition dafür. Wir haben zwar alle eine Vorstellung davon, aber eine glasklare Erklärung des Wortes, das vom Lateinischen *continens* (für „zusammenhängend") stammt, steht noch aus. Traditionell wird als Kontinent eine große Landmasse verstanden, die durch Wasser oder andere natürliche Grenzen vollständig oder fast vollständig abgegrenzt ist. Legt man diesen Ansatz zugrunde, dann wäre Europa kein Kontinent. Dort kommen eher politische Gesichtspunkte zum Tragen.

Die Kontinente

Im allgemeinen Sprachgebrauch gibt es sieben Kontinente: Nordamerika, Südamerika, Europa, Afrika, Asien, Australien und Antarktis. Doch wie bereits erwähnt, gibt es auch Ansätze, die Landmassen anders zu gliedern, bis hin zu der Variante, die von nur fünf Kontinenten ausgeht, weil sie Asien und Europa als einen Kontinent (Eurasien) betrachtet. Apropos fünf: Die Ringe der Olympischen Flagge repräsentieren die fünf Kontinente, die an den Spielen teilnehmen: Afrika, Amerika, Asien, Australien und Europa.

Einigkeit herrscht dagegen darüber, dass sich die Kontinente ständig in Bewegung befinden. Diese Bewegung wird als Kontinentaldrift bezeichnet und basiert im Grund auf Prozessen in der Erdkruste. Die Landmassen haben sich nach der allseits anerkannten Theorie im Lauf der Erdgeschichte aus einem Urkontinent, der den Namen Pangaea trägt, entwickelt.

Welche Kräfte diese Bewegung verursachen, ist noch nicht hinreichend geklärt. Eindeutig ist aber, dass die Kontinente sich zwischen einem und zehn Zentimeter im Jahr bewegen. Die ersten Hypothesen dazu waren nur Vermutungen, die darin begründet lagen, dass die Westküste Afrikas ziemlich exakt in die Ostküste Südamerikas hineinpasst. Zeitgemäße Messmethoden dokumentieren indes die Bewegung, die dadurch ermöglicht wird, dass die Kontinenten auf Platten ruhen, sich also als Teile der Erdkruste bewegen lassen. Die Kontinente nehmen übrigens nur 29,3 Prozent der Erdoberfläche ein. Den Rest bedecken die Ozeane, Meere und Inseln.

Schon gewusst?

Hätte es die Kontinentaldrift nicht gegeben, läge Deutschland etwa auf Höhe des heutigen Grönlands. Kaum zu glauben, oder? Somit würden ganz andere klimatische Bedingungen in Deutschland vorherrschen, dessen kühlgemäßigte Klimazone zwischen dem maritimen Klima Westeuropas und dem kontinentalen Klima Osteuropas angesiedelt ist.

Wer die Auswirkungen des Kontinentaldrifts aus der Nähe begutachten will, sollte nach Island reisen: Im Thingvellir Nationalpark offenbart sich das Auseinanderdriften der amerikanischen und eurasischen Platte anhand von tiefen Rissen an der Oberfläche.

Die Weltbevölkerung wiederum verteilt sich sehr ungleichmäßig über die Kontinente selbst. So leben in Asien und Afrika zur Zeit ca. 5,6 Milliarden Menschen. In Europa sind es gerade einmal 740 Millionen, während in Nordamerika 579 Millionen Menschen leben. In Lateinamerika und der Karibik sind es immerhin 637 Millionen Menschen. Und es gibt weitere interessante Fakten, die mit den Kontinenten zusammenhängen: So ist Istanbul die einzige Stadt, die auf zwei Kontinenten liegt – Europa und Asien. Grönland dagegen ist geografisch eindeutig dem nordamerikanischen Kontinent zuzuordnen, gehört politisch aber zu Dänemark.

Hinzu kommt ein erstaunliches Faktum, das ein wenig an den Urkontinent erinnert. Denn während der letzten großen Eiszeit waren Amerika und Eurasien miteinander verbunden. Möglich wurde dies durch die sogenannte Beringbrücke. Keine von Menschenhand geschaffene Brücke, sondern eine Landbrücke, die erst später wieder überspült wurde. Über die damals ebenfalls bestehende Verbindung durch die Sinaihalbinsel war auch Afrika mit den anderen Kontinenten verbunden. Menschen hätten zu dieser Zeit also fünf Kontinente durchwandern können, ohne nasse Füße zu bekommen.

Wer kennt die Hauptstädte Europas?

Der europäische Kontinent hat eine sehr wechselvolle Geschichte hinter sich. Zwei Weltkriege haben die Landesgrenzen vieler Staaten getroffen und zu Umgestaltungen geführt. Eine weitere größere geografische Veränderung hat sich mit dem Zerfall Jugoslawiens und dem daran anschließenden Bürgerkrieg ergeben. Nach dem Tod des Staatsgründers Tito (1892-1980) konnten die bestehenden Konflikte zwischen den mehr oder weniger gegen ihren Willen zu einem Staat vereinigten Teilrepubliken noch eine Weile unter Kontrolle gehalten werden. Doch nach dem Zusammenbruch des Sozialismus Ende der 1980er-Jahre erstarkte der Nationalismus und es kam zu blutigen Bürgerkriegen (sogenannte Jugoslawienkriege ab 1991), die das frühere Jugoslawien in seine Einzelteile zerfallen ließen.

Der Auflösung der Sowjetunion (UdSSR) und die Vereinigung des geteilten Deutschlands hatten ebenfalls nicht unerhebliche Auswirkungen auf die Landkarte Europas. Die zur UdSSR vereinigten ehemaligen Sowjetrepubliken erreichten 1991 ihre Souveränität. Der Beitritt

Reste des sogenannten Eisernen Vorhangs, der Grenze zwischen den kapitalistisch orientieren westeuropäischen Staaten und den sozialistischen Ländern Osteuropas, bei Cizov, Tschechien.

der ehemaligen DDR zur Bundesrepublik Deutschland 1990 erweiterte den Kreis der damals elf Bundesländer um fünf weitere Mitglieder. Wer vor 30 Jahren noch auf der Schulbank die Staaten des Kontinents auswendig lernen musste, sieht sich seitdem einer völlig veränderten Landkarte gegenüber.

Der Begriff Europa geht übrigens bis in die Zeit des alten Griechenlands zurück, schon der Autor Herodot unterschied damit im 5. Jahrhundert v. Chr. seinen Lebensraum von Afrika und Asien. In der Vorstellung der Menschen war Europa aber naturgemäß auf den Mittelmeerraum beschränkt. Das zeigt die grundsätzliche Problematik auf. Denn Europa besitzt anders als Australien, Afrika oder Amerika nicht auf allen Seiten feste geologische Grenzen. Deswegen ist die Definition, was zu Europa gehört, auch immer ein intellektuelles Problem. Üblicherweise folgen wir heute dem Vorschlag eines Geologen aus dem 18. Jahrhundert. Demnach wird die Ostgrenze Europas durch den Ural (sowohl das Gebirge als auch den Fluss) gebildet. Nach dieser Definition liegen folgende Staaten (inklusive Hauptstädte) in Europa:

Staaten Europas mit Hauptstadt

Staat	Hauptstadt
Albanien	Tirana
Andorra	Andorra la Vella
Belgien	Brüssel
Bosnien	Sarajevo
Bulgarien	Sofia
Dänemark	Kopenhagen
Deutschland	Berlin
Estland	Tallinn
Finnland	Helsinki
Frankreich	Paris
Griechenland	Athen
Irland	Dublin
Island	Reykjavik
Italien	Rom
Kasachstan	Astana
Kosovo	Pristina

Staat	Hauptstadt
Kroatien	Zagreb
Lettland	Riga
Liechtenstein	Vaduz
Litauen	Vilnius
Luxemburg	Luxemburg
Malta	Valletta
Moldawien	Kischinau
Monaco	Monaco
Montenegro	Podgorica
Niederlande	Amsterdam
Norwegen	Oslo
Österreich	Wien
Polen	Warschau
Portugal	Lissabon
Rumänien	Bukarest
Russland	Moskau

Staat	Hauptstadt
San Marino	San Marino
Schweden	Stockholm
Schweiz	Bern
Serbien	Belgrad
Slowakei	Bratislava
Slowenien	Ljubljana
Spanien	Madrid
Tschechien	Prag
Türkei	Ankara
Ukraine	Kiew
Ungarn	Budapest
Vatikanstadt	Vatikanstadt
Vereinigtes Königreich	London
Weißrussland	Minsk

Wie lassen sich die Hauptstädte der größten Staaten der Erde im Gedächtnis behalten?

Die wenigsten Menschen kennen die Hauptstädte von Kanada und Australien. Und nein, es handelt sich dabei nicht um Toronto und Sydney. Deshalb wollen wir uns nun die Hauptstädte der zehn größten Staaten der Erde merken – eine Aufgabe, die perfekt zur Anwendung von Mnemotechniken geeignet ist.

Die einfachste Methode zum Lernen der Land-Hauptstadt-Kombinationen wird auch zum Lernen von Vokabeln benutzt: Bei der *Schlüsselwortmethode* wird für die fremde Vokabel ein ähnliches Wort im Deutschen gesucht, das als Erinnerungshilfe dient. In unserem Fall kann so Neu-Delhi, die Hauptstadt Indiens, in eine „neue Delikatesse" oder die australische Kapitale Canberra in „kann (der) Bär" verwandelt werden.

Nachdem nun gezeigt wurde, wie sich mittels merkwürdiger Schlüsselwörter Städte (aber auch Länder) *verbildern* lassen, gilt es nun durch *Verbinden* Stadt und Land zusammenzufügen. Allerdings kann es manchmal schwerfallen, zwei Informationen miteinander zu verbinden. Und vielleicht haben Sie nicht für jeden Namen ein gutes Bild gefunden. Deswegen fügen Sie dem Schlüsselwort für die Hauptstadt am besten ein Bild für das zugehörige Land hinzu, das Assoziationen weckt: Bei Kanada lässt sich zum Beispiel an große Seen denken. Verbinden Sie daher die Hauptstadt Ottawa mit einem „See, an dem die Otter (mit Wa als Schlüsselwort für die Hauptstadt) sitzen und fragen: Wa(s), das kann er sich nicht merken?"

Wenn Sie nun die Reihenfolge für die zehn größten Staaten der Erde hinzufügen wollen, bietet sich eine *Route* aus *Majorbegriffen* an: Je mehr Begriffe man verbinden muss, desto leichter fällt es, ein gutes Bild zu finden. Nehmen Sie einfach die Majorbegriffe für die Rangnummer (Größe) des jeweiligen Landes mit zum Merkbild für die Kombination von Land und Hauptstadt dazu. Im Falle des zweitgrößten Landes Kanada lautet die Lösung: „Noah" (Majorbegriff für Zwei) schiebt in Kanada seine Arche in einen See und die Otter, die am Ufer sitzen, fragen sich: „Wa(s) soll das?"

Versuchen Sie nun selbst ein gelungenes Merkbild zu kreieren, indem Sie Moskau und Russland, das größte Land der Welt, mit „Tee" (Majorbegriff für Eins) verbinden.

Wenn nun noch ein Otter seinen Kopf ins Bild recken würde, wäre ein perfektes Abbild des Merkbildes für die kanadische Hauptstadt gefunden.

Auf dem europäischen Kontinent liegen neben größeren und mittelgroßen auch einige kleinere Staaten, die lediglich so groß wie eine Stadt sind: Das Fürstentum Monaco ist bekannt für die seit Jahrzehnten dort veranstalteten Rennen der Formel 1, eine sehr moderate Steuergesetzgebung und vor allen Dingen auch seine Spielbanken. Knapp 40 000 Menschen leben hier auf gerade einmal zwei Quadratkilometern. Tatsächlich werden sie von einem Fürsten (gegenwärtig Fürst Albert II.) regiert, dessen Macht allerdings einer konstitutionellen Monarchie unterliegt.

Bei dem wunderschön an der französischen Mittelmeerküste gelegenen Fürstentum Monaco handelt es sich um einen sogenannten Stadtstaat, nach dem Vatikanstaat der zweitkleinste Staat der Welt.

Liechtenstein ist ebenfalls ein Fürstentum, das etwa genauso viele Einwohner wie Monaco zählt. Allerdings ist der Staat, der zwischen Österreich und der Schweiz liegt, mit 160 Quadratkilometern deutlich größer. Entgegen der Ansicht vieler Menschen ist die Landeshauptstadt übrigens Vaduz.

Mit nicht einmal einem halben Quadratkilometer ist Vatikanstadt der kleinste Staat Europas und der Welt. Um die tausend Menschen leben in dieser Enklave, die mitten in Rom liegt. Der Vatikan ist der kleinste souveräne Staat der Erde und juristisch eine Monarchie. Schließlich ist das Staatsoberhaupt der Papst.

Was wohl nur die wenigsten Menschen in Beziehung zu Europa setzen, ist das Überleben der lateinischen Sprache. Durch deren Verwendung innerhalb der katholischen Kirche wurde Latein als geschriebene (und teilweise gesprochene) Sprache durch die Zeiten hindurch bewahrt.

Unsere Bundesländer

Deutschland ist ein Bundesstaat. Die Bundesländer behalten zwar die Hoheit über bestimmte politische Zuständigkeiten, aber geben die staatliche Souveränität zugunsten des übergeordneten bundesstaatlichen Prinzips auf. Das unterscheidet unser Verfassungskonstrukt von einem Staatenbund, der einen eher lockeren Zusammenschluss souveräner Staaten beschreibt, die etwa ihre eigene Außenpolitik bestreiten können.

Unsere Bundesländer sind ein Konstrukt, das während der Besatzungszeit durch die Alliierten nach Ende des Zweiten Weltkriegs geschaffen wurde. Deren Grenzen und Bezeichnungen ignorierten teilweise die damals noch im Bewusstsein der Bevölkerung vorhandenen landsmannschaftlichen Gliederungen. So sind die beiden Bundesländer Nordrhein-Westfalen und Rheinland-Pfalz Konstrukte, die am Schreibtisch entstanden, wobei Verwaltungseinheiten bzw. Provinzen des ehemaligen preußischen Staates aufgegriffen wurden. Auch musste während der Besatzungszeit das Land Lippe seine Eigenständigkeit aufgeben. Nach Verhandlungen wurde es Nordrhein-Westfalen angegliedert.

Eine Besonderheit bildete ebenfalls das spätere Saarland. Es war seit 1947 formell unabhängig und bildete eine Wirtschaftsunion mit Frankreich. Zur Bundesrepublik gehört es dank einer Volksabstimmung seit dem Jahr 1957. Und das Bundesland Baden-Württemberg entstand erst 1952 durch die Vereinigung der Provinzen Baden, Württemberg-Baden und Württemberg-Hohenzollern. Vor der Volksabstimmung, die im Dezember 1951 dem Zusammenschluss voranging, führten übrigens Befürworter und Gegner einen erbitterten Streit.

Von der Sowjetunion und der DDR (Deutsche Demokratische Republik) wurde stets die Zugehörigkeit West-Berlins als Bundesland und damit Teil der Bundesrepublik kritisch gesehen. Die Stadt Berlin unterlag seit Ende des Dritten Reiches einem besonderen Vier-Mächte-Status. Seit der deutschen Wiedervereinigung wird die Bundesrepublik aus diesen 16 Bundesländern gebildet:

Kennen Sie die Wappen der 16 Bundesländer Deutschlands? Hier sind sie auf einen Blick zu sehen. Dabei handelt es sich um die sogenannten kleinen Wappen. Manche Bundesländer wie Bayern verfügen darüber hinaus über ein großes, manche über ein mittleres Wappen. Ebenso wie die Flaggen greifen die Wappen der Länder auf historische Vorbilder zurück. Die weiß-blauen Wecken des Bayerischen Staatswappens zeichneten schon im 13. Jahrhundert die bayerischen Herzöge aus. Alle Staatswappen stellen Hoheitszeichen dar, die nur von amtlichen Stellen und nicht von Privatpersonen verwendet werden dürfen.

Die deutschen Bundesländer

Bundesland	Landeshauptstadt
Baden-Württemberg	Stuttgart
Bayern	München
Berlin	Berlin
Brandenburg	Potsdam
Bremen	Bremen
Hamburg	Hamburg
Hessen	Wiesbaden
Mecklenburg-Vorpommern	Schwerin
Niedersachen	Hannover
Nordrhein-Westfalen	Düsseldorf
Rheinland-Pfalz	Mainz
Saarland	Saarbrücken
Sachsen	Dresden
Sachsen-Anhalt	Magdeburg
Schleswig-Holstein	Kiel
Thüringen	Erfurt

Die meisten deutschen Bundesländer sind verwaltungstechnisch noch weiter in Regierungsbezirke gegliedert. Darunter angesiedelt sind die (Land-)Kreise mit den jeweiligen Kreisstädten. Besonders große Städte haben teilweise den Status einer kreisfreien Stadt. Da sie nicht dem Kreis unterstehen, übernehmen sie auf ihrem Gebiet die Aufgaben eines Kreises, sind funktional also mit den Kreisen vergleichbar. Zu den Kreisen gehören wiederum die einzelnen Gemeinden.

Darf es ein Beispiel sein? Landshut ist eine kreisfreie Stadt (mit ca. 70 000 Einwohnern), Sitz des Regierung von Niederbayern sowie des gleichnamigen Bezirks, dem mehrere Landkreise angehören.

DAS REICH DER NATUR

Das Reich der Natur kennzeichnet eine außerordentliche Vielzahl an Pflanzen und Tieren – sowie Mikroorganismen, die man auf diesem Bild gleichwohl nicht sieht.

Das Reich der Natur

Leben findet sich überall auf der Welt. Kein Berg ist zu hoch, kein Meeresgraben zu tief, keine Wüste zu trocken und kein Pol zu kalt. Im Lauf der Erdgeschichte entwickelte sich eine überaus reiche Vielfalt an Pflanzen, Tieren und Mikroorganismen. Doch was ist Leben eigentlich genau?

Bei den meisten Organismen liegt die Antwort auf der Hand: Sie haben einen Stoff- und Energiewechsel, wachsen und entwickeln sich, pflanzen sich fort, reagieren auf Reize, regulieren ihre Körpersysteme selbstständig und bewegen sich. Sie bestehen aus Zellen, weisen eine unverwechselbare Körpergestalt auf und durchlaufen einen evolutionären Prozess.

Was ist Leben?

Und doch gibt es in manchen Fällen keine eindeutige Antwort. Viren zum Beispiel bestehen nur aus Erbinformation (DNA oder RNA) und einer Proteinhülle. Sie besitzen keinen eigenen Stoffwechsel und vermehren sich auch nicht von allein. Denn dafür brauchen sie einen Wirt. Keine der rund 3000 bekannten Virenarten erfüllt sämtliche Kriterien des Lebens.

Flechten, eine Lebensgemeinschaft aus Pilz und Alge, erfüllen zwar alle Kriterien, doch der Pilz geht ohne seinen Partner zugrunde. In solchen Grenzbereichen wird die Antwort schwierig. Im Grunde sind die wenigsten Lebewesen selbstständig lebensfähig, denn fast alle gehen Gemeinschaften ein. Selbst beim Menschen bestehen nur etwa zehn Prozent der Zellen im Körper tatsächlich aus menschlichem Zellmaterial. Den weit größeren Anteil stellen nämlich Darmbakterien.

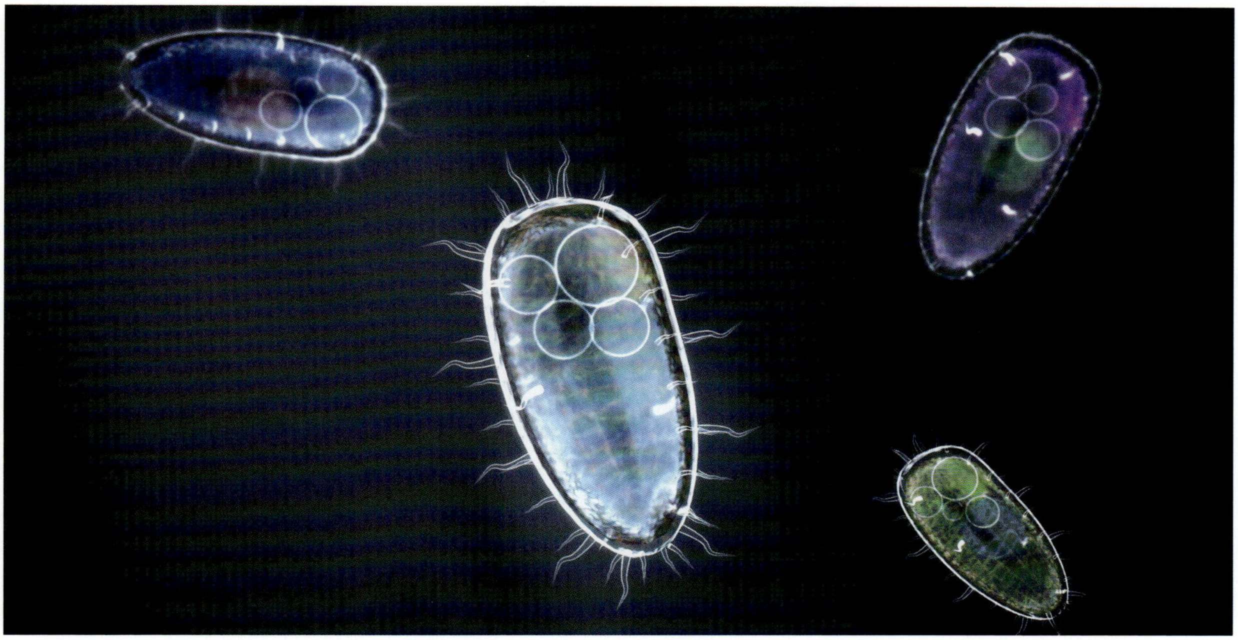

Sie stehen am Beginn der Evolution: Protozoen, auch Urtierchen genannt, stellen als tierisch angesehene eukaryotische Einzeller dar.

Erste Lebensformen tauchten übrigens bereits vor rund vier Milliarden Jahren auf. Zwei Milliarden Jahre später erschienen die ersten echten Einzeller, und erst vor 580 Millionen Jahren entwickelten sich mehrzellige Organismen. (Übrigens: Jeder Organismus verfügt über einen eindeutigen biologischen Namen, zusammengesetzt aus dem Gattungsnamen und der Bezeichnung der Art. Die Namen sind lateinisch oder muten lateinisch an.)

Was ist eine Art?

Der Drang, die enorme Vielfalt an Tieren und Pflanzen zu ordnen, ist groß. Die Stammbäume und Ordnungssysteme heute versuchen verwandtschaftliche Beziehungen zwischen den Arten aufzuzeigen und deren Entstehungsgeschichte zu rekonstruieren. Kleinste Einheit ist jeweils die Art. Angehörige einer Art gleichen sich in ihrem Körperbau, ihren Körperfunktionen und ihrem Verhalten. Unter natürlichen Bedingungen bekommen sie lebensfähige, fruchtbare Nachkommen. Sie besetzen eine spezielle ökologische Nische und durchlaufen eine Evolution.

Mischlinge (*Hybriden*) bilden keine eigene Art. Die meisten sind nämlich unfruchtbar, so zum Beispiel Kreuzungen zwischen Pferd und Esel (Maultier bzw. Maulesel), Zebra und Esel (Zebresel), Braunbär und Eisbär, Tomate

Zeittafel Entstehung des Lebens

chemische Evolution, Entstehung des Lebens (Urzelle)	4 Mrd. Jahre
Stromatolithen (Blaualgen)	3,5 Mrd. Jahre
Sauerstoffatmosphäre als Folge der Fotosynthese	2,7 Mrd. Jahre
erste Eukaryonten (echte Einzeller)	2,5 Mrd. Jahre
Abspaltung der Pilze	2 Mrd. Jahre
Voll entwickelte Fotosynthese, Evolution der Sauerstoffatmung	2 bis 1,5 Mrd. Jahre
Trennung in Pflanzen- und Tierreich	1,8 Mrd. Jahre
erste Vielzeller (höher entwickelte marine Lebewesen)	1,2 Mrd. Jahre
Ediacara-Fauna (größere, vielzellige Eukaryonten)	580 bis 540 Mio. Jahre
kambrische Artenexplosion (viele Stämme heute noch lebender Tiergruppen)	535 bis 525 Mio. Jahre
Besiedlung des Festlandes durch Pflanze und Pilz (vermutlich als Symbiose)	420 Mio. Jahre

Der Braunbär stellt eine Art dar, die wiederum in verschiedene Unterarten eingeteilt werden kann: zum Beispiel den Europäischen Braunbären (im Bild), den Grizzlybären und den Kodiakbären.

und Kartoffel. Andere Mischlingsjunge (wie Kreuzungen aus Löwe und Tiger) sind zwar fruchtbar, aber kommen unter natürlichen Bedingungen nicht vor. Die Verbreitungsgebiete der Elterntiere überlappen sich nicht.

Weitaus schwieriger ist die Definition von Arten bei Pflanzen. Etliche Arten entstanden nämlich durch Vermischungen. Der Kulturweizen enthält das genetische Material von mindestens drei verschiedenen Weizenarten. Ein seltenes Beispiel für „gemischte“ Tiere ist der einheimische Wasserfrosch (*Pelophylax esculentus*).

Wie viele Arten es insgesamt gibt, ist nicht exakt bezifferbar. Rund 1,8 Millionen wurden bislang wissenschaftlich erfasst und beschrieben, Schätzungen gehen von insgesamt zehn bis hundert Millionen Arten aus. Arten, die nah miteinander verwandt sind, bilden eine Gattung. Zu den bekannten Arten zählen ca. 10 000 Mikroorganismen (darunter 6300 Prokaryonten), 100 000 Pilze, 290 000 Landpflanzen, eine Millionen Insekten und 52 000 Wirbeltiere (davon 5487 Säugetiere).

Klassifikation der Organismen

Art	*Ursus arctos* (Braunbär)
Gattung	*Ursus* (Bär)
Familie	Ursidae (Bärenartige)
Ordnung	Carnivora (Beutegreifer, Raubtiere)
Klasse	Mammalia (Säugetiere)
Stamm	Chordata (Chordatiere)
Reich	Animalia (Tiere)
Domäne	Eukarya (Lebewesen mit Zellkern)

An der Basis stehen Prokaryonten

Die einfachsten, ursprünglichsten Organismen sind Prokaryonten wie Bakterien und Archaeen. Ihre Zellen unterscheiden sich deutlich von allen anderen Organismen: Wichtige Zellbestandteile fehlen, Gene sind anders strukturiert und der Stoffwechsel geht andere Wege. Prokaryonten werden von den Eukaryonten abgegrenzt, den Lebewesen mit „echten“ Zellen.
Prokaryonten sind die vielfältigsten Organismen der Erde und besiedeln sämtliche Lebensräume. Sie zersetzen tote organische Substanz, verdauen im Pansen der Rinder die harten Gräser, binden im Erdboden den atmosphärischen Stickstoff oder gewinnen ihre Energie aus Methan oder Schwefelverbindungen. Blaualgen (Cyanobakterien) betreiben Fotosynthese. Unter den Archaeen sind etliche Spezialisten für extreme Lebensräume. Sie vertragen niedrige und hohe Temperaturen, leben in sauren und alkalischen Gewässern, Salzlösungen, Schwefelquellen oder in heißen Tiefseequellen. Einiges deutet darauf hin, dass Archaeen am Beginn allen Lebens standen.

Die Zelle – Grundbaustein aller Eukaryonten

Vor 2,5 Milliarden Jahren entstanden vermutlich durch Vermischung der Archaea mit Bakteria die Eukaryonten. Hierzu gehören alle Tiere, Pflanzen, Pilze und Einzeller, die über echte Zellen verfügen.

Die Zelle ist die kleinste lebende Einheit. Zugleich ist sie der grundlegende Baustein jedes Lebewesens. Wie bei vielzelligen Lebewesen die Organe bestimmte Funktionen übernehmen, tun dies auf Zellniveau die Organellen: So wirkt der Zellkern als Informations- und Steuerzentrum. Mitochondrien sind die Kraftwerke der Zelle, denn hier findet die Zellatmung statt. Die in Pflanzenzellen vorkommenden Chloroplasten enthalten Chlorophyll und sind verantwortlich für die Fotosynthese. Beide Organellen – Mitochondrien und Chloroplasten – waren ursprünglich frei existierende Bakterien. Im Verlauf der Urzeit wurden sie von anderen Einzellern gefressen, aber nicht verdaut. Stattdessen blieben sie erhalten, übten weiterhin ihre Funktion aus und wurden weitervererbt. Dies geschah mehrfach unabhängig voneinander, und zwar bei völlig verschiedenen Organismen.

Zellorganellen und ihre Funktion

Zellkern	Informations- und Steuerzentrum
Mitochondrien	Energieversorgung
Ribosomen	Proteinsynthese
Endoplasmatisches Retikulum	Stoffwechsel und seine Regulation
Golgi-Apparat	Transport
Cytoskelett	Stütze, Bewegung, Regulation
Zellmembran	Abgrenzung, Transport, Kontakt zu Nachbarzellen
nur in Tierzellen:	
Lysosomen	Verdauung
Flagellum	Fortbewegung
nur in Pflanzenzellen:	
Chloroplasten	Fotosynthese
Vakuole	Speicher, Stabilität
Zellwand	Schutz, Stabilität

Mithilfe von DNA-Analysen der Organellen konnten Genetiker die Verwandtschaftsverhältnisse von Lebewesen auf geeignete Weise rekonstruieren, sodass sie das System der Eukarya von Grund auf veränderten. Zuvor galten alle Organismen, die Fotosynthese betreiben, als Pflanzen – von Algen bis zu Blütenpflanzen. Organismen, die sich heterotroph, das heißt von organischer Substanz ernähren, zählten zu den Tieren. Die Pilze passten nirgendwo so recht in diese grundlegende Gliederung, wurden traditionell aber der Botanik zugerechnet. Heute werden fünf Linien unterschieden, die unabhängig voneinander entstanden. Demnach sind Pilze eher mit Tieren verwandt und die verschiedenen Einzeller bilden entweder eigene Gruppen oder werden anderen zugeordnet.

Die fünf Stämme der *Eukarya*

Stamm	bekannte Vertreter
Chromalveolata	Dinoflagellaten, Sporentierchen, Wimpertierchen, Kieselalgen, Goldalgen, Braunalgen, Ei- oder Cellulosepilze
Plantae, Archaeplastida	Rotalgen, Grünalgen, Landpflanzen (Moose, Farne, Samenpflanzen)
Excavata	Augentierchen, Trypanosoma (Erreger der Schlafkrankheit)
Rhizaria	Kammerlinge, Strahlentierchen
Unikonta	einige Amöben, Echte Pilze oder Chitinpilze, Tiere, Schleimpilze

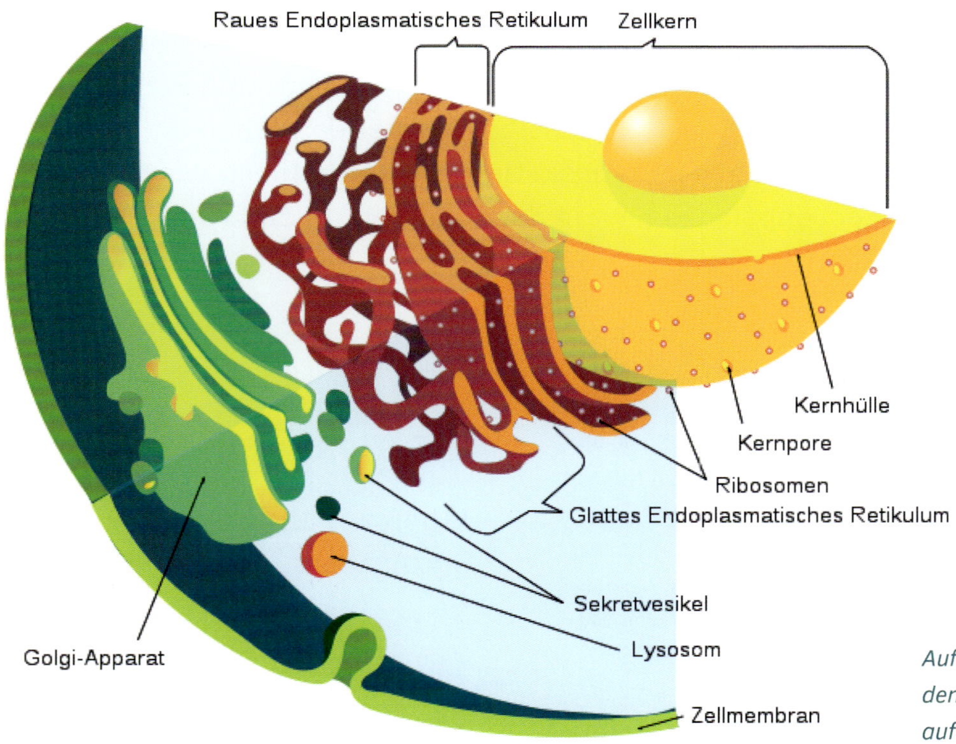

Aufbau einer Zelle – das Vorhandensein von Lysosomen verweist auf eine Tierzelle.

Wie der Name schon sagt, sind Sporenpflanzen Gewächse, die als Verbreitungsorgane Sporen haben. Im Bild zu sehen ist ein üppiger Farnbusch, weltweit existieren rund 12 000 Farnarten.

Sporenpflanzen

Pflanzen bilden mithilfe des Sonnenlichts aus Wasser und Kohlenstoffdioxid energiereichen Zucker und Sauerstoff. Weil sie sämtliche Bau- und Betriebsstoffe aus einfachen anorganischen Substanzen selbst herstellen, stehen sie als Primärproduzenten an der Basis aller Nahrungsketten. Die Reise durch das Pflanzenreich beginnt bei den Sporenpflanzen – von den Algen bis zu den Farnartigen.

Algen besiedeln alle Meere, Flüsse und Seen der Welt. Sie sind an ein Leben im Wasser gebunden, sei es nur eine vorübergehende Pfütze oder wasserhaltige Kanäle im Erdboden. Etliche Formen gehen Symbiosen mit Pflanzen, Tieren oder Pilzen ein. Sie leben zum Beispiel im Fell der Faultiere, in Hohlräumen von Muscheln oder als Flechte in enger Gemeinschaft mit einem Pilz. Eine Verwandtschaftsgruppe im strengen Sinne stellen sie allerdings nicht dar. Als „Algen" gelten alle im Wasser lebenden pflanzlichen Lebewesen, die Fotosynthese betreiben. Ihr Körperbau reicht von einfach bis komplex, ihre Formenvielfalt ist enorm. Sie beginnt bei der winzigen Blaualge, die eigentlich eine Bakterie ist, und endet bei hundert Meter langen verwickelten Tangen. Ihre Bedeutung für die Artenvielfalt kann gar nicht hoch genug geschätzt werden.

Algen – von Einzellern bis zu Grünalgen

Zig Milliarden winziger einzelliger und koloniebildender Algen treiben mit der Strömung durch die Weltmeere und bilden einen Großteil des Planktons. Die rötlichen Dinoflagellaten enthalten Verbindungen, die bei chemi-

Hübsch anzusehen und filigran – Zweige der Rotalge auf weißem Sand.

scher Umwandlung Licht aussenden. Wenn sie in großen Massen auftreten, kommt es nachts zum blauen Meeresleuchten. Tagsüber färben sie das Wasser rötlich. Kieselalgen (Diatomeen) besitzen einen zweiteiligen Panzer aus Kieselsäure, der zauberhafte Strukturen ausbildet. Weil der Panzer wie Deckel und Bodenteil einer Schachtel angeordnet sind, wurden sie früher auch „Schachtelinge" genannt. Im Nordpolarmeer stellt die Eisalge (*Melosira arctica*) nahezu die Hälfte allen Phytoplanktons. Sie bildet lange Ketten und Algenmatten, die wie Vorhänge von der Unterseite des Meereises herabhängen.

Schon gewusst?

Die Kreidefelsen von Rügen und die Kreideküste vor Dover bestehen hauptsächlich aus Kalkalgen. Es handelt sich um Plankton, das von einer Kugel aus Kalkplättchen umschlossen wird. Nach dem Absterben sinken die Algen auf den Meeresgrund, der Kalk lagert sich ab und wird zu Kalkstein.

Rot- und Braunalgen besiedeln die Uferregionen der Meere und dringen auch in größere Tiefen vor. Nur wenige Arten leben im Süßwasser. Rotalgen (Rhodophyta) bilden lange Zellfäden, die sich zu einem komplexen Körper, dem Faden- oder Flechtthallus verflechten und verkleben. Braunalgen (Phaeophyceae) sind meist größer und komplexer; die Zellen teilen sich längs und quer in alle drei Dimensionen und bleiben in einem Gewebeverband verbunden, dem Gewebethallus. Mit einem wurzelähnlichen Haftorgan, dem *Rhizoid*, verankern sie sich am Meeresgrund. Auf die kurze stängelähnliche Achse folgt ein blattähnlicher Lappen, der bis zu hundert Meter lang werden kann. Luftgefüllte Schwimmblasen sorgen für den Auftrieb. Meeresalgen bilden oftmals große Tangwälder, auch Kelp genannt.

Die vielfältigste Algengruppe sind die Grünalgen (Chlorophyta), aus denen einst die Landpflanzen hervorgingen. Es sind überwiegend Süßwasserbewohner, manche bleiben Einzeller wie die Zieralgen, andere teilen sich zu mehrere Zentimeter langen Zellfäden, verzweigen sich oder bilden Flecht- und Gewebethalli, zum Beispiel der Meersalat. Kolonien entstehen, wenn sich einzellige Algen in zwei Tochterzellen teilen, anschließend zusammenbleiben und sich mit einer gemeinsamen Gallerthülle umgeben. Die einfachsten Kolonien bestehen aus bis zu 32 Zellen. Die größte Kolonie bildet *Volvox* mit bis zu 20 000 Zellen. Es handelt sich um eine innen hohle Gallertkugel, bei der die Zellen die Oberfläche bilden.

Einzellige Algen sind im Prinzip unsterblich. Sie vermehrten sich durch Längsteilung, wobei zwei gleiche Tochterzellen entstehen. Das Material der Mutterzelle wird weitergegeben und lebt auf diese Weise ewig fort. Bei der Algenkolonie *Volvox* reifen die Tochterzellen nach der Teilung noch im Kugelinneren nach. Dann platzt die Mutterkugel, die Tochterkugeln werden frei und die alten Zellen sterben ab – sie haben ihre Unsterblichkeit verloren.

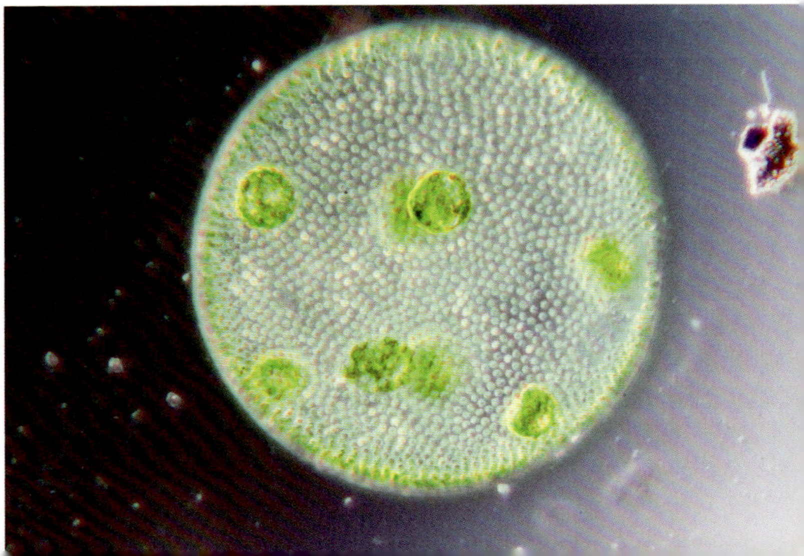

Volvox umhüllt von einem Wassertropfen unter dem Mikroskop: Die Kugel der Volvox hat einen Durchmesser von bis zu einem Zentimeter, im Inneren sind mehrere grüne Tochterkugeln zu sehen.

Wie lässt sich der Fachbegriff für Grünalgen merken?

Fremdwörter und Fachbegriffe können mithilfe von Merktechniken langfristig, präzise und fehlerfrei erinnert werden. Hierfür eignen sich zwei Techniken: erstens die *Analyse* (Was bedeutet das Wort genau?) und zweitens die *Schlüsselwortmethode* (für die sichere geistige Verknüpfung von Fachterminus zu Übersetzung – oder umgekehrt).

Grünalgen werden in der Fachsprache des Biologen *Chlorophyta* genannt. Wer den Ausdruck Blattgrün (*Chlorophyll*) kennt, hat damit bereits einen guten Hinweis auf den ersten Teil des Worts: das griechische *chloros* bedeutet „hellgrün" oder auch „frisch". Jetzt aber Achtung, denn Teil zwei – *phyta* – hat nichts mit Algen zu tun, sondern ist in der Botanik eine Bezeichnung für eine Pflanzengruppe. Das lateinische *phylum* wird mit „Stamm" übersetzt. Wer das im Kopf hat, sieht auch andere Fachbegriffe der Pflanzenforschung sofort mit anderen Augen!

Als Merkhilfe wird nun ein Schlüsselwort zwischen Begriff und Übersetzung geschoben, das ähnlich klingt wie der Fachbegriff und den Kopf in beide Richtungen zu dem jeweils anderen Wort führt. In diesem Fall sind es zwei Wörter und ein leicht vorstellbares Bild: den Pool mit „Chlor füttern", damit die Grünalgen verschwinden.

Mit ein wenig Fantasie klingt „füttern" wie *phyta*, und die Kombination beider Wörter führt den Kopf sicher zurück zum Fachbegriff. Umgekehrt kommt im Gedächtnis beim Stichwort *Chlorophyta* das Bild mit dem völlig vergrünten Schwimmbecken wieder zum Vorschein.

Moose – beachtliche Formenvielfalt

Moose (Bryophyta) gehören zu den ersten Landpflanzen, die sich im Lauf der Evolution aus hoch entwickelten Grünalgen herausgebildet hatten. Die ältesten fossilen Funde sind etwa 360 Millionen Jahre alt. Es sind kleine, krautige Pflanzen mit verhältnismäßig einfachem Bau. Und doch ist die Formenvielfalt beachtlich: Allein in Mitteleuropa gibt es über tausend Moosarten (weltweit mehr als 25 000).

Lebermoose stellen die ursprünglicheren, einfachen Moose dar. Ohne echte Wurzeln drücken sie sich an den Untergrund, wachsen auf Steinen, Felsen und Bäumen. Wasser und Nährstoffe nehmen Moose über ihre gesamte Oberfläche auf. Anders als höhere Pflanzen besitzen sie kein inneres Wasserleitungssystem, keine stabilisierenden Strukturen und keinen Verdunstungsschutz. Deshalb bleiben Moospflanzen klein und sind an eine feuchte Umgebung gebunden wie regen- oder nebelreiche Bergwälder, feuchte Schluchten und überrieselte Felsen.

Laubmoose sind stets gegliedert in Stämmchen, Blättchen und Wurzelchen (*Rhizoid*). Man spricht von „-chen", um eine Verwechslung mit Stängel, Blatt und Wurzel der höheren Pflanzen zu vermeiden. Denn deren Aufbau unterscheidet sich von dem der Moose grundlegend. Das *Rhizoid* der Moose dient nur zur Verankerung im Boden, das Stämmchen ist einfach oder verzweigt und immer beblättert.

Wer schon einmal in einem Wald spazieren ging, kennt sie bestimmt: Lebermoose, die Steine und Felsen mit einem dichten Mantel überziehen.

Baumfarne stellen eine Ordnung der Farne dar und wachsen in tropischen und subtropischen Klimazonen, die gute Wachstumsbedingungen garantieren.

Moose verfügen über äußerst leistungsfähige Wasserspeicher: Torfmoose sammeln das Wasser in der Rinde des Stämmchens in großen, speziell hierfür vorgesehenen abgestorbenen Zellen. Sackmoose besitzen einen Wassersack. Im Moospolster stehen unzählige Einzelpflänzchen dicht an dicht, sodass zwischen den Stämmchen und Blättchen Kapillarräume entstehen, die Feuchtigkeit festhalten. Ein Filz am Grund der Stämmchen erhöht nochmals die Saugwirkung. Das Polster wirkt als riesengroßer, mit Wasser vollgesogener Schwamm, der Mikroklima und Wasserhaushalt von Wäldern, Wiesen, Heiden und Mooren maßgeblich beeinflusst.

Schon gewusst?

Etliche Moose bewältigen problemlos extreme Bedingungen. Dann trocknen sie vollständig aus, ihre Zellen schrumpfen und die Lebensfunktionen erlöschen – sie überdauern in einem Zustand latenten Lebens. Weder 70 Grad Hitze noch 80 Grad Kälte machen ihnen etwas aus, auch sehr lange Trockenheit nicht. In der kanadischen Arktis überdauerte ein Moos über 400 Jahre unter einem Gletscher.

Farne – fortgeschrittener als Moose

Farne, Schachtelhalme und Bärlappe haben viele Gemeinsamkeiten und bilden die Gruppe der Farnartigen Pflanzen (Pteridophyta). Sie wachsen weltweit in Wäldern und Feuchtgebieten, ihre große Zeit liegt jedoch in der Vergangenheit. Im feuchtwarmen Klima des Karbons vor 360 bis 290 Millionen Jahren bildeten sie riesige sumpfige Wälder. Baumfarne erreichten Höhen von 15 Metern, die zu den Bärlappen gehörenden Siegel- und Schuppenbäume sogar 40 Meter, die Schachtelhalme rund 30 Meter. Aus ihren abgestorbenen Überresten entstanden die Braun- und Steinkohlelager.

Anders als Moose besitzen Farnartige echte Leitgefäße und sind in Stängel, Blätter und Wurzel gegliedert. Die Gefäßbündel geben ihnen Struktur und Stabilität, sodass sie in die Höhe wachsen können. Die Wurzeln verankern die Pflanzen fest in der Erde und erschließen das Bodenwasser. Das Wasser wird zuverlässig zu den Blättern transportiert und Nährstoffe in die Wurzeln. Eine dickere Kutikula (Schutzschicht) überzieht die Oberfläche der Farne und verhindert einen größeren Wasserverlust. Diese Errungenschaften machten sie einst zu den erfolgreichsten Gewächsen an Land. Als das Klima trockener wurde, verloren sie an Bedeutung.

Heute sind Bärlappe kleine, unscheinbare Waldpflanzen mit spiralig angeordneten, winzigen Blättern, die nur einen einzigen Gefäßstrang aufweisen, die Mittelrippe. In den Tropen nutzen viele Bärlappe andere Pflanzen als Unterlage. Sie sind aber keine Parasiten, sondern nur Aufsitzer. An Schachtelhalmen gibt es noch rund 30 Arten, die auf feuchten, fruchtbaren Böden oft dichte Bestände bilden. Ihre Halme stehen aufrecht und sind durch eingelagerte Kieselsäure sehr steif. Was wie quirlständige Blätter aussieht, sind Seitentriebe. Die Blätter sind kleine Schuppen, die zu einer Blattscheide verwachsen. Die einzelnen Stängelabschnitte lassen sich leicht voneinander trennen und wieder ineinander schachteln – daher kommt der Name Schachtelhalm.

Schon gewusst?

Die Sporen der Bärlappe galten einst als Hexenpulver. Fein zerstäubt und ins Feuer geworfen, verbrennt es mit einer hellen Stichflamme. Zauberkünstler und Fotografen zündeten früher Bärlappsporen an, um Rauch oder Lichtblitze zu erzeugen. Schachtelhalm, auch bekannt als Zinnkraut, eignet sich durch die Kieselsäure hervorragend zum Putzen von Zinngeschirr.

Die Farne im engeren Sinn sind in Mitteleuropa mit etwa hundert Arten vertreten, vorzugsweise in schattigen Wäldern. In den tropischen Bergnebelwäldern ist die Artenvielfalt weit größer. Dort kommen heute noch Baumfarne vor. Die Blätter der Farne werden als Wedel bezeichnet und sind meist mehrfach gefiedert. Sie entspringen dem unterirdisch kriechenden Rhizom und wachsen eingerollt in die Höhe.

Farne pflanzen sich auf ganz eigene Art fort: Auf der Unterseite einiger Blattwedel bilden sich Sporenbehälter, das sind die gut sichtbaren dunklen Striche oder Tüpfel, *Sori* genannt. In ihnen entwickeln sich unzählige Sporen, die später als feiner Staub herabfallen. Aus ihnen keimt der unscheinbare, ca. ein Zentimeter kleine Vorkeim. Seine einzige Funktion ist es, Ei- und Samenzellen zu bilden. Die Samen befruchten das Ei, erst aus diesem wächst wieder eine junge Farnpflanze heran.

Wegen ihres Aussehens werden entwickelte Farnwedel auch Geigenkopf oder Bischofsstab genannt. Beim Austrieb sind die Blätter noch aufgerollt.

Wie merke ich es mir?

Wie lassen sich die Farnartigen merken?

Die Namen der farnartigen Pflanzen lassen sich recht schnell in eine *Geschichte* verwandeln. Die einzelnen Elemente sind (Erinnerungs-)Hinweise, die zu den jeweiligen Namen der Pflanzen führen: „Um einem Bären durch die Lappen zu gehen (zu entkommen), fahren Sie in eine Schachtel und klettern hinten an einem Halm wieder heraus."

Wenn Sie das Kapitel bereits gelesen haben, werden Sie die wichtigen Stichworte sofort erkennen. Die Bärlappe ist das Bild im ersten Teil des Satzes. „Fahren" steht für die Farne. Und schließlich ergeben „Schachtel" und „Halm" die Schachtelhalme, die Gruppe ist komplett. Ohne größere Mühe lassen sich drei Fachbegriffe in eine lustige Geschichte verpacken – oder bei Bedarf auch viel mehr.

Vorteil einer solchen Geschichte: Sie lässt sich beliebig um weitere Fakten erweitern – mithilfe von ein wenig Fantasie: „Der Bär ist übrigens sauer, weil ihm beim Feuerspucken das Fell versengt wurde." Pulver aus Bärlappe wird, wie oben beschrieben, als Alternative zu brennbaren Flüssigkeiten wie Petroleum benutzt. Und weiter: „Während Sie in der Schachtel am Halm hochklettern, fühlen Sie die raue Oberfläche der Pflanze." Ein guter Hinweis darauf, dass Schachtelhalme als Scheuermittel benutzt werden (Zinnkraut). „Und auf der Flucht rasen (fahren) Sie durch den tropischen Regenwald" – womit Sie sich merken, dass Farne dort am häufigsten vorkommen.

Und jetzt probieren Sie am besten sogleich aus, welche Informationen Sie zusätzlich in die Geschichte einbauen können!

Durch Samen verbreiten sich Pflanzen nicht nur auf eigenständige Weise, sondern sie werden auch im Anbau durch den Menschen verwandt. Allerdings spricht der Gärtner oder Landwirt in diesem Fall von Saat oder Saatgut.

Samenpflanzen

Samenpflanzen sind die erfolgreichsten Gewächse an Land. Erste Formen existierten schon zur Zeit der Steinkohlewälder. Ihre große Zeit begann allerdings erst, als das Klima kühler und trockener wurde.

Die Verbreitung und Vermehrung mittels Sporen hat einen großen Nachteil: Nur wenige Sporen gelangen tatsächlich an eine geeignete Stelle, die über die nötige Menge an Licht und Feuchtigkeit zum Keimen verfügt. Außerdem muss der Keimling ein Zwischenstadium durchlaufen, den Vorkeim, bevor eine neue Moos- oder Farnpflanze entstehen kann. Gleichwohl sind viele Sporen äußerst widerstandsfähig gegenüber widrigen Umweltbedingungen (so können sie ihren Stoffwechsel einstellen). Die Erfindung des Samens eröffnete den Pflanzen ganz neue Möglichkeiten: Er reift gut geschützt in der Mutterpflanze heran. Von einer widerstandsfähigen Hülle umgeben, überdauert er problemlos Kälte, Trockenheit und andere ungünstige Zeiten. Ein Samen besteht aus einem Embryo (Keimling) und einem Nährstoffvorrat, die beide von einer schützenden Schale umgeben sind.

Einteilung der Landpflanzen

gefäßlose Pflanzen			Moose
Gefäßpflanzen	Sporenpflanzen		Bärlappe
			Schachtelhalme, Farne
	Samenpflanzen	Nacktsamer	Palmfarne, Ginkgo, Nadelbäume u. a.
		Bedecktsamer	Blütenpflanzen

Nackt- und Bedecktsamer

Samenpflanzen lassen sich grundsätzlich in zwei Arten einteilen: Bei den sogenannten Nacktsamern (Gymnospermen) liegen die Samenanlagen frei zwischen den Schuppen der Zapfen, also „nackt". Hierbei handelt es sich ausschließlich um Bäume, ihre Blüten sind eingeschlechtlich und werden windbestäubt. Gegenwärtig gibt es etwa 840 Arten, wesentlich mehr sind ausgestorben. Rund 150 Millionen Jahre nach den Gymnospermen entwickelte sich die nächste Stufe der Samenpflanzen, die Bedecktsamer (Angiospermen). Das wichtigste und namensgebende Merkmal ist: Ihre Samenanlage ist in einem oder mehreren Fruchtblättern eingeschlossen. Die Samen sind „bedeckt". Mit rund 230 000 Arten stellen sie die größte Vielfalt im Pflanzenreich dar.

Samen können Tausende von Jahren überdauern und auf geeignete Umweltbedingungen warten. Wie lange ein Samen keimfähig ist, hängt von der Pflanzenart ab. Bei manchen sind es nur wenige Wochen. Die Kokosnuss kann dagegen Monate oder Jahre im Meerwasser überleben. Die Samen zahlreicher Acker- und Wiesenkräuter überdauern problemlos 20 bis 40 Jahre unter der Erde. Samen der Lotosblume und einige Hülsenfrüchte keimen noch nach Hunderten von Jahren. 10 000 Jahre alt waren die Samen der Arktischen Lupine, als sie zur Keimung gebracht werden konnten.

Revolutionäre Neuerung – Gametophyt in Sporophyt

Sporenpflanzen wie Farne durchlaufen einen Generationswechsel: Die Farnpflanze (*Sporophyt*, erste Generation) bildet gleichartige Sporen und setzt sie frei. Aus den Sporen keimt ein kleiner, knapp ein Zentimeter großer Vorkeim (*Gametophyt*, zweite Generation), dessen einzige Aufgabe es ist, männliche und weibliche Keimzellen (*Gameten*) zu entwickeln. Diese beiden verschmelzen zur Zygote, aus der wiederum eine neue Farnpflanze entspringt.

Bei Samenpflanzen – und das ist eine revolutionäre Neuerung – entwickeln sich die Gametophyten direkt in der Blüte der Mutterpflanze, dem *Sporophyten*. In den Staubgefäßen entstehen die männlichen *Gametophyten*. Im reifen Zustand besitzen sie zwei oder drei Zellen und eine Wandhülle – das sind die Pollen. Währenddessen reift im Fruchtblatt der weibliche *Gametophyt* heran. Er besteht aus genau sieben Zellen: Dazu zählen eine sehr große Zelle, die Eizelle, zwei Hilfszellen und drei weitere Zellen. Die Eizelle besitzt zwei Zellkerne, alle anderen nur einen.

Die Blüte wird bestäubt, wenn ein Pollenkorn auf die Narbe gelangt. Der Pollen keimt zu einem Pollenschlauch aus, dieser wandert durch den Griffel zum weiblichen *Gametophyt* und entlässt zwei Spermazellen. Das ist die Befruchtung. Eine Spermazelle verschmilzt mit der Eizelle, daraus wird später der Keim. Die zweite Spermazelle verschmilzt mit der großen, zweikernigen Zelle. Aus dieser nun dreikernigen Zelle entwickelt sich das Nährgewebe, das den Embryo umgibt. Der Embryo mitsamt Nährgewebe und schützender Hülle wird als Samen verbreitet.

Die größten und vielleicht schönsten Blüten – Seerose und Magnolie – sind zugleich die ältesten und

Pflanzen, die über Blüten verfügen und deren Samenanlage in den Knoten eines Fruchtblattes eingefasst sind, zählen zu den Bedecksamern, der größten Klasse der Samenpflanzen (im Bild eine wunderschöne Azalea).

Dunkle purpurfarbene Magnolienblüte. Die Pflanzengattung wurde nach dem französischen Botaniker Pierre Magnol benannt.

ursprünglichsten. Sämtliche Blütenteile sitzen wie auf einem Schraubengewinde, was sehr dem Zapfen der Nadelhölzer gleicht. Kelch- und Kronblätter sind identisch und zahlreich, ebenso die Staubblätter. Lange Zeit hielt man sie für den Ursprung aller Blüten und fasste sie als Basisgruppe der Blütenpflanzen, den Magnoliopsida, zusammen. Doch ob die rund 8600 Arten dieser Klasse tatsächlich miteinander verwandt und direkte Abkömmlinge der Nadelbäume sind, ist ungewiss.

Blüten – Coevolution mit Bestäubern

Blüten, deren Pollen mit dem Wind übertragen werden, sind meist klein, unauffällig und nach Geschlechtern getrennt. Nur mit großem Glück erreichen die Pollen ihr Ziel, was sie mit ihrer enormen Anzahl jedoch ausgleichen. Zu den Windbestäubern gehören Gräser und Getreide sowie zahlreiche Bäume - von Hasel und Birke bis zu Esche und Lärche.

Weitaus zielgerichteter läuft die Bestäubung der Insektenblütler ab. Im Lauf der gut 200 Millionen Jahre währenden Evolution perfektionierten Blüte und bestäubende Insekten ihre Zusammenarbeit. Zwitterblüte, Nektar und Pollen, Blütenfarbe, -form und -muster, Duft und Lockstoffe, das Zusammenrücken der Einzelblüten zu Blütenständen (*Infloreszenzen*) – all dies sind unmittelbare Folgen einer Coevolution.

Schon gewusst?

Die größte Blüte erreicht einen Durchmesser von etwa einem Meter und gehört zur Aasblume, einer unangenehm riechenden Schmarotzerpflanze in den tropischen Regenwäldern Asiens. Den größten Blütenstand besitzt die Schopfpalme, er wird sechs Meter hoch und trägt Millionen winziger cremefarbener Blüten in sich. Sehr eindrucksvoll sind Titanwurz, eine Knollenpflanze aus Indonesien, die nur einen Tag lang blüht, und Natternkopf aus Teneriffa. Beide bilden eine zwei bis drei Meter hohe Kerze mit 50 000 Einzelblüten aus.

Frucht – Blüte im Zustand der Samenreife

Kaum weniger vielfältig als die Blüten entwickelten sich die Früchte. Sie schließen den Samen ein und schützen ihn. Zu ihrer Verbreitung nutzen sie allerlei Mechanismen und oft auch Tiere als Vehikel. Sie heften sich im Haar- oder Federkleid an, werden von Ameisen verschleppt, von Eichhörnchen versteckt und vergessen – oder in den meisten Fällen – gefressen, wobei der Samen den Verdauungstrakt unbeschadet passiert.

Reife Früchte der Haselnuss. Unverkennbar ist die harte Schale, womit die Frucht der Hasel zu den Schließfrüchten zählt.

Früchte zeigen eine große Vielfalt: Einzelfrüchte gehen aus einem Fruchtknoten hervor und enthalten einen oder mehrere Samen. Bei Schließfrüchten bleiben Samen und die sie umschließenden Fruchtblätter als Einheit zusammen; sie fallen als Ganzes ab. Hierzu gehören die von einer harten Schale umgebenen Nüsse (Haselnuss, Buchecker, Weizen), Steinfrüchte mit ihrem harten inneren Kern und dem äußeren weichen Fruchtfleisch (Pfirsich, Kirsche, Olive, Kokosnuss, Walnuss) sowie die mehrere Samen enthaltenden Beeren (Tomate, Tollkirsche) und Spalt- und Bruchfrüchte, die später in Teilfrüchte zerfallen (Ahorn, Hederich).

Öffnungsfrüchte öffnen sich auf der Pflanze und streuen ihre Samen aus. Nach ihrem Bau wird unterschieden zwischen Balg (ein Fruchtblatt, mit Bauchnaht, zum Beispiel Rittersporn, Hahnenfuß), Hülse (ein Fruchtblatt, Bauch- und Rückennaht, zum Beispiel Bohnen, Erbsen, Linsen, Erdnüsse, Goldregen), Schote (zwei Fruchtblätter, zum Beispiel Raps, Kohl) und Kapsel (Mohn, Iris, Gauchheil).

Aus vielen kleinen Einzelfrüchten setzen sich Sammelfrüchte zusammen. Sie entstehen aus mehreren Fruchtknoten und oft ist auch der Blütenknoten an der Frucht beteiligt. Sammelfrüchte sind Apfel, Birne, Hagebutte, Himbeere, Brombeere, Erdbeere und viele weitere. Himbeere und Brombeere setzen sich aus vielen einzelnen Steinfrüchten zusammen, bei der Erdbeere sitzen zahlreiche Nüsschen dem Fruchtfleisch auf. Bei Apfel und Birne stammt das Kerngehäuse von den Fruchtblättern, das darum herum liegende Fruchtfleisch bildet sich aus dem Blütenboden. Wenn sich der ganze Blütenstand zu einer Frucht vereinigt, spricht man von Fruchtstand. Beispiele sind Ananas, Feige und Maulbeere.

Die Ausbreitung der Pflanzen läuft zusätzlich auch ohne Frucht und Samen ab, nämlich über die vegetative Vermehrung in Form von Brutzwiebel, Knolle, Kindl, Ausläufer, Knospung, Teilung und Stecklinge.

Einteilung der Angiospermen

	Monokotyledonen	Dikotyledonen
	1/4 aller Bedecktsamer, rund 70 000 Arten	2/3 aller Bedecktsamer, rund 170 000 Arten
Keimling (Embryo)	ein Keimblatt	zwei Keimblätter
Blätter	Blattadern meist parallel, Blattrand ganzrandig	Blattadern meist netzartig, Blätter häufig geteilt und am Rand gesägt oder gezähnt
Sprossachse	Leitbündel im Sprossquerschnitt meist unregelmäßig angeordnet, immer krautig, kein Holz	Leitbündel im Sprossquerschnitt meist ringförmig angeordnet, auch Holzpflanzen
Wurzel	ohne Hauptwurzel, zahlreiche Nebenwurzeln, Zwiebeln oder Rhizome	meist mit Haupt- und Nebenwurzeln
Pollen	mit einer Keimöffnung	mit drei Keimöffnungen
Blüte	meist 3-zählig, Kelch- und Kronblätter gleich	oft 4- oder 5-zählig, meist deutlich in Kelch und Krone gegliedert

Wurzeln, neben Sprossachse und Blatt eines von drei Pflanzenorganen, treten in mannigfaltiger Gestalt auf: Bizarre Formen bilden die über Wasser befindlichen Wurzeln von Mangrovenwäldern in tropischen Küstenregionen.

Aus dem Leben der Pflanzen

Die höheren Pflanzen weisen alle den gleichen Bauplan auf: Wurzel, Stängel und Blatt. Ihre Zellen sind in vielfältige Gewebe differenziert und von Leitgefäßen durchzogen. Botaniker sprechen von einem Kormus oder Stamm im Gegensatz zu dem weitgehend ungegliederten Thallus der „niederen" Pflanzen (Algen, Moose) oder Pilze.

In Anpassung an die jeweiligen Bedingungen durchliefen die Organe der höheren Pflanzen vielfältige Metamorphosen: Wurzeln treten als Luftwurzeln (Orchideen), Stützwurzeln (Mangroven, Feigen) oder Haftwurzeln (Efeu) auf, dringen zu *Haustorien* umgebildet in eine Wirtspflanze ein (Mistel, Rafflesien), bilden Speicherorgane (Rüben) oder vergesellschaften sich mit Pilzen oder Bakterien zu Wurzelknöllchen (Hülsenfrüchtler). Der Spross kann Ausläufer bilden (Erdbeeren), Reservestoffe (als Knolle bei Kohlrabi, Kartoffel und Radieschen) oder Wasser speichern (Kakteen, Euphorbien), abflachen und als Blatt fungieren, einen Dorn bilden (Schlehe, Weißdorn, Ginster), sich winden (Feuerbohne, Hopfen, Winde) und ranken (Weinrebe, Zaunrübe, Passionsblume).

Pflanzenorgan	Funktionen
Sprossachse	Wachstum, Träger der Blätter, Stabilität, Transport von Wasser, Nährstoffen und organischen Substanzen
Blatt	Fotosynthese
Wurzel	Verankerung im Boden, Wasser- und Nährstoffaufnahme, Speicherung von Kohlenhydraten

Wie lässt sich eine Flut an Fakten zum Merken vorbereiten?

Schauen Sie noch einmal den Absatz mit den Ausprägungen der Wurzeln als Pflanzenorgan an. Dort werden jede Menge Wurzeln und Pflanzen mit solchen Extremitäten aufgezählt. Bei dieser Flut an Fakten erscheint das Merken schwierig. Im Kopf entsteht der Eindruck, dass die Masse an Informationen kaum zu behalten ist. Um dieses scheinbare Merkungeheuer zu bändigen, sollten Sie genauer hinschauen und zuerst analysieren, um wie viele Daten es hier tatsächlich geht.

Zwar stellt die *Analyse* keine Merktechnik im eigentlichen Sinne dar, doch genaues Hinsehen leistet mehr als die halbe Lernarbeit: Wenn Sie sich vor dem Merken intensiv mit den Fakten beschäftigen, wird dem Gehirn die Angst vor der Menge genommen (sofern überhaupt vorhanden), Sie finden leichter eine passende Technik und merken sich bereits die ersten Fakten.

Aus der Flut von Fakten werden so lächerliche sechs Wurzelsorten, die im vorigen Absatz genannt werden. Wenn Sie einen Witz hören, den Sie, ohne ihn auswendig zu lernen, nacherzählen können, dann haben Sie sich ungefähr die gleiche Menge an Informationen gemerkt. Hinzu kommen natürlich die Beispiele von Pflanzen.

Analysieren Sie die scheinbar komplizierte Merkflut weiter, fallen nur zwei ungewöhnliche Begriffe auf: *Haustorien* (Saugorgane) und *Rafflesien* (ein Parasit). Der Rest sind leicht zu merkende Begriffe wie Efeu oder Mistel. Und bei anderen Begriffen wie Luft-, Stütz- oder Haftwurzel liefert der Kopf fast von selbst passende Merkbilder.

Der Rest ist einfach: Mithilfe eines *römischen Raums* und dem *Verbinden mehrerer Merkbilder* lassen sich die Fakten in ein paar Minuten im Kopf behalten. Versuchen Sie es am besten selbst!

Zuerst überlegen, dann merken! Wer sofort eine Merktechnik auf ein Wissensthema anwendet, ohne sich den Stoff zuvor genau anzusehen, trifft vielleicht die falsche Entscheidung.

Blätter sind nicht weniger vielseitig: Verdickte Blätter speichern Wasser (Mittagsblume), werden zu Dornen (Berberitze), Schildern (Kapuzinerkresse, Lupine), Schläuchen (Wasserschlauch, Kannenpflanze) oder verschwinden nahezu ganz. Dann übernimmt der verbreiterte Blattstiel die Funktion des Blattes (Akazien) oder des Sprosses (Kakteen). Ranken klammern sich an eine Stütze, rollen sich spiralig ein und ziehen die Pflanze heran (Erbse). Einige Blätter bilden Brutpflänzchen, die später abfallen und sich im Boden bewurzeln (Kalanchoe), andere täuschen den Betrachter als scheinbare Kronblätter einer Blüte (rote Hochblätter beim Weihnachtsstern, Drillingsblume).

Schon gewusst?

Was beim Weihnachtsstern oder der Drillingsblume wie Blütenblätter aussieht, entpuppt sich beim genaueren Hinsehen als rot, rosa, violett oder weiß gefärbte Hochblätter. Die eigentlichen Blüten sind klein und unscheinbar und stehen zu mehreren im Zentrum des bunten Kreises.

Pflanzen, die ganz und gar nicht so aussehen

Lebende Steine (von Griech. *Lithops*) wachsen perfekt getarnt zwischen Steinen auf den sonnigen, trockenen Hochebenen Südafrikas. Sie bestehen lediglich aus einem fleischigen Blattpaar, den beiden Loben, und einer langen Pfahlwurzel. Die zylinder- bis kugelförmige Gestalt hält die Oberfläche im Vergleich zum Volumen gering. So kann nahezu kein Wasser verdunsten, während das Sonnenlicht durch spezielle, durchscheinende „Fenster" am oberen Ende in die Pflanze eindringt. In diesem Zustand ist die Pflanze kaum mehr als solche zu erkennen.

Lebende Steine, also Pflanzen, die wie Steine aussehen, wachsen zwischen diesen und sind im südlichen Afrika (Botswana, Namibia und Südafrika) verbreitet.

Aufsitzerpflanzen suchen einen Platz an der Sonne

Auf dem Weg in die sonnendurchfluteten Höhen der tropischen Regenwälder verlieren Aufsitzerpflanzen (*Epiphyten*) den Kontakt zur Erde. Sie wachsen dann auf anderen Pflanzen. Die Wurzel dient oftmals nur noch zum Festhalten. Dennoch ernähren sich die Pflanzen selbstständig. Wasser und Nährstoffe nehmen sie durch die Blätter aus dem Regenwasser auf. Bromelien erschaffen sogar ein kleines Biotop. Ihre trichterförmigen, steifen Blätter wirken wie ein Becher, in dem sich das Regenwasser sammelt und über spezielle Saugschuppen aufgenommen wird.

Noch raffinierter gehen Urnenpflanzen vor: Sie bilden mit ihren langen, gedrehten Stängeln und schlauchförmigen Blättern große Blattkrüge, in denen sich das Wasser sammelt. Eine Wurzel wächst in den Krug hinein, verzweigt sich und nimmt Wasser und Nährstoffe auf. Manche dieser Krüge sind unten offen und werden von Ameisen besiedelt. Auch deren Abfall dient der Pflanze als Nahrung.

Blätter – Hort der Fotosynthese

Keine chemische Reaktion auf der Welt beeinflusst die Atmosphäre und alles Leben so sehr wie die Fotosynthese. Einst wurde sie von blaualgenähnlichen Bakterien erfunden, später von Pflanzen perfektioniert. Sie findet in den Chloroplasten statt, das sind hoch spezialisierte Zellorganellen, die nur in Pflanzen vorkommen. Pflanzen stellen fast aus dem Nichts ihre gesamte Biomasse selbst her.

Die Reaktion verläuft in zwei Schritten: (1) Das Chlorophyll in den Chloroplasten absorbiert die Energie des Sonnenlichts und speichert sie als chemische Energie.

(2) Diese Energie wird anschließend für die Synthese organischer Verbindungen verbraucht. Die Pflanze bildet Traubenzucker, entfernt das Kohlenstoffdioxid aus der Atmosphäre und stellt Sauerstoff zur Verfügung. Die chemische Formel lautet:

$$6\,CO_2 + 12\,H_2O \rightarrow C_6H_{12}O_6 + 6\,O_2 + 6\,H_2O$$

Kohlenstoffdioxid + Wasser → Glucose + Sauerstoff + Wasser

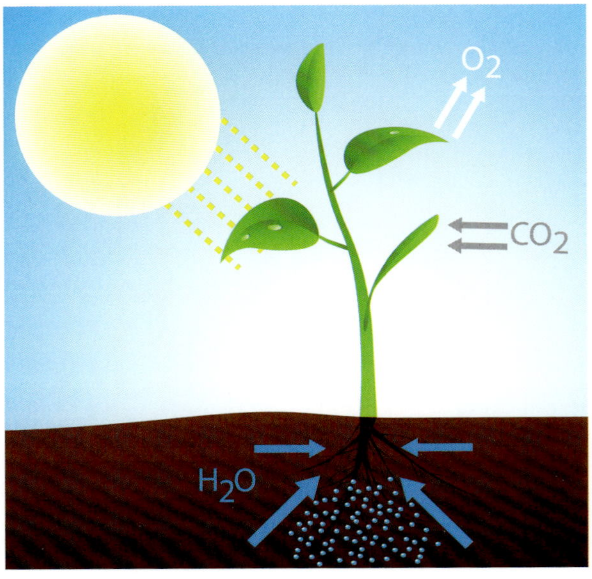

Der grundlegende Ablauf der Fotosynthese im Überblick: Unter Mithilfe von Strahlungsenergie und Chlorophyll, das in den Pflanzen enthalten ist, werden Wasser und Kohlenstoffdioxid in Zucker und Sauerstoff umgewandelt.

Darum ist die Pflanze grün

Am Pflanzenfarbstoff Chlorophyll in den Chloroplasten findet die Lichtreaktion der Fotosynthese statt. Dabei absorbiert das Chlorophyll blaues und rotes Licht. Nur das grüne Licht wird reflektiert und vom Auge wahrgenommen. Weitere Farbstoffe sind die rötlichen *Anthocyane* und *Carotinoide* sowie die gelben *Xanthophylle*, die das grüne Chlorophyll aber überdeckt. Wenn im Herbst die Chloroplasten abgezogen und im Baumstamm und in den Wurzeln gelagert werden, kommen die anderen Farben zur Geltung, die Blätter werden gelb oder rot.

Schon gewusst?

Eine hundertjährige Rotbuche mit einer Höhe von rund 25 Metern besitzt im Sommer mehrere Hunderttausend Blätter. An einem Sommertag bilden sie mehr als ein Kilogramm Stärke pro Stunde.

Fluch und Segen der Spaltöffnungen

Über Spaltöffnungen, sogenannten *Stomata*, auf der Blattunterseite gelangt Kohlenstoffdioxid in die Blätter und Sauerstoff hinaus. Sie sind mit der Lupe gut zu erkennen. Ob und wieweit die Spaltöffnungen offen stehen oder verschlossen sind, regulieren zwei Schließzellen. Bei Tageslicht sollten die Spaltöffnungen weit offen stehen, um die Fotosynthese aufrechtzuerhalten. Dann allerdings geht der Pflanze durch die offenen Spalte sehr viel Wasser verloren, es verdunstet. Sind sie geschlossen, dann stockt die Fotosynthese. Erforderlich ist ein immerwährendes Wechselspiel zwischen möglichst hoher Fotosyntheserate und möglichst geringem Wasserverlust.

Einige Pflanzen entwickelten allerdings alternative Wege in ihrem Stoffwechsel, es sind sogenannte C4-Pflanzen wie viele Gräser (darunter Zuckerrohr, Mais und Hirse) und CAM-Pflanzen, zu denen viele Sukkulenten zählen. Sie können Zwischenprodukte speichern bzw. ihre Spaltöffnungen in der Nacht öffnen.

Ein kontrollierter Wasserverlust ist existenziell für die Pflanze. Der allergrößte Teil verdunstet durch die Spaltöffnungen. Das ist auch nötig, denn dadurch entsteht ein Sog, der durch die Gefäße bis in die Wurzelspitzen wirkt. Dieser sogenannte Transpirationssog lässt das Wasser und die darin gelösten Nährstoffe von den Wurzeln bis zu den Blättern in die höchsten Wipfel aufsteigen. Es ist ein fortlaufender Strom, für den die Pflanze keinerlei Energie aufwenden muss.

Nicht alle Pflanzen betreiben Fotosynthese

Die Parasiten unter den Pflanzen verzichten auf eine eigene Fotosynthese und besitzen weder Chlorophyll noch Wurzeln. Der Teufelszwirn umschlingt mit seinen langen, schlanken Stängeln die Wirtspflanze und dringt mit *Haustorien* (umgebildete Wurzeln) in deren Stängel und Blätter ein. Auch die Blütenpflanzen der Gattung *Rafflesia* leben auf Kosten ihres Wirtes. Sie bilden weder Blätter noch Stängel, sondern bestehen nur aus *Haustorien*, die im Wirt wurzeln, und einer großen Blüte. Der einzige Parasit innerhalb der Gymnospermen ist *Parasitaxus usta* auf Neukaledonien. Der wurzellose Strauch oder kleine Baum wird bis zu zwei Meter hoch und lebt auf einer anderen Konifere. Die Mistel entzieht ihrem Wirt nur Wasser und Nährstoffe. Sie gilt als Halbschmarotzer.

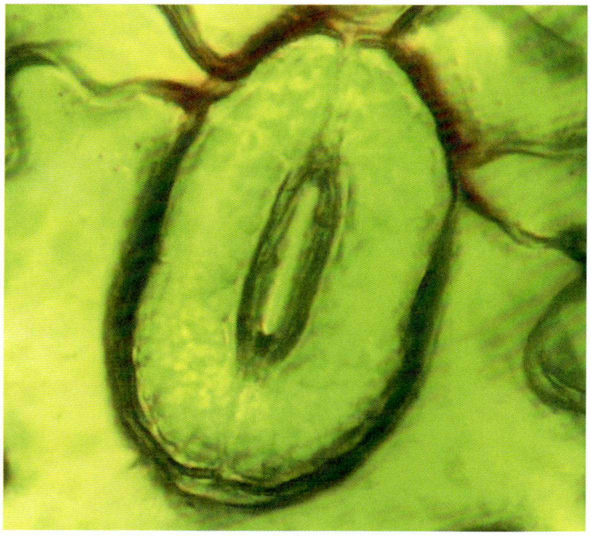

So sehen Spaltöffnungen aus, wenn man sie unter dem Mikroskop vergrößert. Das Stoma wird in der Regel von zwei bohnenförmigen Schließzellen umrahmt.

Kannenpflanzen treten vor allem in Indonesien, Malaysia und auf den Philippinen auf. Was man nicht sieht: Die Fleischfresser verfügen über ein weitverzweigtes Wurzelsystem.

Fleischfressende Pflanzen betreiben Fotosynthese, beziehen jedoch einen Teil des Stickstoffs und der Mineralstoffe von Tieren, die sie fangen und verdauen. Bei der Venusfliegenklappe schließen sich die zwei Hälften eines Blattes, der Sonnentau sondert eine klebrige Flüssigkeit ab, in der sich Insekten verfangen. Die größte Raffinesse zeigen Kannen- und Schlauchpflanzen mit ihren wassergefüllten Behältern. Sie locken Insekten an, die am glatten Rand abrutschen, ertrinken und durch Enzyme verdaut werden.

Pflanzen wachsen lebenslang

Eine Pflanze hört nie auf zu wachsen. Diese Fähigkeit verdanken sie sogenannten *Meristemen*, das sind Gewebe, die im embryonalen Zustand bleiben und sich fortlaufend teilen. Die Tochterzellen können sich in jede denkbare Pflanzenzelle aufgliedern. *Meristeme* sitzen an der Spitze von Spross und Wurzel, weshalb Wurzeln fortwährend den Erdboden durchdringen, Sprosse zum Licht hin wachsen und die Pflanzen immer neue Blätter bilden können.

In Bäumen und Sträuchern findet ein weiteres Wachstum statt, das sogenannte sekundäre Dickenwachstum. Es geht vom *Kambium* aus, einem dünnen Wachstumsgürtel aus *Meristem*-Zellen, der die gesamte Pflanze durchzieht. Das *Kambium* gibt Tochterzellen nach innen ab, die verholzen, absterben und schließlich – weil die Teilungsaktivität im Frühjahr groß, im Sommer gemäßigt, im Herbst gering ist und im Winter stillsteht – die Jahresringe bilden. Frühjahrsholz dient vor allem zur Wasserleitung, Herbstholz trägt maßgeblich zur Festigkeit und Stabilität bei.

Schon gewusst?

Palmen gehören zu den Gymnospermen und kennen kein sekundäres Dickenwachstum. Sie haben keinen „normalen" Stamm, sondern erreichen gleich nach dem Auskeimen ihre endgültige Dicke. Erst dann bilden sie die Palmwedel aus. Palmen wachsen nur in die Länge, der Stamm bleibt immer gleich dick.

Pflanzen reagieren auf Reize und bewegen sich

Blüten richten sich nach der Sonne aus und schließen sich in der Nacht oder bei Regen, Blätter falten sich zusammen, Sporen und Samen werden weggeschleudert – Pflanzen kennen zahlreiche Formen der Bewegung. Einen simplen Mechanismus nutzt die Tulpenblüte: Sobald sich die Nacht ankündigt, wachsen die Zellen auf der Unterseite der Blütenblätter etwas schneller als auf der Oberseite. Dadurch beugen sich die Blätter nach innen und verschließen die Blüte. Am Morgen wächst die Oberseite schneller, die Blätter wölben sich nach außen und die Blüte öffnet sich. Auf diese Weise wird die Blüte mit jedem Tag länger. Und bis zum Ende ihrer Blütezeit ist sie doppelt so groß wie zu Beginn. Auch bei der Son-

Wer die Sonnenblumen sieht, weiß genau, wo die Sonne steht. In diesem Fall teilt sie die Perspektive des Betrachters.

nenblume wachsen die Zellen im Stängel unterschiedlich schnell und die Blüte dreht sich zur Sonne hin.

Bei den Früchten des Springkrauts steht der Zellsaft unter Druck; sie platzen bei Berührung auf und schleudern ihre Samen weit weg. Nach demselben Prinzip schießt die Zaubernuss ihre schwarzen Samen ab und die Explodiergurke „explodiert". Die Mimose hingegen kann ihre Blätter unzählige Male zusammenklappen und wieder öffnen, ebenso die Kompasspflanzen, die sich nach der Sonne ausrichten oder die Venusfliegenfalle. Diese Bewegungen werden durch den Saftdruck gesteuert. An der Basis des Blattes sitzt ein Gelenk aus einem steifen, stützendem Gewebe, das umgeben ist von einem weicheren, verformbaren Gewebe. Das Blatt hebt sich, wenn in der einen Hälfte des weichen Gewebes der Wasserdruck steigt und in der anderen Hälfte abnimmt (und umgekehrt).

Schon gewusst?

Die schnellste Bewegung ist das Herauskatapultieren der Pollenkörner beim Kanadischen Hartriegel. In einer tausendstel Sekunde werden sie mit bis zu 2400-facher Fallbeschleunigung auf 2,5 Zentimeter Höhe geschleudert. Die Blätter der Mimose klappen mit einer Geschwindigkeit von 11,5 Zentimeter pro Sekunde zusammen.

Pflanzen kommunizieren miteinander

Die Sprache der Pflanzen ist eine chemische. Im normalen Zustand scheidet eine Pflanze 40 bis 50 verschiedene flüchtige Substanzen aus. Bei Gefahr, Stress oder einer Verletzung sind es wesentlich mehr. Das wurde bei Akazien besonders gut untersucht. Unter Stress bilden sie in ihren Blättern giftige Tannine und wehren damit hungrige Antilopen ab. Außerdem strömen verletzte Akazienblätter Ethylen aus, das andere Akazienbäume wittern und daraufhin sofort mit der Tanninproduktion beginnen. Innerhalb von Minuten werden alle Blätter in einem bestimmten Umkreis giftig und sind vor dem Gefressenwerden geschützt.

Mit chemischen Signalen rufen die Pflanzen auch Feinde ihrer Fressfeinde herbei: Von Spinnmilben befallene Limabohnen rufen Raubmilben zu Hilfe, die wiederum die Spinnmilben fressen. Maispflanzen, die von Schadschmetterlingen attackiert werden, locken Schlupfwespen an, die ihre Eier in die Schmetterlingsraupen legen. Die chemische Kriegsführung findet auch unter der Erde statt. So hält sich eine Pflanze mit Wurzelaussonderungen unerwünschte Nachbarn fern.

Blüte der Akazie: Typisch sind die kugeligen, zylindrischen oder traubigen Blütenstände.

Rekorde im Pflanzenreich

höchste Pflanze	Küstenmammutbaum	111 m
schwerste Pflanze	Mammutbaum	2500 t
kleinste Samenpflanze	Zwergwasserlinse	0,6 mm
älteste Pflanze	Langlebige Kiefer	4600 Jahre
schnellstes Wachstum	Riesenbambus und Großer Holzbambus	90 bis 100 cm pro Tag
größte Blüte	Rafflesia	90 cm Durchmesser
größtes Blatt	Bastpalme	24 m
größte Frucht	Jackfruchtbaum	35 kg
am tiefsten reichende Wurzeln	eine Feigenart in Südafrika	120 m
schwerstes Samenkorn	Avocado	60 g

Bei dem Gedanken an Pilze fallen den meisten Menschen als Erstes Champignons ein. Kein Wunder! Gehören zu dieser Pilzgattung doch einige der beliebtesten Speisepilze überhaupt. Doch Achtung! Es gibt auch giftige Champignons.

Pilze

Pilze leben die meiste Zeit verborgen im Untergrund. Die kleinsten Organismen bestehen aus einer einzigen Zelle, die größten bilden ein Pilzgeflecht, das sich über eine Fläche von mehreren Quadratkilometern erstrecken kann. Bislang wurden 100 000 Arten beschrieben, Experten gehen von insgesamt 1 500 000 Pilzarten aus.

Weil Pilze an einen festen Standort gebunden sind und Zellwände besitzen, wurden sie früher dem Pflanzenreich zugeordnet. Doch sie verfügen weder über Chloroplasten noch beherrschen sie die Fotosynthese – und ihre Nährstoffe nehmen sie aus der Umwelt auf. Ihre Zellwände enthalten Chitin, das sonst nur bei Gliedertieren (Arthropoda) vorkommt. Doch ins Tierreich gehören sie ebenso wenig. Pilze bilden ein eigenes Reich, die Fungi. Allerdings ähneln sie in ihrer Entwicklungsgeschichte und Fortpflanzung eher den Pflanzen. Auch als Symbiosepartner sind sie für Pflanzen unverzichtbar.

Das Reich der Pilze

Pilze sind einzellige Organismen oder sie bestehen aus langen, sich schlängelnden, vielfach verzweigten Schläuchen, den sogenannten *Hyphen*. Diese bilden ein ausgedehntes und stark verästeltes Netzwerk, das *Myzel*. Als Fäulnisbewohner zersetzen sie abgestorbenes organisches Material, wobei sie die Stoffe in Humus verwandeln und Mineralien für Pflanzen wieder verfügbar machen. So nehmen Pilze eine Schlüsselstellung im Nährstoffkreislauf ein. Parasitische Pilze ernähren sich

Nur die wenigsten Pilze bilden schöne Fruchtkörper. Dagegen existieren sie als fadenförmige Zellen, die im Gesamten das Myzel eines Pilzes ausmachen. Im Bild breitet es sich auf einer Baumrinde aus.

von lebenden Pflanzen und Tieren und können enorme Schäden anrichten. Symbiontische Pilze bilden mit anderen Organismen eine Lebensgemeinschaft, die auf gegenseitigem Nutzen beruht.

Schon gewusst?

Einige wenige Pilze leben räuberisch. Diese Fleischfresser bilden mit ihren *Hyphen* kleine Schlingen, in denen sich Fadenwürmer verfangen. Andere Räuber verwenden klebrige Substanzen zum Beutefang.

Viele echte Pilze bilden auffällige überirdische Fruchtkörper, wie sie von Speise- und Giftpilzen bekannt sind. Doch über 90 Prozent der Pilzmasse befindet sich als *Myzel* unter der Erde. Unter optimalen Bedingungen kann ein Pilz pro Tag *Hyphen* von insgesamt einem Kilometer Länge bilden.

Fortpflanzung im Reich der Pilze

Die Fortpflanzung der Pilze verläuft durchaus komplex; sie vermehren sich geschlechtlich und ungeschlechtlich durch Sporen und durchlaufen einen Generationenwechsel. Parasitische Pilze wie Rost- und Brandpilze nehmen außerdem einen Wirtswechsel vor.

Bei der geschlechtlichen Fortpflanzung verschmelzen spezielle *Hyphen* zweier genetisch verschiedener Pilze miteinander. Nach einiger Zeit bilden sie einen Sporenbehälter aus. Bei Ständerpilzen ist das der oberirdische Fruchtkörper, der klassische Pilz mit Stiel und Hut. In den Röhren oder Lamellen auf der Hutunterseite reifen die Sporen, die freigesetzt zu neuen *Hyphen* sprossen. Sporen bestehen aus nur einer einzigen Zelle und sind sehr klein und leicht.

Die ungeschlechtliche Fortpflanzung ermöglicht eine sehr schnelle Verbreitung der Pilze. Das ist zum Beispiel bei Schimmelpilzen der Fall, die häufig auf Lebensmitteln zu finden sind. Die Pilze bilden ihre Sporen direkt an den Hyphen, ohne dass es vorher zu einer Verschmelzung kommt. So können sie rasch weitere Lebensmittel besiedeln. Das Penicillium, auch Pinselschimmel genannt, gehört zu den Schimmelpilzen. Hefepilze bestehen aus nur einer Zelle. Die meisten Arten, darunter Wein-, Bier- und Bäckerhefe, bilden Knospen, die sich später von der Mutterzelle abschnüren.

Die Gruppe der Echten Pilze werden nach der Form der Sporenbehälter in zwei Klassen eingeteilt: Bei den Ascomyceten oder Schlauchpilzen treten diese als „Schläuche" auf, bei den Basidiomyceten oder Ständerpilzen sind es „Ständer".

Gruppe der Echten Pilze

Schlauchpilze	rund 60 000 Arten, darunter Bäcker-, Wein- und Bierhefe, Brotschimmel, *Penicillium* und *Aspergillus* (aus beiden werden Antibiotika gewonnen), Mutterkornpilz, Echter Mehltau, Lorchel, Morchel, Trüffel, Partner bei Flechten
Ständerpilze	rund 30 000 Arten, darunter Rost- und Brandpilze, etliche Speise- und Giftpilze (Einteilung in Blätter- und Röhrenpilze)

Die meisten Sporen werden von Wind oder Wasser über große Entfernungen transportiert. Der Trüffelpilz nutzt hierfür Wildschweine. Seine Fruchtkörper bleiben im Erdboden und locken mit Duftstoffen die Tiere herbei. Die Wildschweine fressen den Fruchtkörper und scheiden die unverdaulichen Sporen später wieder aus.

Wie merke ich es mir?

Was sind die Unterarten der Echten Pilze?

„Es macht Mü(he), Pilze mit *(Ma)cheten* abzuschlagen." – Damit wäre der Wortstamm des Fachbegriffs für Echte Pilze (*-myceten*) bereits mit einem soliden Merkbild versehen – fällt Ihnen eine bessere *Eselsbrücke* ein?

Wenn Sie die Vorstellung von Pferderennen in „Ascot" hinzufügen, bei denen die Pferde in „Schläuchen" rennen, weil auf der Rennbahn das Entfernen von Pilzen mit Macheten so mühevoll ist, dann haben Sie den Fachbegriff für einen Teil der Echten Pilze (*Ascomyceten*) *verbildert*.

Die „Basis" des „(Präs)idiums" wird auf „Ständer" gestellt, weil darunter Pilze sprießen, die ebenfalls mühevoll mit Macheten entfernt werden müssen. – Nun wäre auch der zweite Teil, die *Basidiomyceten*, in ein Bild verwandelt.

Der Vorteil von Merkbildern gegenüber herkömmlichem Auswendiglernen ist: Bildhafte Vorstellungen lassen sich praktisch beliebig um weitere Fakten erweitern. Wenn Sie genau hinsehen, ist das in den Beschreibungen bereits passiert. Die Kombination aus „Mühe und Machete" ist mit der eines „Pferderennens und Präsidiums" *verbunden* worden.

Die nächste Ausbaustufe könnten Beispiele für Pilze sein, die wir hinzufügen, womit wir aus der Eselsbrücke vom Beginn bereits eine *Geschichte* machen: Die Pferde bekommen „Penicillin" (*penicillium* gehört zu den Schlauchpilzen), um schneller zu rennen, während die Häftlinge im Präsidium „mit den geernteten Pilzen gefüttert" werden (Speisepilze gehören zu den Ständerpilzen).

Die meisten Speisepilze zählen zu den Ständerpilzen, zum Beispiel dieser wohlschmeckende Echte Pfifferling. Charakteristisch für ihn ist vor allem der goldgelbe Hut mit einem Durchmesser von bis zu 15 Zentimeter.

Pflanzenschädlinge und Krankheitserreger

Parasitismus ist unter Pilzen weitverbreitet, jeder dritte zählt zu den Schädlingen. Die Mehrzahl befällt Pflanzen. Rostpilze gehören zu den gefährlichsten Getreideschädlingen, da sie die Gräser völlig verderben. Brandpilze bilden massenhaft schwarze Sporen und lassen befallene Pflanzen aussehen, als seien sie verbrannt. Echter und Falscher Mehltau überziehen mit ihrem Geflecht Weinreben und Gemüsepflanzen. Phytophthora- und Hallimasch-Pilze bringen große Waldgebiete zum Verfaulen. Der Phytophthora-Pilz (Erreger der Kartoffel-Krautfäule) vernichtete 1845 bis 1849 in Irland sogar die gesamte Kartoffelernte und löste eine große Hungersnot aus. Ihr fielen bis zu einer Million Menschen zum Opfer, eine weitere Million Iren wanderte deshalb nach Amerika aus. Der Mutterkornpilz ist darüber hinaus unmittelbar für den Menschen giftig. Er verursacht Ergotismus, eine im Mittelalter und in der frühen Neuzeit weitverbreitete Krankheit. Symptome sind Wundbrand, Krämpfe, Hautbrennen und Halluzinationen.

Hallimasche leben gerne in abgestorbenen Baumstummeln. Da sie leider auch lebende Bäume befallen, gelten sie als ernst zu nehmende Forstschädlinge.

Etwa 50 Pilzarten leben als Parasiten am Menschen und an Tieren. Humanpathogene Pilze befallen Nägel, Haut und Schleimhäute, dringen in die Atemwege, den Darmkanal und die Körperöffnungen ein und können sich im ganzen Körper ausbreiten. Pilzinfektionen, *Mykosen* genannt, sind oft schwierig zu behandeln.

In Symbiose mit Pflanzen

Rund 6000 Pilzarten leben in enger Gemeinschaft mit Pflanzen, insbesondere mit Bäumen. Die bodenlebenden Pilze umspinnen die Seitenwurzeln des Baumes mit einem dichten Gewirr von *Hyphen* und dringen in sie ein. Es kommt zu einem wechselseitigen Stoffaustausch: Der Pilz liefert der Pflanze Wasser und Mineralien, die Pflanze versorgt den Pilz mit Kohlenhydraten. Fast alle Baumarten und zahlreiche Grünpflanzen gehen eine solche Symbiose – *Mykorrhiza* genannt – ein. Manche Forscher vermuten, dass diese Symbiose einst die Besiedlung des Landes durch Pflanzen vereinfachte oder überhaupt erst ermöglichte. Immerhin leben rund 80 Prozent der Landpflanzen in enger Gemeinschaft mit Pilzen.

Pilze gehen nicht nur mit einem Baum eine Symbiose ein, sondern sie verknüpfen über ihr *Myzel* auch viele Nachbarpflanzen miteinander. Ebenso kann der Baum mit mehreren Pilzarten *Mykorrhizen* bilden, die Waldkiefer zum Beispiel mit 25 verschiedenen Pilzen. Auf diese Weise entsteht ein weites ökologisches Netzwerk über Artgrenzen hinweg. Es wurde schon nachgewiesen, dass Keimlinge von Bäumen über dieses Netzwerk Nährstoffe von ausgewachsenen Bäumen beziehen.

Schon gewusst?

Auch Speise- und Giftpilze bilden *Mykorrhiza*. Manche wie Steinpilz, Pfifferling und Trüffel sind so spezialisiert, dass sie nur unter ganz bestimmten Bäumen wachsen. Der Knollenblätterpilz begleitet Laubbäume, bei Nadelbäumen wachsen Röhrlingsarten. Wenn im Herbst der Baum Nährstoffe aus den Blättern abzieht und sie in die Wurzeln transportiert, nutzen die Pilze diesen ungewöhnlich großen Nährstoffstrom zur Bildung ihrer Fruchtkörper. Die Pilzsaison im Herbst ist eine Folge dieser Symbiose.

Flechten – mehr als eine Symbiose aus Alge und Pilz

Flechten sind aus einer Symbiose von Alge und Pilz entstanden – und wurden zu einem völlig neuen Organismus mit spezifischen Eigenschaften und Wuchsformen. Weltweit gibt es rund 25 000 Flechtenarten, davon leben 2000 in Mitteleuropa.

Der Pilz ist fast immer ein Schlauchpilz, seltener ein Ständerpilz. Er gibt die Form vor, liefert Wasser und Nährstoffe und schützt die Alge vor zu starker Sonneneinstrahlung. Zu einem eigenständigen Leben ist er nicht mehr imstande. Bei den Algen handelt es sich um einzellige oder fädige Grünalgen. Meist lebt ein Pilz mit einer Algenart zusammen, manchmal beherbergt er auch mehrere Algen.

Flechten bilden sehr unterschiedliche Formen aus: Gallertflechten quellen bei Wasseraufnahme stark auf, im Trockenzustand schrumpfen sie zusammen. Haarflechten bilden dichte, nur wenige Millimeter mächtige Rasen, die ihre Unterlage überziehen. Krustenflechten verwachsen mit ihrer gesamten Unterseite mit dem Substrat, sei es Baumrinde, Gestein oder Mauerwerk. Laub- oder Becherflechten richten sich lappig auf und bilden gestielte Becher, was etwas an Trompeten erinnert. Die *Hyphen* der Strauchflechten ragen in die Höhe und verzweigen sich, sodass die Flechte einem kleinen Busch gleicht.

Flechten wachsen weltweit und fast in jedem Terrain. Sie sind extrem robust, kälte- und hitzeresistent und vertragen ein völliges Austrocknen. In vielen Regionen sind Flechten mehr als die Hälfte ihrer gesamten Lebensdauer ausgetrocknet. Als Pionierpflanzen besiedeln sie Lavaflächen, Wüsten und die Polarregionen. Rentierflechte und Isländisches Moos bilden die Nahrung für Rentiere und Karibus. Flechten überleben sogar im Weltraum. Bei einem Versuch auf der ISS im Jahr 2005 überstanden sie 14 Tage im All ohne Schaden zu nehmen.

Ihr Wachstum hängt sehr von der Luftfeuchtigkeit ab. Bei überwiegender Trockenheit wachsen Flechten extrem langsam, manchmal weniger als einen Millimeter pro Jahr. In subtropischen Nebelwäldern oder in der Nähe von Seen und Meeresküsten entsteht dagegen eine besonders artenreiche und üppige Flechtenvegetation. Ihre Mineralien beziehen sie aus der Luft, manche auch aus dem Untergrund. Da sie die in der Luft und im Regen enthaltenen Nähr- und Schadstoffe nahezu ungefiltert aufnehmen, reagieren Flechten direkt auf Veränderungen der Luftqualität und eignen sich als Indikator.

Hierbei handelt es sich nicht um abstrakte Malerei, sondern um Flechten, eine symbiotische Lebensgemeinschaft zwischen Pilzen und Fotosynthese betreibenden Partnern wie Grünalgen oder Cyanobakterien.

Auch wenn sie über ein Gehäuse aus Kalk verfügt, stellt die Weinbergschnecke ein mustergültiges Weichtier dar – und zählt damit zu den Wirbellosen, welche die Mehrzahl aller bekannten Tiere stellen.

Wirbellose Tiere

Rund 1,5 Millionen Tierarten wurden bisher beschrieben, das sind mehr als fünfmal so viel als Landpflanzen. Ihre tatsächliche Zahl liegt vermutlich noch höher. Trotz der enormen Vielfalt lassen sich die Tiere auf einige wenige „Baupläne" zurückführen, die die wichtigsten Merkmale beschreiben. Begonnen wird mit den wirbellosen Tieren.

Einzeller, Schwämme und Hohltiere wirken aufgrund ihrer sesshaften Lebensweise wie Pflanzen und wurden auch lange Zeit für solche gehalten. Doch sie betreiben keine Fotosynthese, sondern ernähren sich von kleinen Partikeln und winzigen Organismen.

Tierische Einzeller (Protozoa)

Protozoa erbeuten und verschlingen ihre Nahrung oder sie leben als Symbionten, harmlose Mitesser oder Parasiten. Eine engere Verwandtschaft besteht zwischen ihnen allerdings nicht immer, vielmehr entstanden sie mehrfach unabhängig voneinander. Nach ihrer Organisation lassen sie sich in vier Formen einteilen:

Geißeltierchen (Flagellata) sind die ursprünglichste Form und bewegen sich mit einer oder mehreren Geißeln fort. Wurzelfüßer (Rhizopoda) verändern ständig ihre Gestalt und kriechen mithilfe von Zellausläufern voran. Einige frei lebende Gruppen besitzen Schalen aus organischem Material, Kalk, Kieselsäure oder Strontiumsulfat. Sporentierchen (Sporozoa) leben ausschließlich als Parasiten und durchlaufen einen Generations- und Wirtswechsel. (Hierzu gehört auch der Erreger der Malaria.) Wimpertierchen (Ciliata) tragen rundherum zahlreiche kurze Wimpernhärchen, mit denen sie sich fortbewegen und Nahrungspartikel zum Zellmund wirbeln.

Schwämme (Porifera)

Schwämme gleichen einem durchlöcherten Sack aus zwei Zellschichten, einem zentralen, mit Kragengeißelzellen ausgekleideten Hohlraum und einer großen Öffnung. Organe oder echtes Gewebe besitzen sie nicht. Die Geißelzellen erzeugen einen Wasserstrom von den Poren durch den Hohlraum zur großen Öffnung und filtern auf diese Weise Nahrungspartikel heraus. Bei komplexeren Arten ersetzen zahlreiche Geißelkammern den zentralen Hohlraum und ein System aus Kalk- und Kieselnadeln verleiht den Schwämmen Struktur und Stabilität. Die größten der 7500 Schwammarten werden über drei Meter breit. Im Paläo- und Mesozoikum bildeten Schwämme ausgedehnte Riffe.

Schon gewusst?

Schwämme besitzen eine ungewöhnlich hohe Regenerationsfähigkeit. Drückt man einen Schwamm durch ein Sieb, dann bilden sich aus den überlebenden Zellen Hunderte neuer Schwämme.

Hohl- oder Nesseltiere (Cnidaria)

Diese Tiergruppe besitzt keine echten Organe, aber spezialisierte Muskel-, Drüsen-, Nerven-, Stütz- und Abwehrzellen. Die meisten der mehr als 11 000 Arten leben marin, einige wenige im Süßwasser. In der Regel erzeugt ein festsitzender Polyp die freischwimmende Meduse (oder Qualle), deren Larven sich festsetzen und schließlich wieder zum Polypen heranwachsen. Einige Arten treten nur als Polypen auf, andere nur als Medusen. Nahrungspartikel und Beutetiere werden mit den Tentakeln gefangen und im Magenraum verdaut.

Schwämme kommen in allen Meeresgewässern vor, ein geringer Anteil auch im Süßwasser. Sie eignen sich hervorragend als Gebrauchsschwämme und verleihen ferner künstlich hergestellten Schwämmen ihren Namen.

Eine Besonderheit der Hohltiere sind Nesselzellen, die wohl komplexeste Zellenform im Tierreich. Sie bilden Nesselkapseln zur Jagd und Verteidigung, die abschussbereit an Tentakeln sitzen. Auf einen Reiz hin öffnet sich blitzschnell der Kapseldeckel, ein Stilett schnellt heraus, klappt auseinander und schneidet eine tiefe Wunde in das Opfer. Im gleichen Moment schießt ein giftgetränkter Faden wie eine Peitsche heraus und schlägt in die Wunde.

Zwei Drittel der Nesseltiere gehören zu den Blumentieren (Anthozoa). Sie leben in allen Meeren. Der Hohlraum der Polypen ist durch Scheidewände in Kammern geteilt, über Medusen verfügen sie nicht. Einige Vertreter, zum Beispiel die Seeanemone, leben einzeln, andere bilden große Kolonien. Steinkorallen scheiden an ihrer Fußscheibe ein Kalkskelett aus und wachsen in die Höhe. Der untere Teil stirbt anschließend ab. Durch fortlaufende Knospung und Kalkausscheidung entsteht auf diese Weise ein Korallenstock aus unzähligen miteinander verbundenen Polypen. Weltweit gibt es 6500 verschiedene Korallenbildner. Sie leben häufig in Symbiose mit einzelligen Algen, die den Polypen ernähren. Wenn sie absterben, bleichen die Korallen aus.

Würmer I: Plattwürmer (Plathelminthes)

Zu den Würmern gehören alle Wirbellosen mit einem länglichen, mehr oder weniger runden Körper. Sie gehören unterschiedlichen Stämmen an und sind nicht näher miteinander verwandt. Ihr Körperbau reicht von einfach bis komplex.

Plattwürmer sind aus evolutionsbiologischer Sicht sehr einfache Organismen: Ihr Darm endet ziellos in vielen Verästelungen, Enddarm, After und Blutgefäße fehlen, Atmung und Exkretion laufen über die Körperoberfläche ab. Strudelwürmer (Turbellaria) leben im Meer, Süßwasser und in Feuchtgebieten. (In Gewächshäusern findet sich gelegentlich der tropische, 60 Zentimeter lange und drei bis fünf Millimeter breite Wurm *Bipalium kewense*, der Regenwürmer umschlingt und aussaugt.) Saugwürmer (Trematoda) wie Leberegel und Bandwürmer (Cestoda) sind durchweg Parasiten. Die oft meterlangen Bandwürmer leben in den Därmen von Säugetieren und heften sich mit Saugnäpfen und Haken an der Darmwand fest. Die vielen hundert Körperglieder der Zwitter sind mit Geschlechtsorganen ausgestattet.

Korallen sind Kolonien bildende Nesseltiere. Zu den bekanntesten und schönsten zählen zweifellos die Steinkorallen, die wesentlich zur Entstehung von Korallenriffen beitragen.

Würmer II: Rundwürmer (Nematoda)

Mit geschätzt 100 000 Arten sind Rundwürmer in allen Lebensräumen zu finden. Es handelt sich um meist weiße, fadenförmige Würmer, zwischen knapp einem Millimeter und einem Meter lang, die sich schlängelnd fortbewegen. Rundwürmer gehören zu den anpassungsfähigsten Tiergruppen. Frei lebende Würmer spielen im Erdboden, auf dem Meeresgrund und im Süßwasser eine wichtige Rolle beim Abbau organischer Materialien. Parasitische Arten befallen Pflanzen und Tiere. Rund 50 Arten treten als zum Teil gefährliche Krankheitserreger beim Menschen auf.

Parasiten des Menschen

Saugwürmer	Großer Leberegel, Pärchenegel
Bandwürmer	Schweine-, Rinder-, Fuchs-, Hundebandwurm
Rundwürmer	Maden- und Spulwurm, Haken- oder Grubenwurm, Trichine

Wie merke ich es mir?

Wie merkt man am besten eine komplexe Liste?

Wir wollen das am Beispiel der Parasiten des Menschen zeigen. Zu Beginn wird ein einfaches Merkbild entwickelt, das anschließend in Abschnitte gegliedert wird, in denen die untergeordneten Fakten abgelegt werden – Stichwort: *Verorten*. Solch eine wohlüberlegte Konstruktion komplexer Merkbilder ist die Basis für das Denken in *Gedächtnispalästen* – der Königsdisziplin der Mnemotechniken, die derart voraussetzungsreich und in der Anwendung Fortgeschrittenen vorbehalten ist, dass sie in diesem Buch nur am Rande behandelt wird (siehe auch Kapitel „Faszination Wissenschaft").

Der Anfang der Liste (Saugwürmer) verleitet dazu, an einen „(Staub)sauger" zu denken. Die folgenden Hauptelemente der Liste passen ebenfalls in dieses Bild: Das Stromkabel des Staubsaugers ist ein buntes „(Geschenk)band". Das Kabel endet in einer „runden" Steckdose, und das Kabel dahinter verläuft in eine „Grube". Damit wären die Wurmsorten bereits in ein griffiges Merkbild verwandelt.

Im nächsten Denkschritt werden die Fakten der zweiten Listenebene an die Schlüsselbilder gehängt – *Verbinden* und *Verorten* in einem Zug. Eine Kombination ist das bandwurmartige Stromkabel des Staubsaugers mit Schweine-, Rinder-, Fuchs-, und Hundebandwürmern. Anstatt die Tiere in Gedanken einfach nur an das Kabel zu knoten, sollte eine möglichst lebendige Szene geschaffen werden: „Am bunten Stromkabel hängt ein Köder aus gemischtem Hackfleisch (Schwein und Rind), das ein Fuchs fressen will, der aber von einem Hund verscheucht wird, der den Köder vom Band beißt."

Richtig vorgestellt, ist so ein Bild unvergesslich. Wenn Sie Kreativität und Sorgfalt in den Aufbau von Merkbildern investieren, werden Sie mehr Spaß beim Lernen haben und die Fakten nie wieder vergessen!

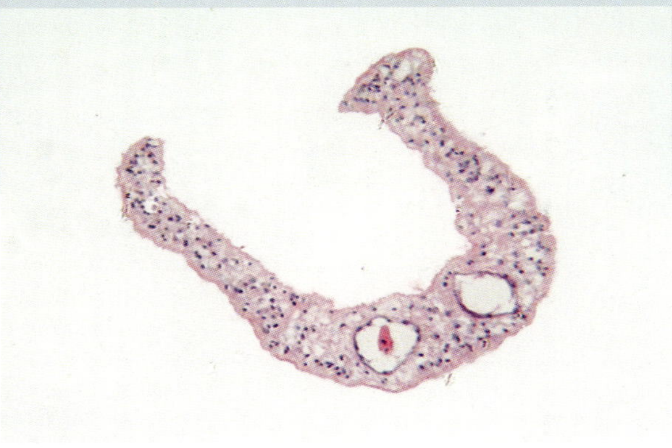

Pärchenegel unter dem Mikropskop. Der Verursacher der Blasenbilharziose tritt vornehmlich im Tropenraum auf und erinnert tatsächlich mit seinem Saugnapf an eine Art Staubsauger.

Würmer III: Ringelwürmer (Annelida)

Die rund 17 000 Ringelwürmer besiedeln feuchte Böden, Süßgewässer und Meere. Bei ihnen tritt erstmals eine Segmentierung auf: Ihr Körper besteht aus einem Kopf und vielen hintereinanderliegenden, gleichartigen Teilstücken, die äußerlich an Ringfurchen zu erkennen sind. Jedes Segment enthält einen Satz der wichtigsten Organe: Muskulatur, Leibeshöhle, Nervenknoten, Exkretionsorgane, Borsten und (bei vielen Meereswürmern) Scheinfüße. Nur Darmkanal, Blutgefäße und das wie eine Strickleiter gestaltete Nervensystem ziehen sich durch den gesamten Körper. Die Geschlechtsorgane sind auf einige wenige Segmente begrenzt. Ein Hautmuskelschlauch mit Ring- und Längsmuskeln umgibt das Tier.

Die Segmentierung (oder Aufgliederung) war ein wichtiger Schritt im Verlauf der Evolution, denn sie ermöglichte eine Spezialisierung der einzelnen Körperabschnitte. Der Regenwurm besitzt ausgewachsen um die 180 Segmente, der verwandte Blutegel weist immer genau 33 Stück auf.

Schon gewusst?

So kriecht der Regenwurm voran: Zuerst zieht er die Ringmuskeln seines Vorderendes zusammen, er wird dünn und lang. Dann verhakt er seine vorderen Borsten im Boden und kontrahiert die Längsmuskeln, der Körper wird dick und kurz, der Hinterkörper gleitet nach vorn. Dem Muskeldruck wirkt die Körperflüssigkeit im Innern als hydrostatisches Skelett entgegen.

Das krasseste Größenmissverhältnis zwischen Männchen und Weibchen gibt es beim Grünen Igelwurm (*Bonellia viridis*). Die etwa zehn Zentimeter langen, sackförmigen Weibchen leben in einer Wohnhöhle am Meeresgrund und weiden mit ihrem rüsselartigen Kopflappen die Umgebung ab. Ausgestreckt erreichen sie eine Gesamtlänge von knapp über einem Meter. Die Männchen sind nur zwei Millimeter groß und leben auf dem Kopflappen des Weibchens. Zur Befruchtung verschluckt das Weibchen das Männchen, das dann zum Uterus wandert und die Eier befruchtet.

Männchen entstehen aus Larven, die sich auf dem Rüssel des Weibchens festsetzen. Alle anderen Larven werden zu Weibchen.

Weichtiere I: Schnecken (Gastropoda)

Der Körper eines Weichtiers besteht aus drei Teilen: Kopf, muskulöser Fuß und Eingeweidesack. Ein schützender Mantel bedeckt letzteren und scheidet eine Kalkschale ab. Weitere stützende Elemente besitzen die Tiere nicht, daher der Name Weichtiere. Es sind rund 130 000 Arten beschrieben. Drei Viertel aller Weichtiere sind Schnecken:

Bei den Schnecken dreht sich der Eingeweidesack 180 Grad um seine Achse, sodass die Mantelhöhle

Zwar lassen sich anhand dieses Exemplars nicht alle 180 Segmente abzählen, doch die ersten Ringel des Regenwurms erkennt man gut.

Für Hobbygärtner sind sie eine Plage: Nacktschnecken, die am Salat oder an hübschen Zierpflanzen knabbern – vor allem in feuchten Sommern.

über dem Kopf des Tieres liegt. In der Mantelhöhle liegen Kiemen, sie fungiert bei Landschnecken als Lunge. Außerdem münden hier After, Exkretions- und Geschlechtsorgane. Der Kopf trägt zwei Paar Fühler. An den Enden des größeren Paares sitzen Punktaugen, das zweite Fühlerpaar dient zum Tasten und Riechen. Eine Besonderheit der Schnecken ist die Raspelzunge mit mehr als 20 000 kleinen Hornzähnchen, die wie eine Reibplatte funktioniert. Beim Kriechen hinterlässt die Schnecke eine Schleimspur, auf der sie mit wellenartigen Bewegungen des Fußes gleitet. Das Schneckenhaus ist eine spiralig gewundene Schale, in die sich das Tier zurückziehen kann. Bei landlebenden Nacktschnecken hat sich die Schale wieder zurückgebildet.

Ursprünglich sind Schnecken getrenntgeschlechtlich und durchlaufen ein Larvenstadium. Landlebende Tiere werden oftmals zu Zwittern, aus ihren Eiern schlüpfen voll entwickelte Jungtiere. Die meisten Schnecken leben im Meer und atmen durch Kiemen. Bei sehr vielen Arten hat sich die Schale zurückgebildet, die Tiere wurden zu bunten „Nacktschnecken" mit zum Teil bizarren Körperauswüchsen.

Weichtiere II: Muscheln (Bivalvia)

Schnecken besitzen ein Gehäuse, Muscheln zwei Schalen. Die beiden Schalen sind über ein Gelenk verbunden und werden mit zwei kräftigen Schließmuskeln zusammengehalten. Auf den mächtigen Kiemen und auf der Innenseite des Mantels sitzen unzählige Flimmerhärchen, die einen stetigen Wasserstrom erzeugen. Durch die Einströmöffnung fließt Meereswasser in die Mantelhöhle, an den Kiemen vorbei und durch die Ausströmöffnung wieder aus dem Tier hinaus. An den Kiemen bleiben kleine Nahrungspartikel haften, die zum Mund gestrudelt werden. Manche Muscheln verankern sich mit Haftfäden an Felsen, andere graben sich in den Sand- oder Schlammboden. Kamm- und Jakobsmuscheln können schwimmen. Die größte Muschel ist die 1,4 Meter lange und 300 Kilogramm schwere Riesenmuschel (*Tridacna gigas*).

Schon gewusst?

Die Perle ist das Ergebnis einer Abwehrreaktion der Muschel. Die Muschel isoliert einen eingedrungenen Fremdkörper, etwa einen Parasiten oder ein Sandkorn, indem sie ihn mit Schichten aus Perlmutt umgibt und einschließt. Bei Zuchtperlen wird der Muschel ein kleiner Kern implantiert. Nach drei bis vier Jahren ist die Perle fertig.

Weichtiere III: Kopffüßer/Tintenfische (Cephalopoda)

Die rund 780 Arten von Kopffüßern leben räuberisch im freien Wasser und am Meeresgrund. Sie ergreifen ihre Beute mit den (mit Saugnäpfen und Haken besetzten) Tentakeln, zerbeißen sie mit ihrem schnabelartigen Kieferapparat oder lähmen sie mit einem Gift aus Speichel. Die Tentakel werden vom Fuß aus gebildet und befinden sich rund um den Mund, daher auch der Name Kopffüßer. Der hintere Teil des Fußes bildet ein Trichterrohr, durch das Mantelhöhlenwasser ausgestoßen wird, das durch den Rückstoß eine schnelle Flucht ermöglicht. Bei Gefahr kann das Tier einen Farbstoff ausstoßen und sich in eine dunkle Wolke hüllen. Die Augen der Tintenfische sind in Aufbau und Leistung dem Wirbeltierauge vergleichbar.

Heutige Tintenfische besitzen acht oder zehn Tentakel, eine im Lauf der Evolution vorgekommene Schale ist zu einem Schulp reduziert oder fehlt ganz. Nur der *Nautilus* besitzt deutlich mehr Arme sowie eine gekammerte und teilweise mit Luft gefüllte äußere Schale, er gilt als lebendes Fossil. Zu den Zehnarmigen Tintenfischen gehören *Sepia* mit acht kurzen und zwei langen Fangarmen und die in der Hochsee lebenden Kalmare. Sie verfolgen in riesigen Scharen Fischschwärme. Riesenkalmare sollen über 20 Meter erreichen können. Der häufigste achtarmige Tintenfisch ist der Krake (*Octopus vulgaris*).

Gliederfüßer I: Spinnentiere (Arachnida)

Mit weit über einer Million bekannter Arten sind die Gliederfüßer (Arthropoda) die weitaus größte und vielfältigste Tiergruppe. Ihre Körpersegmente unterscheiden sich deutlich voneinander, Extremitäten sind vorhanden, gegliedert und vielfältig spezialisiert. Ein festes Außenskelett aus Chitin schützt den Körper; weil es nicht mit diesem mitwächst, muss sich das Tier von Zeit zu Zeit häuten. Die Atmung erfolgt über *Tracheen*, das sind verzweigte Luftkanäle, die von der Körperoberfläche aus tief in den Körper dringen. Komplexaugen sind weitverbreitet.

Fossil sind massenweise Trilobiten überliefert. Sie dominierten im Kambrium die Urzeitmeere und starben im Perm aus. Sie hatten bereits alle Merkmale eines modernen Arthropoden.

Zu den Spinnentieren zählen unter anderem Skorpione, Spinnen und Milben. Ihre vorderen Extremitäten werden zu Scheren, Klauen, Stiletten oder Fangbeinen. Am Bruststück sitzen vier Laufbeinpaare, am Hinterleib, der verkürzt ist, keine. Bei Spinnen und Milben ist eine äußere Gliederung nicht mehr zu erkennen. Fast alle Spinnentiere leben an Land, die meisten sind Räuber.

Skorpione haben sich seit ihrem ersten Auftreten im Silur vor etwas 440 Millionen Jahren kaum verändert. Neu sind die Ausbildung des Schwanzstachels als Gifthaken und die Entwicklung der Jungtiere. Sie kommen lebend zur Welt und bleiben bis zur ersten Häutung auf dem Rücken des Muttertiers.

Webspinnen (*Aranae*) sind mit 50 000 Arten vertreten. Ihr Körper besteht aus Vorderkörper (Kopf-Brust-Stück) und Hinterleib. Am Kopf sitzen acht Punktaugen, zwei kräftige Oberkiefer, die parallel zueinander verlaufen und in Giftklauen enden, und zwei Taster. Auf der Unterseite des Hinterleibs sitzt der Spinnapparat aus sechs kegelförmigen Spinnwarzen. Die Form des Spinnennetzes – Rad-, Raum-, Trichternetz, Bodenfallen oder Stolperfäden – ist artspezifisch. Wolfs-, Raub- und Jagdspinnen jagen aktiv. Weberknechte besitzen keinen Spinnapparat und bilden eine eigene Gruppe.

Da schaut der Tintenfisch! Das Linsenauge stellt einen Augentyp dar, der neben vielen Tintenfischen vor allem die Wirbeltiere auszeichnet.

Der Kaiserskorpion zählt zu den größten Skorpionarten, er wird bis zu 20 Zentimeter groß und steht unter Artenschutz.

Milben (*Acari*) bilden die größte und vielseitigste Gruppe innerhalb der Spinnentiere. Es gibt Räuber, Pflanzenfresser, Tierparasiten und Gallenbildner. Sie leben an Land, im Süßwasser und im Meer. Viele Arten suchen als Vorratsschädlinge oder Parasiten die Nähe zum Menschen. Zecken sind als Blutsauger und Überträger verschiedener Krankheiten gefürchtet.

Schon gewusst?

Die wahrscheinlich giftigsten Spinnen sind Wanderspinnen in Südamerika. Die fast handgroßen, nachtaktiven Tiere sind sehr schnell und aggressiv. Ähnlich gefährlich ist die Sydney-Trichternetz-Spinne in Australien. Weltweit gilt die Schwarze Witwe als eine der gefährlichsten Giftspinnen. Die meisten Todesfälle durch Gliederfüßer werden aber durch Skorpione verursacht. Diese töten rund 5000 Menschen pro Jahr.

Gliederfüßer II: Krebse (Crustacea)

Mehr als 50 000 Arten an Krebstieren besiedeln die Meere und Süßgewässer. Der kleine Wasserfloh ist kaum größer als einen Millimeter, das größte Krebstier ist die Japanische Riesenkrabbe oder Seespinne, die mit ausgestreckten Beinen eine Größe von bis zu 3,5 Metern erreichen kann. Ein starrer Panzer bedeckt den Kopf, verschmilzt in vielen Fällen mit Rumpfsegmenten und umhüllt bei Muschelkrebsen als Schale den ganzen Körper. Bemerkenswert sind die Körperanhänge der Krebstiere. Am Kopf sitzen zwei Paar Antennen und die Mundwerkzeuge. Bruststück (Thorax) und Hinterleib (Abdomen) sind mit Lauf- oder Schwimmbeinen versehen, wobei das vordere vielseitig umgestaltet sein kann. Bei größeren Tieren sitzen auf oder an den Extremitäten die Kiemen.

Höhere Krebse (Malacostraca) besitzen stets acht Brust- und sieben Hinterleibssegmente. Hierzu gehören kleinere Krebstiere, zum Beispiel Flohkrebse, und alle großen Formen: Garnelen, Hummer, Flusskrebse und Krabben. Ihr erstes Laufbeinpaar ist meist zu einer großen Schere umgebildet. Bei Krabben liegt der verkürzte Hinterleib unter dem Brustteil, sodass er von oben nicht sichtbar ist. Eine ökologische Sonderstellung nimmt der Antarktische Krill (*Euphausia superba*) ein. Nach dem Gesamtgewicht seiner Population ist er die Tierart mit der größten Biomasse. Das Leben im südlichen Polarmeer wäre ohne Krill undenkbar.

Die Japanische Riesenkrabbe ist nicht nur die größte lebende Krebsart, sondern auch der größte lebende Gliederfüßer. Die Krebstiere leben ausschließlich in pazifischen Gewässern.

Gliederfüßer III: Insekten (Insecta)

Rund eine Million Insektenarten sind bekannt, doch die tatsächliche Artenzahl dürfte wesentlich höher liegen. Keine andere Gruppe erreicht auch nur annähernd eine solche Zahl. An den drei Segmenten des Brustteils sitzen drei Beinpaare und zwei Paar Flügel, der Hinterleib besteht aus elf Gliedern. Die ursprünglichsten Insekten (Silberfischchen, Springschwänze und einige Boden- und Streuschichtbewohner) verfügen noch nicht über Flügel. Die Flügel stellen Hautfalten und keine Extremitäten dar. Es besteht die Tendenz, beide Flügelpaare funktionell zu einem Paar werden zu lassen oder ein Flügelpaar zu reduzieren. Bei vielen Arten sind Flügel auch völlig zurückgebildet.

Die Entwicklung der Insekten verläuft entweder über das Stadium der Larven, die erwachsenen Tieren gleichen, aber noch keine Flügel aufweisen (unvollständige Metamorphose), oder es ist zusätzlich ein Puppenstadium vorgesehen (vollständige Metamorphose). Dann unterscheiden sich Larve und erwachsenes Insekt (Imago) sehr stark voneinander. Insekten werden in mehr als 30 Ordnungen unterteilt. Hier sind die Wichtigsten:

Larve eines Maikäfers. Die typischen fächerhaften Fühler, die das Insekt im Erwachsenenstadium aufweist, sind hier noch nicht ausgeprägt.

Insektenordnungen

Ordnung	Beispiele	Merkmale
Libellen (Odonata)	Prachtlibellen, Jungfern	zwei Paar große, häutige Flügel; lang gestreckter Körper
Geradflügler (Orthoptera)	Heuschrecken, Grillen	Hinterbeine zu Sprungbeinen umgebildet; Balzgesänge
Schaben (Blattodea)	Schaben	mit Kopfschild, langen Fühlern und starken Vorderflügeln
Termiten (Isoptera)	Termiten	wie Ameisen, aber heller und ohne Einschnürung
Schnabelkerfe (Hemiptera)	Wanzen, Zikaden, Schild- und Blattläuse	stechend-saugende Mundwerkzeuge
Käfer (Coleoptera)	Lauf-, Hirsch-, Mist-, Marien-, Blatt- und Rüsselkäfer	arten- und formenreichste Insektengruppe; festes und häutiges Flügelpaar; kauend-beißende Mundwerkzeuge
Hautflügler (Hymenoptera)	Wespen, Ameisen, Bienen, Hummeln	zahlreiche Arten mit sozialer Lebensweise; zwei häutige Flügelpaare; Weibchen oftmals mit Stachelapparat am Hinterleib
Schmetterlinge (Lepidoptera)	Motten, Eulen, Schwärmer, Bläulinge, Weißlinge, Schwalbenschwänze	zwei mit kleinen Schuppen bedeckte Flügelpaare; Saugrüssel; überwiegend Nektartrinker
Zweiflügler (Diptera)	Fliegen, Mücken	ein Flügelpaar, Mundwerkzeuge (saugend, stechend oder leckend)

Stachelhäuter (Echinodermata): Seesterne, Seeigel, Seewalzen

Die Stachelhäuter umfassen rund 6300 Arten bodenbewohnender Meerestiere. Es handelt sich um einen sehr alten Tierstamm, der bis ins frühe Kambrium reicht und über 540 Millionen Jahre alt ist.

Stachelhäuter sind die einzigen Tiere, die eine fünfstrahlige Symmetrie (*Pentamerie*) kennzeichnet. Ein Innenskelett aus harten Kalkplättchen verleiht ihnen Stabilität, oft besitzen die Tiere zusätzliche Höcker und sind mit Dornen oder beweglichen Stacheln versehen. Der Mund sitzt im Zentrum der Mittelscheibe, und zwar auf der dem Boden zugewandten Seite, der After liegt gegenüber auf der Oberseite. Einzigartig ist das sogenannte Ambulakralsystem. Es besteht aus mit Flüssigkeit gefüllten Kanälen, die den gesamten Körper durchziehen und bis in die röhrenförmigen Füßchen reichen. Es arbeitet hydraulisch und sorgt für die Beweglichkeit des Tieres. Die Saugfüße sind in zwei Doppelreihen angeordnet. Sie

Wie merke ich es mir?

Wie lassen sich drei Formen von Stachelhäutern merken?

Schon die Überschrift enthält vier Fakten: den Tierstamm und drei Klassen. Hinzu kommen ein Fremdwort, das aus zwei griechischen Wörtern besteht, und die Anzahl der Arten ingesamt (im ersten Satz des Abschnitts). Der folgende Satz enthält ein weiteres Fremdwort und noch eine Zahl. Wenig Text, viele Fakten. Aber das lässt sich unkompliziert durch *Verbildern*, *Geschichtenmethode* und *Majorsystem* zu einer merkwürdigen Vorstellung verarbeiten.

Sie liegen am „Meer" (See-) und haben „Stacheln in der Haut" (Stachelhäuter). Deswegen „walzen" Sie den „Igel" platt und werfen ihn auf einen „Stern". Das „Echo" (echinos) Ihrer Schmerzensschreie hallt in Ihren „Gedärmen" (derma) wider. Sie reiben „Schaum-Soße" auf die Wunde (Majorsystem: SCH = 6, M = 3, SS = 0, ß = 0; ergibt die Anzahl der Arten). Weil das nicht hilft, schmieren Sie mit einem „Kamm", „Brie(-Käse)" um die Wunde und kauen auf einer „Heil-Rose" mit „Millionen" von Blütenblättern (Majorsystem: L = 5, R = 4, S = 0; ergibt das Alter).

So sehen gute Merkbilder aus! Durch den Einsatz verschiedener Merktechniken und das Platzieren von Fakten als Bilder im Bild entsteht eine lustige, lebendige Szene. Einfach zu merken!

Mit herkömmlichem Lernen hat das wenig zu tun. Einsteiger kann diese verrückte Art zu denken abschrecken. Aber wenn Sie sich an die Informationen erinnern wollen, dann können Sie sich in die Mischung aus Geschichte und Bild hineindenken und Stück für Stück die darin eingebauten Fakten entdecken und betrachten.

Ein Merkbild kann bisweilen aus einer Vielzahl einzelner Bilder bestehen, die innerhalb des großen Ganzen angeordnet sind.

dienen zur Fortbewegung, Nahrungsaufnahme und zum Gasaustausch. Echinodermata sind getrenntgeschlechtlich, Eizellen und Spermien werden ins Wasser abgegeben. Die Entwicklung verläuft über ein Larvenstadium.

Bei Seesternen (1600 Arten) gehen von der Mittelscheibe fünf gleiche Arme ab. Die Tiere überwältigen Muscheln, indem sie mit Saugfüßen so lange an den Muschelschalen ziehen, bis diese sich öffnen. Dann stülpt der Seestern seinen Magen über die Beute und verdaut sie außerhalb des Körpers. Stellt man sich die Arme eines Seesterns verkürzt vor, die Mittelscheibe aufgebläht und die Füßchen von unten nach oben verlaufend, dann erhält man einen Seeigel. Seine Stacheln sitzen auf kleinen Höckern und sind beweglich. Heute gibt es rund 950 Seeigelarten, 2500 ausgestorbene sind außerdem bekannt. Seewalzen oder -gurken gleichen einem in die Länge gezogenen Seeigel. Es sind meist Schlamm- und Planktonfresser.

Schon gewusst?

Seesterne können verlorene Arme ersetzen. Einige Arten können sogar mehr als die Hälfte des Körpers wieder regenerieren, sodass, wenn man einen Seestern in der Mitte durchschneidet, mit großer Wahrscheinlichkeit zwei neue Seesterne entstehen. Der größte Seestern ist *Midgardia xandros* mit einem Durchmesser von 1,3 Metern.

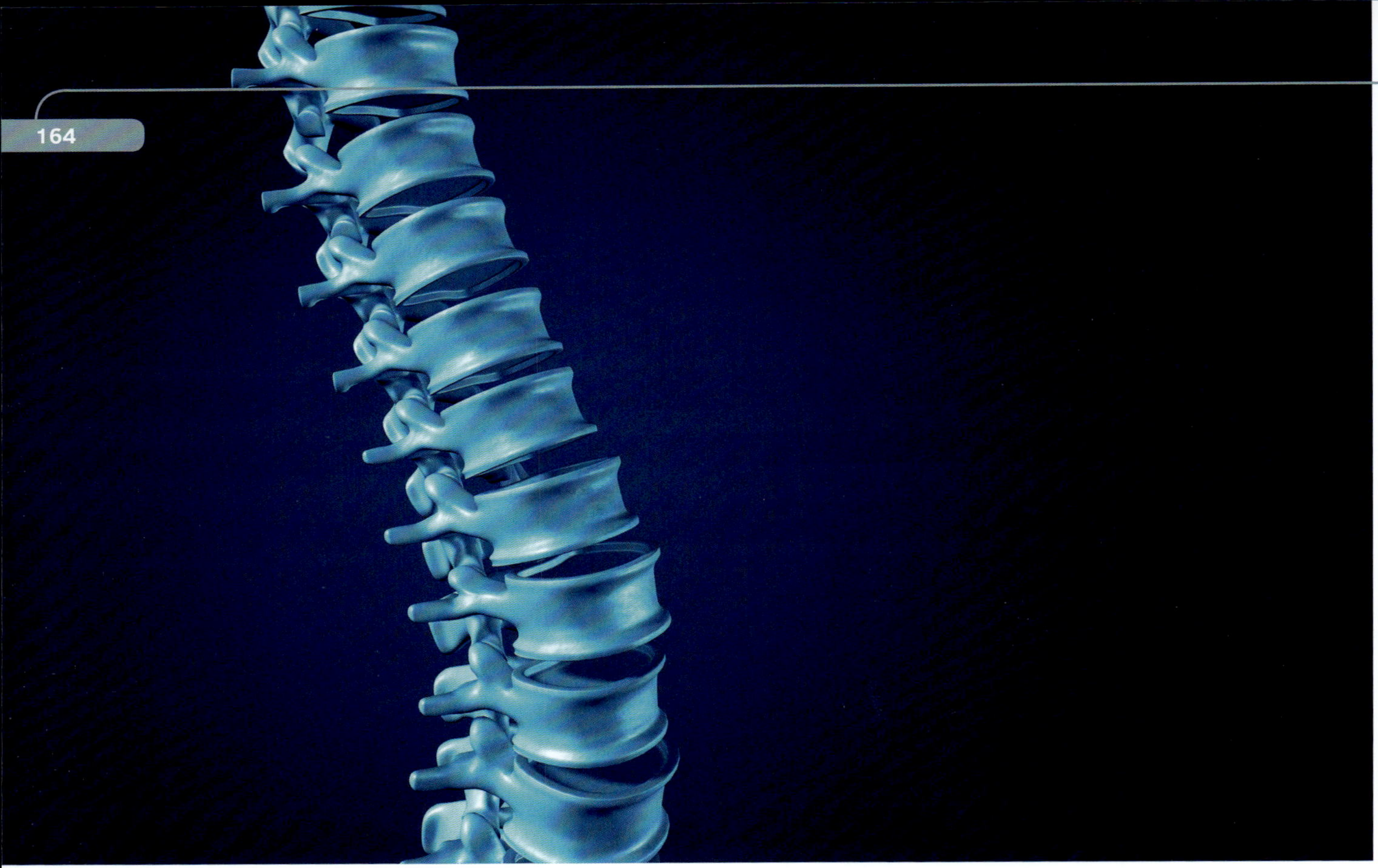

Die Wirbelsäule (im Bild ein menschliches Rückgrat in grafischer Darstellung) stellt einen zentralen Bestandteil aller Wirbeltiere dar. Sie stellt die Verbindung zu weiteren Teilen des Skeletts her und umgibt das im Wirbelkanal befindliche Rückenmark.

Wirbeltiere

Wirbeltiere sind zahlenmäßig keineswegs die größte Tiergruppe, allerdings stellen sie die komplexeste dar. Kein Organismus erreichte eine derart hoch differenzierte Struktur, entwickelte so vielfältige Sozialbeziehungen und erlangte ein vergleichbar leistungsfähiges Gehirn wie die Wirbeltiere.

Zusammen mit den Manteltieren (Tunicata), einer Gruppe aus rund 2100 Arten kleiner Meerestiere, bilden die Wirbeltiere (Vertebrata) die Gruppe der Chordatiere (Chordata). Ihr entscheidendes Merkmal ist die namensgebende Chorda, ein elastischer Stützstab, der sich auf der Rückenseite durch den gesamten Körper zieht. Wirbeltiere bilden um die Chorda herum die Wirbelsäule; die Chorda selbst bleibt in Form der Bandscheiben erhalten. Weitere gemeinsame Merkmale sind der sogenannte Kiemendarm und ein kräftiger, muskulöser Schwanz. Als Kiemendarm wird der vordere Teil des Darmkanals bezeichnet. Er ist von Spalten durchzogen, sodass durch den Mund aufgenommenes Wasser durch diese wieder nach draußen strömt. Anfangs diente der Kiemendarm zur Nahrungsaufnahme, denn kleine Filter fingen Nahrungspartikel ab. In einem späteren evolutionären Zustand übernahm er die Atmung. Wirbeltiere zeichnen sich durch folgende gemeinsame Merkmale aus: Skelett aus Knochen oder Knorpel und Schädel, Atmung über Kiemen oder Lungen, zentraler Nervenstrang (Neuralrohr) auf der Rückseite, mehrteiliges Herz auf der Bauchseite, dicke Hautschicht (mehrschichtige Epidermis) mit Schuppen, Bau der Zähne, hoch entwickelte Sinnesorgane sowie komplexes Hormon- und Immunsystem.

Untergliederung der Wirbeltiere

Rundmäuler, Lanzettfischchen	umgangs-sprachlich „Fische“	ohne Amnion (Anamnia)	Kieferlose (Agnatha)
Knorpelfische (Chondrichthyes)			Kiefermäuler (Gnathostomata)
Knochenfische (Osteichthyes)			
Lurche (Amphibia)	Vierfüßer (Tetrapoda)		
Kriechtiere (Reptilia)		mit Amnion (Amniota)	
Vögel (Aves)			
Säugetiere (Mammalia)			

Fische – eine große Vielfalt

Fische besiedeln alle Lebensräume des Meeres und des Süßwassers. Sie weisen eine größere Zahl von Arten auf als alle Säugetiere, Vögel, Reptilien und Amphibien zusammen. Der kleinste Fisch ist eine mit acht Millimeter Länge kaum fingernagelgroße Karpfenart, der größte ist der maximal 18 Meter lange Walhai.

Als eine Vorstufe der Wirbeltiere insgesamt lässt sich das Lanzettfischchen (*Branchiostoma*) betrachten. Das fünf bis sechs Zentimeter lange fischähnliche Tierchen lebt eingewühlt in kiesigem Meeressand und besitzt weder Knorpel noch Knochen oder Extremitäten. Diese Strukturen sind echten Wirbeltieren vorbehalten.

Eine urtümliche Fischform ist das Neunauge, das (noch) keinen Kiefer besitzt. Mit seinem Saugmund heftet es sich an andere Tiere, raspelt mit der zahnbesetzten Zunge deren Haut auf und frisst anschließend Blut und Gewebefetzen. Haie und Rochen sind Knorpelfische, echte Knochen besitzen sie nicht, auch keine Schwimmblase. Die meisten Haie müssen sich ständig bewegen, um nicht abzusinken. Auch würden sie sonst ersticken, denn nur beim Schwimmen strömt Wasser durch das offene Maul und die Kiemen.

Der Ehrlichkeit halber muss gesagt werden: Das größte bisher vermessene Exemplar eines Walhais war 13,7 Meter lang. Von bis zu 18 Meter umfassenden Exemplaren war bisher nur in Berichten von Sichtungen die Rede.

Knochen und Schwimmblase tauchen erst bei den Knochenfischen auf, die mit rund 30 000 Arten die größte Vielfalt unter den Fischen stellen. Die gasgefüllte Schwimmblase sorgt für den Auftrieb. Die Kiemenspalten der Knochenfische sind von einem knöchernen Kiemendeckel bedeckt, sodass sie nicht mehr sichtbar sind. Die Haut ist mit flachen Knochenschuppen versehen, darüber liegt eine Schleimschicht, die Reibung im Wasser verringert. Ein Seiten inienorgan zieht sich längs über beide Körperseiten, es misst Wasserdruck und -strömung.

Flossen und ihre Funktion

Brustflossen	Ruder, Bremse
Bauchflosse	Ruder, Bremse, Rückwärtsschwimmen
Rückenflosse Afterflosse	Stabilität im Wasser (verhindert Kippen, unterstützt den Schlag der Schwanzflosse und kann mit ihr zu einem Flossensaum verschmelzen, zum Beispiel bei Hechten)
Schwanzflosse	Antrieb, schnelle Fortbewegung

Eine sehr alte Gruppe sind Fleischflosser mit muskulösen Flossen, die von Knochenelementen zusätzlich gestützt werden und ein Laufen über Sandbänke ermöglichen. Hierzu gehören Quastenflosser (*Latimeria*), ein lebendes Fossil, und Lungenfische (Dipnoi). Letztere besitzen Lungen und Kiemen, zusätzlich atmen sie über die Haut. Die Lungen entstanden aus Ausstülpungen des Vorderdarms und entsprechen den Schwimmblasen moderner Fische. Eine dritte Gruppe, die Rhipidistia, passte sich an das Leben an Land an und wurde zu den Vorfahren der Landwirbeltiere.

Nur wenige Fische werden bisweilen Menschen gefährlich: Dazu zählt der Weiße Hai, der Schwimmer oder Surfer allerdings nur angreift, wenn er sie mit Robben verwechselt oder sich provoziert fühlt. Zur Beute des Hais zählt der Mensch nicht. Die größten Haie, Riesenhai (14 Meter) und Walhai (18 Meter), filtern lediglich Kleinstlebewesen aus dem Wasser. Es sind Planktonfresser. Das Haigebiss besteht aus mehreren Zahnreihen, die fortlaufend von innen her ersetzt werden. Bricht ein Zahn ab, dann schnellt gleich der nächste vor – ein Revolvergebiss.

Amphibien – Schwanzlurche und Frösche

Amphibien oder Lurche verbringen ihr Jugendstadium im Wasser. Auch die ausgewachsenen Tiere sind auf eine hohe Luftfeuchtigkeit angewiesen, da sie zu einem großen Teil über die Haut atmen. Derzeit sind rund 7000 Amphibienarten beschrieben. Schwanzlurche (Urodelen) wie Molch und Salamander tragen auch in erwachsener Form noch einen Schwanz. Frösche (Anura) sind kompakter gebaut und schwanzlos, ihre Hinterbeine sind zu Sprungbeinen verlängert. Es gibt Frösche im Wasser und an Land, einige graben sich in die Erde ein, andere leben auf Bäumen. Sie alle verschlingen Würmer, Larven und kleine Insekten. Größere Frösche wie Ochsen-, See- und Goliathfrosch oder die Aga-Kröte fressen auch Mäuse, Vögel, Wasserschlangen, Lurche und andere Frösche. Als wechselwarme Tiere entspricht ihre Körpertemperatur der Umwelt. Die meisten Arten leben in den Tropen, einheimische Arten verbringen die kalte Jahreszeit in der Winterstarre.

Schon gewusst?

Die Amphibiengruppe der Pfeilgiftfrösche umfasst rund 170 meist farbenprächtige Arten kleiner Frösche in den tropischen Regenwäldern Mittel- und Südamerikas. Die Tiere leben auf Bäumen, meist in kleinen Wasserbecken innerhalb von Bromelienblüten. In ihrer Haut reichern sie zum Schutz vor Fraßfeinden Giftstoffe an, die wiederum von Einheimischen zur Herstellung von Giftpfeilen genutzt werden.

Reptilien – anpassungsfähige Schuppentiere

Reptilien, Vögel und Säugetiere bilden die Gruppe der Amniota oder Nabeltiere. Die Aufzucht der Jungen ist bei ihnen nicht mehr an Wasser gebunden, sondern der Embryo reift in einer mit Fruchtwasser gefüllten Amnionhöhle. Nabeltiere stellen neben Amphibien einer Großgruppe der Landwirbeltiere dar. Die Klasse der Reptilien umfasst derzeit rund 10 000 lebende sowie zahlreiche fossile Arten.

Amphibien und Reptilien im Vergleich

	Amphibien	Reptilien
Haut	unbedeckt	mit Schuppen bedeckt
Eiablage	im Wasser	an Land
Larvenstadium	ja (Kaulquappe bei Frosch)	nein (Entwicklung im Ei)

Eine Schuppenhaut schützt die Kriechtiere so wirkungsvoll vor Austrocknung, dass einige Arten bis in Wüstenregionen vordringen konnten. Weil die Schuppenhaut nicht mitwächst, wird sie bei der Häutung abgestoßen und durch eine neue, noch dehnbare Haut

Reptilien treten mitunter in bizarren Formen und Farben auf. Der Grüne Leguan etwa lebt in Mittel- und Südamerika und kann eine beachtliche Länge von bis zu zwei Metern erreichen.

Wie merke ich es mir?

Was sind die Unterschiede von Amphibien und Reptilien?

Tabellen in merkbare Form zu verwandeln, ist bereits eine größere geistige Herausforderung. Das starre Raster aus senkrechten und waagerechten Linien passt nicht unbedingt zur assoziativen Funktionsweise des Gehirns. Die Lösung sind – Sie werden kaum überrascht sein! – Bilder, die sich aus der Aneinanderreihung von Fakten ergeben.

Um sich die Unterschiede zwischen Amphibien (Frosch) und Reptilien (Schlange) aus der Tabelle zu merken, bewegen Sie sich in Gedanken durch den Innenraum Ihres Autos (Lenkrad, Fahrersitz, Rückbank, Kofferraum) und nutzen Sie diesen als *Römischen Raum* oder *Route* – je nachdem, ob Sie sich den Innenraum statisch oder dynamisch vorstellen. Positionieren oder *verorten* Sie die Merkmale von Amphibien immer oben im Bild (Frösche können hüpfen!) und die der kriechenden Reptilien immer unten.

Das mag verrückt klingen, aber lassen Sie folgende Bilder einmal in Ruhe auf Ihr Gehirn wirken: „Das unbedeckte Lenkrad ist mit weicher Froschhaut bezogen und der Rücken des Fahrers wird von harten Schlangenschuppen massiert, mit denen der Sitz bezogen ist. Der Laich (als Resultat der Eiablage) klebt wässrig an den hinteren Seitenscheiben und die Schlangeneier liegen auf den mit Sand und Erde bedeckten Rücksitzen. Im Kofferraum schlüpfen auf dem Boden die ersten Schlangen aus den Eiern, während die Kaulquappen versuchen, die Klappe aufzudrücken und ins Freie zu gelangen."

Auf diese Weise werden zwei völlig verschiedene Themen miteinander *verbunden*. Auch wenn der Innenraum eines Autos eigentlich nichts mit der Tierwelt zu tun hat, kann der Kopf sich durch die merkwürdige Verknüpfung präzise an die Unterschiede zwischen den beiden Tierarten erinnern.

Es muss nicht unbedingt ein Oldtimer sein! Doch der Innenraum von Autos eignet sich perfekt zur Anwendung als Römischer Raum oder Route.

ersetzt. Reptilien sind wechselwarm oder kaltblütig, das heißt, sie können Wärme nicht selbst erzeugen und ihre Körpertemperatur entspricht weitgehend der Lufttemperatur. Bei Kälte werden die Tiere träge bis hin zur Bewegungsunfähigkeit. Zur Gruppe der Reptilien zählen Schildkröten, Fischsaurier und Brückenechsen sowie Schuppenkriechtiere mit Echsen, Schleichen, Schlangen, Krokodilen, Flugsauriern und Dinosauriern.

Bei Echsen stehen die Extremitäten mit Oberarm und Oberschenkel seitlich vom Rumpf ab, was eine seitlich schlängelnde Bewegung bewirkt. Schlangen haben ihre Beine völlig zurückgebildet. Die Schuppen sind als quer verlaufende Bauchschiene ausgebildet, mit der sich die Tiere am Boden festhaken und den Rumpf nachziehen können. So gleiten sie nach vorn.

Schon gewusst?

Die ständig züngelnde Zunge der Schlange nimmt Geruchsstoffe auf und führt sie zum Jacobsonschen Organ, einem hochempfindlichen Geruchsorgan im Munddach. Es hilft ihr, den genauen Standort von Beute zu bestimmen. Außerdem nimmt sie Bodenschwingungen wahr und manche Arten spüren die Körperwärme von Kleinsäugern. Schlangen töten ihre Beutetiere durch Gift oder durch Umschlingen und Erdrücken.

Schildkröten tragen einen kastenartigen Panzer aus Rücken- und Bauchplatten. Es gibt etwa 340 Arten von Land- und Meeresschildkröten. Alligatoren und Krokodile gehören zu einer Stammlinie der Reptilien, die bis ins späte Trias zurückreicht. Heute leben noch 25 Arten von Krokodilen.

Dinosaurier beherrschten 140 Millionen Jahre lang Land, Meere und Lüfte. Sie brachten die größten landlebenden Tiere hervor, die es je gab. Einige Arten wurden bis zu 40 Meter lang und 17 Meter hoch. Ihre Knochen waren besonders leicht gebaut, es waren pflanzenfressende Langhalssaurier (Sauropoden) und Vogelbeckensaurier wie Stegosaurus, Triceratops und Iguanodon, die sehr kräftige Hinterbeine entwickelten. Die fleischfressenden Saurier wie *Tyrannosaurus rex* werden als Theropoden zusammengefasst. Im Meer lebten Paddelechsen (Plesiosaurier) und Fischsaurier (Ichthyosaurier). Die Flugsaurier (Pterosaurier) hatten von den Fingern bis zum Knie sowie zwischen den Beinen Flughäute. Bis heute hat man die Relikte von nahezu tausend Saurierarten gefunden. Vor 65 Millionen Jahren verschwanden die Dinosaurier infolge eines verheerenden Asteroideneinschlags.

Vögel – hervorragend ans Fliegen angepasst

Vögel sind Nachfahren der Dinosaurier. In den letzten Jahren wurden zahlreiche Zwischenformen entdeckt, vom Saurier mit wärmenden Federn bis hin zum Vogel. Der Urvogel fehlt allerdings noch. Allgemein gilt: Über die komplexen Verwandtschaftsverhältnisse der über 10 000 bekannten Vogelarten ist nur wenig bekannt.

Sämtliche äußeren Merkmale der Vögel machen das Fliegen effizienter, angefangen bei einem stromlinienförmigen Körper. Zudem sparen die Tiere an Gewicht, wo immer es geht: Ihre Knochen sind innen hohl, der Schädel leicht, Zähne und einige Fußknochen fehlen, Luftsäcke durchziehen den Körper, leichte Schwanzfedern ersetzen den Muskelschwanz. Das für die Koordination der Bewegungen zuständige Kleinhirn ist besonders stark entwickelt und das räumliche Sehvermögen außerordentlich gut. Die Lungen der Vögel sind extrem leistungsfähig, ihr Stoffwechsel ist hoch aktiv, Nahrung liefert ihnen schon in geringen Mengen reichlich Energie. Alle Vögel sind Warmblüter.

Krokodile lassen sich in drei grundlegende Familien aufgliedern: Echte Krokodile, Alligatoren und Gaviale (mit dem Gangesgavial als einzig lebendem Vertreter).

Möwe im Segelflug. Dabei kommt Vögeln mit breiteren Flügeln die Thermik – aufsteigende warme Luft – zugute.

Hinzu kommt: Vogelfedern sind sehr leicht, aber zugleich stabil und elastisch. Sie entstanden einst aus Reptilienschuppen und werden mit einem Sekret aus der Bürzeldrüse gefettet. Daunenfedern halten die Körperwärme, Deckfedern schützen den Vogelkörper, Steuerfedern bilden den Schwanz und Schwungfedern den Hauptteil der Flügel. Ihre Form und Anordnung entsprechen exakt aerodynamischen Anforderungen. Das Gewicht der Flugmuskulatur kann bei besonders guten Fliegern mehr als die Hälfte des Körpergewichts ausmachen. Die einfachste Form des Fliegens ist der Gleitflug. Beim Segelflug nutzen zumeist größere Vögel wie Adler oder Storch aufsteigende Luftströmungen. Am aufwendigsten ist der Ruderflug, bei dem der Flügelschlag das Tier in der Luft hält. Beim Rütteln steht der Vogel in der Luft.

Mehr als die Hälfte der Vogelarten führt Wanderungen von wenigen hundert Kilometern bis um die halbe Erde durch. Unerfahrene Zugvögel fliegen los, sobald ihr innerer Kalender das Signal zum Aufbruch gibt. Sowohl Zeitpunkt, Richtung und Dauer des Fluges sind angeboren. Sie folgen dem angeborenen Kompass, bis der Zugtrieb erlischt. (Der von artfremden Eltern aufgezogene Kuckuck zum Beispiel macht sich von allein auf den Weg nach Südafrika.) Zur Orientierung nutzen die Vögel die Sterne, die Sonne, das geomagnetische Feld und polarisierte Lichtmuster, im Nahbereich auch geografische Linien wie Flussverläufe oder neuerdings auch Autobahnen.

Schon gewusst?

Etwa 40 Vogelarten verloren im Lauf der Zeit ihre Fähigkeit zum Fliegen. Laufvögel wie Strauß, Emu und Nandu sind mit bis zu 150 Kilogramm Gewicht zu schwer zum Fliegen, können aber schnell laufen. Der Kiwi in Neuseeland konnte einst unbehelligt am Boden leben, da er dort keine Feinde vorfand. Auch Pinguine können nicht fliegen, sind dafür perfekt an das Leben im Wasser angepasst. Dank ihres stromlinienförmigen Körpers und ihrer paddelähnlichen Flügel „fliegen" sie unter Wasser.

Wichtige Vogelordnungen

Ordnung	Merkmale	Beispiele
Pinguine	flugunfähig, ausgezeichnete Schwimmer	Kaiser-, Königs- und Humboldt-Pinguin
Strauße	flugunfähig, größte lebende Vögel	Strauß (Afrika), Emu (Australien), Nandu (Südamerika)
Kiwis	flugunfähig, nacktaktiv, hühnergroß, Grabbeine	Kiwi in Neuseeland
Schreitvögel	weltweit verbreitet (in Sumpfgebieten)	Störche, Marabus, Ibisse
Gänse und Enten	weltweit verbreitet, Wasser- und Tauchvögel, Fettschicht unter der Haut, Seihschnabel	Graugans, Höckerschwan, Stockente, Blessralle
Raubvögel	Hackenschnabel, Greiffuß, extrem leistungsfähige Augen	Bussard, Habicht, Adler, Falken
Hühnervögel	schwerfällige, schlechte Flieger, Körner- und Pflanzenfresser	Hühner, Fasane, Auerhähne, Pfau
Tauben	weltweit verbreitet, Früchte- und Samenfresser, häufig Haustiere	Tauben
Papageien	Klettervögel, lebhafte Färbung, in den Tropen und Subtropen	Papageien, Wellensittiche
Eulen	nachtaktiv, lichtempfindliche nach vorn gerichtete Augen, sehr gutes Gehör, Greiffuß	Eulen, Käuze, Uhu
Spechte	weltweit verbreitet, Klettervögel mit Kletterfüßen und Stützschwanz, Meißelschnabel, Schleuderzunge	Buntspecht, Grünspecht
Sperlingsvögel	größte Vogelordnung (darunter die Singvögel), klein bis mittelgroß, über 4000 Arten	Schwalben, Meisen, Raben, Sperlinge, Kleiber, Drosseln, Stare, Lerchen

Säugetiere – behaarte Milchproduzenten

Die ersten Säugetiere (Mammalia) waren kleine, mausähnliche, insekten- und pflanzenfressende, nachtaktive Tiere. Sie entwickelten sich vor ca. 200 Millionen Jahren aus säugetierähnlichen Reptilien, den Therapsida. Über hundert Millionen Jahre lang blieben sie eine unbedeutende Gruppe, doch nach dem Aussterben der Saurier besetzten sie die frei gewordenen ökologischen Nischen. Heute gibt es mehr als 5300 Säugetierarten.

Die wohl bekannteste Klasse der Wirbeltiere zeichnet sich dadurch aus, dass sie ihren Nachwuchs mit Milch säugt, die in den Milchdrüsen der Weibchen erzeugt wird.

Wie merke ich es mir?

Wie lassen sich die ersten Säugetiere merken?

Abgelesene Vorträge können unerträglich für das Publikum sein. Stichwortkarten sind auch nicht unbedingt das ideale Redner-Werkzeug. Die *Routenmethode* ist die beste Technik, um Fakten eines Vortrags im Kopf zu speichern (beim Reden *und* beim Zuhören).

Das Merken entlang einer Route ist nicht schwer. Wählen Sie eine Reihenfolge von Orten, die Ihnen vertraut ist. Für einen Vortrag über Säugetiere starten Sie zum Beispiel an der Garderobe, gehen von dort zur Wohnungstür, dann durch das Treppenhaus, vorbei an den Briefkästen und raus durch die Haustür. Das sind fünf Merkorte (*Loci*) – und diese Route lässt sich problemlos verlängern.

Die Orte funktionieren wie ein Stapel Karteikarten, wobei Fakten der Reihe nach an die Orte gebunden werden. An der Garderoben geht es los: Sie rufen „Mamma-Lia!" (eigentlich „Mamma mia!"), weil etwas Ekeliges an der Garderobe hängt. Mithilfe einer „Taschenlampe" (Hinweis auf „nachtaktiv") sehen Sie am Haken eine „Maus" („mausähnlich") mit einer „Blume im Rachen" („pflanzenfressend"), die „mit Insekten übersät" ist („insektenfressend"). Somit haben Sie die ersten Säugetiere erfolgreich *verortet*.

Auf dem Weg zur Wohnungstür steigen Sie anschließend über ein schreiendes Baby (Hinweis auf „Entstehung") und sehen an der Tür die Skulptur einer „Nase" (*Majorsystem* = 20), aus der in einen „See" (= 0) von Millionen (Geld als Symbol für „Jahre") tropft. Als „Therapie" (Hinweis auf *Therapsida*) „saugen Krokodile" an der Nase. Nun ist auch gemerkt, aus welchen Wesen („reptilienähnliche Säugetiere") sich die ersten Säugetiere entwickelten und wann.

Nicht alle Säugetiere sind so dicht behaart wie Schafe. Die spärliche Körperbehaarung des Menschen erinnert uns an dieses animalische Erbe.

Säugetiere sind Amnioten, die behaart sind und Milch produzieren. Alle Säugetierweibchen säugen ihre Jungen mit Milch, die Milchdrüsen wurden sogar zum Namensgeber dieser Wirbeltierklasse. Mammalia besitzen Haare, die zusammen mit Fettschichten der Unterhaut den Körper der Warmblüter vor Wärmeverlust schützen. Die Zähne bestehen aus Dentin, Schmelz und Zement, meist kommen sie als Schneidezähne zum Zerteilen, Eckzähne zum Reißen (bei Raubtieren zum Ergreifen der Beute) und Backenzähne zum Zermahlen vor. Das Gehirn ist deutlich vergrößert, die Sinnesorgane hoch spezialisiert. Viele Säugerarten sind äußerst lernfähig; während der langen elterlichen Brutpflege lernen die Nachkommen von den Eltern.

Das wesentliche Merkmal der Echten Säuger (Eutheria, Placentalia) ist die Entwicklung einer Plazenta (Mutterkuchen). Durch sie wird das Junge im Mutterleib ausgebildet, geschützt und versorgt, was wiederum eine lange Tragezeit ermöglicht. Die Embryonalentwicklung wird im Mutterleib abgeschlossen. Embryo und Muttertier stehen über die Plazenta miteinander in enger Verbindung.

Die nur in Australien, Tasmanien und Neuguinea vorkommenden Ameisenigel und Schnabeltiere legen hingegen Eier, brüten sie aus und ernähren die geschlüpften Jungtiere mit Muttermilch, die diese allerdings abschlecken und nicht saugen. Die Weibchen besitzen nämlich keine Zitzen, sondern die Milchdrüsen enden in einem Drüsenfeld. Eier legende Säugetiere (Protheria) bilden die urspünglichste Ordnung der Säuger, auch Kloakentiere (Monotremata) genannt. Schnabeltiere sind ausgezeichnete Schwimmer, Ameisenigel ernähren sich von Ameisen, Termiten und anderen Insekten sowie Schnecken.

Eine weitere Variante der Aufzucht ist bei Beuteltieren (Metatheria) gegeben, deren Jungtiere im Beutel der Mutter aufwachsen, nachdem sie in einer sehr frühen Entwicklungsphase geboren wurden. Das Junge des Rotes Riesenkängurus kommt bereits 33 Tage nach der Befruchtung des Eies zur Welt. Dabei ist es so groß wie eine Honigbiene und wiegt etwa ein Gramm. Im Beutel erreicht es in sechs bis acht Monaten ein Gewicht von vier Kilogramm, danach wird es weitere sechs Monate oder länger gesäugt. Rund 320 Arten Beuteltiere leben in Australien und Amerika, zum Beispiel Känguru, Koala, Wombat und Opossum. Sie besetzen alle ökologischen Nischen und ähneln verblüffend den Echten Säugern.

Das Känguru stellt gewiss das bekannteste Beuteltier dar. Neben Australien kommt es auch auf Neuguinea vor – und widmet sich dort der Aufzucht der „Joeys“ (so werden die Jungen der Beuteltiere in Australien genannt).

Übersicht Säugetiere

Ordnung	Beispiele	Merkmale
Eier legende Säugetiere (Protheria)	Schnabeltier, Schnabeligel	Eier legend, keine Zitzen, Lecken der Muttermilch aus einem Milchfeld
Beuteltiere (Metatheria)	Känguru, Opossum, Koala, Beutelmaus, Gleitbeutler	unreife Schlüpflinge, Weiterentwicklung im Beutel
Insektenfresser (Insectivora)	Igel, Spitzmaus, Maulwurf	Nahrung aus Insekten und Kleintieren, zahlreiche wenig differenzierte Zähne
Fledermäuse (Chiroptera)	Fledermäuse, Flughunde	Flughäute zwischen Fingern, Orientierung durch Ultraschall, dämmerungsaktiv
Riesengleiter (Dermoptera)	Pelzflatterer	Gleitflüge durch Flughaut
Spitzhörnchen (Scandentia)	Spitzhörnchen	Gemeinsamkeiten mit Primaten
Primaten (Herrentiere)		höchst entwickelte Tiergruppe (etwa 180 Arten einschließlich Mensch), großes Gehirn (entwickelte Großhirnrinde), Augen nach vorn gerichtet, kleine Nasen, mimische Muskulatur, meist opponierbare Daumen und Großzehen, Plattnägel anstatt Krallen, Allesfresser
	Halbaffen (Lemuren, Loris, Buschbabys u. a.)	Lemuren nur auf Madagaskar
	Breitnasen- oder Neuweltaffen (Kapuziner-, Brüll-, Spinnen-, Schweif-, Springaffen u. a.)	in Süd- und Mittelamerika, Baumbewohner
	Schmalnasen- oder Altweltaffen (Meerkatzen, Paviane, Makaken, Stummel- und Schlankaffen)	in Afrika, Asien
	Anthropomorphe Affen (Gibbons und *Pongidae* mit Orang-Utan, Gorilla, Schimpanse und *Hominidae*, also Menschen)	zu Altweltaffen gehörig
Raubtiere (Carnivora)	Hunde, Wölfe, Katzen, Dachs, Fuchs, Otter, Wiesel, Bären, Hyänen	scharfe, spitze Eckzähne (Fangzähne), zum Brechen von Knochen geeignete Backenzähne, Krallen
Meeresraubtiere (Pinnipedia)	Seelöwe, Walross, Robben	walzenförmiger Körper, Beine zu Flossen umgewandelt, isolierende Fettschicht
Wale (Cetacea)	Zahnwale (Pottwal und Tümmler), Bartenwale (Blauwal)	fischförmiger Körper, flossenähnliche Vorderbeine, keine Hinterbeine, quergestellte Schwanzflosse, isolierende Fettschicht
Röhrenzähner (Tubulidentata)	Erdferkel	Zähne aus zahlreichen zementierten dünnen Röhren, Ameisen- und Termitenfresser
Paarhufer** (Artiodactyla)	Flusspferde, Schweine, Rinder, Schafe, Hirsche, Antilopen, Gazellen, Giraffen, Kamele	artenreichste und verbreitetste Gruppe der Huftiere, verlängerter dritter und vierter Zeh, Pflanzenfresser, Wiederkäuer (bis auf Flusspferd und Schwein)
Unpaarhufer** (Perissodactyla)	Pferde, Esel, Zebra, Onager, Tapire, Nashörner	vorherrschende dritte Zehe, Beißgebiss, Pflanzenfresser
Schliefer* (Hyracoidea)	Schliefer	kaninchengroß, Pflanzenfresser mit Nagezähnen, komplexer Magen mit mehreren Kammern
Rüsseltiere* (Proboscidea)	Elefanten	langer, muskulöser Rüssel, dicke, locker sitzende Haut, obere Schneidezähne zu Stoßzähnen verlängert, spezialisierte Backenzähne
Seekühe* (Sirenia)	Seekühe, Dugong	im Wasser lebende Pflanzenfresser, flossenartige Vorderbeine, Hinterbeine nicht sichtbar
Nebengelenktiere (Xenarthra)	Ameisenbär, Faultiere, Gürteltier	nur in Südamerika vorhanden und ansässig, reduzierte oder fehlende Zähne, sowohl Pflanzen- (Faultier) als auch Fleischfresser (Gürteltier, Ameisenbär)
Schuppentiere (Pholidoata)	Schuppentiere	lange klebrige Zunge, keine Zähne, nachtaktiv, Termitenfresser
Nagetiere (Rodentia)	Mäuse, Ratten, Hamster, Biber, Eichhörnchen, Stachelschwein	größte Gruppe der Kleinsäuger, artenreichste Ordnung, typische Nagezähne (je zwei Zähne in Ober- und Unterkiefer), die ständig nachwachsen und durch Nagen abgenutzt werden, Pflanzen-, Körner- und Allesfresser
Hasenartige (Lagomorpha)	Hasen, Kaninchen, Pfeifhasen	Nagezähne, dahinter je ein kleiner Stiftzahn, Hinterbeine länger als Vorderbeine, gute Läufer und Springer, Pflanzenfresser

* Schliefer, Rüsseltiere und Seekühe werden zur Gruppe der Subungulata zusammengefasst, da sie vermutlich von einem gemeinsamen Vorfahren abstammen.

** Paarhufer und Unpaarhufer sowie die Subungulata bilden gemeinsam die Ordnung der Huftiere (Ungulata).

Löwin jagt Zebra in der afrikanischen Savanne – aller Voraussicht nach mit Erfolg! Auch wenn Löwen gemeinhin als die „Könige der Raubkatzen“ gelten, stellen sie keine Geschwindigkeitsrekorde bei der Jagd auf – im Gegensatz zu Geparden, den schnellsten Landtieren überhaupt.

Aus dem Leben der Tiere

Tiere zeigen in Lebensweise und Verhalten eine unvorstellbare Vielfalt. Alle Formen des Zusammenlebens sind vertreten: Einzelgängertum, überschaubare Rudel und Sippen, Herden oder Schwärme aus Millionen von Tieren, rigide durchorganisierte Großstaaten und lebenslängliche Paarbeziehungen, die auf Zuneigung beruhen.

Nicht nur innerhalb, sondern auch zwischen den Arten gibt es verschiedene Formen des Zusammenlebens und der Abhängigkeit: Im einfachsten Fall leben Tiere verschiedener Arten nebeneinanderher und keiner beachtet den anderen. Meist jedoch stehen sie in irgendeiner Form miteinander in Beziehung, etwa als Beute und Räuber wie Antilope und Löwe, Kaninchen und Bussard, Spinne und Fliege, Plankton und Bartenwal, oder als Parasit und Wirt. Weitverbreitet sind auch Tisch- oder Wohngemeinschaften sowie Symbiosen. Sie können vorübergehend oder dauerhaft sein.

Räuber und Beute

Beutetiere entkommen durch schnelle Flucht, wehren sich mit Panzern, Hörnern, Stacheln und Giften, erschrecken den Angreifer, so etwa einige Schmetterlinge, indem sie ihre Augenflecken auf den Hinterflügeln unerwartet präsentieren, oder fügen sich durch eine Tarntracht so in ihre Umwelt ein, dass sie kaum erkennbar sind. Letzteres gelingt durch Farbanpassung – das Fell der Hermeline ist im Sommer braun und im Winter weiß – oder Gestaltauflösung. Frischlinge sind durch ihre Muster im Dickicht des Waldes nicht wahrzunehmen, auch die Streifen des Zebras verbergen im hohen Gras die Form und Gestalt des Tieres.

Parasit und Wirt

Die parasitische Lebensweise ist weitverbreitet, rund 70 000 derartige Beziehungen sind bekannt, die meisten Tierarten haben Schmarotzer unter sich. Parasiten leben auf (etwa Flöhe, Läuse und Stechmücken) oder in ihrem Wirt (etwa Darmparasiten, Leberegel und Trichine), manche zeitweise, andere dauerhaft. Eine besondere Form ist der Raubparasitismus. Schlupfwespen und Raupenfliegen legen ihre Eier auf oder in einem lebenden, aber gelähmten Wirt ab. Die Larven ernähren sich von dessen Körpergewebe und töten ihn schließlich. Die parasitische Lebensweise führt nicht selten zu so starken Anpassungen, dass die Tiere auf den ersten Blick kaum in ihrer Zugehörigkeit zu einer systematischen Gruppe zu erkennen sind.

Schon gewusst?

Die Königinnen der Großen Roten Waldameisen dringen in den Staat einer anderen nahe verwandten Art ein, töten deren Königin und lassen ihre eigene Brut von den Wirtsameisen (Arbeiterinnen) aufziehen. Allmählich sterben die Wirtsameisen aus und es entsteht eine reine Kolonie der parasitischen Art.

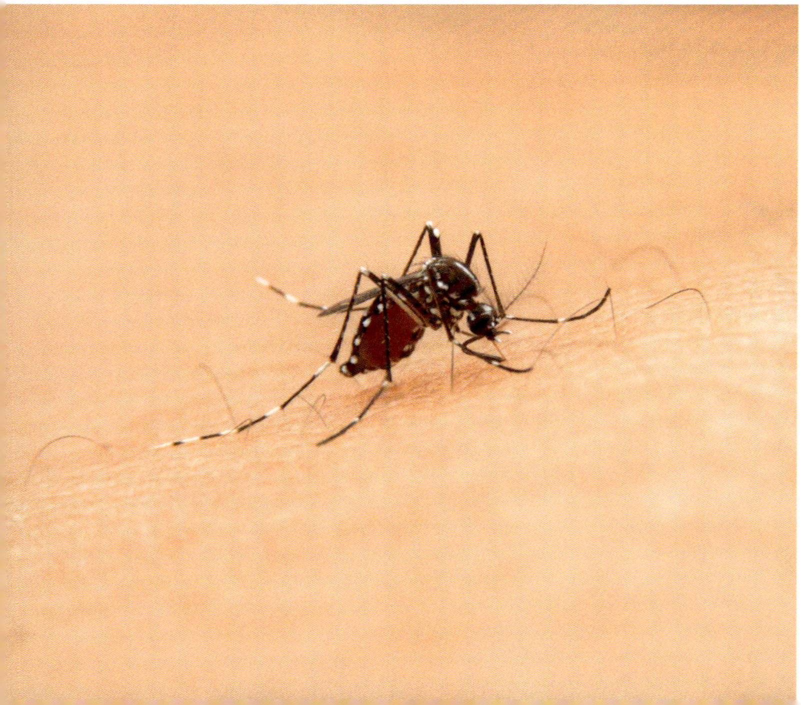

Tisch-, Wohn- und andere vorübergehende Gemeinschaften

Vielfältig sind auch die Formen des Zusammenlebens, die einen anderen tierischen Partner nutzen, diesem aber keinen Schaden zufügen: Tischgemeinschaften sind sehr häufig, hier nimmt eine Art an der Mahlzeit anderer Tiere teil. Lotsenfische schnappen nach den Nahrungsabfällen der Haie und Rochen, Aasgeier und Schakale zehren von der Beute der Raubtiere, Kuhreiher fressen die von Wasserbüffeln aufgeschreckten Insekten.

Wohngemeinschaften sind nicht minder selten: Vögel brüten gerne in der Nähe anderer Tiere, so nisten einige Gänse in der Nähe von Falken und sind so vor Füchsen geschützt, Eiderenten brüten in Kolonien der wehrhaften Seeschwalben, Singvögel suchen die Nähe von Wespen oder Hornissen. Die Brandgans brütet in Dachs-, Kaninchen- und Fuchsbauten. Viele Insektenlarven leben in Nestern von Vögeln, Säugern oder Hummeln und ernähren sich von Abfallstoffen, Nistmaterial oder Schimmelpilzen. Im Schneckenhaus des Einsiedlerkrebses lebt oft noch ein Borstenwurm. Sie teilen sich nicht nur die Wohnung, sondern auch die Nahrung.

Ebenso sind Transportgemeinschaften verbreitet: Milben- und Nematodenlarven kleben sich an Mistkäfer und lassen sich auf neue Dunghaufen tragen, Zecken fliegen mit Vögeln über große Distanzen, Schiffshalterfische heften sich an Haie und Schildkröten.

Eine Symbiose bringt beiden Partnern Vorteile

Lockere Gemeinschaften bilden sich häufig in Savannen und Steppengebieten. Die Fluchtreaktion von Zebras löst diejenige einer Gnu-Herde aus. Strauß und Antilopen ergänzen sich insofern, als der Strauß mögliche Feinde frühzeitig sieht und die Antilope sie riecht. Bei Putzsymbiosen befreit eine Tierart die andere von Hautparasiten, indem sie diese frisst, so der Kuhreiher bei Huftieren, der Krokodilwächter bei Krokodilen, die Putzerfische und Putzergarnelen bei Meerestieren.

Weltweit kommen ca. 3500 Arten von Stechmücken vor. Viele davon zählen zu den Parasiten des Menschen, was bestimmt ein jeder schon einmal schmerzlich erfahren durfte.

Auch wenn es den Anschein hat, werden die beiden Putzerfische nicht sogleich von einer furchterregenden Muräne verspeist. Sondern sie reinigen nur deren Maul vor Parasiten und Verunreinigung.

Ameisen und Blattläuse tauschen Schutz gegen Nahrung. Die Ameisen lecken die zuckerhaltigen Ausscheidungen, den Honigtau, auf und schützen die Blattläuse vor Feinden. Symbiosen werden oft zu sehr engen Beziehungen und können so weit gehen, dass ein Partner gar nicht mehr allein leben kann. Auch die Haus- und Nutztiere gingen einst eine Gemeinschaft mit dem Menschen ein und ließen sich zähmen. Die Tiere bekamen Nahrung und Schutz, der Mensch Begleiter und/oder Nutztier – zum Beispiel vor ca. 10 000 Jahren das Hausrind, die domestizierte Form des eurasischen Auerochsen.

Wie merke ich es mir?

Wer kennt den Unterschied beim männlichen Vieh?

Kennen Sie den Unterschied in der Anrede männlicher Rinder? Wenn nicht, oder falls Sie nicht sicher sind, finden Sie hier zunächst einmal die genaue Definition der Begriffe:

Bis zum siebten Monat wird alles auf vier Beinen als Kalb bezeichnet. Danach bis zum ersten Geburtstag spricht der Experte vom Jungrind. Anschließend werden die „Jungs" entweder Bulle oder Stier genannt (trotz unterschiedlicher Bezeichnungen steht beides für das geschlechtsreife männliche Rind). Und als Ochse wird schließlich ein kastriertes männliches Rind bezeichnet.

Und wie kann man sich das merken? Ganz einfach – indem wir ein paar *Eselsbrücken* bilden. Für eine erste bedienen wir uns des *Zahlen-Symbol-Systems*: Den Zusammenhang zwischen Kalb und dem siebten Monat lässt sich nämlich mithilfe der Ähnlichkeit zwischen dem Buchstaben „K" und der „7" merken. Schauen Sie sich das Wort „Kalb" so lange an, bis Sie die „7" im ersten Buchstaben des Wortes sicher erfassen – und bei Bedarf auch wiedererkennen.

Den Unterschied zwischen „stierenden Bullen" (*Verbindung* beider Begriffe kennzeichnet Synonymität) und Ochsen können Sie mithilfe des folgenden Bildes merken: „Der stierende Bulle ist geschlechtsreif und stiert daher die Kühe (weibliche Rinder) an. Der Ochse hingegen ist nicht mehr geschlechtsreif, weshalb er einfach nur dämlich danebensteht (abgeleitet aus der umgangssprachlichen Beleidigung „dämlicher Ochse")."

Während der Stierhatz im spanischen Pamplona laufen junge Männer vor geschlechtsreifen Bullen her, die das wohl kaum lustig finden.

Tierische Rekorde

längste Tiere	55 m	Schnurwurm	Wirbelloser
	33,53 m	Blauwal	Säugetier
	18 m	Riesenkalmar	Wirbelloser
	18 m	Pottwal und Walhai	Säugetier bzw. Fisch
	9,75 m	Schwertwal (Orca)	Säugetier
höchste Tiere	5,7 m	Giraffe	Säugetier
	3,75 m	Afrikanischer Elefant	Säugetier
	2,8 m	Strauß	Vogel
kleinste Tiere	7-8 mm	Frosch, Grundel, Karpfenart	Amphibie bzw. Fisch
	16 mm	Zwerggecko	Reptil
	29 mm	Schweinsnasenfledermaus	Säugetier
	4,4 cm	Afrikanische Zwergmaus	Säugetier
	6 cm	Kolibri	Vogel
älteste Tiere	10 000 Jahre	Riesenschwamm	Wirbellose
	4000 Jahre	Baumkoralle	Wirbellose
	410 Jahre	Islandmuschel	Wirbellose
	256 Jahre	Riesenschildkröte	Reptil
	154 Jahre	Stör	Fisch
	140 Jahre	Hummer	Wirbellose
	104 Jahre	Papagei	Vogel
schnellste Tiere	322 km/h	Wanderfalke beim Jagen	Vogel
	160 km/h	Taube beim Fliegen	Vogel
	109,7 km/h	Fächerfisch	Fisch
	110 km/h	Gepard (Kurzstrecke)	Säugetier
	90 km/h	Schwertwal	Säugetier
	88 km/h	Mexikanischer Gabelbock (Langstrecke), Rotes Riesenkänguru	Säugetier
	80 km/h	Thomsongazelle, Gnu, Feldhase	Säugetier
	72 km/h	Strauß	Vogel
	70 km/h	Windhund	Säugetier
schwerste Tiere	160 t	Blauwal	Säugetier
	3500 kg	See-Elefant	Säugetier
	2235 kg	Mondfisch	Fisch
	1814 kg	Riesenkalmar	Wirbellose
	916 kg	Lederschildkröte	Reptil
	800 kg	Eisbär	Säugetier
	160 kg	Strauß	Vogel
lauteste Tiere	250 dB	Pistolenkrebs	Wirbellose
	188 dB	Blauwal	Säugetier
	107 dB	Afrikanische Zikade	Insekt
	bis 100 dB	Brüllaffe	Säugetier
giftigste Tiere	250 Menschen	Seewespe (Qualle) Die Giftmenge eines Tieres könnte 250 Menschen töten.	Wirbellose
	230-250 Menschen	Inlandtaipan	Reptil
	30 Menschen	Kugelfisch	Fisch
	26 Menschen	Blauring-Krake	Wirbellose
	10 Menschen	Pfeilgiftfrosch	Amphibie
beste Springer	13,5 m weit	Graues Riesenkänguru	Säugetier
	7 m hoch	Delfin	Säugetier
	6 m hoch	Puma	Säugetier

größte Spannweite	3,5 m	Wanderalbatros	Vogel
	3,2 m	Andenkondor	Vogel
	2,75 m	Trompetenschwan	Vogel
	2,7 m	Riesenkrake	Wirbellose
tiefste Taucher	8000 m	Schlangenfisch	Fisch
	3000 m	Pottwal	Säugetier
	1200 m	Lederschildkröte	Reptil
	540 m	Kaiserpinguin	Vogel
weiteste Wanderer	30 000 km	Küstenseeschwalbe	Vogel
	20 558 km	Lederschildkröte	Reptil
	20 000 km	Grauwal	Säugetier
	6000 km	Karibu	Säugetier

Ausgestorben und verschwunden

Auf jede Art, die heute existiert, kommen neun, die ausgestorben sind. Anhand von Fossilfunden lässt sich die Entwicklung der Tiere verfolgen, allerdings nur unvollständig, da die meisten Tiere spurlos verschwanden. Im Folgenden soll eine kleine Auswahl ausgestorbener Tiere einen Einblick in eine heute unbekannte Tierwelt geben:

- Trilobiten: Die Gliederfüßer lebten vom Kambrium bis ans Ende des Perms. Ihren Namen „Drei-Lappen-Krebs" verdanken sie ihrem in drei Teile gegliederten chitinhaltigen Panzer.
- Brachiopoden: Die Armfüßer sind Wirbellose mit zweiklappigen Schalen und lebten vermutlich am Boden der Meere. Sie waren lange Zeit eine sehr dominante Gruppe und ähneln den Muscheln.
- Riesenamphibien: Einst erreichten Amphibien eine Länge von rund neun Metern und verfügten über eine krokodilähnliche Gestalt. Sie lebten während des Erdaltertums in Sümpfen mit üppiger Vegetation.
- Ichtyosaurier: Fischsaurier waren große, mehrere Meter lange Jäger. Einige Fossilien zeigen Weibchen mit Embryonen.
- Archaeopteryx: Dieser Urvogel aus dem Jura vereint Merkmale von Reptilien und Vögeln und galt lange Zeit als Stammvater der Vögel. Tatsächlich gehört er zu einer frühen Seitenlinie der Vögel. Das echte Bindeglied zwischen Reptil und Vogel wurde allerdings noch nicht gefunden.
- Riesenlibellen: Es handelt sich um einfache Insekten mit zwei Paar Netzflügeln. Die größte heute lebende Libelle erreicht eine Flügelspannweite von 15 Zentimeter, die früheren Riesenlibellen (*Meganeura*) fast 70 Zentimeter.

Trilobiten starben von ca. 251 Millionen Jahren aus. Ihr mit Kalziumkarbonat zu einem Panzer verstärktes Skelett findet sich noch heute in zahlreicher Form als Fossil.

- Ammoniten: Es handelt sich um eine Gruppe der Kopffüßer (Cephalopoda) mit einem spiralig gedrehtem Kalkgehäuse. Ihre Größe reichte von einigen Zentimetern bis zu fünf Meter. Das heute noch lebende Perlboot (*Nautilus*) ähnelt den Ammoniten aus Jura und Kreidezeit.
- Belemniten: Die den Kalmaren ähnelnden Tiere kamen während der Jura- und Kreidezeit in riesigen Mengen vor. Ihr Vorderende bestand aus einem länglichen Kalkteil, der als Donnerkeil bekannt ist.
- Terrorvögel: Der urzeitliche Riese lebte vor 65 Millionen Jahren. Als flinker Laufvogel ersetzte er die schnellen Dinosaurier als wichtigste Räuber. Seine Fossilien wurden vor allem in Südamerika gefunden.
- Mammut: Die engen Verwandten der Elefanten lebten bis vor 4500 Jahren in Afrika, Asien, Europa und Nordamerika. Steppenmammuts erreichten eine Schulterhöhe von vier Metern, als letzte starben die Wollmammuts aus. Insgesamt gab es rund zehn verschiedene Mammutarten.

Schon gewusst?

Eigentlich ist der Begriff lebende Fossilien ein Widerspruch in sich, denn Fossilien leben nicht. Dennoch werden einige Tier- und Pflanzenarten, die in gleicher oder ähnlicher Form bereits in weit zurückliegenden Erdzeitaltern existierten, als lebende Fossilien bezeichnet. Das gilt zum Beispiel für den Quastenflosser, der schon vor ca. 400 Millionen Jahren auf der Erde lebte und sich seitdem nicht verändert hat. Zu den ältesten lebenden Fossilien zählen die Archaebakterien, die bereits vor mehr als drei Milliarden Jahren die Erde besiedelten.

Das Skelett eines Mammuts befindet sich im Naturhistorischen Museum von Washington, DC, USA. Die ausgestorbene Gattung der Elefanten entwickelte sich einst im ausgehenden Miozän in Afrika.

Der Lebensraum des Wasserfrosches, auch Teichfrosch genannt, ist das Wasser. Doch nicht alle Froschlurche, zu denen auch Unken und Kröten zählen, bevölkern bevorzugt diesen Lebensraum.

Lebensräume

In einem Lebensraum herrschen gleichartige Umweltbedingungen vor – geografische Lage, klimatische und geologische Bedingungen ähneln sich. Sie bestimmen das Biotop, welches wiederum bestimmte Anpassungen von seinen Bewohnern fordert. Das Wirkungsgefüge zwischen diesen – ob Pflanzen, Tiere, Pilze oder Mikroorganismen – und ihrem Lebensraum stellt ein Ökosystem dar.

Fast drei Viertel unseres Planeten sind mit Wasser bedeckt. Die Ozeane erstrecken sich vom Nordpol bis zum Südpolarmeer und rund um den Erdball. Sie bilden den größten und vielfältigsten Lebensraum überhaupt – und den weitaus unbekanntesten. Wenn das kein Grund ist, etwas näher hinzuschauen.

Artenvielfalt in küstennahen Gewässern

An den Küsten herrschen extreme Lebensbedingungen: Ebbe und Flut, Brandung und Spritzwasser, extreme Schwankungen des Salzgehaltes, Gefahr der Austrocknung bei Ebbe, direkte Sonnenstrahlung und vieles mehr. Dieser Grenzbereich zwischen Wasser und Land erfordert besondere Anpassungsmaßnahmen. So schützen dickwandige Schalen und Panzer die Schnecken, Muscheln und Krebstiere vor Sonne und Brandung. Braunalgen besitzen eine schleimige Oberfläche, die ein Austrocknen verhindert. Miesmuscheln heften sich mit Byssusfäden am Felsen fest, Seepocken zementieren ihre Schale im Untergrund. Etliche Tiere suchen bei Ebbe Wassertümpel oder nasse Felsspalten auf, Meereswürmer und Weichtiere vergraben sich in Sand und

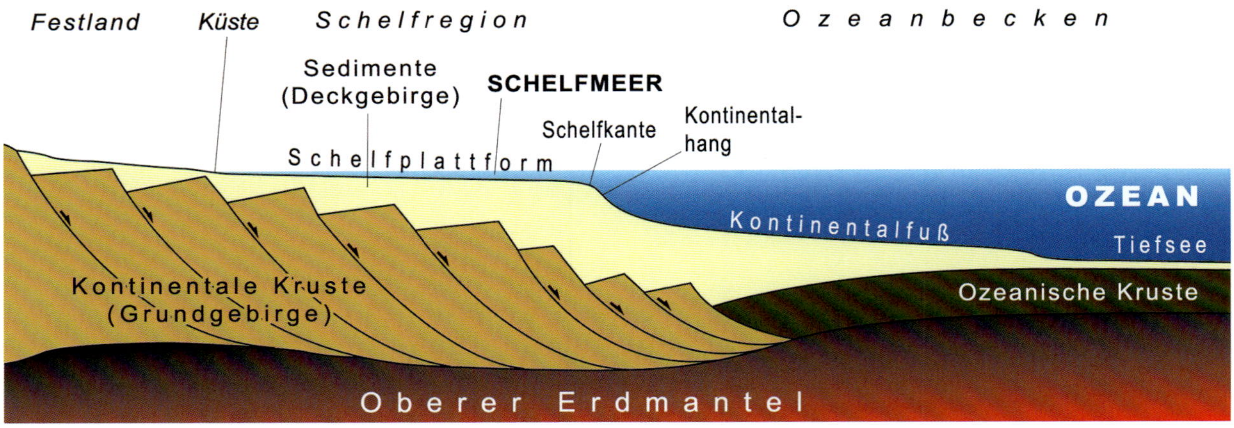

Profil eines Kontinentalhanges mit Schelfbereich

Schlick. Luft atmende Tiere wie Springschwänze sichern sich für die Dauer der Flut einen Luftvorrat zwischen ihren Körperhärchen.

Schelfmeere umsäumen die Küsten von Festland und Inseln. Sie liegen noch über dem Festlandsockel, reichen bis zu 200 Meter tief und sind sehr produktive Zonen. Vom Festland kommende Flüsse führen ihnen reichlich Mineralstoffe zu. Wo aufsteigende Meeresströmungen weitere Mineralstoffe nach oben bringen, finden sich die ergiebigsten Fischgründe (meist vor den Ostküsten der Kontinente). Am Rand der Kontinentalplatten fällt der Ozeanboden steil ab bis in Tiefen von 2000 bis 3000 Metern und mehr.

Leeres offenes Meer

Die Flächen über den ozeanischen Platten bilden das offene Meer, die Hochsee. Licht durchdringt die oberen 80 Meter, in besonders klarem Wasser reicht es bis 200 Meter. Hier treibt das Plankton, allerdings nur in nährstoffreichen Gebieten. Weite Teile der Ozeane sind praktisch leer und gleichen einer Wüste.

Das Phytoplankton besteht vor allem aus Dinoflagellaten und Kieselalgen. Sie bauen teils enorm viel Biomasse auf und bilden die Lebensgrundlage fast der gesamten Tierwelt im Ozean. Zwei Drittel des Phytoplanktons werden sofort vom Zooplankton – Klein-

Wie merke ich es mir?

Wo liegen Adria und Riviera?

Gerne verwechselt und häufig diskutiert: Auf welcher Seite vom italienischen Stiefel liegen Adria und Riviera? Damit niemand ins Grübeln kommt, wird erst einmal ein Hinweis zu den Namen gegeben: Bei der Adria handelt es sich um ein Meer (Adriatisches Meer), während die Riviera die Bezeichnung für einen Küstenabschnitt ist (der italienische Teil der Riviera grenzt an das Ligurische Meer). Eine simple *Eselsbrücke* soll helfen, diese beiden Namen zielsicher auf einer Karte zeigen zu können. Dabei bedienen wir uns einer *Ähnlichkeit* im Klang, um ein einprägsames Bild im Kopf zu schaffen:

„Beim Betreten der Stadt Venedig rufen alle Besucher vor Erstaunen „Ahh!". Denn Venedig liegt an der Adria (was in etwa so ähnlich klingt wie der begeisterte Ausruf)." Folglich ist die Adria östlich vom Stiefel zu finden – und die wunderschöne Riviera auf der westlich gelegenen Seite.

Für diese Eselsbrücke sollten Sie allerdings wissen, wo Venedig liegt. Wenn diese Information völlig neu für Sie ist, dann haben Sie sich sogleich weiteres Wissen angeeignet.

Plankton (unter dem Mikroskop betrachtet) sind alle im Wasser lebenden Organismen, deren Schwimmrichtung von der Strömung bestimmt wird – im Gegensatz zu Nekton, allen Wassertieren, die zu strömungsunabhängigem Schwimmen fähig sind.

krebse und Larven – verzehrt. Das gesamte Plankton wiederum ernährt Fische, Tintenfische, Meeressäuger und Seevögel. Das restliche Plankton sinkt ebenso wie abgestorbene Tiere in die Tiefe, wo es den Strudlern, Filtrierern, Tentakelfängern und Substratfressern als Nahrung dient.

Schon gewusst?

Plankton umfasst sämtliche Organismen im Meer, die sich nicht selbst fortbewegen können, sondern mit der Meeresströmung treiben. Es besteht zu zwei Dritteln aus pflanzlicher und einem Drittel aus tierischer Masse.

Der allergrößte Teil der Meere liegt im ewigen Dunkel. Es ist das Reich der Tiefsee, der Lebensraum von Riesenkalmaren und Pottwalen, von bizarren Tiefseefischen und skurrilen Wirbellosen. Kälte, Dunkelheit, hoher Wasserdruck und Nahrungsmangel erschweren das Überleben. Tiefseebewohner sind kälteresistente, meist weltweit vorkommende Arten, oft Räuber mit großen Mäulern, kräftigen Zähnen und dehnbaren Mägen. Viele Tiere erzeugen eigenes Licht zum Anlocken der Beute und von Geschlechtspartnern.

Überraschungen am Meeresgrund

Der Meeresgrund gleicht einer Schlamm- oder Schlickwüste. Und doch existieren hier Tiere, etwa einige Fische, Schwämme, Schlangensterne, Seeigel und Seegurken. Sie suchen den Meeresboden nach abgesunkenen organischen Resten ab. Man fand sogar riesige, bis zu 25 Zentimeter große Amöben, stellenweise sogar mehr als 20 Stück auf einem Quadratmeter. Am Kontinenalabhang, an dem sich der Ozeanboden von der Schelfkante bis zum Kontinentalfuß herabsetzt, wurden Korallenriffe entdeckt; diese Kaltwasserkorallen leben von Plankton, das sie mit ihren Tentakeln einfangen.

Auf Faszinierendes stießen die Forscher vor wenigen Jahrzehnten am Meeresgrund des mittelozeanischen Rückens. An hydrothermalen Quellen steigt heißes Magma aus dem Erdinnerr auf und erwärmt in poröses Gestein eingedrungenes Meerwasser, das dann unter hohem Druck und mit Temperaturen von über 400 Grad nach oben schießt. Die mitgerissenen Mineralien und Gesteine wachsen zu riesigen Schloten heran, je nach Material werden sie „Weiße Raucher" oder „Schwarze Raucher" genannt. Rund um diese Schlote wimmelt es von Lebewesen, zum Beispiel Bakterien.

Flüsse – von der Quelle zur Mündung

Von der Quelle bis zur Mündung verändern sich im Fluss die Umweltbedingungen, jede Zone weist eine charakteristische Lebensgemeinschaft auf. An der Quelle ist das Wasser arm an Nährstoffen und Sauerstoff. In der anschließenden Bachregion strömt kaltes, klares Wasser schnell über Kies und Steine und windet sich durch schattige Wälder. Nur wenige Tierarten sind der Strömung gewachsen: vor allem Strudelwürmer, Flohkrebse, Wassermilben, Eintags-, Stein- und Köcherfliegen. Sie schützen sich vor dem Verdriften mit Haltevorrichtungen wie Klauen, Saugnäpfen oder Haftsekreten. Charakteristische Fische in dieser Region sind Lachs, Bachforelle und Saibling.

Die Bachforelle, eine Unterart der Forelle, zeichnet sich durch vereinzelte rote Punkte aus, die bäuchlings auf einem oliv-schwarz-braunen Hintergrund auftreten können.

Im Mittellauf wird der Bach zum Fluss, es ist die Region der Äschen und Barben. Im Unterlauf fließt der Fluss gemächlich; er ist breit, lagert Sandbänke ab und wird von Auenwäldern gesäumt. Es handelt sich um eine sehr artenreiche, vielfältige Region, Barbe und Brachse dominieren. Schließlich mündet der Fluss als Ästuar (Bucht) oder bildet ein Delta mit mehreren Mündungsarmen.

Schon gewusst?

Nur 2,5 Prozent des gesamten Wassers auf der Erde ist Süßwasser. Davon sind zwei Drittel als Eis und Schnee an den Polkappen und in Gletschern gebunden. 30 Prozent befinden sich als Grundwasser oder Feuchtigkeit im Boden. Auf Seen und Flüsse entfallen nur 0,3 Prozent der Wassermenge.

Das Ökosystem See

Die Uferzone eines mitteleuropäischen Sees beginnt mit der Schilfrohrzone mit Schilf, Rohrkolben und Teichbinse. Es folgt der Schwimmblattgürtel mit Pflanzen, deren Blätter auf dem Wasser schwimmen, vor allem Wasserknöterich, Teich- und Seerose. Ab vier Metern Tiefe beginnt der Tauchblattgürtel mit den klassischen Unterwasserpflanzen: Wasserpest, Hornblatt, Laichkraut und Grünalgen.

Das Seewasser zeigt eine deutliche Schichtung in drei Zonen: In der lichtdurchfluteten oberen Zone findet Fotosynthese statt. Wasserpflanzen und Phytoplankton erzeugen Biomasse, man spricht von der Nährschicht. In der darunterliegenden Zehrschicht überwiegt Zersetzung. Die Wassertemperatur liegt hier ganzjährig bei vier Grad, was Fischen das Überleben im Winter sichert. Nähr- und Zehrschicht sind durch die Sprungschicht voneinander getrennt. Hier sinkt die Wassertemperatur sprunghaft ab. Zweimal im Jahr kommt es zu einer vollständigen Durchmischung des Wassers. Im Frühjahr und Herbst gleichen sich die Temperaturen der Nähr- und Zehrschicht an und der Wind bringt das Wasser in Bewegung. Sauerstoffreiches Oberflächenwasser gelangt in die Tiefe und Tiefenwasser nach oben.

Die Organismen in einem See stehen miteinander in Beziehung. Fotosynthese treibende Algen und Wasserpflanzen sind Produzenten. Konsumenten umfassen alle Organismen, die ihre Nahrung nicht selbst herstellen können und sich von Pflanzen oder räuberisch von anderen Lebewesen ernähren. Destruenten bauen tote Biomasse ab und führen die organischen Stoffe wieder in anorganische Stoffe zurück. Das sind vor allem Bakterien und Pilze.

Der Hecht ist einer der berüchtigtsten Raubfische in Süßwasser führenden Gewässern. Damit gehört er zweifellos zu den Konsumenten.

Feucht- und Sumpfgebiete weltweit

Es handelt sich um üppige Lebensräume auf allen Kontinenten und sie sind von großer Bedeutung für die Artenvielfalt: Feucht- und Sumpfgebiete. In den Everglades in Florida wechseln sich beispielsweise Sumpfwiesen, kleine Waldinseln und Flussläufe ab und gehen zur Meeresküste hin in Mangrovenwälder über. Mehr als 350 Vogel-, 300 Süß- und Salzwasserfisch-, 40 Säugetier- und 50 Reptilienarten leben in den Sümpfen.

Verteilung der Lebensräume an Land

(Sub)tropische Wälder	18,5 %	
Mediterrane Hartlaubwälder	3 %	
Sommergrüne Laub- und Mischwälder gemäßigter Breiten	11,8 %	
Taiga (nördliche Nadelwälder)	7,8 %	
Wälder gesamt		**41,1 %**
Subtropische Savannen	14,3 %	
Steppen	9,7 %	
Tundra	7,6 %	
Bergwiesen	4 %	
Grasland, gesamt		**35,6 %**
Heiße Wüsten	13 %	
Kältewüsten	10 %	
Wüsten, gesamt		**23,0 %**

Grasländer I: Savannen

Rund ein Drittel der Landoberfläche sind Grasland, also Savannen, Steppen, Wiesen und alle anderen bewachsenen offenen Regionen. Savannen liegen zwischen tropischem Regenwald und Wüstenzone. Es ist dort durchgehend warm, Jahreszeiten gibt es nicht, aber ausgeprägte Regen- und Trockenzeiten. Die Dauer der Trockenzeit nimmt von Feucht- über Trocken- zur Dornsavanne zu, die Vegetation wird spärlicher. Hochwüchsige Gräser wie das sechs Meter hohe Elefantengras weichen kleineren Formen, dann dünnt die Grasdecke aus. Charakteristische Bäume sind Akazien und Affenbrotbaum (Baobab). Letzterer speichert in seinem dicken Stamm bis zu 120 000 Liter Wasser. Die Schirmakazien erreichen mit ihren Wurzeln Bodenwasser in bis zu 35 Meter Tiefe. Ihre Blätter sind klein und durch Dornen vor Fraßfeinden geschützt.

Schon gewusst?

Die Savanne ist der Lebensraum riesiger Tierherden. Über 40 Arten von Weidetieren wie Gnu, Impala, Giraffe, Zebra, Antilope, Gazelle und Elefant wandern im jährlichen Rhythmus durch das Land und folgen frischen Gräsern und Wasser.

Grasländer II: Steppen und Tundra

Steppen durchziehen das weite Innere der Kontinente Asiens, Nordamerikas, Südamerikas und auch Europas (Puszta). Es sind baumlose Grasländer mit heißen trockenen Sommern und kalten, frostigen Wintern, oft mit geschlossener Schneedecke. Sie sind die Heimat zahlreicher Knollen- und Zwiebelpflanzen wie Tulpe, Krokus und Milchstern sowie hoher Gräser. Einst große Viehherden – zum Beispiel Wildpferde in Asien und Bisons in Nordamerika – wurden weitgehend zurückgedrängt.

Nördlich an die Waldgrenze schließt die Tundra an, eine Kältesteppe. Der Boden bleibt ganzjährig gefroren (Permafrostboden) und verwandelt das Land im kurzen Sommer in einen tiefen Morast mit etlichen Wassertümpeln. Die langen Tage ermöglichen trotz Temperaturen von weniger als zehn Grad eine kurze Blüte, sodass hier rund tausend Arten von Blütenpflanzen und Gräsern gedeihen. Zum Norden hin dominieren Moose und Flechten, von denen sich in Europa das Ren und in Nordamerika das Karibu ernähren, außerdem Moschusochse, Polarfuchs, Lemminge, Schneehase, Schnee-Eule, Bussard und andere – eine überraschend vielseitige Pflanzen- und Tierwelt.

Steppenlandschaften kommen in gemäßigten Breiten auf beiden Seiten des Äquators vor. Zu sehen ist das Ukok Plateau, welches Teil der sibirischen Steppe in Russland ist.

Schon gewusst?

Ohren und Schwänze nahe verwandter Säugetiere werden um so kleiner, je kälter der Lebensraum ist. Der Wüstenfuchs gibt über seine großen Ohren überschüssige Wärme ab, die Ohren des europäischen Rotfuchses sind mittelgroß und die des Polarfuchses sehr klein. Damit verhindert er Wärmeverlust und Erfrieren.

Tropischer Regenwald

Wälder sind sehr vielfältig. Üppige Vegetation, Baumriesen, hohe Artenvielfalt und Aufsitzerpflanzen kennzeichnen den tropischen Regenwald, der sich beiderseits des Äquators erstreckt. Gleichbleibend hohe Temperaturen und Regenfälle begünstigen schnelles Wachstum, sodass tropische Bäume wie Teak, Mahagoni oder Bangkirai in die Höhe schießen. Der Regenwald ist reich an Baumarten, auf einen Hektar kommen bis zu 300 Arten. Ihre Wurzeln reichen kaum in die Tiefe, Brettwurzeln stabilisieren den Baum. Das Blätterdach liegt in 30 bis 40 Metern Höhe, einzelne Baumriesen ragen über diese Kronen hinaus. Lianen und Würgefeigen nutzen die Bäume als Stütze.

In den Astgabeln und auf den Ästen siedeln Aufsitzerpflanzen wie Araceen, Bromelien, Kannenpflanzen, Farne, Bärlappen und Orchideen. Ihr Wasser nehmen sie über Luftwurzeln und Saugschuppen auf. Regenwasser staut sich in Blattrosetten und bildet Miniteiche, in denen wiederum Pfeilgiftfrösche leben. Das meiste Leben spielt sich auf den Bäumen ab, gleich ob es sich um Laufkäfer, Frösche, Reptilien, Faultiere, Affen oder die Nester von Termiten, Ameisen, Wespen und Bienen handelt. Die Böden sind arm an Nährstoffen, der allergrößte Anteil der Mineralien ist in Biomasse gebunden. Große Säugetiere sind selten, in Südamerika leben Faultiere und Affen, in Südostasien Wildrinder und Hirscharten, in Afrika Zwergelefant und Zwergflusspferd.

Von Lianen umschlungener Baumstamm in tropischem Regenwald (Asien). Lianen wurzeln im Boden und klettern an Bäumen und senkrechten Gegenständen empor.

Wälder in mittleren Breiten

Wie anders sehen die sommergrünen Laub- und Laubmischwälder in den gemäßigten Breiten aus. In Europa bestimmen wenige Arten in großer Anzahl das Bild: Buche, Eiche, Ahorn, Birke, Kiefer, Fichte, Tanne. Im Frühjahr dringt Sonnenlicht durch die unbelaubten Bäume auf den Waldboden. Frühblüher treiben aus, fruchten und bilden wiederum Nahrung für jetzt schlüpfende Jungtiere. Im Sommer verdunkeln Blätter den Untergrund, es herrschen gleichmäßige Temperaturen, Windstille und eine hohe Luftfeuchtigkeit. Im Herbst sprießen die Pilze, das fallende Laub wird von der vielfältigen Bodenfauna zersetzt und abgebaut.

Wie merke ich es mir?

Wer kennt den Unterschied zwischen Fichte und Tanne?

„Die Fichte sticht, die Tanne nicht!“

Dieser *Merkspruch* stimmt und hilft Ihnen, die beiden Baumarten voneinander zu unterscheiden, aber leider reimt der Spruch sich auch noch, wenn die beiden Bäume im Satz vertauscht werden. Also Achtung! Hier ist sicheres Merken angesagt.

Die Verknüpfung zwischen den passenden Worten ergibt sich aus der *ähnlichen* Schreibweise: „Ficht(e)“ und „(st)icht“ enthalten beide die Buchstabenfolge „icht“ und gehören damit zusammen. Die Tanne dagegen reimt sich nicht auf „icht“, sondern enthält dafür das „n“ und gehört damit zum Wort „n(icht)“. Damit steht die Reihenfolge in diesem Merkspruch felsenfest.

Nordische Nadelwälder

Das Wort Taiga stammt aus dem Russischen und bedeutet „dichter, undurchdringlicher, oft sumpfiger Wald“. Nadelwälder durchziehen weite Flächen im Norden Kanadas, Europas und Asiens. Es ist der Lebensraum für Wölfe, Elche, Braunbären und Zobel. Weil sich die Nadeln nur schwer zersetzen, kommt es zu mächtigen Streuauflagen und der Boden versauert. In der Krautschicht wachsen Heidel- und Preiselbeeren.

Extreme Lebensräume I: Polargebiete und -meere

Obwohl die Antarktis als eisbedeckter Kontinent kälter und durch das Südpolarmeer vom Rest der Welt isoliert ist, leben hier weitaus mehr Tiere als in der Arktis. Tatsächlich gehört das Südpolarmeer zu den fruchtbarsten Regionen der Erde. Das Phytoplankton besteht hauptsächlich aus Kieselalgen und bildet die Nahrungsgrundlage für Zooplankton – Wimperntierchen, Kleinkrebse,

Die Taiga, auch borealer Nadelwald genannt, kommt lediglich auf der Nordhalbkugel vor – und zwar unter der Bedingung eines sogenannten Schneewaldklimas.

Jungfische, Salpen und vor allem den Antarktischen Krill. Dieser fünf bis sechs Zentimeter lange Kleinkrebs kommt in unvorstellbar großen Schwärmen vor, die ein Gesamtgewicht von mehreren Millionen Tonnen erreichen können. Damit nimmt er eine zentrale Stellung im antarktischen Ökosystem ein. Von ihm ernähren sich Wale, Robben, Pinguine, Fische und Tintenfische.

Die großen Säugetiere wie Wale und Robben schützen sich mit einer zentimeterdicken Fettschicht vor der Kälte. Eisfische besitzen spezielle Proteine, die sich an Eiskristalle im Blut heften und sie klein halten. Bis zu 400 Arten von Eisalgen besiedeln Hohlräume und Kanäle im Packeis, wo sie von Einzellern, Larven, Nacktschnecken, Würmern und Krebsen abgeweidet werden. Bei der Eisschmelze sterben etliche Organismen ab und sinken auf den Meeresgrund, wo sie den Bodenbewohnern als Nahrung dienen.

Schon gewusst?

Eisbären leben rund um den Nordpol, während Pinguine die Antarktis bevölkern. In ihren natürlichen Lebensräumen begegnen sie sich nie, weshalb Eisbären auch keine Pinguine fressen. Hätte der Bär allerdings die Möglichkeit, dann würden Pinguine ganz gewiss zu seinen Lieblingsspeisen gehören.

Extreme Lebensräume II: Hochgebirge

Die Lebensräume im Gebirge entsprechen mit zunehmender Höhe polaren Vegetationszonen. So gliedern sich die Höhenstufen in den Alpen in Laubwald, Nadelwald, Krummholzzone, Grasheide, Zwergsträucher, Felsen, Eis und ewigen Schnee. Die Tiere überdauern die kalte Jahreszeit im Winterschlaf oder weichen in tiefer liegende Gebiete aus. Alpenpflanzen sind meist mehrjährig und oft immergrün, da das durch die Schneedecke kommende Licht für eine Fotosynthese ausreicht. Für einjährige Pflanzen ist der Bergsommer zu kurz. Vor den extremen Temperaturwechseln und der stärkeren Sonneneinstrahlung schützt eine dicke Kutikula oder eine feine Behaarung der Blätter.

Extreme Lebensräume III: Wüsten

Mit der Trockenheit nimmt die Tier- und Pflanzenwelt ab. In der Halbwüste überdauern mehrjährige Pflanzen als Knollen oder Rhizome, andere erreichen mit ihren tiefen Wurzeln noch das unterirdische Wasser. In der Trockenwüste fällt selten etwas Regen, der von sukkulenten Pflanzen im Stängel (Kakteen) oder in den Blättern (Aloe, Agave) gespeichert wird. In der Vollwüste fällt jahrelang gar kein Regen, nur der Tau liefert etwas Feuchtigkeit. Hier leben Käfer, die herbeigewehten organischen Staub verzehren. Sie werden von Nagern wie Springmäusen und Echsen gefressen und diese wiederum von Schlangen und Raubvögeln. Die Tiere leben vorwiegend nachtaktiv, das nötige Wasser gewinnen sie aus der Nahrung.

Gefährdung des Lebensraums und Naturschutz

Ausgestorbene Arten gehören zur Erdgeschichte dazu. Organismen entstehen neu und gehen für immer. Bei fünf großen Massenaussterben verschwanden ganze Tier- und Pflanzenstämme. Heute erleben wir eine neue Phase gewaltigen Artensterbens. Denn der Mensch ist zunehmend zu einer Gefahr für die Tier- und Pflanzenwelt geworden. Er verursacht die Erderwärmung, lässt

Der Große Aletschgletscher im Schweizer Kanton Wallis ist (der durch den Klimawandel verursachten Gletscherschmelze zum Trotz) nach wie vor der größte und längste Gletscher der Alpen – ein Hochgebirgsraum aus Fels und Eis.

Die Lüneburger Heide befindet sich im Nordosten Niedersachsens. Während der Blütezeit ab Mitte August schimmert die mit Heidekraut bewachsene Sandheidefläche lila.

die Meeresspiegel ansteigen, die Ozeane versauern, trägt Berge ab und verändert Flussläufe. Eingeschleppte fremde Arten verdrängen einheimische Tiere und Pflanzen. Natürliche Lebensräume werden zerstört durch Verstädterung, Überbevölkerung, Industrialisierung, Individualverkehr, Massentierhaltung und intensive Landwirtschaft. Jeden Tag gehen durch direkte Vernichtung von Lebensraum etliche Arten unwiederbringlich verloren.

Doch Natur- und Artenschutz versuchen die Tier- und Pflanzenwelt zu bewahren: In den Vereinigten Staaten wurden schon im 19. Jahrhundert Nationalparks gegründet mit dem Ziel, die teilweise noch unberührte Natur zu erhalten. Der Yellowstone-Nationalpark (1872) war zugleich das erste Schutzgebiet weltweit. In Deutschland entstanden Anfang des 20. Jahrhunderts die ersten Naturschutzgebiete (NSG). Die größten Naturschutzgebiete sind das Wattenmeer, das Ammergebirge, die Lüneburger Heide und die Allgäuer Hochalpen.

Wie merke ich es mir?

Was sind die größten Naturschutzgebiete in Deutschland?

Merktechniken machen Lernen einfach für das Gehirn. Und wenn es schnell gehen muss, dann lassen sich Fakten sprichwörtlich an den Fingern abzählen. Um sich die größten Naturschutzgebiete Deutschlands aus diesem Kapitel mit der *Routentechnik* zu merken, brauchen Sie nur eine gute bildliche Vorstellung von den Fingern Ihrer Hand, die Sie anschließend mit den Gebieten *verbinden*.

Auf diese Weise zu lernen, dauert mit ein wenig Übung nur einen Moment: „Der Daumen steckt als kleiner Mann bis zum Hals im Morast des Wattenmeers. Der erhobene Zeigefinger erinnert an den Gipfel eines Bergs und wir jammern, weil wir das (J)Ammergebirge besteigen müssen. In der Lüneburger Heide ist es menschenleer, deswegen können wir das Ausstrecken des Mittelfingers hier üben und nur die Heidelämmer schauen zu. Die Hochzeit findet in den Allgäuer Hochalpen statt. Das passt hervorragend zum Ringfinger. Die Gäste kauen alles, was ihnen geboten ist – womit die Verbindung zwischen Hochzeit und Allgäu hergestellt wäre."

Wenn die Beschreibungen Ihre Fantasie nicht ausreichend gekitzelt haben, dann denken Sie sich eigene Bilder aus. Dabei sollten Sie mit der Suche nach einer Übersetzung für den jeweiligen Finger beginnen. Sind sie fündig geworden, verbinden Sie dieses Bild mit dem jeweiligen Naturschutzgebiet oder einem ähnlich klingenden Bild.

Auch wenn es diesem Luchs im Nationalpark Bayerischer Wald augenscheinlich gut geht, zählt die Katzenart zu einer von 14 000 Tierarten, die in Deutschland auf der Roten Liste gefährdeter Arten stehen. Neben dem Bayerischen Wald leben Luchse hierzulande auch im Harz.

In Deutschland gelten 35 Prozent der heimischen Tierarten und knapp die Hälfte aller Pflanzenarten als gefährdet. Sie werden ebenso wie bedrohte Pflanzengesellschaften und Biotope in der Roten Liste geführt, die vom Bundesamt für Naturschutz ständig aktualisiert wird. Weltweit verantwortet die Weltnaturschutzunion IUCN die Rote Liste.

Massenaussterben in der Erdgeschichte

Experten schätzen, dass im Lauf der Evolution weit über 90 Prozent aller Arten wieder verschwanden. Dabei fand mindestens fünfmal ein großes Massenaussterben statt. Die größte Katastrophe ereignete sich am Ende des Perms. Damals reichte die Landmasse von Pol zu Pol, sodass Meer und Land extrem ungleich verteilt waren. Die Hitze aus dem Erdkern konnte über die Ozeane nicht abgeführt werden, staute sich und führte dann zu gewaltigen Vulkanausbrüchen. Über 500 000 Jahre lang wurde die Erde von Eruptionen, Explosionen und Feuerstürmen gebeutelt. Lavamassen vernichteten weite Landflächen, Rußpartikel, Staub und Gase vergifteten die Atmosphäre, Aschewolken verdunkelten die Sonne. Fast 90 Prozent aller Meerestiere starben aus, 70 Prozent aller Landwirbeltiere verschwanden. Nach den Vulkanausbrüchen kam es zur Klimakatastrophe, da die Erdoberfläche für Jahrtausende in einem vulkanischen Winter versank.

Massenaussterben in der Erdgeschichte

Ordovizium	vor 488-444 Mio. Jahren	Die Erde wurde zum Eisplaneten, drei Viertel aller Meerestiere wurden vernichtet, Ursache unbekannt.
Devon	vor 416-359 Mio. Jahren	Viele Meeresorganismen starben aus, vor allem tropische Arten, rund 70 Prozent der Riffgemeinschaften verschwanden, ebenso Ammoniten und Brachiopoden.
Perm	vor 299-251 Mio. Jahren	Es kam beinahe zur Vernichtung allen Lebens, die größte Katastrophe.
Trias	vor ca. 213 Mio. Jahren	Rund 20 Prozent aller Arten verschwanden, Ursache unbekannt, diskutiert wird eine starke globale Erwärmung.
Kreide	vor 145-65 Mio. Jahren	Rund 70 Prozent aller damaligen Tier- und Pflanzenarten starben aus, darunter die Gruppe der Dinosaurier, Ursache war sehr wahrscheinlich ein Meteoriteneinschlag.

VON DAMALS BIS HEUTE

Keilschrift der alten sumerischen Kultur in Mesopotamien (Irak)

Der Anfang der Geschichte

Der Begriff „Geschichte" ist uns so vertraut, dass er kaum hinterfragt wird. Doch was ist Geschichte überhaupt? Historiker haben die Antwort auf diese Frage klar definiert – und ihre Definition verrät, was das wohl wichtigste Werkzeug eines Historikers ist.

Von seiner Wortherkunft abgeleitet beschreibt der Begr ff das „Geschehene" bzw. „Ereignis". Im weiteren Sinn umfasst er also zunächst sämtliche Geschehnisse in Raum und Zeit vom Anbeginn des Bestehens unserer Erde. Im engeren Sinn bezieht er sich jedoch „nur" auf die Menschheitsgeschichte, also das Geschehene im Entwicklungsprozess der menschlichen Gesellschaften. So hergleitet, müsste der Beginn der Geschichte folglich mit dem Auftauchen der ersten aufrecht gehenden Menschen vor rund sechs Millionen Jahren in Afrika gleichgesetzt werden.

Und dennoch: Der Beginn der Geschichte im engeren Sinne wird nach gängiger Meinung in die Zeit um 3000 v. Chr. datiert. In diesen Zeitraum fällt die Entwicklung der ersten Schriften, der Hieroglyphen in Ägypten und der Keilschrift in Mesopotamien. Für die Epochen danach steht den Historikern nun ihr wohl wichtigstes Werkzeug zur Verfügung: Schriftliche Zeugnisse gewähren weitaus ausführlicher als sonstige Quellen (zum Beispiel archäologische Funde) Einblicke in frühere Zivilisationen und Kulturen.

Die lange schriftlose Phase, in der sich der Mensch von seinen primitiven Anfängen zu einem hoch stehenden Wesen mit kulturellen, sozialen und wirtschaftlichen Formen des Zusammenlebens entwickelt hat, wird daher als Vorgeschichte bezeichnet. Diese wiederum wird nach

Stein-, Bronze- und Eisenzeit

Epochen	Unterepochen	Datierung (vor unserer Zeitrechnung)
Steinzeit	Altsteinzeit	2 600 000–9600
	Mittelsteinzeit	9600–5000
	Jungsteinzeit	12 000–2200
	Kupfer- bzw. Kupfersteinzeit (Übergangsphase zwischen Stein- und Bronzezeit)	5500–3000
Bronzezeit	Frühe Bronzezeit	3000–1600
	Mittlere Bronzezeit	1600–1300
	Späte Bronzezeit	1300–800
Eisenzeit		1200–100 (in Nordeuropa bis 1100 n. Chr.)

dem jeweils vorherrschenden Material zur Herstellung von Werkzeugen in drei Epochen und mehrere Unterepochen unterteilt, die sich mitunter überlappen. Bronze- und Eisenzeit reichen dabei in manchen Regionen der Erde bereits weit in die geschichtliche Zeit hinein.

Die erste Revolution der Geschichte

Als Meilenstein der vorgeschichtlichen Entwicklung darf die ab dem 10. Jahrtausend v. Chr. einsetzende Neolithische Revolution gelten, die den Übergang von der nomadischen zur sesshaften Lebensweise in der Jungsteinzeit (Neolithikum) markiert: Anstatt nur zu jagen, zu sammeln und zu fischen, bestellten die Menschen nun Felder, züchteten Vieh und legten erstmals Kapital in Form von Saatgut, Haustieren und Schmuck an. Der von Klimaveränderungen begünstigte Wandel nahm seinen Ausgang im „Fruchtbaren Halbmond“ zwischen Kleinasien, der Levante (der Mittelmeerküste des Nahen Ostens) und Nordmesopotamien und breitete sich von dort bis ca. 4500 v. Chr. über weite Teile Europas aus.

Wie merke ich es mir?

Wie lässt sich der Begriff Jungsteinzeit merken?

Der Begriff Jungsteinzeit ist verwirrend, weil seine Entsprechung, das Fremdwort Neolithikum, sich eigentlich aus dem griechischen *neos* für „neu“ und *lithos* für „Stein“ zusammensetzt. So müsste es „Neusteinzeit“ oder „Neusteinzeitliche Revolution“ heißen. Tut es aber nicht.

Damit der Kopf sich zuverlässig an die richtige Bezeichnung im Deutschen erinnert, sollte die zeitliche Anordnung der Unterepochen als einfache *Eselsbrücke* benutzt werden. Nach dem Alter ist die Jungsteinzeit der letzte und damit jüngste Abschnitt der Steinzeit. So können auch Mittel- und Altsteinzeit chronologisch eingeordnet und die Reihenfolge damit leicht gemerkt werden.

Dies wird zusätzlich durch die Vorstellung abgesichert, dass „neu, mittel, alt“ keine logische Reihenfolge ist. „Neu, mittel und gebraucht“ (oder „nicht neu“) machen ebenfalls keinen Sinn. Deswegen müssen „Jung-, Mittel- und Altsteinzeit“ richtig sein.

In fruchtbaren Flusstälern entwickelten sich ab 4000 v. Chr. die ersten Hochkulturen.

Gerade einmal weitere 500 Jahre dauerte es, bis sich in der gleichen Region – in den Tälern von Nil, Tigris und Euphrat – die ersten Hochkulturen herausbildeten und den Übergang von der vorgeschichtlichen zur geschichtlichen Zeit markierten. Gegenüber ihren benachbarten und zeitlich vorangehenden Völkern wiesen diese einen deutlichen zivilisatorischen Vorsprung auf. Ab ca. 3000 v. Chr. bildeten sich auch in anderen Regionen der Erde – in Mittel- und Südamerika sowie in Ostasien – Zivilisationen mit hohem Entwicklungsgrad, vornehmlich ebenfalls an Flusstälern. All diese Hochkulturen verbindet nicht nur eine mit Planung betriebene Landwirtschaft, sondern auch das Vorhandensein größerer Siedlungen und Städte, Handel und Arbeitsteilung, eine Herrschaftsform bzw. staatliche Organisation, Schrift, künstlerische Errungenschaften, religiöse Glaubensvorstellungen und nicht zuletzt ein Kalender.

Die Alten Ägypter

Fragt man nach einer der bedeutendsten Hochkulturen, fällt vielen von uns bestimmt zuerst das Alte Ägypten ein. Die Geschichte dieses Reiches rund um das Delta des Nils reicht von der sogenannten Vordynastischen Zeit des vierten Jahrtausends v. Chr. bis zum vierten Jahrhundert v. Chr., dem Ende der Griechisch-römischen Zeit. Im Alten Reich der Ägypter (ca. 2707 bis 2216 v. Chr.), das die dritte bis sechste Herrscherdynastie umfasst, entstanden die ersten Monumentalgräber, für welche die ägyptischen Hochkulturen noch heute bekannt sind, zum Beispiel die Stufenpyramide des Pharao Djoser (er regierte von 2720 bis 2700 v. Chr.) in Sakkara. Die berühmten Pyramiden von Gizeh wurden zwischen 2620 und 2500 v. Chr. im Rahmen der vierten Dynastie erbaut. Seit 1979 gehören sie zum UNESCO-Welterbe.

Die Erfinder der Keilschrift

Unter Kennern der Frühgeschichte gelten zumeist die Sumerer, die bis weit in das dritte Jahrtausend v. Chr. hinein Mesopotamien (eine auch Zweistromland genannte Kulturlandschaft in Vorderasien zwischen den großen Flüssen des Euphrat und Tigris) besiedelten, als das erste Volk, welches erfolgreich den Schritt zur Hochkultur gemacht hat. Der Grund dafür ist: Sie erfanden die Keilschrift, die als ein frühgeschichtlicher Vorgänger der heutigen europäischen Schriften bezeichnet werden kann. Darüber hinaus gelten die Sumerer als hervorragende Landwirte, die erste Systeme einer künstlichen Bewässerung von Feldern entwickelten. Und sie erfanden die Bürokratie, das heißt, sie verfügten über ein ausgeprägtes Verwaltungssystem, das gemeinsame Angelegenheiten regelte.

Die Maya in Mittelamerika

Die Maya, deren Nachkommen (ca. sechs Millionen) noch heute in Mexiko, Honduras, Guatemala und El Salvador leben, stellten ab 3000 v. Chr. die erste Hochkultur auf dem amerikanischen Kontinent dar. Im Lauf ihrer Geschichte besiedelten sie zuerst das Hochland im mexikanischen Chiapas sowie in Guatemala, anschließend verlagerten sie ihre kulturellen Zentren ins Tiefland der mittelamerikanischen Halbinsel Yucatán. Die Maya waren frühe Meister der Mathematik, sie entwickelten sogar ein ausgereiftes Kalendersystem, das mittels eigener Schriftzeichen aufgezeichnet wurde. Die Schrift der Maya gilt als einzige voll ausgebildete im präkolumbischen Amerika. Man findet sie gegenwärtig auf den alten Monumenten von Tikal, der antiken Stadt der Maya im Norden Guatemalas, deren berühmte Stufentempel zum Weltkulturerbe der UNESCO zählen.

Die bedeutendsten Hochkulturen

Name	Region	Datierung
Altägypten	Ägypten, Niltal, Naher Osten	ca. 4000–332/30 v. Chr.
Sumer	Mesopotamien (Zweistromland zw. Euphrat und Tigris)	4000 bis 2004 v. Chr.
Indus- bzw. Harappa-Kultur	Indien	ca. 2800–1200 v.Chr.
	Kupfer- bzw. Kupfersteinzeit (Übergangsphase zwischen Stein- und Bronzezeit)	5500–3000
Erlitou-Kultur	China	ca. 2000–1500 v.Chr.
Maya	Mexiko und Guatemala	ca. 3000 v.Chr.–900 n.Chr.
Inka	Peru, Bolivien und Chile	14. Jh. bis 1533/72

Ruinen des minoischen Palastes von Knossos auf der Mittelmeerinsel Kreta

Griechenland – die Wiege der europäischen Kultur

Am Anfang der europäischen Geschichte stehen die Griechen, deren geistige Errungenschaften weit über die Antike, ja bis in heutige Zeit fortwirken. Durch Kolonisation und das Weltreich Alexanders des Großen breitete sich die griechische Kultur weit über das Mutterland aus.

Vieles der minoischen Kultur, der ersten Hochkultur Europas, liegt im Dunkeln. Sie entwickelte sich im 3. Jahrtausend v. Chr. auf Kreta, benannt ist sie nach dem sagenhaften König Minos. Dabei kannten die Minoer keine Alleinherrscher, vielmehr besaßen sie mehrere autonome Fürsten, die von städtischen Siedlungen aus das Umland regierten. Mittelpunkte dieser Siedlungen waren Paläste, die zugleich wirtschaftliche Zentren waren. Die Minoer entwickelten die Vorläufer der späteren griechischen Schrift, die Linearschriften A und B. Der größte Palast der Insel, Knossos bei Heraklion, zählte in seiner Blütezeit mindestens 30 000 Einwohner. Warum die um 1450 v. Chr. aus unbekannten Gründen zerstörten Paläste nie wieder aufgebaut wurden, ist bis heute ein Rätsel. Womöglich führte eine Invasion Kretas durch die Achäer, ein Volksstamm aus dem Nordwesten der Peloponnes, am Anfang des 14. Jahrhunderts v. Chr. zum völligen Untergang der minoischen Kultur. In der Folgezeit übernahmen eingewanderte Mykener allmählich die Herrschaft auf Kreta.

Diese hatten schon um 1600 v. Chr. auf dem griechischen Festland einen nicht einheitlichen Herrschaftsraum und eine Kultur etabliert, die sich über den Peloponnes hinaus im gesamten östlichen Mittelmeer ausbreitete. Mehrere autonome Könige und Fürsten ließen ab 1400 mächtige Burgen errichten; der bekanntesten in Mykene verdankt die Kultur ihren Namen. In die expansive Phase der mykenischen Kultur im 14. und 13. Jahrhundert fällt vielleicht auch der in Homers Erzählungen mythisch ausgeschmückte Fall Trojas. Um 1200 v. Chr. verschwand die mykenische Kultur allmählich – ob als Folge einer Invasion durch Seevölker oder aufgrund von Naturkatastrophen, bleibt fraglich.

Schon gewusst?

Ein wichtiges verbindendes Element aller Griechen war die gemeinsame Sprache. Mit ihr grenzten sie sich von anderen Völkern ab: Wer nicht des Griechischen mächtig war, wurde als Barbar bezeichnet. Der Begriff bedeutete in seinem Ursprung „Stammler", erst später kam die uns geläufige Bedeutung hinzu.

Die griechische Staatenwelt

Es folgten die „dunklen Jahrhunderte", für die keine Schriftquellen überliefert sind. Bis etwa 800 v. Chr. entwickelte sich in Griechenland und an der Küste Kleinasiens die griechische Staatenwelt, die geprägt war von zeitweise über 700 Stadtstaaten, sogenannten *Poleis* (Singular: *Polis*) mit eigenständigen politischen Institutionen. Eine gesamtgriechische Identität stiftete nicht zuletzt die Götterwelt, die in gemeinsamen Stätten und Festen – allen voran den 776 v. Chr. erstmals ausgetragenen Olympischen Spielen – verehrt wurde.

In „archaischer Zeit" waren diese *Poleis* Träger der Griechischen Kolonisation (ca. 750–550 v. Chr.): Ausgelöst durch ein großes Bevölkerungswachstum und soziale Konflikte, wanderten die Griechen nun auch ans Schwarze Meer und in den westlichen Mittelmeerraum aus, wo sie an den Küsten Italiens, Siziliens, Südfrankreichs, Spaniens und Libyens politisch eigenständige Kolonien gründeten. Bedeutende Gründungen waren unter anderen *Nikaia* (Nizza), *Massaila* (Marseille) oder Syrakus.

Beherrscht wurden die Poleis meist von adligen Gruppen bzw. Alleinherrschern (Tyrannen). Eine Sonderstellung bildete Athen, wo der Adel soziale Konflikte dadurch löste, dem Volk schrittweise ein Mitspracherecht einzuräumen. Angefangen mit den Reformen durch Solon, der die Schuldknechtschaft abschaffte, und vollendet durch Kleisthenes, der den Rat der Fünfhundert gründete, entstand so bis Ende des 6. Jahrhunderts v. Chr. die berühmte Athenische Demokratie. Sie stellt einen frühen Vorläufer der auf dem Grundsatz der Volkssouveränität beruhenden politischen Ordnung dar, die noch heute das Leben demokratischer Gesellschaften prägt.

Die Ausgrabungsstätten des antiken Olympia lassen sich noch heute besichtigen.

Wie merke ich es mir?

Wie lassen sich die wichtigsten Daten der Griechischen Antike einprägen?

Gewiss, das sind eine Menge Zahlen und Fakten. Aber Sie werden sehen, dass sich diese Ereignisse durch geeignete Mnemotechniken leicht merken lassen.

- Erste Olympische Spiele, 776 v. Chr.
- Entstehung der Polis, 750 bis 550 v. Chr.
- Demokratie in Athen durch Solon, 594 v. Chr.
- Perserkriege, 500 bis 479 v. Chr.
- Attischer Seebund, 477 v. Chr.
- Peloponnesischer Krieg, 431 bis 404 v. Chr.

Auch in diesem Fall bedienen wir uns wieder der Technik des *Verbilderns*, indem wir die Jahreszahlen mithilfe des *Majorsystems* in Bilder verwandeln. Lassen Sie das gesamte Merkbild in Ihrem Kopf wirken. Sofort danach werden Sie erfahren, was hinter den seltsamen Beschreibungen steckt. Wichtig ist, dass Sie die Zeilen nicht einfach überfliegen, sondern sich alles so intensiv wie möglich vorstellen:

„Bereits vor den Olympischen Spielen gab es ein großes Gekeuche. Trotzdem gründeten die Griechen verschiedene Poleis, in denen es kostenlose Glas-Lollis gab. Daraus entstand die Demokratie, in der sich niemand mehr *so lonely* (engl. für „allein") fühlte. Doch es gab immer zu viel Laberei vor jeder Abstimmung, die allen auf die Leber ging. Man bekriegte sich vor allem wegen der Perserteppiche, aber die Heulsuse ergab sich immer sofort. Ausgerechnet der rockige Attila sah einen bunten Seehund. Danach wurde der Peloponnesische Krieg geführt, weil durch Sparen die Leute in die Armut und zur Raserei getrieben wurden."

Zugegeben, das Bild ist am Ende extrem überzeichnet. Doch so kommt es der Art und Weise gelegen, wie der Kopf tickt und am besten merkt. Beginnen wir am Anfang der Szene:

Das „Gekeuche" ist der Majorbegriff für das Jahr 776 v. Chr. und lässt sich hervorragend mit den Olympischen Spielen *verbinden* (womit auch diese Merktechnik zur Anwendung kommt). Die „Glas-Lollis" enthalten die Rahmendaten für die Entstehung der Polis von 750 bis 550 v. Chr. Die Demokratie wiederum wurde von „so lonely" (Solon) gegründet, eine *Eselsbrücke* durch Ähnlichkeit. Dem Gehirn genügt dieser Anstoß, um wieder auf den Namen Solon zu kommen, sofern es diesen vorher schon einmal gehört hat. „Laberei" und „Leber" ergeben als Majorbegriffe ein doppeltes Bild für das Jahr 594 v. Chr. Was die Perserkriege betrifft, so „ergab" sich die „Heulsuse" – übersetzt nach dem Majorsystem kommt man damit auf die Zahlen 479 und 500 v. Chr.

Danach wird es noch ausgefallener: Das Gründungsjahr des Attischen Seebunds („Attila") ist in ein wirklich schräges Bild verpackt! Anschließend fehlt noch der Peloponnesische Krieg, bei dem nicht „gespart" wurde, aber dafür Sparta beteiligt war. „Armut" und „Raserei" stellen als Majorbegriffe Anfang und Ende des Krieges dar.

Bitte bedenken Sie, dass die oben beschriebenen Bilder nur Denkanstöße sind. Fremde Bilder funktionieren manchmal nicht. Entwickeln Sie daher eigene Bilder für die Daten.

Armut als Merkhilfe, um den Beginn des Peloponnesischen Kriegs im Kopf zu behalten? Das Majorsystem macht es möglich!

Griechischer Überlebenskampf

Um das Jahr 546 v. Chr. erwuchs den Griechen im Osten eine ernsthafte Bedrohung: Die Perser hatten unter Kyros II. das Reich der Lyder erobert und die Herrschaft über die griechischen Städte an der Küste Kleinasiens erlangt. Anfang des 5. Jahrhunderts v. Chr. mündete der erfolglose Ionische Aufstand, bei dem sich die griechischen Städte gegen den Perserkönig Dareios I. erhoben hatten, in den Perserkriegen. Eine erste Strafexpedition der Perser richtete sich gegen Athen, das den Aufstand unterstützt hatte, scheiterte aber in der Schlacht von Marathon 490 v. Chr. Zehn Jahre später startete der Perser Xerxes I. mit einem riesigen Heer einen erneuten Anlauf, Griechenland zu unterwerfen. Nach anfänglichen Erfolgen in der Schlacht an den Thermopylen 480 v. Chr. scheiterte auch er am griechischen Widerstand, der besonders von Sparta und Athen angeführt wurde. Nach den griechischen Siegen in der Seeschlacht von Salamis und im Folgejahr bei der Landschlacht von Plataiai war die Expansion der Perser gen Westen endgültig gestoppt.

Krieg unter Brüdern

Eine direkte Folge der Perserkriege war der Dualismus bzw. Gegensatz zwischen Sparta und Athen und den von ihnen dominierten Städtebünden: dem Peloponnesischen Bund und dem Attischen Seebund. Das wirtschaftlich starke Athen erlebte unter dem Politiker Perikles 443 bis 431 v. Chr. eine Blütezeit, dieser vollendete u. a. mit der Erweiterung der politischen Rechte für die dritte Klasse die Athenische Demokratie; mit der Langen Mauer verband er Athen und den Hafen Piräus zu einer großen Festung.

Nachdem der athenisch-spartanische Konflikt um die Führungsrolle in Griechenland fast 50 Jahre geschwelt hatte, eskalierte die Situation. Ein regionaler Konflikt zwischen Korinth, Bündnispartner Spartas, und *Kerkyra* (Korfu), das bei Athen Beistand suchte, mündete 431 v. Chr. im Peloponnesischen Krieg, der die gesamte griechische Welt in Mitleidenschaft zog und in drei Phasen unterteilt wird:

Im Archidamischen Krieg ab 431 v. Chr. versuchte Athen seine Überlegenheit zur See zu nutzen, überspannte aber nach dem Tod des Perikles 429 v. Chr. den Bogen mit einer ungezügelten Machtpolitik. Der sogenannte Nikiasfrieden besiegelte 421 v. Chr. den Status quo, den jedoch schon bald Athen mit der Sizilischen Expedition (415–413 v. Chr.) aufkündigte. Unter Führung von Alkibiades unternahm Athen den Versuch, die größte Mittelmeerinsel unter seine Kontrolle zu bringen. Das athenische Scheitern markierte den Wendepunkt: Im Dekeleischen Krieg (413–404 v. Chr.) schlug das Pendel endgültig zugunsten Spartas aus, das Athen erfolgreich belagerte und den Sieg davontrug.

Ein Reich entsteht – und zerfällt

Spartas Stellung als unangefochtene Führungsmacht Griechenlands währte nicht ewig. Denn das lange Zeit rückständige Königreich Makedonien im Norden Griechenlands entwickelte sich im 4. Jahrhundert zur neuen

Leonidas I. schaffte als spartanischer König und Feldherr, als er am Thermopylenpass zusammen mit wenigen Kriegern das Vordringen der persischen Übermacht blockierte, die Voraussetzung für den Rückzug der griechischen Streitkräfte.

Büste des Perikles, der zu den herausragenden Politikern der griechischen Antike zählt. Nach seinem Tod verlor Athen vorübergehend seine Vormacht im attischen Raum.

Alexander der Große errichtete ein gigantisches Reich. Ein Relief, das er selbst im Tempel von Luxor (Ägypten) anbringen ließ, zeigt ihn vor der Gottheit Amun Ra.

Macht und verfolgte unter Philipp II. eine zunehmende expansive Ausrichtung. Der Makedone unterwarf in gut 20 Jahren Griechenland, dessen Verteidigungsallianz endgültig in der Schlacht von Chaironeia 338 v. Chr. unterlag, und vereinte die *Poleis* im Korinthischen Bund.

Als Philipp 336 v. Chr. unter ungeklärten Umständen ermordet wurde, trat sein 20-jähriger Sohn, Alexander III., der Große, rasch seine Nachfolge an. Nachdem Alexander seinen Thronanspruch durchgesetzt hatte, begab er sich auf seinen Feldzug gegen das Perserreich von Großkönig Dareios III. Dabei eilte er von Sieg zu Sieg, er schlug die Perser 334 v. Chr. am Granikos, 333 v. Chr. bei Issos und 331 v. Chr. bei Gaugamela am Tigris. In der Folgezeit nahm er kampflos Ägypten ein und dehnte seine Macht bis zum Indus aus. Er drang nach Indien vor und wurde erst durch eine Meuterei seiner Soldaten zur Umkehr gezwungen. Auf dem Höhepunkt der Macht – als Hegemon des Korinthischen Bunds, ägyptischer Pharao und persischer Großkönig – starb Alexander 323 v. Chr. in Babylon.

Alexander hinterließ ein Weltreich ohne Nachfolgeregelung und innere Ordnung. Nahezu so schnell, wie es entstanden war, zerbrach es wieder. Erbittert stritten Alexanders Generäle und deren Nachfolger in den Diadochenkämpfen um sein Erbe. Bis 280 v. Chr. etablierten sich neue Dynastien: die Antigoniden in Makedonien, die Seleukiden in Syrien, Mesopotamien und Iran und die Ptolemäer in Ägypten. Deren Reiche waren Mittler einer griechischen, heute hellenistisch genannten Kultur, die weit in den Orient vordrang. Bis 30 v. Chr. gingen sie in einem neuen – dem römischen – Weltreich auf.

Schon gewusst?

Auf seinem Feldzug gen Osten kam Alexander auch nach Gordion, der alten Hauptstadt des Phrygerreichs. Hier befand sich ein alter Königswagen, dessen Deichsel und Joch von einem unlösbaren Knoten zusammengehalten wurden. Einem Orakelspruch zufolge sollte derjenige Asien erobern, dem es gelänge, den Knoten zu lösen. Alexander meisterte diese Aufgabe der Legende nach pragmatisch und durchschlug den Gordischen Knoten mit seinem Schwert.

Piazza del Campidoglio *mit* Palazzo Senetario *auf dem Kapitolinischen Hügel in Rom*

Das Römische Reich

Welch ein steiler Aufstieg: Rom, eine unter vielen Städte in Mittelitalien, begründete einst ein Weltreich, das sich über fast ganz Europa und weite Teile Asiens und Nordafrikas erstreckte. In seiner Spätphase verhalf es dem Christentum zum Aufstieg zur Weltreligion.

„753, Rom schlüpft aus dem Ei" – folgt man der römischen Mythologie, ereignete sich die Gründung Roms durch die beiden Zwillinge Romulus und Remus nach heutiger Zeitrechnung in eben diesem Jahr, freilich vor unserer Zeitrechnung. In Wirklichkeit aber lässt sich archäologisch belegen, dass die sieben Hügel Roms spätestens ab dem 9. Jahrhundert v. Chr. dauerhaft besiedelt waren. Bis ins 7. Jahrhundert entstand aus mehreren Dörfern die Stadt Rom, die zunächst unter der Herrschaft der Etrusker, der damals bedeutendsten Macht in Mittelitalien, stand. Organisiert war Rom als monarchischer Stadtstaat mit einem König an der Spitze.

Vom Stadtstaat zur Regionalmacht

Die Vertreibung des letzten Königs Tarquinius Superbus durch stadtrömische Adelsfamilien leitete um 500 v. Chr. die Ära der aristokratisch verfassten römischen Republik ein, in der alteingesessene Adelsfamilien, die Patrizier, die Macht untereinander aufteilten: Wichtigstes Gremium wurde der Senat, die Vollmachten des Königs gingen auf einen, später zwei gleichberechtigte Oberbeamten (Konsuln) über, die jährlich gewählt wurden.

Die innere Entwicklung Roms bis Mitte des 4. Jahrhunderts v. Chr. war durch den Gegensatz zwischen Patriziern und Plebejern – also allen Römern, die nicht dem

Geburtsadel angehörten – geprägt. Während des Ständekampfs errangen die Plebejer schrittweise politische Mitbestimmung: Wichtige Elemente waren die Einrichtung einer Volksversammlung und die Wahl eines Volkstribuns, der ihre Interessen gegenüber dem Patriziat vertrat. Ca. 367 v.Chr. wurde das Konsulat, nunmehr Spitze einer Ämterhierarchie, den Plebejern geöffnet. So entstand ein Amtsadel (Nobilität), der sich aus patrizischen und aufgestiegenen plebejischen Familien zusammensetzte.

Schon gewusst?

387 v. Chr. hätte alles anders kommen können: Aus dem Norden eindrängende Kelten besetzten und plünderten Rom und zogen nur gegen Zahlung eines Lösegelds ab. Der Legende nach retteten die heiligen Gänse der Göttin Juno die Stadt am Tiber vor dem Untergang. Als sich die Invasoren nachts anschlichen, soll es einzig dem Geschnatter der Vögel zu verdanken gewesen sein, dass die Römer rechtzeitig zu den Waffen greifen und das Kapitol, den wichtigsten der sieben Hügel Roms, retten konnten.

Senatus Populusque Romanus – *der Schriftzug war das Hoheitszeichen des antiken Roms und drückte die Macht des Senats und des gesamten Volkes aus.*

Wie merke ich es mir?

Wie heißen die sieben Hügel von Rom?

Hier ist erst einmal die Übersicht über die sieben Hügel, die in diesem Artikel auf Sie zukommen:

- Kapitol
- Aventin
- Caelius
- Esquilin
- Palatin
- Quirinal
- Viminal

Und wie merken? Sieben Begriffe passen gut in ein *Bild*, das Sie am besten dadurch gewinnen, indem Sie die Namen der Hügel (oder ähnliche Begriffe als Entsprechung) zu einer *Geschichte*, die möglichst merkwürdig sein sollte, *verbinden*. So könnte ein möglicher Vorschlag klingen:

„Am Kapitol von Rom herrschen im Advent so wenig Grad Celsius, dass der Mohn nicht wächst und man seinen Palatschinken nicht mal quer isst, sondern ihn *quick* (engl. für „schnell") ins Urinal stopft und so laut wie eine (grüne) Minna aufheult."

Verstanden? Hier ist noch mal die gleiche Geschichte (im Grunde könnte sie auch eine *Route* darstellen) mit den entsprechenden Markierungen, welche Begriffe auf die entsprechenden Hügel verweisen:

Am „Kapitol" von Rom herrschen im „Advent" (Aventin) so wenig Grad „Celsius" (Caelius), dass man seinen „Palatschinken" (Palatin) nicht mal „quer isst" (verdreht für Esquilin), sondern ihn „quick" ins „Urinal" (Quirinal) stopft und so laut „wie" (Vi…)eine (grüne) Minna (…minal) aufheult."

Eigentlich ganz einfach, oder?

Erzwungen wurden die Zugeständnisse der Patrizier an die Plebejer nicht zuletzt durch außenpolitische Notlagen, musste sich doch die junge Republik im 5. und frühen 4. Jahrhundert wiederholt Angriffen von außen zur Wehr setzen. Indem sich Rom stets behauptete, stieg es bis 290 v. Chr. zur Hegemonialmacht in Mittel- und Süditalien auf. Wenige Gebiete wurden von Rom direkt unterworfen, stattdessen band es die Verlierer als Bundesgenossen an sich, die Militärdienst zu leisten hatten, ohne dass ihnen das (volle) Bürgerrecht gewährt wurde.

Rom, Herrscher der Welt

Der erste außeritalische Konflikt erwuchs für Rom mit Karthago. Die Stadt am Golf von Tunis war im 9. Jahrhundert v. Chr. von Phönikern (Puniern) gegründet worden. Anschließend stieg sie als Schirmherr anderer phönikischer Gründungen zur wichtigsten Macht im westlichen Mittelmeerraum auf; u. a. gehörte auch Westsizilien zu ihrem Herrschaftsbereich. Die Einmischung Roms in einen lokalen Konflikt zwischen den Städten Syrakus und Messina im Osten Siziliens führte schließlich zum Ersten Punischen Krieg (264–241 v. Chr.), bei dem Rom erstmals eine Flotte erfolgreich einsetzte. Am Ende des Kriegs wurden die Karthager von Sizilien vertrieben und die Insel erste römische Provinz, die fortan durch einen römischen Magistrat verwaltet wurde und Rom zu Tributen verpflichtet war. Wenig später wurden auch Sardinien und Korsika römisch.

In der Folgezeit versuchte Karthago, sich an Spaniens Küste eine neue Machtbasis aufzubauen. Der Konflikt zwischen den beiden Mächten eskalierte erneut, als der karthagische Feldherr Hannibal den Fluss Ebro und damit die vertraglich festgelegte Grenze der beiden Interessensphären überschritt. Im Zweiten Punischen Krieg (218–201 v. Chr.) sah es lange Zeit nach einer Niederlage Roms aus, nachdem Hannibal mit seiner Armee die Alpen überquert hatte („*Hannibal ante portas* – Hannibal vor den Toren Roms“). Doch am Schluss behielten die Römer die Oberhand. Sie besiegten die Punier 202 v. Chr. bei Zama in Tunesien und erweiterten abermals ihr Territorium, nun in Ligurien, der Provence (*Gallia cisalpina*) sowie in Teilen Spaniens.

In der Folge richtete Rom, jetzt unangefochtene Macht im westlichen Mittelmeerraum, seinen Blick auf die griechische Welt, wo sich seit Alexander dem Großen mehrere Reiche und Städtebunde etabliert hatten: 168 v. Chr. fiel das Diadochenreich der Antigoniden in Makedonien, 146 v. Chr. der zwölf griechische Städte umfassende Achaiische Bund an Rom; im selben Jahr wurde im Dritten Punischen Krieg (seit 149 v. Chr.) Karthago zerstört. Mit der Gründung von Provinzen in Griechenland, Nordafrika und Kleinasien war Rom endgültig zum Weltreich aufgestiegen.

Ruinen – das Bild zeigt die Antoninen Bäder – künden vom Glanz des alten Karthago (Tunesien), einst großer Rivale des antiken Roms.

Gebäudeteil eines antiken Amphitheaters in Side (Türkei). Die Ruine zeugt von der großen Ausbreitung und Strahlkraft des römischen Imperiums.

Krise und Untergang der Republik

Doch letztlich stürzte der steile Aufstieg die Republik in eine tiefe Krise, die die Nobilität in zwei Lager spaltete. Auf der einen Seite standen die Popularen, die ihre Interessen mithilfe der Volksversammlung durchzusetzen versuchten. Die ersten Vertreter dieser Fraktion, die Brüder Tiberius und Gaius Sempronius Gracchus, versuchten 133 bzw. 123/22 v. Chr. mit Bodenreformen das durch jahrelangen Militärdienst geschwächte Bauerntum zu stärken. Beide scheiterten letztlich am Widerstand des Senats und wurden ermordet. Der Senat wiederum war das Herrschaftsinstrument der Optimaten. Diese setzten sich vor allem aus Vertretern des alten Adels zusammen, der am Status quo festhalten wollte.

Zunehmend wurde das Heer zum innenpolitischen Faktor. Als die Germanenstämme der Kimbern und Teutonen 105 v. Chr. bei Arausio (heute Orange in Südfrankreich) den Römern eine Niederlage beibrachten, konnte die Bedrohung durch den Heerführer Gaius Marius letztlich nur abgewendet werden, indem er verarmte Proletarier gegen Zahlung eines Solds rekrutierte. Damit aber öffnete er die Büchse der Pandora, waren doch fortan die Soldaten in erster Linie ihren Befehlshabern verpflichtet und konnten für deren Interessen instrumentalisiert werden.

Ein erster innerrömischer Konflikt, der militärisch ausgefochten wurde, war der sogenannte Bundesgenossenkrieg. 91 v. Chr. kündigten die italischen Bundesgenossen ihre Gefolgschaft zu Rom auf. Seit Jahrzehnten wurden sie durch die Verpflichtung zum Kriegsdienst aufgerieben, besaßen aber nur wenige politische Rechte. Der Krieg endete mit der Ausweitung des vollen römischen Bürgerrechts für alle Italiker südlich des Pos im Jahr 88 v. Chr.

Welche Sprengkraft die Heeresreform des Marius hatte, offenbarte sich endgültig während des Ersten Triumvirats. Dieses Bündnis schlossen 60 v. Chr. die drei mächtigsten Popularen ihrer Zeit: Caesar, designierter Konsul für das Folgejahr, Pompeius, der erfolgreichste Heeresführer, und Crassus, der reichste Mann Roms. Gemeinsam sicherten sie Caesar u. a. eine fünfjährige (später nochmals verlängerte) Befehlsgewalt in der Provinz *Gallia cisalpina*, die der geniale Militär als Sprungbrett für seine Eroberungsfeldzüge in Gallien (Frankreich) nutzte. Damit wiederum sicherte er sich seine Legionen und Veteranen als treue Gefolgschaft. Aus Sorge, Caesar könne nun nach der Alleinherrschaft greifen, zog der Senat Pompeius auf seine Seite. Caesar drohte eine Anklage, sobald er den Grenzfluss Rubikon überschreiten und damit seine Befehlsgewalt verlieren würde. Doch er wagte den Staatsstreich und stieg im folgenden Bürgerkrieg mit Siegen über Pompeius und seine Parteigänger bis 45 v. Chr. zum Alleinherrscher auf.

Der Anführer des Sklavenaufstands mit entschlossenem Blick! Statue des Spartakus im Pariser Louvre

Schon gewusst?

Spartakus ist keine Erfindung von Hollywood. Den von Kirk Douglas gespielten Anführer eines Sklavenaufstands gab es wirklich. Bis zu 40 000 Sklaven und entrechtete Freie versammelte er ab 73 v. Chr. hinter sich. Mehrmals führte er sie gegen römische Heere zum Sieg, bis er 71 v. Chr. geschlagen und vor den Toren Roms hingerichtet wurde.

Das Kaisertum

Caesar unterschätzte jedoch den senatorischen Widerstand und versäumte es, die alte Elite in seine Herrschaft einzubinden. Am 15. März 44 v. Chr. fiel der Diktator einer Verschwörung zum Opfer. Der Bürgerkrieg brach erneut aus. Schon bald gerieten die senatorischen Verschwörer um Brutus und Cassius gegenüber dem Zweiten Triumvirat in die Defensive, das die beiden Caesar-Vertrauten Marcus Antonius und Marcus Aemilius Lepidus sowie Octavian, der junge Großneffe und Erbe Caesars, 43 v. Chr. geschlossen hatten. Nach der Niederlage der Mörder Caesars 42 v. Chr. bei Philippi in Nordgriechenland zerbrach das Zweckbündnis der Triumvirn jedoch so schnell, wie es entstanden war. Octavian besiegte zunächst Lepidus und schließlich 31 v. Chr. bei Actium Marcus Antonius, der wenig später in Alexandria gemeinsam mit seiner Geliebten, Kleopatra VII. von Ägypten, Selbstmord beging.

Im Gegensatz zu Caesar verstand es Octavian, seine Herrschaft in ein republikanisches Gewand zu kleiden. Formell bestanden die republikanischen Ämter fort, tatsächlich lag die Macht jedoch fest in den Händen des *Princeps*, des ersten Mannes im Staat, der seine Macht zu großen Teilen auf die Befehlsgewalt über das Heer stützte. 27 v. Chr. war die „Wiederherstellung der Republik“ abgeschlossen, Octavian trug fortan den Ehrentitel Augustus („der Erhabene“) als erster Kaiser des Römischen Reichs – das Prinzipat war geboren.

Unter der Herrschaft des Augustus und seiner Nachfolger festigte das Prinzipat seine Macht im Inneren und nach außen hin. Noch unter Augustus wurde die wichtige Getreidekammer Ägypten ins Reich eingebunden und dieses im Norden bis an den Rhein und die Donau erweitert. Italien und die eroberten Gebiete, die allmählich romanisiert wurden, blühten unter der *Pax Augusta*, dem „Kaiserfrieden“, auf.

Dass das System des Prinzipats gefestigt war, zeigte sich bei seiner ersten Krise: dem Vierkaiserjahr 69 n. Chr. Nach der Ermordung Neros, des letzten Kaisers aus der von Augustus begründeten julisch-claudischen Dynastie, war eine Rückkehr zur alten Republik undenk-

Wie merke ich es mir?

Wann wurde Caesar von Brutus ermordet?

Jahreszahlen sind lästig zu merken. Doch am Beispiel des Jahres der Ermordung von Caesar durch Brutus und seine Mitverschwörer (44 v. Chr.) wird im Folgenden gezeigt, mit welcher Methode es funktionieren kann. Zwar gilt: Zahlen können auf unterschiedliche Art und Weise gemerkt werden. Doch grundsätzlich sind zwei Dinge wichtig:

1. Die Zahl muss in eine gehirngerechte Form gebracht werden – idealerweise durch *Verbildern*.

2. Das Bild muss anschließend mit dem entsprechenden Ereignis *verbunden* werden. Das geschieht am besten durch eine Erweiterung des bereits vorhandenen Bildes.

Wenn Sie darüber nachdenken, was für ein Gegenstand der Ziffer 4 ähnlich sieht, werden Sie mithilfe des *Zahlen-Symbol-Systems* sicher schnell auf ein Messer kommen – die Zahl ist verbildert. Und davon stechen Sie nun zwei dem Kaiser in den Rücken – Zusammenhang hergestellt. Sobald Sie sich an das Ereignis erinnern, werden ab jetzt die beiden Dolche (und damit die Jahreszahl) wie von selbst vor Ihrem inneren Auge in Cäsars Rücken erscheinen.

Abbild des Gaius Julius Caesar auf einer „antiken“ italienischen Briefmarke

Die römischen Kaiser bis 235

Julisch-claudische Dynastie	Augustus	27 v.–14 n. Chr.
	Tiberius	14–37
	Caligula	37–41
	Claudius	41–54
	Nero	54–68
Vierkaiserjahr	Galba, Otho, Vitellius, Vespasian	68/69
Flavische Dynastie	Vespasian	69–79
	Titus	79–81
	Domitian	81–96
Adoptivkaiser	Nerva	96–98
	Trajan	98–117
	Hadrian	117–138
	Antoninus Pius	138–161
	Mark Aurel (bis 169 mit Lucius Verus)	161–180
	Commodus	180–192
Fünfkaiserjahr	Pertinax, Didius Iulianus, Pescennius Niger, Clodius Albinus, Septimius Severus	193
Severische Dynastie	Septimius Severus	193–211
	Caracalla (bis 212 mit Geta)	211–217
	Macrinus	217/218
	Diadumenianus	218
	Heliogabal	218–222
	Alexander Severus	222–235

bar. Vier Generäle und Statthalter beanspruchten den Kaiserthron, letztlich setzte sich Vespasian, Begründer der flavischen Dynastie (69–96), durch. Unter Vespasian und seinen Söhnen Titus und Domitian rückten Roms Legionen über den Mittel- und Oberrhein und die Obere Donau weiter nach Germanien vor. Die neuen Gebiete sicherte der rund 550 Kilometer lange, später durch Mauern und Kastelle befestigte Obergermanisch-Raetische Limes. Im Osten des Reiches wurde unter der Führung von Titus der Jüdische Aufstand niedergeschlagen und der Zweite (herodianische) Tempel in Jerusalem zerstört (Beginn der jüdischen Diaspora). 79 verschüttete eruptiertes Gestein des Vesuvs die Stadt Pompeji.

Nach der Ermordung des letzten Flaviers Domitian im Jahr 96 und einem kurzen Intermezzo des bereits betagten Nerva auf dem Kaiserthron folgte die Ära des Adoptivkaisertums: In Ermangelung dynastischer Erben gelangten durch Adoption bestimmte Nachfolger auf den Thron. Unter dem aus Spanien stammenden Trajan (98–117) erreichte das Römische Reich durch Neuerwerbungen im heutigen Rumänien, in Arabien und Me-

Hier grüßt der Kaiser! Antike Statue des Augustus aus dem römischen Theater von Orange (Südfrankreich)

Reiterstatue des Marc Aurel, römischer Kaiser und letzter bedeutender Vertreter der Stoa, *auf der* Piazza del Campidoglio

sopotamien seine größte Ausdehnung. Doch spätestens unter der Herrschaft des Philosophenkaisers Mark Aurel (161–180) offenbarte sich, dass es immer schwerer werden würde, das riesige Reich zu sichern – nur mühsam gelang es ihm, die Donaulinie gegen den Stamm der Markomannen zu behaupten.

Nach dem Tod Mark Aurels griff wieder das dynastische Prinzip, ihm folgte sein tyrannisch auftretender Sohn Commodus auf den Thron, der 192 ermordet wurde. In den folgenden Wirren des Fünfkaiserjahrs setzte sich der Nordafrikaner Septimius Severus durch, der erstmals seit fast hundert Jahren wieder eine Dynastie etablierte.

Das Krisenjahrhundert

Die Herrschaft der severischen Dynastie kennzeichnet den Übergang in das von Krisen geprägte 3. Jahrhundert. Nach der Ermordung des letzten Severers Alexander Severus 235 gelang es keinem Thronprätendenten, seinen Anspruch dauerhaft zu festigen. In knapp 50 Jahren herrschten über 80 Soldatenkaiser, Gegenkaiser und Usurpatoren, einige davon in den Sonderreichen Galliens und Syriens. Unterdessen bedrohten an den Grenzen im Norden und Osten Germanenstämme bzw. die persische Dynastie der Sassaniden den Bestand des gesamten Reiches. 260 stürmten Alemannen den Limes in Süddeutschland, 271 fiel Dakien im heutigen Rumänien an die Goten. Erst Aurelian (reg. 270–275) vermochte die Sonderreiche zu zerschlagen und dem Ansturm von außen Einhalt zu gebieten.

Der Ära der Soldatenkaiser setzte Diokletian (reg. 284–305) ein Ende. Innenpolitisch festigte er die Kaiserherrschaft, indem er das Reich unter zwei ranghöheren *Augusti* und zwei ihnen untergeordneten *Caesares* mit jeweils eigenem territorialen Zuständigkeitsbereich aufteilte (Tetrarchie = Viererherrschaft) und seine eigene Person religiös überhöhte (Dominat). Zeitgleich gelang es ihm, die Reichsgrenzen zu sichern.

Doch bereits nach der Abdankung Diokletians hatte die Tetrarchie ausgedient. Nachdem Constantius I. Chlorus nach kurzer Regierungszeit 306 gestorben war, ließ sich dessen Sohn Konstantin I., der Große, zum neuen Augustus ausrufen; er setzte sich bis zum Jahr 324 als Alleinherrscher durch. Als dieser gründete er das „zweite Rom": Das nach seinem Tod 337 nach ihm benannte Konstantinopel (heute Istanbul) wurde neue Residenzstadt im Osten.

Das heutige Istanbul verfügt über eine bewegte Geschichte: 660 v. Chr. von dorischen Siedlern als Byzantion gegründet, machte es Konstantin der Große 330 v. Chr. zu seiner Hauptresidenz.

Schon gewusst?

Schon bald nach dem Wirken Jesu Christi, der zwischen 7 und 4 v. Chr. geboren und um 30/31 in Jerusalem gekreuzigt wurde, breitete sich das von ihm begründete Christentum durch die Missionsreisen des Paulus bis nach Italien aus. Bereits unter Nero erlitten die Christen erste Verfolgungen. Doch auch spätere Hatzen konnten den Siegeszug des Christentums nicht aufhalten. Zum endgültigen Durchbruch verhalf ihm Konstantin der Große, der sich seit der Schlacht an der Milvischen Brücke 313 gegen seinen Kontrahenten Maxentius zum Gott der Christen bekannte und diesen im Toleranzedikt von Mailand freie Religionsausübung einräumte. 337 empfing Konstantin auf dem Totenbett die Taufe.

Wandernde Völker und der Untergang Roms

Der Einbruch der zentralasiatischen Reitervölker der Hunnen nach Südrussland 375 löste eine Wanderbewegung mehrerer meist germanischer Stämme aus. Unter Theodosius I., dem Großen, gelang es Rom nochmals, Frieden mit den Goten zu schließen, die über die Donau in römisches Gebiet vorgedrungen waren. Theodosius war es auch, der sämtliche heidnische Kulte (391/92) wie auch die Olympischen Spiele (394) verbot und damit das Christentum zur Staatsreligion erhob. Als folgenschwer erwies sich seine Entscheidung, das Reich seinen beiden Söhnen Arcadios und Honorios zu vermachen. Nach dem Tod des Theodosius wurde entlang einer Linie, die durch das heutige Albanien verläuft, das Römische Reich in eine West- und eine Osthälfte geteilt (Reichsteilung von 395).

Das Weströmische Reich konnte im 5. Jahrhundert dem Druck der Völkerwanderung nicht mehr standhalten, 410 plünderte der germanische Stamm der Westgoten Rom, 455 die Wandalen. Nach und nach gründeten die Germanen Königreiche auf römischem Boden: 418 entstand in Südgallien das Tolosanische Reich der Westgoten (Hauptstadt Toulouse), das sich später bis nach Spanien erstreckte. Die Wandalen drangen ab 429 nach Nordafrika vor, im Jahr 449 gründeten aus Norddeutschland eingewanderte Angeln, Sachsen und Jüten in Britannien das Angelsächsische Reich. In Nordfrankreich und Belgien siedelte sich der Stammesverbund der Franken an, die zunächst auf der Seite Roms die Hunnen aus Europa zurückdrängten.

Endgültig besiegelt wurde der Untergang des Weströmischen Reichs 476, als der letzte Kaiser Romulus Augustus durch den germanischen Söldnerführer Odoaker abgesetzt wurde, den wiederum bald schon die Ostgoten unter ihrem König Theoderich besiegten. Während fortan die weströmischen Territorien in den quellenarmen dunklen Jahrhunderten des Frühmittelalters versanken, lebte die Tradition Roms im griechisch geprägten Oströmischen Reich fort, das nach dem alten Namen der Hauptstadt Konstantinopel, *Byzantion*, auch Byzantinisches Reich genannt wird.

Der Hadrianswall an der Grenze zwischen England und Schottland markierte die römische Herrschaft über Großbritannien, die von 43 bis ca. 440 währte. Es folgte das Reich der Angelsachsen.

Noch heute fasziniert viele Menschen das Mittelalter, wenn auch oft als verklärtes Zeitalter, sodass sie es auf mittelalterlichen Festen und Märkten wiederbeleben. Als dunkle Epoche gilt es ihnen heute nicht mehr.

Das Mittelalter

Das Mittelalter umfasst den Zeitraum zwischen Antike und Neuzeit. Geprägt wurde der Begriff von den Humanisten des 14. und 15. Jahrhunderts. Sie bezeichneten damit ein in ihren Augen dunkles Zeitalter des Zerfalls, in dem das antike Erbe verloren ging, das im Zeitalter der Renaissance „wiedergeboren" wurde.

In der modernen Geschichtsschreibung herrscht allerdings keine Einigkeit darüber, wann die Antike endete und das Mittelalter begann. Weitgehend unstrittig ist, dass nicht ein einzelnes Ereignis den Übergang markierte, sondern dieser letztlich über einen längeren Zeitraum erfolgte, den die meisten Historiker mit der Völkerwanderung und dem Aufstieg des Islam begrenzen.

Die neue Macht im Westen

Im Frühmittelalter bildete sich die mittelalterliche feudale Gesellschaft heraus, die entscheidend durch das Lehnswesen geprägt wurde: An der Spitze des staatlichen Gebildes stand der König, der seinen adligen Vasallen – Herzöge, Grafen und Bischöfe – Schutz und Unterhalt gewährte sowie Grund und Boden als Lehen (lat. *feodum*) vergab. Als Gegenleistung waren die Vasallen zu Treue, Amts- und Kriegsdienst verpflichtet. Über Ritter, Äbte, Beamte und Dienstmannen setzte sich dieses feudale Prinzip fort bis zur untersten Ebene der Gesellschaft, auf der hörige oder leibeigene Bauern und Knechte standen. Damit verbunden war die Grundherrschaft, die Verfügungsgewalt des Adels nicht nur über Grund und Boden, sondern auch über die auf ihm lebenden Personen. Dem Lehnswesen vergleichbare Verhältnisse entstanden auch in anderen Kulturen wie in Japan.

Bis Ende des 5. Jahrhunderts hatten sich auf dem Boden des untergegangenen Weströmischen Reichs mehrere germanische Königreiche etabliert, von denen jedoch nur eines dauerhaften Bestand haben sollte. Die Dynastie der Merowinger baute in kurzer Zeit ihr Kleinkönigreich zu einem fränkischen Großreich aus, das sich von den Pyrenäen bis zum Rhein und Atlantik erstreckte. Bereits unter Chlodwig I. (466–511) nahm die fränkische Elite den christlichen Glauben an, der von Missionaren wie dem heiligen Bonifatius weiterverbreitet wurde. Gleichzeitig bildete sich in klösterlichen Zentren wie Aquitanien und an der Rhône in Frankreich sowie in Montecassino zwischen Rom und Neapel das Mönchstum als wichtiger Pfeiler der mittelalterlichen Frömmigkeit aus.

Die neue Macht im Osten

Zwar hatte das Oströmisch-Byzantinische Reich zur Zeit Justinians I. (reg. 527–565) Teile des ehemaligen Weströmischen Reiches erobert, lange konnten diese Territorien jedoch nicht gehalten werden. Nur drei Jahre nach dem Tod Justinians drangen die Langobarden nach Italien ein und gründeten dort ein Königreich; lediglich der italienische Süden, Sizilien und Sardinien verblieben bei Byzanz. Wenig später wanderten Slawen in oströmische Territorien auf dem Balkan ein.

Schon gewusst?

Die Formel „*ora et labora* – bete und arbeite" stammt zwar erst aus spätmittelalterlicher Zeit, spiegelt aber dennoch eine der Kernaussagen der Benediktinischen Klosterregeln wider. Diese verfasste der heilige Benedikt von Nursia, Ordensgründer der Benediktiner und Abt des Klosters Montecassino, für seine Mönchsgemeinschaft im Jahr 529. Im 9. Jahrhundert wurde sie zur allein gültigen Regel aller im Frankenreich ansässigen Klostergemeinschaften.

Die größte Bedrohung für den Bestand des gesamten Byzantinischen Reiches erwuchs diesem aber in den 630er-Jahren im Osten: In rund zehn Jahren war es dem Propheten Mohammed gelungen, die in Arabien ansässigen Nomadenstämme, Clans und Kaufleute unter dem Banner einer neuen monotheistischen Religion, des Islam, zu vereinen. Zwar zerbrach schon bald nach dem Tod des Propheten die Einigkeit der *umma*, der Gemeinschaft der Araber, wieder, dennoch gelang es diesen, unter Führung der Umayyaden-Dynastie (661–750) in rascher Abfolge Persien, Syrien, Palästina und Ägypten (bis 661) und schließlich auch große Teile Nordafrikas zu erobern. Ab 711 fassten die Araber auch auf der iberischen Halbinsel Fuß, wo sie 756 das Emirat von Cordoba gründeten.

Garten im Inneren der Abtei von Montecassino, Italien. Gegründet wurde dieses Zentrum (früh)mittelalterlicher Frömmigkeit 529 durch Benedikt von Nursia.

Kaiserreich und Kirchenstaat

Ein Eindringen der Araber nach Nordeuropa konnte der Franke Karl Martell verhindern. In der Schlacht bei Poitiers 732 besiegte das von ihm angeführte christliche Heer die Mauren. Schon zuvor hatte die Dynastie der Pippiniden, der Karl entstammte, als königliche Hofverwalter (Hausmeier) im 7. und 8. Jahrhundert die durch Erbteilungen und Familienfehden geschwächten Merowinger entmachtet. Unter Karl Martells Sohn, Pippin III., sicherte sich die Familie auch die Königskrone.

Dabei ließ sich Pippin 754 von Papst Stephan II. salben. Während Pippins Königswürde dadurch zusätzliche Legitimität erfuhr, bekam der Papst Unterstützung im Kampf gegen die Langobarden, die zuvor ihre Herrschaft in Italien ausgebaut hatten. Berühmt wurde in diesem Zusammenhang die Pippinische Schenkung: Dabei versprach der neue Frankenkönig dem Papst, die von den Langobarden zurückeroberten Gebiete zu überlassen, sodass sie zur territorialen Grundlage des Kirchenstaats in Mittelitalien wurden.

Mit Karl dem Großen, Pippins Sohn und Stammvater der Karolinger-Dynastie, gelangte zweifelsohne die bedeutendste Herrscherfigur der Franken auf den Thron. Von seinem Vater hatte Karl die Auseinandersetzung mit den Langobarden geerbt. Bereits 774 konnte Karl den Krieg für sich entscheiden, das Langobardenreich erobern und sich deren Krone aufsetzen. Ein weitaus gefährlicherer Gegner erwuchs Karl im Osten, wo die noch heidnischen Sachsen erst 804 endgültig besiegt wurden. Weitere Eroberungen erweiterten das Fränkische Reich um die Ostmark (heute Österreich und Westungarn) und die Spanische Mark in den Pyrenäen.

Im Zuge der karolingischen Renaissance führte Karl sein Reich zu einer kulturellen Blüte. Auf dem Höhepunkt seiner Macht festigte Karl zudem das von Pippin eingeleitete Bündnis mit der römischen Kirche. Von einer innerrömischen Opposition abgesetzt, wandte sich Papst Leo an Karl, der 800 nach Rom reiste, dem Kirchenführer Beistand leistete und im Gegenzug von diesem zum Kaiser gekrönt wurde – 324 Jahre nach dem Untergang Westroms war das römische Kaisertum wiederbegründet worden.

Während das abendländische Kaisertum über 1000 Jahre bestehen sollte, war das Reich der karolingischen Franken nur noch von kurzer Dauer. Wie schon zuvor bei den Merowingern zerbrach es an innerdynastischen Auseinandersetzungen infolge von Erbteilungen. Schon unter den Enkeln Karls begann das Frankenreich zu zerfallen.

Nachdem Ludwig der Fromme nach dem Tod seines Vaters Karl im Fränkischen Gesamtreich 814 die Regentschaft übernahm, wurde er zwischen 830 und 833 zwischenzeitlich von seinen eigenen Söhnen abgesetzt. Als Ludwig 840 starb, stritten sich seine beiden Söhne alsbald um das Erbe – die Dreiteilung des karolingisches Reichs 843 besiegelte anschließend seinen Zerfall.

Karl Martells siegreicher Kampf gegen die Mauren ist Thema dieses Kupferstichs (nach einem Gemälde von G. Bleibtrau, 1882).

Wie merke ich es mir?

In welche Länder führten die Feldzüge Karls des Großen?

Die Eroberungen und gescheiterten Feldzüge von Karl dem Großen in chronologischer Reihenfolge lassen sich mithilfe einer kleinen *Geschichte* merken: „Karl wachsen lange Beine, mit denen er gegen Mauern und Spaliere läuft. Frustriert geht er in eine Bar zum Feiern und trinkt die dort ausgestellten Waren (darunter auch eine ganze Flasche Sliwowitz)."

Lernen erfolgreich erledigt – doch wie genau? *Merkbilder* (in diesem Fall in einer kompakten, lustigen Geschichte verpackt) liefern dem Kopf die richtigen und wichtigen Hinweise auf die Gebiete rund um das mittelalterliche Frankenland. Allerdings müssen Sie die echten Fakten kennen, sonst bleiben das Bild und die Hinweise darin unverständlich wie Wörter einer fremden Sprache.

Hier ist der Code zu dieser Geschichte, die immerhin acht abstrakte Fakten enthält:

„Wachsen" reimt sich auf Sachsen. „Lange Beine" ähneln den Langobarden (und sind gleichzeitig ein guter Hinweis auf die geografische Lage des Reichs im „langen Bein" von Italien). „Mauern und Spaliere" weisen Ähnlichkeiten zu den Mauren in Spanien auf (dieser Feldzug scheiterte, worauf das betreffende Bild durch seine negative Konnotation hinweist). Bayern ist die „Bar zum Feiern". Die „ausgestellten Waren" sind ein Hinweis auf die Awaren, und schließlich deutet der Sliwowitz auf die Lage dieses Reichs im heutigen Südosteuropa. Kennen Sie keinen Sliwowitz? Das ist ein Obstbrand aus Pflaumen, der besonders auf dem Balkan verbreitet ist.

Die Karlsbüste, ein um 1350 ausgearbeitetes Reliquiar, wird in der Aachener Domschatzkammer aufbewahrt. Sie enthält angeblich Karls Schädeldecke.

Ottonen und Salier

Das Vakuum, das der Zerfall der karolingischen Macht Ende des 9. Jahrhunderts im östlichen Teilreich hinterließ, füllten territoriale Herrscher auf: Die Herzöge wurden Stützen des neuen ostfränkischen Wahlkönigtums, aus dem sich im 10. Jahrhundert schließlich das Reich der Deutschen entwickelte. 919 wurde der sächsische Herzog Heinrich I. zum König bestimmt. Die endgültige Etablierung der von ihm begründeten ottonischen Dynastie gelang erst seinem Sohn, Otto I., dem Großen, der von seinem Vater als alleiniger Nachfolger bestimmt worden war. Damit war zugleich die Unteilbarkeit von Königtum und Reich begründet.

Otto gelang es, das Königreich Italien, das sich in den Jahrzehnten zuvor aus dem fränkischen Reichsverbund gelöst hatte, unter seine Herrschaft zu bringen. 951 ließ er sich in der Tradition Karls des Großen zum König der Langobarden küren. Damit verbunden war der Anspruch auf die Kaiserwürde. Mit seiner Kaiserkrönung durch Papst Johannes XII. 962 belebte Otto die karolingische Tradition des römischen Kaisertums wieder. Auch seine Gemahlin Adelheid wurde gesalbt und gekrönt.

Im prächtigen Aachener Münster, dessen Grundsteinlegung 795 zur Zeit Karls des Großen erfolgte, wurde Otto I. 936 zum ostfränkischen König gesalbt und gekrönt.

Schon gewusst?

Die erste Hälfte des 10. Jahrhunderts war geprägt durch die Einfälle der Magyaren (Ungarn), die von Südosteuropa aus bis weit ins westfränkische Reich vordrangen. Erst Otto I. gelang es 955 mit dem Sieg auf dem Lechfeld, der Bedrohung durch die Ungarn ein Ende zu setzen. Dabei soll die Heilige Lanze zum Einsatz gekommen sein, die der Legende nach ein Stück eines Nagels vom Kreuz Christi enthält. Die Lanze ist ältester Bestandteil der Reichskleinodien, der kaiserlichen Herrschaftsinsignien, zu denen u. a. noch Reichskrone, -schwert und -apfel gehören. Sie werden heute in der Wiener Hofschatzkammer aufbewahrt.

Die Ottonen wie auch die fränkischen Salier, die ihnen 1024 auf den Thron folgten, stützen ihre Macht wesentlich auf das Reichskirchensystem: Um einen Gegenpol zu den regional herrschenden Herzögen zu bilden, statteten sie reichsunmittelbare Bischöfe und Äbte mit Grundbesitz und Herrschaftsrechten aus, die sich zum verlängerten Arm der Königsherrschaft entwickelten. Unabdingbar für das Reichskirchensystem war die Einsetzung (Investitur) der kirchlichen Würdenträger durch den jeweiligen Herrscher.

Früher oder später musste dies einen Konflikt mit dem Papst provozieren, der spätestens seit dem endgültigen Bruch mit der orthodoxen Kirche von Byzanz (Morgenländisches Schisma) und gestärkt durch das Bündnis mit der neuen Macht in Süditalien, den Normannen, den Anspruch auf die universale Macht im Abendland für sich reklamierte. Die schwelende Auseinandersetzung mündete in einen offenen Machtkampf, als Papst Gregor VII. 1075 den Anspruch erhob, den Kaiser zu benennen und ihn abzusetzen: Nachdem König Heinrich IV. u. a. in Mailand seinen Kandidat als Bischof eingesetzt und den Papst zum Rücktritt aufgefordert hatte, sprach dieser gegen Heinrich den Kirchenbann aus und entband alle seine Untertanen von geleisteten Eiden.

Derart in die Defensive gedrängt, sah sich Heinrich einer bedrohlich wachsenden innerdeutschen Opposition gegenüber. Im Büßerhemd und barfuß kroch er im Winter 1077 vor der Burg Canossa in Norditalien zu Kreuze, in die sich Gregor zurückgezogen hatte. Drei Tage ließ dieser Heinrich schmoren, bis er ihn schließlich vom Bann löste. Doch sollte es noch bis 1122 dauern, bis der Investiturstreit im Wormser Konkordat beigelegt wurde, in dem der Kaiser auf die Investitur der Bischöfe und Äbte verzichtete. Diese ging mit der Übergabe sakraler Symbole (Ring und Stab) einher.

Die Salier setzten nicht nur kirchliche Würdenträger ins Amt, sondern sie ließen auch ganze Kirchen erbauen. So veranlasste Konrad II. um 1025 den Bau des Speyrer Doms, die größte erhaltene romanische Kirche weltweit.

Das Erstarken des Papsttums markiert als einer vor mehreren Faktoren einen Zeitenwandel: den Beginn des Hochmittelalters in der Mitte des 11. Jahrhunderts. Dieses wurde geprägt durch ein stetiges Bevölkerungswachstum, mit dem verbesserte landwirtschaftliche Anbaumethoden und die Blüte von Handel und Handwerk einhergingen, das Erschließen neuer Märkte, der Aufschwung der Städte und die Besiedlung und Urbarmachung neuer Landstriche.

Gott will es

Im 11. Jahrhundert stieg das Reich der Großseldschuken zum mächtigsten Staat im Vorderen Orient auf, eroberte 1070 Jerusalem und besiegte ein Jahr später in der Schlacht bei Mantzikert Byzanz. In dieser bedrohlichen Situation richtete der byzantinische Kaiser Alexios I. ein Hilfegesuch an den Westen, in dessen Folge Papst Urban II. auf dem Konzil von Clermont mit den Worten „*Deus lo vult* – Gott will es" die Christenheit zum Ersten Kreuzzug aufrief: Die Heiligen Stätten des Christentums in Palästina, seit Jahrhunderten trotz arabischer Herrschaft wichtiges Pilgerziel, sollten wieder fürs Abendland zurückgewonnen werden. Angeführt von vor allem französischen und süditalienisch-normannischen Adligen gelang es den Kreuzfahrern, 1099 Jerusalem zu erobern.

Die Rivalität unter den Anführern hatte zur Folge, dass insgesamt vier Kreuzfahrerstaaten in Palästina gegründet wurden, darunter das Königreich von Jerusalem. Bereits 1144 fiel die Grafschaft von Edessa an die Araber, 1187 eroberte der ägyptische Sultan Saladin Jerusalem zurück. Zwischen 1147 und 1270 folgten sechs weitere, zumeist erfolglose Kreuzzüge. 1204 intervenierten Teilnehmer des Vierten Kreuzzugs bei innerbyzantinischen Thronstreitigkeiten, nahmen Konstantinopel ein und errichteten dort das lateinische Kaiserreich, das erst 1261 vom byzantinischen Kaiser Michael VIII. Palaiolo-

Die Glasmalerei in der Kathedrale von Brüssel zeigt eine Szene des Ersten Kreuzzugs (1096–1099). Rechts im Bild ist Gottfried von Bouillon, einer der Anführer des Kreuzritterheeres.

Das Kyffhäuserdenkmal, Ende des 19. Jahrhunderts zu Ehren Kaiser Wilhelms I. erbaut, weist eine aus Sandstein gemeißelte Figur Barbarossas auf – der aus tiefem Schlaf zu erwachen scheint.

gos wieder zerschlagen wurde. 1291 fiel mit Akkon der letzte christliche Vorposten im Heiligen Land.
Auf der Iberischen Halbinsel hingegen gelang es den Kreuzrittern, die Araber dauerhaft zurückzudrängen. Ausgehend von den verblieben christlichen Rückzugsgebieten im Norden gewann die *Reconquista* (Rückeroberung) ab Mitte des 11. Jahrhunderts an Dynamik. Bis 1251 dehnten die Könige von Aragonien, von Kastilien und Leon sowie von Portugal ihre Herrschaft über fast die komplette Halbinsel aus, lediglich das muslimische Königreich von Granada im äußersten Süden Spaniens hielt sich bis 1492.

Staufer und Welfen

Nach dem Tod des letzten, kinderlos gebliebenen Saliers Heinrich V. 1125 erhoben die Staufer, seit 1079 die Herzöge von Schwaben und Erben der salischen Besitzungen, Anspruch auf die Königskrone. Es setzte sich jedoch das Wahlrecht gegenüber dem Erbrecht durch, gewählt wurde der bedeutendste Vertreter der antisalischen Opposition, der sächsische Herzog Lothar III. von Supplinburg. Erst als Lothar 1138 starb, gelang der staufische Zugriff auf die Krone, staatsstreichartig wurde abermals der eigentlich direkte Erbe, der Welfe Heinrich der Stolze, Herzog von Bayern und Sachsen, übergangen und der Staufer Konrad zum König gewählt. 1152 folgte Konrads Neffe, Friedrich I. Barbarossa auf den Thron, der staufisch-welfische Gegensatz blieb jedoch bestehen.

Schon bald baute sein Vetter, der Welfe Heinrich der Löwe, als Herzog von Sachsen seine Stellung königsgleich aus, weshalb 1179 Friedrich über ihn die Reichsacht verhängte. Derweil scheiterte Friedrich am Widerstand des lombardischen Städtebunds und des Papsttums mit seinen Bestrebungen, die kaiserliche Herrschaft in Italien zu erneuern.

Der staufisch-welfische Konflikt brach erneut mit voller Wucht aus, als Friedrichs Nachfolger Heinrich VI. (reg. 1190–97) ohne mündigen Nachfolger starb und es 1198 zur Doppelwahl des Welfen Otto IV. und des Staufers Philipp von Schwaben kam. Erst 1214 konnte sich endgültig der Staufer Friedrich II. als deutscher König durchsetzen. Der Sohn Heinrichs VI. hatte bereits 1198 von seiner Mutter, der Normannin Konstanze, das sich bis nach Mittelitalien erstreckende Königreich von Sizilien geerbt.

Während Friedrich in seinem sizilianischen Erbreich einen zentralistischen Beamtenstaat errichtete, musste er nördlich der Alpen den Reichsständen – also den reichsunmittelbaren weltlichen und geistlichen Fürsten und Reichsstädten – weitreichende Zugeständnisse machen. Im *Statutum in favorem principum* (Statut zugunsten der Fürsten) wurden ihnen königliche Rechte wie die Gerichtshoheit und die Erhebung von Zöllen garantiert und damit die Territorialisierung in Deutschland vorangetrieben. Als Friedrich 1250 starb, blieb zwar die Kaiseridee lebendig, der universale Herrschaftsanspruch des Kaisertums war aber endgültig gescheitert. Längst waren weitere Königreiche in Europa mit ebenbürtiger Strahlkraft entstanden (siehe unten). Umso wichtiger wurde es für die künftigen römisch-deutschen Könige, die Autorität auf die eigene Hausmacht zu stützen und in diesem Sinne ihre territorialen Besitzungen auszuweiten.

Schon gewusst?

Im 12. Jahrhundert erlebte das Städtewesen in Europa dank der Intensivierung von Handel und Handwerk einen rasanten Aufschwung. Das Bevölkerungswachstum der deutschen Städte war auch Folge einer mittelalterlichen Rechtspraxis: Wer als Unfreier mindestens ein Jahr innerhalb einer Stadt gelebt hatte, ohne von seinem Herren zurückgefordert worden zu sein, erlangte die Freiheit. Hieraus leitete sich der Spruch „Stadtluft macht frei“ ab.

Das achteckige Castel del Monte, im süditalienischen Apulien gelegen, wurde von Friedrich II. erbaut. Seine Funktion ist ungewiss – ob Jagdschloss oder Hort eines Staatsschatzes. Oder sollte es den universalen Herrschaftsanspruch des Kaisers symbolisieren?

Goldenes Prag und Schwarzer Tod

Das Interregnum zwischen 1250 und 1276, also die königslose Zeit nach Friedrichs Tod, gilt gemeinhin als Zäsur, die das Spätmittelalter einläutete. Nicht nur von heutigen Historikern, sondern auch von Zeitgenossen wurde die Epoche als Krisenzeit wahrgenommen, geprägt von Pestwellen, Bevölkerungseinbrüchen und Ernteausfällen. Zugleich erfolgte im 14. und 15. Jahrhundert aber auch eine Intensivierung des Fernhandels, der vor allem von der Deutschen Hanse sowie den italienischen Seerepubliken Venedig und Genua betrieben wurde.

Zunächst sicherte sich Rudolf von Habsburg im Aargau die Königskrone und legte damit den Grundstein für den späteren Aufstieg seiner Dynastie. Zuvor verlagerte sich das Machtzentrum jedoch ostwärts; Herrschaftsmittelpunkt des Hauses Luxemburg, das von 1346/47 bis 1437 mit kurzer Unterbrechung die Könige im Reich stellte, war seit einigen Jahrzehnten das Königreich Böhmen. Der eigentliche Aufstieg begann mit Karl IV. Zunächst 1346 als Gegenkönig des Wittelsbacher

Was für ein schauriges Mahnmal! In den Katakomben der Kirche St. Jakob in Brünn, Tschechien, liegen die Schädel und Knochen von 50 000 Opfern der großen mittelalterlichen Pestepidemie begraben.

Ludwig IV., des Bayern, gewählt, konnte er sich nur ein Jahr später im ganzen Reich durchsetzen. Erfolgreicher als die Herrscher zuvor betrieb er den Ausbau seiner Hausmacht, indem er seinem Territorium das restliche Schlesien, die Niederlausitz und Brandenburg hinzufügte. Er baute Prag zu seiner glanzvollen Residenz aus

Wie merke ich es mir?

Wann wütete die Pest in Europa?

Es ist eine Möglichkeit, Jahreszahlen durch Zahlen-Symbole zu verbildern und direkt in historische Ereignisse einzubauen (schauen Sie sich dazu zum Beispiel das „Wie merke ich es mir" zur Ermordung Cäsars an). In diesem Beispiel wird gezeigt, wie sich Jahreszahlen in eine einfache *Eselsbrücke* verwandeln lassen.

Zunächst einmal zu den Fakten: Von 1347 bis 1353 raffte die Pest, von Zeitgenossen als „Schwarzer Tod" bezeichnet, in Europa fast 25 Millionen Menschen dahin. Wir wollen nun versuchen, uns die ersten beiden Jahreszahlen der Pestepidemie (1347 und 1348) zu merken, indem wir sie mit *Zahlen-Symbolen* versehen, die sich in einem *Merkspruch* auflösen.

„Im ersten Jahr war das Unglück nicht in Asien verblieben.
Im zweiten Jahr war das Unglück fast vollbracht."

Damit haben Sie die beiden Jahreszahlen in einen für das Gehirn griffigen Spruch verwandelt. Aber wo sind die Zahlen in dem Zweizeiler zu finden? Die ersten beiden Ziffern sind über die Bedeutung der Zahl 13 jeweils zu Beginn in den Spruch eingebaut. Das Stichwort „Unglück" weist in beiden Zeilen darauf hin. Die folgenden Ziffern sind durch eine gewisse Ähnlichkeit im Klang in Wörter verwandelt worden: „ver-blieben" klingt wie vier und sieben, „vollbracht" klingt wie vier und acht.

Dass es sich um zwei Jahre handelt, ist für das Erinnern ein Vorteil. Selbst wenn Sie sich nur an eine Hälfte des Spruchs erinnern, dann werden Sie nur einen Moment nachdenken müssen, um die zweite Jahreszahl ebenfalls erfolgreich aus Ihrem Kopf zu holen.

und vermochte als erster Herrscher seit den Staufern, seinem Sohn Wenzel 1378 die Nachfolge zu sichern.

Dunkle Schatten legten sich dennoch schon bald über Karls Herrschaft. Von Asien eingeschleppt, breitete sich ab 1348 die Lungen- und Beulenpest rasant in Europa aus. Bis 1953 hatte sie fast den gesamten Kontinent erfasst und ganze Landstriche entvölkert. Schätzungen zufolge starben bis zu 25 Millionen Menschen – rund ein Drittel der damaligen Bevölkerung.

Schon gewusst?

Als Bulle bezeichnete man im Mittelalter Rechtsurkunden, benannt nach dem Siegel (lat. *bulla* = „Blase"), das auch aus Gold bestehen konnte. Die berühmteste *Goldene Bulle*, 1356 unter Karl IV. erlassen, regelte die Wahl des Königs des Heiligen Römischen Reichs und blieb als bedeutendstes Verfassungsgesetz bis 1806 in Kraft. Zur Königswahl berechtigt waren die Kurfürsten: die Erzbischöfe aus Trier, Köln und Mainz, der König von Böhmen, der Pfalzgraf bei Rhein, der Herzog von Sachsen und der Markgraf von Brandenburg. Im Gegenzug büßte der Papst sein Mitspracherecht bei der Königswahl vollkommen ein. In der Frühen Neuzeit kamen noch der Herzog von Bayern bzw. Braunschweig-Lüneburg als Kurfürsten hinzu.

Vorderseite des Siegels der Goldenen Bulle mit dem Bildnis des Kaisers (Trierer Exemplar)

Gespaltener Kontinent?

Die schon im Hochmittelalter eingeleitete Territorialisierung des Römisch-Deutschen Reichs schritt auch im Spätmittelalter voran und verwandelte dieses nach und nach in einen Flickenteppich aus weltlichen und geistlichen Fürstentümern sowie Freien Reichsstädten. Ganz anders in Westeuropa. In Frankreich war es schon den Kapetingern, die 987 den Karolingern auf den Thron gefolgt waren, gelungen, ein zentralistisches Staatengebilde zu schaffen. Gleiches gilt für England, wo 1066 der Herzog der Normandie, Wilhelm I., der Eroberer, die normannische Dynastie begründet hatte.

Damit war zugleich das Schicksal dieser beiden Staaten in den folgenden Jahrhunderten miteinander verbunden, waren doch die englischen Könige nicht nur Vasallen der französischen Könige, sondern zeitweise die größten Grundbesitzer in Frankreich. Das Spannungsverhältnis eskalierte, als 1328 die Kapetinger ausstarben und sowohl eine Nebenlinie der Kapetinger, die Valois, als auch Eduard III. von England den französischen Thron beanspruchten. Als Philipp VI. von Valois die noch verbliebenen englischen Territorien in Aquitanien (Südwestfrankreich) besetzten ließ, brach der Hundertjährige Krieg (1337–1453) aus, an dessen Ende Frankreich seinen englischen Rivalen nahezu vollständig vom Festland vertrieben hatte

Bei dem ausschließlich auf französischem Boden ausgetragenen Hundertjährigen Krieg lag das Schlachtenglück lange Zeit auf englischer Seite. Erst die französische Nationalheldin Jeanne d´Arc brachte 1429 die Wende: Als Symbolfigur führte sie die Franzosen zum wichtigen Sieg bei Patay und den französischen Thronfolger (*Dauphin*) zur Krönung nach Reims. 1430 wurde sie jedoch von Truppen des mit England verbündeten Herzogtums Burgund, das im Hundertjährigen Krieg zur Mittelmacht aufgestiegen war, gefangen genommen und an die Engländer ausgeliefert. Sie starb am 30. Mai 1431 auf dem Scheiterhaufen.

Wie im Hundertjährigen Krieg, so spielte Frankreich auch im Abendländischen Schisma eine Hauptrolle. Bereits Anfang des 14. Jahrhunderts hatte Frankreich unter Philipp V., dem Schönen, das Papsttum weitgehend unter seine Kontrolle gebracht, seit 1309 residierten die ausschließlich französischstämmigen Päpste in Avignon. Der Versuch des 1378 gewählten Papstes Urbans VI.,

Papstpalast zu Avignon. Nicht nur Rom (wie heute noch), sondern auch die südfranzösische Stadt beherbergte seit 1309 im Mittelalter verschiedene Päpste und Gegenpäpste.

wieder nach Rom zurückzukehren, führte schließlich zur Wahl des Gegenpapstes Clemens VII. und der Spaltung (Schisma) der europäischen Christenheit, die erst im von Kaiser Siegmund initiierten Konzil von Konstanz (1414–1418) überwunden wurde. In Konstanz wurde zudem der böhmische Prediger und Reformator Jan Hus, Anführer einer Gruppe böhmischer Kirchenkritiker, trotz der Zusage freien Geleits als Ketzer verurteilt und auf dem Scheiterhaufen hingerichtet. Dringend notwendige Kirchenreformen blieben indes aus.

Europa am Ausgang des Mittelalters

Als mit Albrecht II. 1438 wieder ein Mitglied der Habsburger auf den Königsthron gelangte, hatte sich der territoriale Schwerpunkt der Habsburger bereits von der Schweiz, wo sie von der 1291 gegründeten Eidgenossenschaft allmählich zurückgedrängt worden waren, nach Österreich verlagert. Dort hatte bereits König Rudolf von Habsburg das Aussterben der Babenberger Herzöge genutzt, um den Grundstein für die mehr als 600 Jahre währende Habsburger „Herrschaft zu Österreich" zu legen.

Dank einer äußerst erfolgreichen Heiratspolitik gelang es den Habsburgern in der Folgezeit, ihr Territorium Schritt für Schritt auszudehnen. 1477 erwarb die Dynastie das Herzogtum Burgund, das im 14./15. Jahrhundert um Flandern, die Niederlande und Luxemburg erweitert worden war, und 1516 die spanische Krone, zu der in Personalunion auch die Königreiche von Neapel und Sizilien gehörten: „*Bella gerant alii, tu felix Austria nube* – Kriege führen mögen andere, du, glückliches Österreich, heirate."

Während sich die Valois in Frankreich, die in den Rosenkriegen (1455–85) siegreichen Tudors in England und die Habsburger im Heiligen Römischen Reich in Stellung gebracht hatten, hatte sich in Südosteuropa längst ein weiterer *global player* etabliert: Die Osmanen, herrschende Dynastie des Turkvolks der Ogusen, hatten in Kleinasien die Seldschuken beerbt, 1301 unter Osman I. ein eigenständiges Sultanat gegründet und ab Mitte des 14. Jahrhunderts in rund 150 Jahren weite Teile Griechenlands, Bulgariens und des Balkans unter ihre Kontrolle gebracht. 1453 nahmen sie unter Mehmed II., dem Eroberer, Konstantinopel und damit die Reste des Byzantinischen Reichs ein. Markierte der Untergang des Weströmischen Reichs den Untergang des Altertums, so stand der Untergang des tausendjährigen Oströmischen Reichs am Anfang einer neuen Ära: der Neuzeit.

Eine elegante Lösung, oder nicht? Herrschaftsausdehnung durch geschickte Heiratspolitik – eine Spezialität der Habsburger im ausgehenden Mittelalter.

Am Ende des Mittelalters und zu Beginn der Frühen Neuzeit steht Martin Luther (das Monument befindet sich vor der Dresdner Frauenkirche) – oder besser: die Reformation.

Frühe Neuzeit

Auch Zeitgenossen dürfte der Epochenwandel im 15. Jahrhundert nicht verborgen geblieben sein. Neu entdeckte Kontinente und der Humanismus erweiterten den Horizont der Menschen, die Reformation zeigte ihnen neue Wege zum Seelenheil auf. Und aus den mittelalterlichen Feudal- und Ständestaaten gingen die ersten Nationalstaaten hervor, die sich in langwierigen Kriegen gegenüberstanden.

Das neue Zeitalter leiteten gleich mehrere Entdeckungen ein, die durch den Fall Konstantinopels begünstigt wurden: Zum einen war der Landweg für den Indienhandel blockiert, weshalb es galt, neue Handelswege aufzutun. Wagemutige Seefahrer starteten Entdeckungsfahrten, die von ihnen erschlossenen Ländereien in der Neuen Welt legten den Grundstein für den Aufstieg riesiger Kolonialreiche. Zum anderen flohen aus Konstantinopel griechische Gelehrte nach Europa, vornehmlich nach Italien, wo sie die humanistische Wiederentdeckung der Antike förderten. Und die Erfindung des Buchdrucks mit beweglichen Metalllettern und der Druckerpresse durch Johannes Gutenberg um 1450 initiierte die erste „Medienrevolution" der Geschichte. Sie sollte eine entscheidende Rolle für die reformatorische Bewegung spielen, die am Anfang dieser Darstellung steht.

95 Thesen

Infolge des Konstanzer Konzils war der Reformprozess der Römischen Universalkirche schnell wieder ins Stocken geraten. Die Päpste waren zu weltlichen

Wie merke ich es mir?

Warum nicht hundert Thesen?

Hätte Luther vier oder fünf Thesen mehr geschrieben, wäre es leichter, die Anzahl im Gedächtnis zu behalten. Dagegen ist die 95 weniger greifbar. So wird Luthers Protest gegen die Kirche in historischen Unterhaltungen zu einem unscharfen Ereignis: Wie war das noch einmal? Handelte es sich um 92 Thesen? Oder waren es 96?

Um dem Ereignis merkbare Schärfe zu verleihen, sollten die Fakten in für den Kopf verdauliche Bilder verwandelt werden – und zwar in der bewährten Zwiebeltechnik Bild für Bild, sodass wir eine kurze *Geschichte* haben. Beim *Verbildern* soll uns das *Majorsystem* behilflich sein.

Die 95 lässt sich mithilfe des Majorsystems recht einfach in einen „Ball" verwandeln (9 = B und 5 = L). „Luther schießt einen Ball gegen die Tür der Kirche" – das ist vorstellbar und kann mit dem nächsten Bild erweitert werden: „Denn nach dem Schuss kleben an der Tür nicht nur die Thesen, sondern das Schloss fällt durch den Aufprall herunter (Hinweis auf die Schlosskirche)." Um das Jahr hinzuzufügen, muss Luther eine gewisse „Athletik" zugestanden werden (T, L, T und K = 1517), die gut zu dem rebellischen Ballschützen passt. All das ist historisch betrachtet zwar völliger Unsinn, aber für das Gehirn hervorragend vorstellbar und damit eine sichere Merkhilfe.

Renaissancefürsten des Kirchenstaats verkommen, die Seelsorge lag im Argen. Besonders aber der kirchliche

Ablasshandel – also die Praxis, sich durch Geldzahlungen das Seelenheil zu sichern – war Auslöser für die Reformation, als deren wichtigster theologischer Urheber Martin Luther gilt: Gegen die Ablassbriefe wandte sich der Dominikanermönch im Jahr 1517 mit seinen *95 Thesen*. Allein die Gnade Gottes könne den Menschen vor der Verdammnis retten, die Heilsbotschaft könne nicht die Kirche, sondern einzig die Heilige Schrift vermitteln (weshalb Luther die Bibel ins Deutsche übersetzte). Ferner formulierte er ein „neugläubiges" Programm, in dem er u. a. die Autorität des Papstes ablehnte.

Dank des Buchdrucks erreichte das „ketzerische" Programm schnell großen Zuspruch. Und so konnte auch der Kirchenbann Luthers auf dem Wormser Reichstag 1521 nicht verhindern, dass dessen Forderungen nach der Freiheit des Christenmenschen – gegen Luthers Willen – auch politisch gedeutet und von Bauern aufgegriffen wurden, die in Süddeutschland, Österreich und der Schweiz gegen die Obrigkeit aufbegehrten. Rund 100 000 Bauern bezahlten dies im Deutschen Bauernkrieg (1524–26) mit ihrem Leben.

Die berühmte Tür der Wittenberger Schlosskirche, Thesentür genannt, an der Martin Luther seine Forderungen befestigt haben soll.

Der große französischstämmige Reformator Johannes Calvin (1509-1564) auf einer alten Lithografie

Die neugläubige Theologie war jedoch nicht mehr aufzuhalten: Reformatoren wie Huldrych Zwingli und Johannes Calvin verbreiteten die neue Theologie, teils modifiziert, vor allem in der Schweiz und in Frankreich. Derweil gründeten 1530 im Reich mehrere protestantische Territorien und Städte, die ein Jahr zuvor auf dem Speyrer Reichstag gegen die Rückkehr zum katholischen Glauben protestiert hatten, den Schmalkaldischen Bund zur Verteidigung der Reformation. Zwar unterlag dieser im Schmalkaldischen Krieg 1546/47 Kaiser Karl V., doch musste der Habsburger letztlich im Augsburger Religionsfrieden 1555 allen weltlichen Fürsten das Reformationsrecht in ihren jeweiligen Territorien einräumen („*cuius regio, eius religio* – wessen Gebiet, dessen Religion").

Das Reich, in dem die Sonne nie unterging

Für Karls glanzvolle Regierungszeit war dies ein demütigendes Ende, ein Jahr später dankte er als Kaiser und König ab. Ihren Anfang nahm seine Regentschaft 1515/16, als Karl in den ererbten Reichen, dem Herzogtum Burgund und dem Königreich Spanien, die Herrschaft übernommen hatte. 1519 trat er in den Habsburger Erblanden die Nachfolge seines Großvaters Maximilians I. an und konnte sich die Kaiserkrone sichern. 1526 fielen schließlich noch die Gebiete der in Polen, Böhmen und Ungarn herrschenden Jagiellonen an die Habsburger. Auch wenn bereits seit 1526 Karls Bruder Ferdinand in den österreichischen Erblanden die Herrschaft ausübte, konnte Karl mit Fug und Recht behaupten, über ein Reich zu herrschen, in dem die Sonne nie unterging.

Denn zur spanischen Krone gehörten auch die überseeischen Territorien, welche die Spanier seit der Entdeckung Amerikas durch Christoph Kolumbus 1492 in Besitz nahmen. Die Konquistadoren Hernán Cortés und Francisco Pizarro eroberten zwischen 1519 und 1534 die Reiche der Azteken und Inka in Mittel- und Südamerika. Unmengen an Gold und Silber flossen in die spanische Staatskasse, während in kürzester Zeit 90 Prozent der rund 30 bis 60 Millionen amerikanischen Ureinwohner von Feuerwaffen sowie eingeschleppten Krankheiten und Seuchen dahingerafft wurden.

Bedeutende Entdeckungsfahrten

1488	Bartolomeu Diaz erreicht das Kap der Guten Hoffnung
1492	Christoph Kolumbus erreicht Guanahani (Bahamas)
1494	Vasco da Gama entdeckt den Seeweg nach Indien
1499	Amerigo Vespucci erkundet die Nordküste Brasiliens
1500	Beim Versuch, Afrika zu umrunden, entdeckt Pedro Álvares Cabral Südamerika
1519–1522	Ferdinand Magellan umsegelt als erster die Welt und entdeckt die Magellan-Straße
1606	Willem Jansz landet an der Nordspitze von Queensland (Australien)

Entdecker wiesen den Weg zu neuen Kontinenten, so auch Christoph Kolumbus (im Bild das Kolumbus-Denkmal in Barcelona, wo der Seefahrer 1493 nach seiner Rückkehr aus Amerika von Ferdinand II. empfangen wurde).

Zweiter großer Profiteur der Entdeckungen in der Neuen Welt waren die Portugiesen, die bereits ab Mitte des 15. Jahrhunderts die afrikanische Küste erkundet hatten, bis schließlich Vasco da Gama 1498 den Seeweg durch den Atlantik und den Indischen Ozean nach Indien und damit den Zugang zum wertvollen Gewürzhandel Südostasiens gefunden hatte. Bereits 1494 hatten sich die beiden entstehenden Weltmächte im Vertrag von Tordesillas auf eine vom Papst festgelegte Trennlinie ihrer Interessensphären geeinigt. Diese verlief senkrecht durch den Atlantik, fast der gesamte amerikanische Doppelkontinent wurde spanisch, Afrika, Asien und Brasilien portugiesisch.

Unruhige Zeiten

Kein Habsburger nach Karl sollte eine ähnliche Machtfülle innehaben, nach seinem Rücktritt fiel die spanische Krone mit ihren Nebenlanden an seinen Sohn Philipp, der die spanische Linie der Habsburger begründete, während Ferdinand das Kaisertum „erbte" und die österreichische Linie fortführte. Die Probleme, die der Dynastie durch Karls universale Herrschaft entstanden waren, blieben jedoch bestehen. Im Römisch-Deutschen Reich war es den Ständen im Zuge der Konfessionalisierung gelungen, die kaiserliche Zentralmacht weiter zurückzudrängen und die Reichstage als „föderales" Gremium der Mitbestimmung zu etablieren.

Im Westen wurde die Rivalität mit Frankreich heraufbeschworen, das sich in der Umklammerung durch die Habsburger wiederfand. Aus dieser hatte es sich bereits zwischen 1521 und 1553 in mehreren Kriegen zu lösen versucht, bis es durch dynastische Wirren und insgesamt acht Religionskriege außenpolitisch erheblich geschwächt wurde. Erst als König Heinrich IV. den calvinistischen Hugenotten im Edikt von Nantes 1598 bedingte Religionsfreiheit gewährte und so das Land befriedete, stieg Frankreich wieder zu alter Größe auf. Bereits 1581 hatten sich die reichen nördlichen Provinzen der Niederlande in der Union von Utrecht zusammengeschlossen und von Spanien losgesagt.

An der Ostgrenze hatten die Habsburger indes die Hauptlast der osmanischen Bedrohung zu tragen. Unter ihrem Sultan Suleiman dem Prächtigen drangen die Osmanen weiter nach Südosteuropa vor und eroberten große Teile davon. Sie dehnten im Orient ihr Reich bis weit über Bagdad aus, eroberten nach und nach die nordafrikanische Küste und errangen die Vorherrschaft im Mittelmeerraum. Diese wurde jedoch schon 1571 durch den Sieg der Heiligen Allianz aus Kirchenstaat, Spanien und Venedig in der Seeschlacht von Lepanto gebrochen. Und Südosteuropa konnte nach dem Sieg der Habsburger Truppen unter Johannes von Tilly im Langen Türkenkrieg 1605 erstmals wieder aufatmen.

Heinrich IV. (1553-1610) erließ das berühmte Edikt von Nantes, ein Zeichen religiöser Toleranz (Stich aus The Gallery Of Portraits With Memoirs encyclopedia*, 1833).*

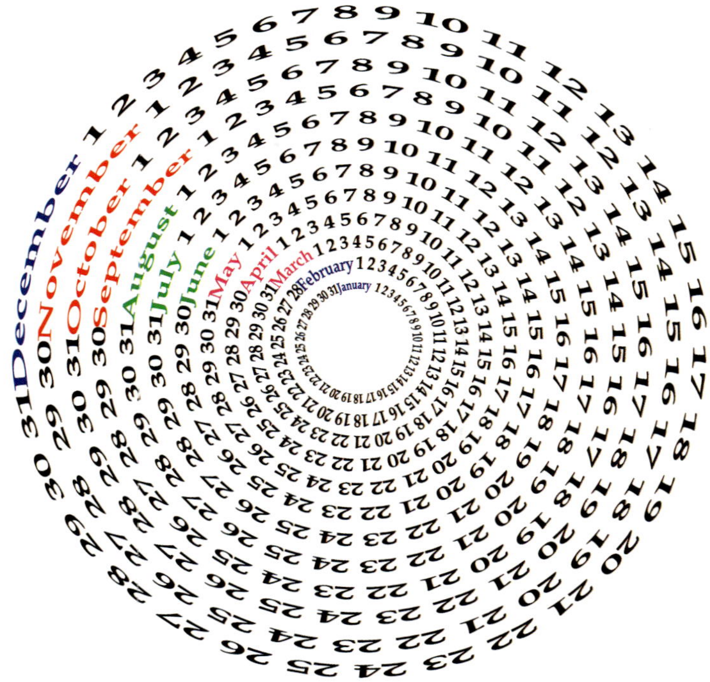

Unser heutiger Kalender geht auf das Jahr 1582 zurück – Papst Gregor XIII. sei Dank.

Derweil schwelte im Reich der Religionskonflikt weiter. Die Antwort der katholischen Kirche auf die Reformation war die im Konzil von Trient 1545–63 (*Tridentinum*) eingeleitete Gegenreformation, die katholische Dogmen wie die Sakramentslehre und die Heiligenverehrung festlegte. Wichtigster Träger der Gegenreformation war die 1534 von Ignatius von Loyola gegründete Ordensgemeinschaft der Jesuiten. Nichtsdestotrotz schritt die politische Konfessionalisierung im Reich voran, die Reichsstände spalteten sich in ein katholisches und ein protestantisches Lager auf. Ab 1608 bildete sich die „Union", der u. a. die Kurpfalz und Kurbrandenburg angehörten; als Interessensvertretung der protestantischen Fürsten sollte sie deren Rechte gegenüber dem katholischen Kaiser und dem Reich wahren. Als Reaktion darauf gründeten katholische Reichsstände unter Führung Bayerns die „Liga". Die Gründungsversammlung fand im Juli 1609 in München statt, Gründungsmitglieder waren anfangs die Hochstifte Würzburg, Konstanz, Augsburg, Passau und Regensburg sowie die Reichsklöster Kempten und Ellwangen. Bald folgten fast alle weiteren katholischen Reichsstände.

Schon gewusst?

Am Ende des Mittelalters galt in den meisten Ländern Europas der bereits von Julius Cäsar eingeführte Kalender. Die damit bestimmte Jahreslänge von 365,25 Tagen entspricht jedoch nicht exakt der Länge eines Sonnenjahrs, weshalb 1582 die Tag-und-Nacht-Gleiche im Frühjahr auf den 10. März und nicht, wie im Konzil von Nicäa 325 festgelegt, auf den 21. März fiel. Durch die nach Papst Gregor XIII. benannte Gregorianische Kalenderreform wurden im Oktober 1582 zehn Tage übersprungen und die Schaltpraxis verbessert. Zunächst nahmen nur die katholischen Länder den neuen Kalender an. Erst 1700 galt er im ganzen Heiligen Römischen Reich, ab 1752 in Großbritannien und ab 1918 auch in Russland. Ansätze den Julianischen Kalender zu verbessern, gab es im Übrigen schon vor dem Reformjahr 1582. So arbeiteten seit dem 15. Jahrhundert u. a. die Mathematiker Nikolas von Kues und Nikolaus Kopernikus Vorschläge aus, die sich nicht durchsetzten.

Die Europäisierung des Krieges

Entlang dieser Konfliktlinie brach ab 1618 der Dreißigjährige Krieg aus. Was zunächst als konfessionell geprägter Konflikt begann, weitete sich im Kriegsverlauf zu einem europäischen Kräftemessen aus, in dem erstmals alle damaligen Mächte Europas involviert waren. Auslöser war jedoch ein regionales Ereignis:

Beim Zweiten Prager Fenstersturz warfen Vertreter der protestantischen böhmischen Stände zwei verhasste Beamte ihres Königs, des Habsburgers Ferdinand II., aus einem Fenster der Prager Burg. Es folgte der böhmische Aufstand gegen Ferdinand, der in den Jahren zuvor versucht hatte, Böhmen zu rekatholisieren. Die böhmischen Stände setzten 1519 Ferdinand ab und wählten an seiner Stelle den Pfälzer Kurfürsten Friedrich V., den Anführer der protestantischen Union. Damit aber hätten erstmals die Protestanten auch im Kurkolleg die Mehrheit besessen, die katholische Liga unter Führung des bayerischen Herzogs Maximilian I. war zum Handeln gezwungen.

Der folgende Ausbruch der militärischen Auseinandersetzungen markiert zugleich den eigentlichen Beginn des Dreißigjährigen Kriegs, der in vier Phasen unterteilt wird. Im Böhmisch-Pfälzischen Krieg geriet die Union schnell in die Defensive, Friedrich war bereits im fol-

Wie merke ich es mir?

Wie merke ich den Beginn des Dreißigjährigen Krieges?

Muster und Merken gehen gut zusammen. Beim genauen Blick auf den Beginn des Dreißigjährigen Kriegs fällt auf, dass die Zwei dort eine auffällige Rolle spielt: Zweiter Fenstersturz, zwei Beamte, Ferdinand der Zweite. Daraus lässt sich ein einprägsames Bild zusammen bauen: „Durch Doppelfenster (Verweis auf Zweiten Fenstersturz) werden zwei Beamte auf zwei Pferde hinabgeworfen (der Name Ferdinand klingt in der ersten Hälfte vage wie das Wort Pferde)."

Und das lässt sich zu einer *Geschichte* erweitern: Angelehnt an den Song *Wind of Change* von den Scorpions sind es in diesem Fall „Protest-Böen" (protestantische Böhmen), die das „prachtvolle" Fenster (Hinweis auf die Stadt Prag) aufspringen lassen. Unten steht ein König, der „habsüchtig" (Hinweis auf Habsburg) zwei Pferde an den Zügeln hält, auf denen die Beamten aufschlagen. Sie hatten allerdings mit mehr „Tauchtiefe" gerechnet (der Begriff lässt sich mithilfe des Majorsystems in die Jahreszahl 1618 verwandeln: T = 1, ch = 6, t = 1 und f = 8).

Auch wenn das beim ersten Lesen verwirrend oder sogar verrückt klingt, aber gute Merkbilder werden am besten Schicht für Schicht aufgebaut, bis sie alle Informationen enthalten, die gemerkt werden sollen. Begonnen wird mit einem einfachen und einprägsamen Bild (in diesem Fall dreimal der Zwei). Weitere Fakten wie die Stadt, die Beteiligten und das Jahr werden später hinzugefügt – entweder als Erweiterung oder Ergänzung eines bestehenden Teils. Merk-Szenen lassen sich so mit sehr vielen Fakten befüllen.

Dieser Grundsatz betrifft nicht nur die Geschichte als Merktechnik, sondern auch alle weiteren Netztechniken, also *Römische Räume* und die *Routen-Methode*.

Fenster im Seitenflügel des alten Prager Königspalastes – die königlichen Beamten überlebten den Fenstersturz, dennoch brach der verheerende Krieg aus.

Denkmal des Albrecht von Wallenstein in Prag

genden Jahr besiegt (und ging als „Winterkönig" in die Geschichtsbücher ein). Bis 1623 hatten die Truppen der Liga und Kaiser Ferdinands den Sieg gefestigt, Böhmen wurde fester Bestandteil der Habsburger Erblande.

Die gewaltsame Rekatholisierung Böhmens rief die protestantischen Reichsstände in Norddeutschland auf den Plan (Niedersächsisch-Dänischer Krieg). Unter Führung des dänischen Königs Christian IV., der zugleich Herzog von Holstein war, und finanziell unterstützt durch England, Frankreich und die niederländische Union bedrängten sie das Heer von Liga und Kaiser. Erst durch das Einschreiten des böhmischen Adligen Albrecht von Wallenstein wendete sich das Blatt abermals zugunsten der Kaiserlichen. Im Frieden von Lübeck 1629 bauten die Habsburger ihre Machtstellung im Ostseeraum aus, überspannten aber den Bogen mit dem Restitutionsedikt, das geistliche Güter wiederherstellen sollte.

Daraufhin griffen zahlreiche Reichsstände unabhängig ihrer Konfession wie auch der schwedische König Gustav II. Adolf zu den Waffen (Schwedischer Krieg). Erneut war es Wallenstein, der die weit nach Süddeutschland vorgedrungenen Schweden erfolgreich bekämpfte, bevor er in Kaiser Ferdinands Ungnade fiel und 1634 auf dessen Geheiß hin ermordet wurde. Im gleichen Jahr gelang es den Truppen des Kaisers, an dessen Seite auch Spanien in den Krieg eingetreten war, eine Koalition aus Schweden und Sachsen in der Schlacht bei Nördlingen zu besiegen.

Die Niederlage Schwedens und der Frieden von Prag 1635 brachte aber nicht die erhoffte Befriedung des Reichs, sondern führte fast nahtlos zur letzten Phase des Dreißigjährigen Krieges über, der längst ein auf Reichsboden ausgetragener Kampf um die Vormachtstellung in Europa war.

Im Schwedisch-Französischen Krieg griff das katholische Frankreich auf Seiten der protestantischen Schweden in den Konflikt ein. Bis 1645 errangen Franzosen und Schweden das militärische Übergewicht. Letztlich war es aber vor allem die Erschöpfung auf allen Seiten der kriegsführenden Mächte, die zu Verhandlungen führten, den Krieg zu beenden. Dieser hatte zum stärksten Bevölkerungsrückgang seit den spätmittelalterlichen Pestwellen geführt.

Die Verhandlungen mündeten im Westfälischen Frieden von 1648, der den Dreißigjährigen Krieg beendete. Geschlossen wurde er zwischen dem Kaiser Ferdinand III. und Frankreich im katholischen Münster sowie zwischen dem Kaiser und Schweden im protestantischen Osnabrück. Die Reichsstände schlossen sich dem Frieden an. Zwar schränkte das Vertragswerk die kaiserliche Macht ein, indem es die volle Landeshoheit der Reichsstände bestätigte und ihre Vertretung, den Reichstag, in außenpolitischen Fragen stärkte. Dafür aber verhinderte es ein Auseinanderfallen des Reiches in Einzelstaaten, auch wenn die Schweiz und die Niederlande endgültig aus dem Reichsverband ausschieden und Frankreich und Schweden einige Gebiete links des Rheins bzw. an Ost- und Nordsee erlangten. Schließlich wurde der Augsburger Religionsfrieden von 1555 erneut anerkannt und damit der konfessionelle Konflikt im Reich beigelegt.

Schon gewusst?

Der Westfälische Frieden stellt die Gesamtheit der Verträge dar, die zwischen den Kriegsparteien im Mai und Oktober 1648 in Münster und Osnabrück geschlossen wurden. Im Verhältnis zu dem Friedenskongress, der zuvor in beiden Städten tagte, um die Vertragsabschlüsse vorzubereiten und auszuhandeln, mutet diese Zeit beinahe kurz an. Denn der vorausgegangene Kongress dauerte ganze fünf Jahre. Und währenddessen hielten die Kampfhandlungen nahezu unvermindert an. Die Erfolge der ausländischen Kriegsgegner begünstigten dabei deren Verhandlungsposition: So drangen die Schweden 1645 sogar weit in die kaiserlichen Erblande vor.

Deutung des Friedenswerks

Nach den jahrzehntelangen Entbehrungen und Verwüstungen auf dem Boden des Heiligen Römischen Reichs Deutscher Nation empfanden die Zeitgenossen den Westfälischen Frieden als Segen und Befreiung von einer unbeschreiblichen Last. Vor allem den Menschen protestantischen Glaubens galt er bald als Grundlage einer freien Ausübung der Religion der Reichsstände. Dass 1748 in vielen deutschen Einzelstaaten Medaillen zum hundertjährigen Gedenken an den Friedensschluss geprägt wurden, offenbart seine enorme Bedeutung für die nachfolgenden Generationen.

Heute wird der Westfälische Frieden allgemein als Beitrag zu einer Europa umfassenden Friedensordnung souveräner Staaten und als Ansatz für die Herausbildung eines modernen Völkerrechts verstanden. Auch als Symbol für ein friedliches konfessionelles Miteinander ist er nach wie vor gegenwärtig. Das unterscheidet sich deutlich von der negativen Bewertung, die dem Friedenswerk vom 19. bis ins 20. Jahrhundert durch den deutschen Nationalismus zuteilwurde.

Friedenssaal im Osnabrücker Rathaus. Hier wurde am 24. Oktober 1648 zwischen dem römisch-deutschen Kaiser und Schweden der Westfälische Friedensvertrag unterzeichnet.

Das Schloss von Versailles, von Louis XIII. erbaut und von Louis XIV. ausgebaut, repräsentiert mit all seinem barocken Glanz die Machtfülle des absolutistischen Frankreichs.

Ancien Régime

Waren es die Habsburger, die das 16. Jahrhundert prägten, so sollte dem 17. Jahrhundert Frankreich seinen Stempel aufdrücken. Das französische Ancien Régime, der absolutistische „alte Staat" des Hauses Bourbon, gab denn auch der ganzen Epoche ihren Namen. In deren Verlauf etablierten sich zudem England, Preußen und Russland als europäische Großmächte.

Die tiefe Zäsur des Dreißigjährigen Kriegs hatte die Verhältnisse in Europa nachhaltig verändert. Zwar gab es keinen wirklichen Sieger, doch der Versuch der Habsburger Kaiser, das römisch-deutsche Kaisertum zu einer universalen Herrschaft umzuwandeln, war an den zentrifugalen Kräften im deutschen Reich gescheitert. Die Fürsten waren fortan uneingeschränkte Landesherren in ihren Territorien, der Reichstag als deren ständische Vertretung entwickelte sich endgültig zur wichtigsten Verfassungsinstitution, ohne deren Mitwirkung keine Reichsabschiede (Gesetze) möglich waren; seit 1663 tagte er als Immerwährender Reichstag (permanent und nicht durch Einberufung des Kaisers) in Regensburg. Während sich den Habsburgern in der Folgezeit in Südosteuropa ein neues Betätigungsfeld auftat, blieb ihr Gegensatz zum zunehmend expansiver auftretenden Frankreich Ludwigs XIV. bestehen.

Der Sonnenkönig

Als Ludwig XIV. (geb. 1638), König von Frankreich, 1715 starb, endete eine 72 Jahre währende Herrschaft. Prägend für diese war die Erfahrung der *Fronde*, eines Aufstands des Hochadels, in dessen Verlauf Ludwig

Porträt des Sonnenkönigs aus dem Jahre 1701 von Hyacinthe Rigaud, einem der bedeutendsten Porträtmaler zur Zeit des Ancien Régimes

vierzehnjährig aus Paris fliehen musste. Nach dem Tod seines Ersten Ministers Mazarin 1661 verzichtete Ludwig auf eine Neubesetzung des vakanten Amtes und übernahm ohne Mitwirkung des Adels die Regierungsgeschäfte („*L'Etat c'est moi* – der Staat, das bin ich"). Indem er den Hochadel an den Hof zog (und überwachte) und kraft seines Gottesgnadentums zum alleinigen Gesetzgeber wurde, errichtete er eine absolutistische, also von den Gesetzen „losgelöste" Herrschaft.

Außenpolitisch gab es keinen ebenbürtigen Gegner mehr, Spanien war durch jahrzehntelange Kriege u. a. mit den Niederlanden am Rande des Ruins, das habsburgische Österreich durch die neuerliche Türkengefahr im Osten gebunden. So richtete sich Ludwigs expansive Politik gegen die Spanischen Niederlande (Devolutionskrieg, 1667/68), die unabhängigen Vereinigten Niederlande (Holländischer Krieg, 1672–79) und linksrheinische Gebiete des Heiligen Römischen Reiches. Allerdings scheiterte im Pfälzischen Erbfolgekrieg (1688–97) der Griff nach der Kurpfalz am Widerstand der von Kaiser Leopold I. geschlossenen Großen Allianz.

Im Spanischen Erbfolgekrieg (1701–14), der nach dem Erlöschen der spanischen Linie der Habsburger ausbrach, gelang es ihm, zumindest teilweise die österreichisch-habsburgischen Ansprüche außer Kraft zu setzen und seinen Enkel, Philipp von Anjou, auf den Thron zu hieven. Allerdings verlor Frankreich an Großbritannien, das lange Zeit auf Seiten der Habsburger gekämpft hatte, größere Kolonialterritorien in Übersee. Unter Ludwig war Frankreich zwar zur europäischen Großmacht aufgestiegen, die aber durch seine ausschweifende Hofhaltung und Expansionsgelüste finanziell ausgelaugt war. Und ein Großteil seiner Eroberungen – darunter Lothringen – ging nach 1697 wieder verloren.

Österreichs neu gewonnene Größe

1663/64 wurde die österreichische Monarchie erneut von den Osmanen bedroht. Zwar konnten sie im Ersten Türkenkrieg besiegt werden, doch festigten sie ihre Stellung, Habsburg blieb weiter tributpflichtig. Zu Beginn des Großen Türkenkriegs (1683–99) belagerten die Osmanen abermals Wien, das erst nach sieben Wochen in der Schlacht am Kahlenberg von den Truppen der Heiligen Liga unter der Führung des polnischen Königs Johann II. Sobieski befreit werden konnte. Dieser Sieg

Kaum zu glauben, dass auf dem Kahlenberg, der noch heute über Wien wacht, einst eine wüste Schlacht zwischen Osmanen und christlichen Verbänden tobte.

bedeutete zugleich den Wendepunkt, die christlichen Truppen rückten – bald angeführt von Prinz Eugen von Savoyen – rasch nach Ungarn und Serbien vor.

Bis 1718 verloren die Osmanen weite Teile ihrer Besitzungen an die Habsburger und andere europäische Mächte (Venedig, Russland und Polen): Im Frieden von Karlowitz 1699 konnten die Habsburger den seit 1526 erworbenen Anspruch auf Ungarn und Siebenbürgen einlösen und wurden endgültig zur Großmacht. Als solche scheiterten sie zwar im bereits erwähnten Spanischen Erbfolgekrieg mit ihren Ansprüchen auf die spanische Krone, doch konnten sie in den Friedensschlüssen von Utrecht, Rastatt und Baden einen Großteil der spanischen Nebenlande erwerben, darunter die Spanischen Niederlande, Mailand, Mantua, Neapel und Sardinien.

England – Krise und Neuanfang

Als England im Spanischen Erbfolgekrieg die Grundlagen für seine Weltmachtstellung legte, blickte es auf ein unruhiges Jahrhundert innerer Krisen zurück, an deren Ende die konstitutionelle Monarchie stand: 1642 mündete ein Konflikt zwischen Krone und Parlament in einen offenen Bürgerkrieg, an dessen Ende Karl I. hingerichtet wurde und sich eine Republik (Commonwealth of England) gründete. Dieser war gleichwohl nur eine kurze Dauer beschieden, 1653 folgte ihr eine puritanische Militärdiktatur unter Lordprotektor Oliver Cromwell und nach dessen Tod 1660 die Restauration der Monarchie.

Endgültig beseitigt wurde die Staatskrise jedoch erst in der Glorreichen Revolution 1688/89: Als 1685 Jakob II., der sich offen zum katholischen Glauben bekannte,

William of Orange, von 1689 bis 1702 König Großbritanniens, erkannte die Bill of Rights *des britischen Parlaments an – ein Meilenstein für den Parlamentarismus.*

den englischen Thron bestieg, trug das protestantisch-anglikanisch geprägte Parlament dem Statthalter der Niederlande, Wilhelm III. von Oranien, die Krone an. Nach seiner Landung in England traten Volk und Armee schnell zu Wilhelm über, Jakob floh nach Frankreich – die Revolution blieb unblutig (daher „glorreich"). Noch 1689 verabschiedete das Parlament die *Bill of Rights* (Gesetzesvorlage der Rechte), ein Dokument, das die Monarchie auf eine gesetzliche Grundlage stellte. So wurde dem Parlament u. a. die Redefreiheit und das Steuerbewilligungsrecht garantiert, und es wurde ein stehendes Heer eingerichtet. Mit der endgültigen Vereinigung der englischen und schottischen Krone 1707 entstand schließlich das Königreich Großbritannien.

Preußen – neue Kraft im Osten

1618 gelangte das Herzogtum Preußen an der polnischen und baltischen Ostseeküste an die Hohenzollern, die es mit ihrem Stammland, der Mark Brandenburg, vereinten. Erste Gebietsgewinne vor allem in Hinterpommern kamen im Westfälischen Frieden hinzu. Der Stachel des Dreißigjährigen Kriegs, der Brandenburg besonders stark in Mitleidenschaft zog, saß jedoch tief. Um künftig nicht mehr zwischen den Großmächten aufgerieben zu werden, baute der „Große Kurfürst" Friedrich Wilhelm ein stehendes Heer und eine effiziente Zentralverwaltung auf und drängte im absolutistischen Stile Ludwigs XIV. den Einfluss des preußischen Adels zurück.

Wichtigstes politisches Ziel der Fürsten im Reich war eine Rangerhöhung und damit Steigerung des eigenen Prestiges. Nachdem Sachsen bereits die polnische Krone erlangt hatte, galt es auch für Friedrich III., seit 1688 Brandenburger Kurfürst, eine Krone anzustreben, die es aber nur außerhalb des Heiligen Römischen Reiches geben konnte. Ende 1700 bot der nahende Spanische Erbfolgekrieg, für den der Kaiser Bündnispartner suchte, die Möglichkeit, dieses Ziel zu verwirklichen. Ein Jahr später wurde der Hohenzoller als Friedrich I. zum König „in" Preußen gekrönt, eine Königswürde, die explizit nicht für das zum Reich gehörige Brandenburg galt. Dennoch war die Mark zum nunmehr wichtigsten Reichsstand nach Österreich aufgestiegen – und das erste Mosaiksteinchen des späteren preußisch-österreichischen Dualismus gelegt.

Neue Kraft im Osten: Russland

Im Dreißigjährigen Krieg hatte Schweden die Vormachtstellung an der Ostsee errungen, zugleich aber auch seinen Zenit erreicht. Ende des 17. Jahrhunderts sollte es von einer neuen Kraft abgelöst werden. Das russische Zarenreich hatte sich unter Zar Michael, dem Begründer der Romanov-Dynastie, zunächst nach Osten gewandt und sich weite Teile Mittelasiens angeeignet.

Unter seinem Enkel Peter I., dem Großen, orientierte sich Russland dann verstärkt nach Westen. Peter leitete mit unnachgiebiger Härte eine Europäisierung des Zarenreichs ein und organisierte das Heer neu. 1696 nahmen Peters Truppen das bis dahin osmanische Asow ein und sicherten Russland den Zugang zum Schwarzen Meer. Kurz darauf führte Russland mit wechselnden Verbündeten gegen Schweden den Großen Nordischen Krieg (1700–21). An dessen Ende musste Schweden u. a. Vorpommern an Preußen und das Baltikum an Russland, der neuen Vormacht im Ostseeraum, abtreten.

Porträt des russischen Zaren Peters des Großen (1672–1725). Das zeitgenössische Ölgemälde stammt von einem unbekannten europäischen Künstler.

Schon gewusst?

Peter I., der Große, war sich bei seinen Bemühungen, sein Reich an den Westen heranzuführen, auch nicht zu schade, höchstpersönlich „Industriespionage" zu betreiben. Um seine Flotte zu verbessern, begab er sich ins niederländische Zaanstad, um dort Erfahrungen im Schiffsbau zu sammeln. Nachdem seine wahre Identität entdeckt wurde, arbeitete er in einer abgeschirmten Amsterdamer Werft weiter, wo er seine Lehre zum Zimmermann mit Bravour beendete.

Europa im Krieg

Eine Gelegenheit, die eigene Machtposition weiter auszubauen, schien sich Preußens König Friedrich II., dem Großen, nach dem Tod des Habsburger Kaisers Karl VI. zu bieten. Denn Karl war ohne männlichen Erben geblieben. Zwar ließ er schon 1713 die sog. Pragmatische Sanktion verkünden, die die Unteilbarkeit der Habsburger Erblande und die weibliche Thronfolge vorsah. Trotzdem erhob nun vor allem der bayerische Kurfürst, der Wittelsbacher Karl Albrecht, kurz nach Herrschaftsantritt der Habsburgerin Maria Theresia Anspruch auf die Erbfolge. Hieraus erwuchs der europaweit geführte Österreichische Erbfolgekrieg (1740/41–48).

Während der Wittelsbacher u. a. von Frankreich und Sachsen-Polen unterstützt wurde, traten Großbritannien und später auch Russland auf die Seite der Habsburger. Preußen hingegen nutzte die Schwäche Österreichs und erweiterte sein Territorium im Ersten und Zweiten Schlesischen Krieg (1740-42 und 1744/45). Letztlich wurde im Frieden von Aachen die Pragmatische Sanktion Habsburgs von den anderen Großmächten anerkannt. Kaiser wurde nach kurzem Wittelsbacher Intermezzo Maria Theresias Ehemann, Franz Stephan von Lothringen, wenngleich diese *de facto* selbst die Staatsgeschäfte führte.

Der Frieden sollte nicht lange währen. Und die nächste große militärische Auseinandersetzung – der Siebenjährige Krieg (1756–63) – sollte die erste mit globaler Dimension sein: Denn zwei der kriegsführenden Parteien, Frankreich und England, befanden sich schon seit einiger Zeit wegen ihrer Kolonialbesitzungen in Nordamerika und Indien im Streit. Im Vorfeld des Krieges suchte Großbritannien daher die Nähe zu Preußen, weshalb Frankreich nun mit Österreich ein Bündnis schmiedete, dem sich auch Russland, Sachsen, Schweden und ein Großteil der Reichsstände anschlossen („Umsturz der Bündnisse"). Friedrich II., der Große, entschied sich daher zum Präventivkrieg, nachdem kurz zuvor der Reichstag die Reichsexekution (mit militärischer Gewalt verbundene Maßnahme zur Durchsetzung von Beschlüssen) gegen Preußen beschlossen hatte.

Nach wechselhaftem Verlauf endete der europäische Krieg im Frieden von Hubertusburg ohne Gebietsveränderungen und verfestigte damit den preußisch-österreichischen Dualismus, der aber zeitweise auch überwunden werden konnte (so etwa im Zuge der drei Polnischen Teilungen 1772, 1792 und 1795, durch die Polen in den Territorien Habsburgs, Preußens und Russlands aufging). In Übersee hatte sich derweil Großbritannien klar gegen den französischen Kontrahenten durchge-

Münze mit dem Abbild der österreichischen Erzherzogin und Königin von Böhmen und Ungarn Maria Theresia (1717-1780), eine der prägenden Gestalten des aufgeklärten Absolutismus

setzt und zur führenden Kolonialmacht in Nordamerika aufgeschwungen. Zeitgleich legte das *Empire* auch in Indien den Grundstein für das spätere Vizekönigreich (ab 1858). Britisch-Indien stellte letztlich eine Umwandlung der Besitzungen der Britischen Ostindien-Kompanie, einer kolonialistischen Handelsgesellschaft, in eine sogenannte Kronkolonie dar. Der Gründung ging die Niederschlagung des Indischen Aufstands 1857 voraus.

Schon gewusst?

Bis 1788 verabschiedeten die jungen Vereinigten Staaten eine Bundesverfassung, die als erste demokratische Verfassung der Neuzeit gelten darf. Sie begründete eine präsidiale Demokratie, in der nicht alle politische Macht in der Person des Präsidenten vereint wird. Stattdessen setzten die Verfassungsväter die von den politischen Philosophen John Locke und Baron de Montesquieu konzipierte Idee der Gewaltenteilung um, indem sie Gesetzgebung, ausführende Gewalt und Rechtsprechung durch gegenseitige Kontrolle in ein Gleichgewicht brachten (*checks and balances*). Und indem sie die Bundesorgane gegenüber den Organen der Einzelstaaten stärkten, bauten sie den Staatenbund, den die USA anfangs bildeten, in einen föderalen Bundesstaat um.

Die Mutter aller Revolutionen

In Nordamerika erwuchsen Großbritannien allerdings schnell neue Schwierigkeiten. 13 Kolonien standen Anfang der 1770er-Jahre unter der Oberhoheit der englischen Krone, die ohne deren Mitsprache Steuern und Zölle erheben konnte. Der Versuch des Mutterlandes, die Kosten des Siebenjährigen Krieges auf die Kolonien abzuwälzen, war schließlich Auslöser für deren Loslösung: Aus Protest gegen die Besteuerung warfen 1773 Kolonisten eine Ladung Tee in den Hafen von Boston (*Boston Tea Party*) und beschlossen ein Jahr später, britische Waren zu boykottieren.

1776 verkündeten die Kolonien die größtenteils von Thomas Jefferson verfasste Unabhängigkeitserklärung. Schon ein Jahr zuvor war es zu den ersten Kriegshandlungen im Amerikanischen Unabhängigkeitskrieg gekommen, der bis 1783 dauerte. An dessen Ende stand der Frieden von Paris, in dem die Unabhängigkeit der Vereinigten Staaten von Amerika (USA) von Großbritannien anerkannt wurde.

Das wesentliche Ergebnis der Friedensverhandlungen: Die Briten verzichteten auf alle Gebiete östlich des Flusses Mississippi. Und die ehemaligen Kolonien dehnten ihre Nordgrenze bis zu den sogenannten Großen Seen an der heutigen kanadisch-amerikanischen Grenze aus.

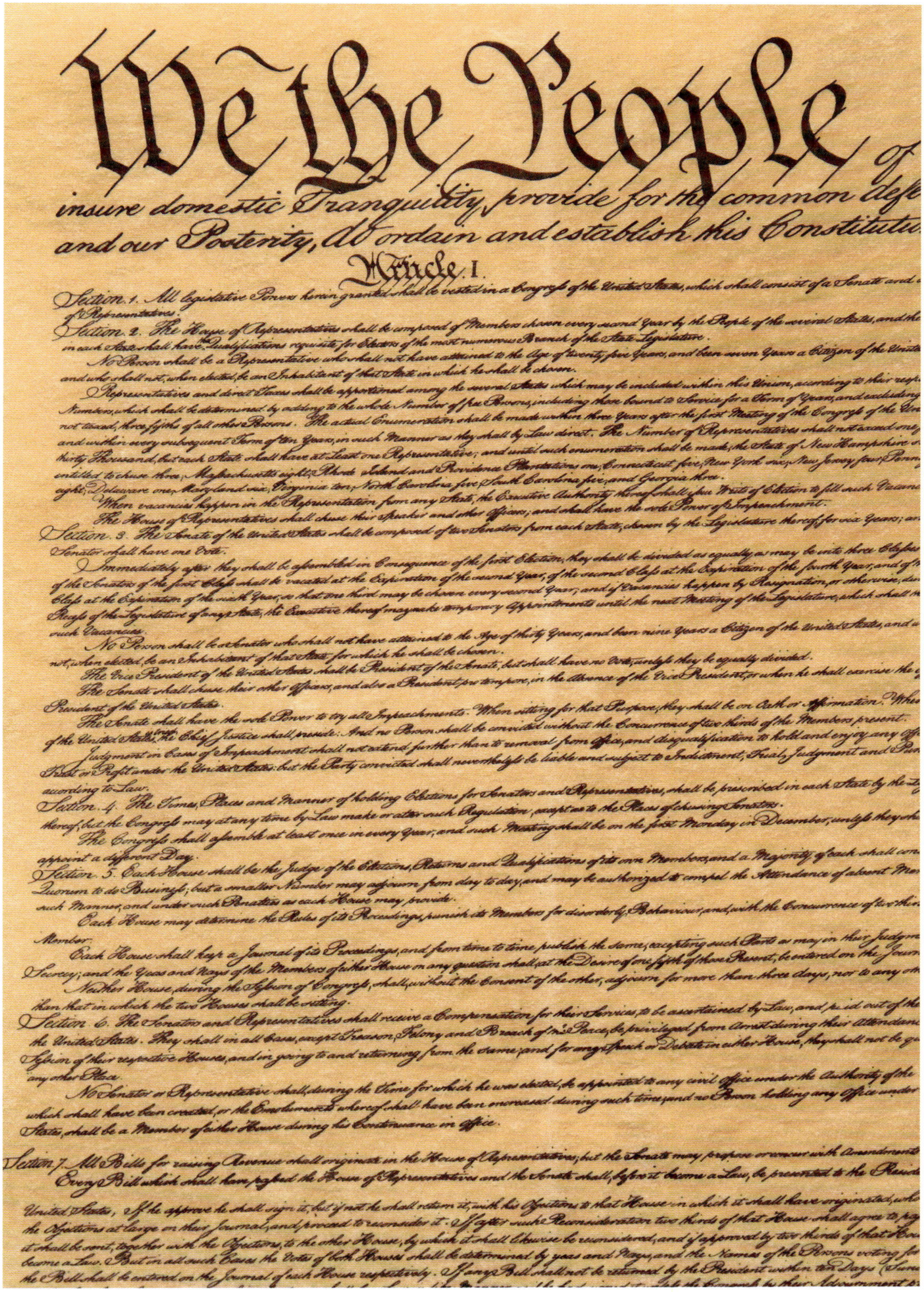

Seite eins der historischen amerikanischen Verfassung, die 1787 die politische und rechtliche Grundordnung der Vereinigten Staaten festlegte. 1788 ratifiziert, stellt sie eine der ältesten geltenden republikanischen Verfassungen dar.

Wie heißen die 13 Gründerstaaten der Vereinigten Staaten von Amerika?

13 Informationen in einem *Bild* unterzubringen ist nicht ganz leicht, wir versuchen es, indem wir aus verschiedenen Merkbildern eine *Geschichte* entwickeln – die Namen der zu merkenden Kolonien lauten:

- Rhode Island
- North Carolina
- South Carolina
- Maryland
- Virginia
- Georgia
- Connecticut
- Delaware
- Pennsylvania
- Massachusetts
- New Hampshire
- New York
- New Jersey

Die Zahl 13 hilft uns nun, die Gründerstaaten in insgesamt vier Einheiten (Quersumme der Zahl) einzuteilen: drei Bilder mit jeweils drei Staaten und ein Bild mit vier Staaten. Die Reihenfolge oben ist entsprechend vorbereitet.

Im ersten Bild geht es um eine „rote Insel" (Rhode Island), auf der im Norden und im Süden rote „Karos" (North und South Carolina) die Erde kennzeichnen. Das zweite Bild ist der Viererpack: Hier geht es um ein Pärchen, nämlich „Mary" (Maryland), die „Jungfrau" ist (engl. *virgin* für Virginia), und „George" (Georgia), der gerne eine Verbindung (engl. *connection* für Connecticut) mit ihr eingehen möchte.

Außerdem gibt es auf der Insel noch zwei Ansammlungen von Dingen: erstens „neue" Waren (sie stehen für drei Staaten, die mit *New* beginnen). Dazu gehört ein „Hampelmann" (New Hampshire), ein ausgestopfter „Yorkshire Terrier" (New York) und eine Menge „Jersey-Stoff" (New Jersey). Zweitens gibt es „massenhaft" (Massachusetts) „verdellte" Waren (Delaware), die eine Menge „Silberpennies" (Pennsylvania) gekostet haben.

Das komplette Bild, das durch *Verbinden* und *Verorten* zu einer Geschichte zusammengefügt wurde, lautet ohne Anmerkungen und Klammern: „Auf der roten Insel finden sich im Norden und Süden rote Karos. Dort leben die jungfräuliche Mary und George, der gerne eine Verbindung mit ihr eingehen möchte. Außerdem gibt es neue Waren: einen Hampelmann, einen ausgestopften Yorkshire Terrier und Jersey-Stoff. Und es gibt massenhaft verdellte Waren, die einige Silberpennies gekostet haben."

Keine Hausnummer, und auch die Unglückszahl ist ausnahmsweise nicht gemeint, dafür 13 Staaten!

Der Maler Eugène Delacroix schuf 1830 eines der bedeutendsten malerischen Symbole der Französischen Revolution: Die Freiheit führt das Volk. *Es befindet sich im Pariser Louvre.*

Das lange Jahrhundert

Auch in der „Alten Welt" forderte ein sich emanzipierendes Bürgertum, die Ideen der Aufklärung in politische Mitbestimmung und unveräußerliche Menschenrechte umzusetzen. Beginnend mit der Französischen Revolution wandte sich Europa der Moderne zu, wurde der Bauernstand befreit, die Warenproduktion industrialisiert und die Gesellschaft säkularisiert.

Staatsbankrott und moralische Krisen hatten dem Ansehen der französischen Krone bereits schwer zugesetzt, als sich im Juni 1789 der dritte Stand, das Bürgertum, in einem revolutionären Akt zur Nationalversammlung zusammenschloss. Es beanspruchte nichts anderes als das Recht, Frankreich eine Verfassung zu geben und allein das französische Volk zu vertreten. Nur wenig später stürmten am 14. Juli Pariser die Bastille, das Gefängnis und Symbol der verhassten Willkürherrschaft.

Eine tatsächliche Erstürmung fand zwar im Grunde nicht statt, da der Kommandant der Bastille der Aufforderung zur Aufgabe nicht nachkam – dennoch gilt das Ereignis als Auftakt der Französischen Revolution.

Die Französische Revolution

Volksunruhen und Bauernaufstände führten dazu, dass die Nationalversammlung in ungeahnter Geschwindigkeit die feudalen Privilegien von Adel und Klerus abschaffte und Menschenrechte verabschiedete (26.8.). Der König und seine Familie wurden gezwungen, nach Paris überzusiedeln. Bis 1791 wurde eine Verfassung erlassen, die eine konstitutionelle (durch eine Verfassung reglementierte) Monarchie mit Gewaltenteilung und Volkssouveränität begründete, aber politische Mitbestimmungsrechte nur auf das wohlhabende Bürgertum beschränkte. Die Französische Verfassung von 1791 sollte letztlich nur ein Jahr bestehen.

Porträt von Ludwig XVI. (1754-1793), das prominenteste Opfer der Französischen Revolution

Die Folge war eine weitere Radikalisierung: 1792 wurde Ludwig XVI., der der Revolution bedingungslos feindlich gegenüberstand, abgesetzt (Sturm auf den Tuilerienpalast, 10.8.), wenig später die Republik ausgerufen und schließlich Ludwig auf der Guillotine hingerichtet (21.1.1793). Anschließend schlug das Pendel endgültig in Richtung einer Schreckensherrschaft der radikalen Jakobiner unter der Führung von Maximilien de Robespierre aus. Der von ihnen dominierte Wohlfahrtsausschuss, der sich als Revolutionsregierung verstand, ließ Zehntausende Gegner hinrichten. Letztlich aber wurde Robespierre von bürgerlichen Kräften gestürzt und selbst hingerichtet (28.7.1794). Mit der Verabschiedung einer neuen Verfassung lenkte zunächst das gemäßigte Direktorium die Verhältnisse.

Kaiser der Franzosen

Bereits im Ersten Koalitionskrieg (1792–97) hatte sich Frankreich der europäischen Großmächte erwehren müssen, welche die Französische Revolution zurückdrängen wollten. Der Sieg der französischen Truppen hatte den Aufstieg Napoleon Bonapartes begründet, der 1799 militärische Niederlagen Frankreichs im Zweiten Koalitionskrieg zum Sturz des Direktoriums nutzte und

Wie merke ich es mir?

Wann begann die Französische Revolution?

Die Antwort auf die Frage gibt eine kurze und sehr einprägsame *Eselsbrücke*. Sie zeigt auf wunderbare Weise, wie einfach das Denken in Bildern ist – und gleichzeitig wie unvergesslich! Jedenfalls wenn Sie sich das Bild so lebendig wie möglich vorstellen. Auf jeden Fall gilt: bitte nicht auswendig lernen!

Die Französische Revolution begann im Jahr 1789. Wir *verbildern* das Ereignis zu einem prägnanten Merkspruch unter Zuhilfenahme von *Zahlen-Symbolen* auf folgende Weise:

„Ein Aristokrat stand damals sieben, acht, neun Revolutionären gegenüber, die ihm an den Kragen wollten."

Damit haben Sie die Jahreszahl in ein für das Gehirn leicht merkbares Bild verwandelt. (Im Grunde stellt die Eselsbrücke auch eine *Mini-Route* dar.)

In Ajaccio, Korsika, wurde 1938 zu Ehren des größten Sohns der Stadt der Place d'Austerlitz eröffnet – mitsamt einer überlebensgroßen Statue Napoleon Bonapartes.

bis 1802 die äußeren Feinde bezwang. Auf dem Höhepunkt seiner Popularität angelangt, krönte sich Napoleon schließlich am 2. Dezember 1804 selbst zum „Kaiser der Franzosen".

Nachdem Frankreichs Gegner in weiteren Koalitionskriegen (1805, 1806/07) besiegt worden waren (Russland und Österreich in der Dreikaiserschlacht bei Austerlitz, 2.12.1805; Preußen in der Schlacht bei Jena und Auerstedt, 14.10.1806), dehnte Napoleon das französische Herrschaftsgebiet bis weit nach Deutschland, Spanien und Italien aus. Einzig Großbritannien, das mit einer Kontinentalsperre von Nachschüben abgeschnitten und wirtschaftlich besiegt werden sollte, und Russland bewahrten als Großmächte ihre Unabhängigkeit.

Mit dem Siegeszug Napoleons endete das Heilige Römische Reich Deutscher Nation. Bereits 1803 begann dessen Untergang mit dem Reichsdeputationshauptschluss: Als Entschädigung für linksrheinische Verluste an Frankreich wurden nahezu alle geistlichen Fürstentümer aufgehoben (Säkularisation) und die weltlichen reichsunmittelbaren Fürstentümer und Freien Reichsstädte den Mittelstaaten einverleibt (Mediatisierung). Endgültig erlosch das Reich mit der Gründung des unter französischem Protektorat stehenden Rheinbunds, den Napoleon als östliche Pufferzone im Juni 1806 errichtete: 16 mittel- und süddeutsche Staaten erklärten ihren offiziellen Austritt aus dem Reich, wenige Tage später legte der letzte Kaiser, Franz II., die Kaiserkrone nieder; als Reaktion auf Napoleons Kaiserkrönung hatte dieser ebenfalls 1804 bereits das Österreichische Kaiserreich begründet.

Der letztlich vergebliche Versuch Napoleons, Russland zu besiegen, läutete dessen Sturz ein. Der Feldherr und seine Armee scheiterten an der Weite des Landes und dem strengen Winter. In den folgenden Befreiungskriegen (1813–15) gelang es den deutschen Ländern, Österreich und Spanien das französische Joch abzuschütteln, bereits 1814 wurde der entmachtete Napoleon auf die toskanische Insel Elba verbannt.

Die Neuordnung Europas

Die Beseitigung der Hegemonie Napoleons und die Neugestaltung Europas erfolgte auf dem Wiener Kongress 1814/15. Erst unter dem Eindruck der Rückkehr Napoleons aus dem Exil im Frühjahr 1815 („100-Tage-Herrschaft") und dessen Niederlage bei Waterloo (15.6.) gelang eine Einigung, die in Europa ein Mächtegleichgewicht der fünf Großmächte gewährleisten sollte (sogenannte *Pentarchie*). Vier von ihnen erhielten territoriale Zugewinne: Preußen Teile Sachsens, die Rheinprovinz und Westfalen, Österreich Gebiete in Oberitalien und Dalmatien, Russland in Personalunion Polen („Kongresspolen") und Großbritannien Malta und die Kapkolonie in Südafrika. Lediglich Frankreich, nun wieder mit einer restaurierten konstitutionellen Monarchie, blieb in den

An Originalschauplätzen des Wiener Kongresses wie dem Wiener Ballhausplatz wird noch heute Politik gemacht: Das Metternich-Palais dient nun als Bundeskanzleramt.

Grenzen von 1792 bestehen. Die Kräfte der Restauration hatten sich nochmals durchgesetzt.

Das galt auch für Deutschland, wo die Hoffnungen liberaler Kräfte auf die Gründung eines deutschen Nationalstaats enttäuscht wurden. Stattdessen wurde auf dem Wiener Kongress die Bildung des Deutschen Bundes als loser Zusammenschlusses der Einzelstaaten beschlossen, dem auch Österreich und Preußen mit ihren einstigen Reichsterritorien angehören sollten. Auf Zusammenkünften wie dem Wartburgfest 1817 und dem Hambacher Fest 1832 formierte sich nun die bürgerlich-liberale Opposition gegen die deutsche Kleinstaaterei und forderte erneut nationale Einheit und Volkssouveränität.

Während ein politisches Zusammenwachsen Deutschlands vorerst am preußisch-österreichischen Dualismus scheiterte, schritt die Einigung auf wirtschaftlichem Gebiet durch die Gründung der Zollvereine voran. 1834–54 schlossen sich unter preußischer Führung und unter Ausschluss Österreichs die meisten deutschen Einzelstaaten durch den Zollvereinigungsvertrag zum Deutschen Zollverein zusammen.

Die industrielle Revolution

Zeitgleich zu den politischen Umwälzungen erfasste eine weitere revolutionäre Entwicklung Europa: Bereits um 1785 nahm die Industrialisierung in der englischen Textilindustrie ihren Anfang, geprägt wurde sie durch einen enormen Anstieg der Warenproduktion, der durch einen rasanten technologischen Fortschritt ermöglicht wurde. Rohstoffe wurden im großen Stil abgebaut, Güter auf Eisenbahnlinien, die sich bald feinmaschig über ganz Europa ausbreiteten, auch über große Distanzen transportiert. Begleitet wurde die Industrialisierung durch soziale und ökonomische Veränderungen, die bis Ende des 19. Jahrhunderts in vielen Regionen Europas, darunter ab 1840 auch im Ruhrgebiet, in Sachsen und in Südwestdeutschland, einen Wandel von der Agrar- zur Industriegesellschaft bedingten.

Eine Folge war zudem das Aufkommen der sozialen Frage: Der sich verschärfende Konflikt zwischen einem die Produktionsgüter besitzenden Bürgertum und einer verelenden Arbeiterklasse bedingte ab 1840 das Entstehen einer Arbeiterbewegung. Gewerkschaften und politischen Parteien wie die 1869 gegründete Sozialdemokratische Arbeiterpartei, Vorläufer der SPD, kämpften für die Rechte und Emanzipation der Arbeiter. Einen umfassenderen Ansatz verfolgten sozialistische Gruppierungen, die auf der ideologischen Grundlage des von Karl Marx und Friedrich Engels entworfenen Gesellschaftskonzepts einen radikalen Umbau der Gesellschaft unter Führung der Arbeiterklasse verfolgten.

Wie merke ich es mir?

Wie lassen sich wichtige Ereignisse rund um die industrielle Revolution merken?

Folgende sechs Daten wollen wir im Gedächtnis behalten (natürlich stellen die Ereignisse eine Auswahl dar):

- 18. Jahrhundert: England entwickelt sich zum Mutterland der Industrialisierung.
- 1835: Die erste deutsche Eisenbahn fährt zwischen Nürnberg und Fürth.
- Ab 1840: Die industrielle Revolution setzt auch in Deutschland ein.
- 1848: Karl Marx verfasst sein *Kommunistisches Manifest*.
- 1869: Die Sozialdemokratische Arbeiterpartei wird gegründet.
- 1886: Das erste Automobil wird von Benz und Daimler erfunden.

Die Abfolge lässt sich mithilfe folgender *Geschichte* merken, wobei die Ereignisse auf lose (nicht historische) Weise miteinander *verbunden* werden: „Die Revolution fährt von England mit der allerersten Eisenbahn nach Deutschland. Während der Fahrt schreibt Karl Marx sein *Manifest*, was den Arbeitern zu lange dauert, sodass sie ihre eigene Partei gründen. Der Zug wird schließlich vom ersten Auto überholt."

Die Jahreszahlen werden nun mithilfe des *Majorsystems* in merkwürdige und lebendige Bilder verwandelt: Die technische „Taufe" (= 18 für 18. Jahrhundert) der Welt beginnt in England. Und um von der Insel herunter zu kommen, muss man ins Wasser springen – auch eine Art von „Taufe". Diesmal steht die 18 für die ersten beiden Ziffern des 19. Jahrhunderts, die wir für die weiteren Daten benötigen:

Die Eisenbahnstrecke „führte" „nur" über einen „Berg" (Fürth und Nürnberg), auf dem eine „Mühle" (= 35 für 1835) stand, auf deren Spitze ein „Adler" saß (Name der ersten Eisenbahn). Damals war die Zeit bereits „reif" (= 48) für das *Manifest*. Bei der Gründung der Partei hatten viele Arbeiter ihre „Schippe" (= 69) dabei, und auch eine Menge „Schupos" (= 69) waren anwesend. Und das erste Auto war so schnell (oder langsam) wie ein „Fisch" (= 86), und es roch „verdammt" (man beachte das „da" in der Wortmitte) nach „Benzol" (Hinweise auf „Daimler" und „Benz").

Im November 2011 zeigte die Essen Motor Show das erste Automobil von Mercedes Benz.

Modell einer Dampfmaschine

Technologische Meilensteine

1712	Dampfmaschine (Thomas Newcomen)
1765	verbesserte Dampfmaschine (James Watt)
1779	Spinnmaschine *Spinning Mule* (Samuel Crompton)
1825/35	Erste Eisenbahnlinie (Stockton–Darlington), zehn Jahre später erste deutsche Strecke (Nürnberg–Fürth)
1837	Schreibtelegraf (Samuel F. B. Morse)
1886	Automobil mit Verbrennungsmotor (Carl Benz)

Europa in Aufruhr

Die Julirevolution in Frankreich von 1830, in deren Folge der Bourbone Karl X. vom Thron gestürzt wurde, läutete eine Phase ein, in der auch im wirtschaftlich prosperierenden Bürgertum des Deutschen Bundes der Ruf nach politischer Partizipation immer lauter wurde. Mit dem Hambacher Fest begann in Deutschland die Vormärz-Ära, in der reaktionäre Kräfte die liberale und nationale Bewegung zu unterdrücken versuchten. Der Auslöser für die Märzrevolution von 1848 ereignete sich abermals im benachbarten Frankreich, wo bereits im Februar die Zweite Republik ausgerufen worden war. In mehreren deutschen Hauptstädten forderten die Aufständischen u. a. eine Abschaffung der Zensur und die Errichtung eines gesamtdeutschen Parlaments.

Nachdem zunächst mehrere Einzelstaaten weitreichende Zugeständnisse gemacht hatten, setzten die liberalen Kräfte die Wahl einer Nationalversammlung durch, die am 18. Mai 1848 erstmals in der Frankfurter Paulskirche zusammentrat. Doch bereits im Sommer schlug das Pendel wieder in die entgegengesetzte Richtung, mit Waffengewalt wurde vor allem in Preußen und Österreich die Revolution zurückgedrängt. Als sich zudem die Frankfurter Abgeordneten für einen „kleindeutschen“ Nationalstaat (ohne Österreich) aussprachen und der preußische König am 3. April 1849 die ihm angetragene deutsche Kaiserkrone aus der Hand von

In der Paulskirche in Frankfurt tagte von Mai 1848 bis Mai 1849 das erste frei gewählte deutsche Nationalparlament.

Revolutionären ablehnte, war die Nationalversammlung endgültig gescheitert.

Die Revolutionen in Frankreich und Deutschland entfachten einen Flächenbrand in Europa. Besonders betroffen war das österreichische Vielvölkerreich, dessen einzelne Nationen in der Folgezeit verstärkt nach Unabhängigkeit drängten (so etwa die Italiener in der Lombardei und in Venetien). Auf der anderen Seite konnten einige Staaten aber eine Revolution durch Reformen verhindern. In der Schweiz waren liberale und konservative Kräfte bereits im Sonderbundkrieg 1847 aneinandergeraten, ausgelöst durch die Bestrebungen von sieben katholischen Kantonen, aus dem Schweizer Staatenbund auszuscheiden. Befeuert durch die Revolutionen in den Nachbarländern konnte sich schließlich die liberale Bewegung durchsetzen. Mit der Verfassung vom 12. September 1848 wurde die Eidgenossenschaft zu einem liberal-demokratischen Bundesstaat umgestaltet.

Ein Reich in der Mitte Europas

Letztlich waren drei militärische Auseinandersetzungen, die drei deutschen Einigungskriege, erforderlich, bis die Deutschen in einem Nationalstaat vereint waren. Im Deutsch-Dänischen Krieg (1864) kämpften Preußen, dessen politische Geschicke seit 1862 maßgeblich vom Ministerpräsidenten Otto von Bismarck gelenkt wurden, und Österreich noch Seite an Seite gegen Dänemark, das seine Ansprüche auf die Herzogtümer Schleswig, Holstein und Lauenburg durchzusetzen versuchte, letztlich aber aus dem entstehenden Deutschen Reich gedrängt wurde.

Das gleiche Schicksal ereilte Österreich im Deutschen Krieg (1866); auf der Seite Österreichs verblieben zunächst noch die süddeutschen Staaten, Sachsen und Hannover. Nach der Niederlage Österreichs bei Königgrätz löste sich der Deutsche Bund auf. Nördlich der Mainlinie entstand der Norddeutsche Bund unter Führung Preußens. Österreich wandte sich hingegen noch stärker als zuvor nach Osten. Unter Habsburgs Führung entstand nach dem Österreichisch-Ungarischen Ausgleich 1867 die k.u.k. (= kaiserliche und königliche) Doppelmonarchie.

Schon gewusst?

Auch Italiens nationale Einheit wurde auf dem Schlachtfeld erkämpft, das Land war Mitte des 19. Jahrhunderts in mehrere, teilweise fremdbeherrschte Territorien zersplittert. So regierten die Habsburger über Teile Oberitaliens, der Kirchenstaat über Mittelitalien und die spanischen Bourbonen über Neapel und Sizilien. Keimzelle des heutigen Staates wurde das Königreich Sardinien-Piemont, die italienischen Einigungskriege dauerten von 1848 bis 1870. 1859 standen sich im oberitalienischen Solferino Sardinien unter der Führung des verbündeten Frankreichs sowie Österreich gegenüber. Das Leid, das die Verwundeten auf diesem Schlachtfeld zu ertragen hatten, veranlasste den Schweizer Henry Dunant zur Gründung des Roten Kreuzes.

Welch Symbol! Die Gründung des Internationalen Komitees vom Roten Kreuz geht auf den Schweizer Geschäftsmann und Humanisten Henry Dunant (1828–1910) zurück.

Im von Preußen provozierten Deutsch-Französischen Krieg 1870/71 schließlich traten die verbliebenen süddeutschen Staaten Bayern, Württemberg, Baden und Hessen-Darmstadt frühzeitig an die Seite Preußens und schlossen unter Federführung Bismarcks Sonderverträge mit dem Norddeutschen Bund. Getragen von einer Welle nationaler Begeisterung rückten die deutschen Truppen bis Mitte September 1870 nach Paris vor, wo schließlich am 18. Januar 1871 im Spiegelsaal von Schloss Versailles der preußische König als Wilhelm I. zum deutschen Kaiser proklamiert wurde. Das Deutsche Kaiserreich war aus der Taufe gehoben.

Zeitalter des Imperialismus

Während Spanien und Portugal den Großteil seiner Überseegebiete in Amerika im frühen 19. Jahrhundert in die Unabhängigkeit hatten entlassen müssen, hatte Großbritannien spätestens 1857/58 mit der Eingliederung Indiens ins British Empire (zu dem auch Kanada und Australien gehörten) seine globale Vormachtstellung gefestigt. Die Niederlande hatten unterdessen in Südostasien Fuß gefasst.

Der Hunger nach Rohstoffen und der Drang, neue Absatzmärkte zu erschließen, lenkte den Blick daher ab 1880 auf den afrikanischen Kontinent, der vor allem unter Großbritannien und Frankreich, später auch Italien, Belgien und Deutschland aufgeteilt wurde. In Nordafrika erfolgte dies zu Lasten des Osmanischen Reichs, das innenpolitisch geschwächt längst an Einfluss verloren hatte. Zum Teil skrupellos beuteten die Europäer ihren neuen „Besitz“ aus, besonders brutal ging Belgiens König Leopold II. im Kongo vor, wo Schätzungen zufolge die Bevölkerung 1880–1920 um die Hälfte dezimiert wurde.

Zeitgleich zum europäischen Imperialismus stiegen die USA zur Hegemonialmacht zwischen Pazifik und Atlantik auf. Noch im amerikanischen Bürgerkrieg (1861–65) wäre die junge Nation beinahe auseinandergebrochen: Elf agrarisch geprägte Südstaaten, in denen Sklaverei praktiziert wurde, hatten die Konföderierten Staaten von Amerika gebildet und wurden in einem erbittert geführten Krieg von den industrialisierten

Nordstaaten, angeführt von Abraham Lincoln, wieder in die Union gezwungen. Bis 1890 war die Erschließung Nordamerikas abgeschlossen, schrittweise bauten die USA in der Folge ihren Einfluss in Mittelamerika und in der Karibik auch durch Kolonialbesitz aus. Derweil gerieten in Zentralasien Russland und das aufstrebende Japan in Konflikt zueinander.

Europa befand sich seit 1871 in einem fragilen Mächtegleichgewicht, das vor allem durch Bismarcks multilaterale Bündnispolitik austariert wurde. Oberstes Ziel Bismarcks war es, Frankreich weitgehend zu isolieren, auch um eine Zweifrontenstellung des Deutschen Reiches zu verhindern. Zu diesem Zweck schloss er zunächst 1873 den Dreikaiserbund mit Österreich-Ungarn, bis 1882 den Dreibund mit Österreich-Ungarn und Italien und 1887 den Rückversicherungsvertrag mit Russland. Als nach dem Rücktritt Bismarcks 1890 dieser nicht verlängert wurde, fiel das mühsam errichtete Kartenhaus in sich zusammen. Bis sich die zunehmenden Spannungen entluden, sollten aber noch fast 25 Jahre vergehen.

Das berühmte Lincoln Memorial in Washington erinnert an den 16. Präsidenten der Vereinigten Staaten und entschiedenen Gegner der Sklaverei.

Wie merke ich es mir?

Wie lässt sich Bismarks Bündnispolitik gegen Frankreich merken?

Bismarcks Bündnispolitik gegen Frankreich benötigt drei Jahreszahlen und die Namen von ein paar Ländern, um im Kopf abgespeichert zu werden. Der Aufbau einer guten Merkhilfe durch Verbildern und Verbinden kann im besten Fall während des Lesens geschehen. Sehen Sie vor Ihrem inneren Auge, wie die französische Liberté einem aggressiven Bismarckhering gegenübersteht. Dieser erzählt von drei Dingen: Einem „Kamm“ (übersetzt mithilfe des Majorsystems in die 73, also das Jahr 1873), einem „Fön“ (82 = 1882) und einer „Waage“ (87 = 1887).

Mit diesem Bild haben Sie eine solide Grundlage, die Sie nun noch um die jeweiligen Länder erweitern müssen. Dazu bilden Sie weitere Bilder und Geschichten um die drei oben genannten Dinge herum. Achten Sie darauf, logische und starke Verbindungen zu wählen, die garantiert im Kopf hängen bleiben:

„Der Kamm wird drei östlichen Kaisern mit Garn auf den Kopf gebunden.“ Damit haben Sie ein starkes Bild für eine ganze Menge Fakten: den Dreikaiserbund sowie Österreich-Ungarn. „Der Fön wird von einem italienischen Barbier benutzt.“ Gleichzeitig hält er den Kamm aus dem vorigen Bild in seiner Hand, damit Sie ebenfalls an Österreich-Ungarn denken. Wichtig ist, dass Sie gleichzeitig an Fön und Kamm denken. Aber ein engagierter Hairstylist benutzt im vollen Einsatz immer so viele Werkzeuge, wie Arme und Hände hergeben – also zumindest zwei.

Nun bleibt noch die Waage übrig, die Sie mit Russland zu einem Bild zusammenfügen müssen. Möglich wäre, dass „Bismarck die Franzosen gegen die Russen aufwiegt. Oder er wiegt die Liberté mit Wodka auf, den er den Russen aber nicht anbietet, sondern ihn als Rückversicherung (Rückversicherungsvertrag mit Russland) für sich behält.“

Das 20. Jahrhundert begann mit einer Katastrophe. Ca. 17 Millionen Menschen verloren im Ersten Weltkrieg ihr Leben – viele Soldaten in den Schützengräben von Verdun, Frankreich.

Das kurze Jahrhundert

1914 eskalierte die Julikrise im Ersten Weltkrieg. Nach dem US-Diplomaten George F. Kennan wird er auch als „Urkatastrophe des 20. Jahrhunderts" bezeichnet: In seinem Gefolge kamen in mehreren Ländern totalitäre Regime an die Macht, die den Globus in den Zweiten Weltkrieg stürzten. Es folgte der Kalte Krieg, mit dessen Ende 1989 das sogenannte kurze Jahrhundert endete.

In den drei Dekaden vor 1914 bereiteten imperialistisches Machtstreben und Misstrauen zwischen den Nationen sowie eine allgemeine Kriegssehnsucht den „Sprung ins Dunkle" (Reichskanzler Bethmann-Hollweg) vor. Auch das Deutsche Reich trat unter Kaiser Wilhelm II. deutlich offensiver auf. Mit seiner Flottenpolitik beschwor es den Konflikt mit der Seemacht Großbritannien herauf, das mit Frankreich bereits 1892 den Zweibund, die *Entente cordiale* (wörtlich: „Herzliches Einverständnis"), geschlossen hatte. Erweitert wurde diese 1907 durch den Beitritt Russlands zur *Triple Entente*. Von Bismarcks Bündnispartnern blieben dem Deutschen Reich, das zunehmend außenpolitisch isoliert war, nur noch Österreich-Ungarn und Italien.

Den Beginn des 20. Jahrhunderts prägten mehrere internationale Krisen. So spitzten sich zum Beispiel die Rivalitäten Deutschlands und Frankreichs in Nordafrika 1904–06 und 1911 zu den beiden Marokkokrisen zu. Allgemein herrschte am Vorabend des Ersten Weltkriegs in Europas Hauptstädten die Überzeugung vor, dass ein Krieg ausweichlich sei – umso wichtiger erschien es, sich frühzeitig strategische Vorteile zu sichern.

Der Erste Weltkrieg

Letztlich entwickelte sich der Erste Weltkrieg aus einer lokalen Auseinandersetzung heraus, die durch die zahlreichen zwischen den europäischen Mächten geschlossenen Bündnisse immer mehr Kriegsparteien miteinbezog. Auslöser war ein Krieg auf dem Balkan, dem „Pulverfass Europas". Dort prallten die Unabhängigkeitsbestrebungen der Balkanvölker auf die Rivalität zwischen Österreich-Ungarn, das 1908 Bosnien annektiert hatte, und Russland, das sich seit der Niederlage im Krieg gegen Japan 1904/05 verstärkt auf Südosteuropa konzentrierte – und sich als Schutzmacht aller Slawen verstand. Die Niederlagen des Osmanischen Reichs im Ersten Balkankrieg (1912/13) und des von Österreich-Ungarn unterstützten Bulgariens im Zweiten Balkankrieg (1913) verschärften die Krise.

Den Funken, der ganz Europa in Brand setzen sollte, stellte vor diesem Hintergrund die Ermordung des österreichischen Thronfolgers Franz Ferdinand und seiner Frau Sophie am 28. Juni 1914 in der bosnischen Hauptstadt Sarajevo dar. Diese löste die Julikrise aus: Einflussreiche Kräfte drängten in Wien auf einen Militärschlag gegen Serbien, das in das Attentat involviert war, benötigten aber die Rückendeckung des Deutschen Reiches. Dieses stellte Österreich den berühmten „Blankoscheck" aus, in der Hoffnung, den Krieg auf den Balkan eingrenzen zu können. Am 23. Juli stellte Österreich ein Ultimatum mit bewusst unerfüllbaren Forderungen an Serbien, das dieses denn auch verstreichen ließ. Auf die Kriegserklärung Österreich-Ungarns (28.7.) folgten die russische Mobilmachung und die Kriegserklärung Deutschlands an Russland (1.8.) und dessen Verbündeten Frankreich (3.8.).

Bereits einen Tag später folgte die Deutsche Generalität dem vom Alfred von Schlieffen entworfenen Plan und befehligte den Einmarsch ins neutrale Belgien, um von hier aus Frankreich schnell zu besiegen und so einen Zweifrontenkrieg zu verhindern. Als Schutzmacht Belgiens trat schließlich auch Großbritannien an

Ein unscheinbarer Ort mit großer Geschichte: Vor diesem Haus, das heute als Museum dient, wurde 1914 der österreichische Thronfolger Franz Ferdinand erschossen.

Nach dem Waffenstillstand folgten die Friedensverträge. Der Vertrag von Versailles wurde zwischen der Triple Entente *und dem Deutschen Reich am 28. Juni 1919 geschlossen und konstatierte die alleinige Kriegsschuld Deutschlands und seiner Verbündeten.*

der Seite Frankreichs und Russlands in den Krieg ein. Nach weiteren Kriegserklärungen standen die „Mittelmächte“, das Deutsche Reich, Österreich-Ungarn, das Osmanische Reich und Bulgarien, einer breiten, von den „Ententemächten“ angeführten Koalition gegenüber, in die im Mai 1915 auch das zunächst neutral gebliebene Italien eintrat.

Wie merke ich es mir?

Wie lassen sich sieben wichtige Schlachten des Ersten Weltkriegs merken?

Die sieben Schlachten des Ersten Weltkriegs (siehe Tabelle rechts) sollten Sie nicht als schlichte Reihenfolge von Jahreszahlen und Ortsnamen auswendig lernen. Vielleicht wollen Sie später weitere Details hinzufügen – die beteiligten Nationen zum Beispiel. Besser Sie schaffen Merkorte, die Raum für mehr Fakten bieten.

Eine *Route aus Majorbegriffen* ist eine gute Grundlage für diese Aufgabe. Die Orte der Schlachten werden durch *Verbildern* und die Jahreszahlen (nur die letzten beiden Ziffern) als *Majorbegriffe* darin eingefügt.

Aus den sieben Jahreszahlen lassen sich folgende Majorbegriffe bilden: „Tee, Noah, Oma, Reh, Eule, Schi und Kuh.“ Passende Merkorte sind ein Teehaus, die Arche, das Haus der Oma, ein Wildgehege, ein Baum (auf dem die Eule hockt), ein Skigebiet und ein Kuhstall. Wenn Sie sich das vorstellen können, dann haben Sie eine effektive Merkroute im Kopf. Anschließend müssen Sie nur noch die Fakten da hineindenken.

Das Ergebnis sollte möglichst fantasievoll sein: Im „Teehaus“, das auf einem „Berg von Tannen“ steht, wird der Tee aus Wasser aus „masurischen Seen“ gebrüht. Stellen Sie sich gleich noch einen „russischen Teetrinker“ vor, der in Seenot gerät, weil ihm beim Schwimmen die Puste ausgeht. Dann haben Sie sich auch gemerkt, dass dort 1914 der russische Vormarsch zum Erliegen kam.

Jetzt sind Sie dran! Lassen Sie das erste Bild in sich wirken. Wenn Sie eine lebendige Szene vor Augen haben, machen Sie gemäß der Route mit dem nächsten Merkort und den dazugehörigen Fakten weiter.

Zwar steht es nicht auf einem Berg von Tannen, aber so sieht ein Teehaus aus. Als Majorbegriff kann es im Nu die Jahreszahl einer Schlacht symbolisieren.

Zeittafel Erster Weltkrieg

August/September 1914	Schlachten von Tannenberg und an den Masurischen Seen: Erliegen des russischen Vormarschs
6.–9.9.1914	Marne-Schlacht: Beginn des Stellungskriegs an der Westfront
April/Mai 1915	Schlacht bei Ypern: erstmalige Verwendung von Giftgas
21.2.–21.7.1916	„Hölle von Verdun": äußerst verlustreiche, aber letztlich ergebnislose Schlacht
31.5.–1.6.1916	Seeschlacht vor dem Skagerak mit unentschiedenem Ausgang
24.6.–26.11.1916	Schlacht an der Somme: verlustreichste Schlacht des Ersten Weltkriegs
8.8.1918	Schlacht bei Amiens: „Schwarzer Tag des Deutschen Heeres"

Der Schlieffen-Plan schlug fehl, schnell wandelte sich der Bewegungs- zu einem äußerst verlustreichen Stellungskrieg mit weitgehend erstarrten Fronten. Erst im Frühjahr 1918 kam es zur kriegsentscheidenden Wende. Herbeigeführt wurde diese auch mithilfe der Unterstützung der USA, die als Reaktion auf den deutschen U-Boot-Krieg ab Februar 1917 auf der Seite der *Entente* in den Krieg eingetreten waren. Auch der Kriegsaustritt Russlands 1918 brachte den Mittelmächten keine Entlastung mehr. Nacheinander schlossen sie Waffenstillstände mit der *Entente*, zuletzt am 11. November 1918 das Deutsche Reich.

Völker, hört die Signale!

Eine Folge des Ersten Weltkriegs waren in ganz Europa Hungersnöte, besonders schwer traf es aber das wirtschaftlich rückständige Russische Zarenreich. Die ersten Unruhen der sogenannten Februarrevolution brachen am 8. März 1917 aus. In deren Folge musste Zar Nikolaus II. am 15. März abdanken. Im September 1917 wurde die Russische Republik proklamiert. Die gemäßigte provisorische Regierung vermochte sich jedoch nicht gegen die Petersburger Arbeiter- und Soldatenräte (Sowjets) durchzusetzen, in denen die radikal-sozialistische Fraktion der Bolschewiken, angeführt von Lenin und Leo Trotzki, die Mehrheit stellte.

Im Verlauf der berüchtigten Oktoberrevolution (7./8.11.1917) entmachteten die Bolschewiken schließlich die Regierung. Daraufhin entbrannte ein Bürgerkrieg zwischen der Roten Armee der Bolschewiken und der Weißen Armee aus Zaristen und gemäßigten Kräften, die zeitweise durch die *Entente* unterstützt wurden. Die siegreichen Bolschewiken errichteten ab 1921 eine Diktatur der Kommunistischen Partei und gründeten Ende 1922 die Sowjetunion (UdSSR), in die sämtliche Regionen des ehemaligen Zarenreichs gewaltsam integriert wurden.

Zwischen den Kriegen

Das Ende des Ersten Weltkriegs veränderte die politische Landkarte Europas. Staaten wie Österreich-Ungarn und das Osmanische Reich zerfielen, Monarchien wurden von Republiken abgelöst. So auch in Deutschland, wo Anfang November 1918 ein Matrosenaufstand in Kiel zur landesweiten Novemberrevolution anwuchs. Am 9. November, zwei Tage vor Unterzeichnung des Waffenstillstands mit Frankreich und Großbritannien, dankte Wilhelm II. ab und fast zeitgleich riefen Philipp Scheidemann von der SPD und Karl Liebknecht vom sozialistischen Spartakusbund Republiken aus. Anders als in Russland setzten sich hier jedoch die gemäßigten Kräfte um SPD, die konservative Zentrumspartei und die libe-

Ein Mosaik in der Gerolsteiner Erlöserkirche zeigt Kaiser Wilhelm II., den letzten deutschen Kaiser und König von Preußen (1888–1918).

Adolf Hitler, von 1933 bis 1945 deutscher Reichskanzler und nationalsozialistischer Diktator, prägte wie kein anderer die Geschichte der Menschheit auf schreckliche Weise.

rale Deutsche Demokratische Partei (DDP) durch. Diese errangen nach der Niederschlagung des Spartakusaufstands (5.-11.1.1919) durch rechtsradikale Freikorps die Mehrheit in der Verfassungsgebenden Versammlung. Deren Tagungsort gab dem ersten demokratischen Nationalstaat auf deutschem Boden seinen (heute geläufigen) Namen: Weimarer Republik. Ihre Verfassung trat am 14. August 1919 in Kraft.

Schwere Hypotheken lasteten von Anfang an auf der jungen Republik: Der Versailler Friedensvertrag, von den Mächten der *Triple Entente* und ihren Verbündeten bis Mai 1919 ausgehandelt, wies Deutschland, das zudem zu Reparationszahlungen, Gebietsabtretungen und Abrüstung verpflichtet wurde, die alleinige Kriegsschuld zu. Die ersten Jahre der Republik waren von Wirtschaftskrisen, Hyperinflation und hoher Arbeitslosigkeit sowie rechts gerichteten Putschversuchen (Kapp-Putsch 1920, Putsch Adolf Hitlers 1923) gekennzeichnet.

Erst ab Ende 1923 gelang es den demokratischen Kräften, die wirtschaftliche und politische Lage zu stabilisieren. Unter Führung von Außenminister Gustav Stresemann wurden die Reparationen geregelt und Deutschland im Völkerbund aufgenommen, der 1919 auf Initiative des US-amerikanischen Präsidenten Woodrow Wilson gegründet wurde, um zwischenstaatliche Konflikte zu vermeiden.

Der Ausbruch der Weltwirtschaftskrise 1929, in deren Folge die Arbeitslosigkeit in Deutschland rasant anstieg, radikalisierte die Weimarer Republik erneut. Republikfeinde auf beiden Seiten des politischen Spektrums bekämpften offen das politische System. Die immer schneller wechselnden Reichskanzler besaßen keine parlamentarischen Mehrheiten mehr, sondern regierten mithilfe von Notstandsverordnungen des Reichspräsidenten Paul von Hindenburg. Die innenpolitische Krise ermöglichte letztlich den Aufstieg der Nationalsozialistischen Deutschen Arbeiterpartei (NSDAP), die unter Führung Adolf Hitlers und flankiert vom paramilitärischen Terror von SA (Sturmabteilung) und SS (Schutzstaffel) zur stärksten Partei bei den Reichstagswahlen 1932 aufstieg. Trotz Stimmeinbußen der NSDAP bei der Wahl im November des gleichen Jahres wurde Hitler durch Hindenburg am 20. Januar 1933 zum Reichskanzler ernannt.

Was man heute kaum zu glauben vermag: Damals rechneten nur wenige weitsichtige Zeitgenossen damit, dass Adolf Hitler und die NSDAP ganz Europa in eine unvergleichliche Katastrophe stürzen und einen vollständigen Zivilisationsbruch herbeiführen würden. Viele glaubten noch nicht einmal daran, dass Hitler lange Jahre an der Macht bleiben und erst zwölf Jahre später durch das Eingreifen der alliierten Truppen gestürzt werden würde. Der von Reichspräsident Hindenburg zum Vizekanzler ernannte konservative Politiker Franz von Papen gab mit folgenden Worten sogar einem letztlich fatalen Plan der politische Elite Ausdruck – man wollte Hitler und seine Unterstützer zähmen: „Wir haben uns Herrn Hitler engagiert. In zwei Monaten haben wir Hitler in die Ecke gedrückt, dass er quietscht.“ Wie man sich nur täuschen kann.

Schon gewusst?

Als Vorbild für seine Machtergreifung diente Hitler Italien, wo Benito Mussolini 1925 diktatorische Vollmachten erhielt. Paramilitärischer Arm seiner Bewegung waren die „faschistischen Kampfbünde“. Ihre Bezeichnung leitet sich von den *fasces* ab, den Rutenbündeln, die im Römischen Reich der Antike Machtinsignien der obersten Beamten waren; sie wurde später auf andere antidemokratische, antiliberale und antikommunistische Regime in Europa – wie etwa in Österreich (ab 1934 unter Kurt Schuschnigg) oder in Spanien (ab 1936 unter Francisco Franco) – übertragen.

Führerstaat und Holocaust

Nach nur wenigen Wochen erfolgte die nationalsozialistische Machtergreifung – durch Einschränkung demokratischer Rechte, Verbot von Parteien und die Entfernung missliebiger Staatsbediensteter. Das Ermächtigungsgesetz vom 24. März 1933 entmachtete den Reichstag und markiert den endgültigen Übergang von einer parlamentarischen Demokratie zur totalitären Diktatur des nationalsozialistischen Dritten Reiches. Im August 1934 folgte die Beseitigung der zum Störfaktor gewordenen SA im Röhm-Putsch und die Ernennung Hitlers zum Reichspräsidenten.

Zeitgleich begann die Unterdrückung und Ermordung von Andersdenkenden, Oppositionellen und Minderheiten. Bereits im März 1933 wurde das erste Konzentrationslager (KZ) in Dachau zur Inhaftierung politischer Gegner errichtet. Besonders hervorzuheben ist die kurz nach Beginn der NS-Herrschaft einsetzende Verfolgung der in Deutschland lebenden Juden: Jüdische Unternehmen wurden enteignet und jüdischen Bürgern durch die Nürnberger Gesetze (15.9.1935) staatsbürgerliche Rechte entzogen. Auftakt zum offenen antisemitischen Terror stellte die Reichspogromnacht (9.11.1938) dar, in der auf Weisung des Reichspropagandaministers Joseph Goebbels im ganzen Land Synagogen in Brand und Juden in Konzentrationslager verschleppt und ermordet wurden.

Die nationalsozialistischen Konzentrationslager (wie Groß-Rosen im heutigen Polen) dienten der systematischen Ausbeutung und Vernichtung von Millionen Menschen.

Obwohl sich Nationalsozialisten und die von Stalin beherrschte Sowjetunion ideologisch feindlich gegenüberstanden, garantierte der Hitler-Stalin-Pakt sowjetische Neutralität beim deutschen Angriff auf Polen und die Westmächte.

Der nationalsozialistische Rassenwahn mündete nach dem Ausbruch des Zweiten Weltkriegs in der systematischen Vernichtung der Juden in Deutschland und den eroberten Gebieten (Holocaust). Bis zum Kriegsende verloren ca. sechs Millionen Juden ihr Leben. Zudem fiel eine schwer zu beziffernde Zahl an Sinti und Roma sowie geistig und körperlich Behinderte der nationalsozialistischen „Rassenhygiene" zum Opfer. Massenhaft wurden außerdem in den besetzten Gebieten der deutschen Wehrmacht Kriegsgefangene und Zivilisten ermordet, Schätzungen zufolge allein 3,1 Millionen Sowjetrussen.

Zweiter Weltkrieg

Nach der Machtergreifung zielte die nationalsozialistische Außenpolitik zunächst auf die Revision des Versailler Vertrags. Im Oktober 1935 trat Deutschland aus dem Völkerbund aus, im gleichen Jahr wurde die Reichswehr zur Wehrmacht umgestaltet und massiv aufgerüstet. Der Einmarsch ins entmilitarisierte Rheinland verletzte genauso Versailler Bestimmungen wie der Anschluss Österreichs im März 1938, der unter Druck erzwungen, aber von weiten Teilen der österreichischen Bevölkerung begrüßt wurde.

Entsprechend der Appeasement-Politik (von engl. *appease* = „beschwichtigen") vor allem Großbritanniens wurden diese Vertragsverletzungen genauso akzeptiert wie Hitlers „Eingliederung" des Sudetenlands: Unter Androhung eines Krieges hatte das Deutsche Reich sich die Forderung der in der Tschechoslowakei lebenden Sudetendeutschen zu eigen gemacht (die gewaltsame Annexion des restlichen tschechoslowakischen Staatsgebiets folgte im März 1939). Im Münchner Abkommen 1938 gaben Großbritannien und Frankreich dem Drängen nach, um den Frieden in Europa zu sichern.

Vergebens, denn das übergeordnete Ziel der nationalsozialistischen Außenpolitik war die Erweiterung des deutschen Siedlungsraums im Osten und die Errichtung eines Großdeutschen Reiches („Lebensraumpolitik"). Mit dem Überfall der deutschen Wehrmacht auf Polen am 1. September 1939 blieb den westlichen Alliierten keine Wahl mehr: Frankreich und Großbritannien erklärten Deutschland den Krieg. Die Sowjetunion, die wenige Tage zuvor mit Deutschland einen Nichtangriffspakt geschlossen hatte, marschierte entsprechend eines geheimen Zusatzprotokolls des Hitler-Stalin-Pakts in Ostpolen ein.

Die deutsche Wehrmacht eroberte zu Beginn des Zweiten Weltkriegs schnell Territorium um Territorium („Blitzkrieg"-Phase): bis Anfang Oktober 1939 Polen, bis April 1940 Dänemark und Norwegen, noch im selben Jahr Belgien, Niederlande und Frankreich und im April 1941 Jugoslawien und Griechenland. Hingegen wurde die geplante Invasion Großbritanniens, das „Unternehmen Seelöwe", nicht ausgeführt. In Osteuropa besetzte derweil die sowjetrussische Rote Armee im Winterkrieg 1939/40 Gebiete Finnlands, wenig später das Baltikum und Teile Rumäniens.

Unterdessen bereitete General Charles de Gaulle von seinem Exil in London aus den französischen Widerstand gegen die deutsche Besatzung vor. Im Juni 1940 wendete er sich im Radio an seine Landsleute: „Frankreich hat eine Schlacht, aber nicht den Krieg verloren!"

Wie merke ich es mir?

Wie lassen sich die acht Länder merken, die Deutschland seit 1939 überfallen hat?

Abkürzungen sparen nicht nur beim Schreiben Platz. Auch beim Merken kann mit selbst geschaffenen Abkürzungen viel Information in kompakte Vorstellungen verpackt werden, wie dieses Beispiel einer *Eselsbrücke* zeigt.

In den ersten beiden Jahren des Zweiten Weltkriegs hat das Deutschland (nach der Tschechoslowakei) unter Hitler acht weitere Länder überfallen – und ist erst an Großbritannien gescheitert. Diesmal fangen wir mit dem Ergebnis an: „(Sind die) *Podeste nobel* (auf denen Hitler gestanden und Reden gehalten hat)? *Nie fragen, Junge*!"

Die Vorstellung von einem Vater, der im Publikum des Reden schwingenden Hitler steht und von seinem Sohn eine kindlich-komische Frage gestellt bekommt, ist gut vorstell- und merkbar. Dahinter stecken zwei Zusammenfassungen: Zunächst wurden (mit einer Ausnahme) immer zwei Länder in einem Wort gebündelt. Anschließend wurden diese fünf Wörter dann in zwei Sätzen miteinander verbunden. Wenn Sie die Liste der Länder betrachten, werden Sie diese in der Eselsbrücke erkennen: Polen und Dänemark („Podest"), Norwegen und Belgien („nobel"), Niederlande („nie"), Frankreich („fragen") sowie Jugoslawien und Griechenland („Junge")

Voraussetzung für erfolgreiches Merken ist in diesem Fall natürlich, dass Sie die Länder kennen. Und grundsätzlich gilt: Es ist immer am besten, man baut die Merkhilfe se bst. Denn dann finden Sie davon ausgehend leichter zu den Fakten zurück. Wenn Sie den Satz oben einfach nur überfliegen und ihr Gehirn keine lebhafte Szene dazu liefert, dann wird das Bild schnell wieder vergessen. Aber wenn ein kleiner Film in Ihrem Kopf abläuft, werden Sie sich lange an das Bild, die Begriffe und damit d e Länder erinnern!

Erzeugt die Merkhilfe bei Ihnen einen kleinen Film im Kopf? Dann haben Sie alles richtig gemacht, und das Merken gelingt nachhaltig.

Seine globale Dimension erreichte der Krieg mit dem Abschluss des Dreimächtepakts der sogenannten Achsenmächte Deutschland, Italien und Japan (27.9.1940): Italien war bereits im Juni 1940 in den Krieg eingetreten und wurde von der Wehrmacht in Nordafrika und Südosteuropa unterstützt. Ein Jahr später, am 22. Juni 1941, begann der deutsche Angriff auf die Sowjetunion („Unternehmen Barbarossa"), die fortan von den Alliierten unterstützt wurde. Und am 7. Dezember 1941 überfiel das japanische Kaiserreich, das in den Jahren zuvor im ostasiatischen Pazifikraum eine aggressive Großmachtpolitik betrieben hatte, den US-amerikanischen Flottenstützpunkt Pearl Harbor; wenige Tage später traten die USA nun auch als aktive Kriegspartei auf Seiten der Alliierten in den Zweiten Weltkrieg ein.

Das Friedensdenkmal in Hiroshima, auch Atombombenkuppel genannt, zeugt noch heute vom ersten kriegerischen Einsatz einer Atombombe – ein eindringliches Mahnmal.

Dies und die erfolgreiche sowjetrussische Gegenoffensive verschoben die Kräfteverhältnisse: Im November 1942 gelang den Briten ein Durchbruch in Nordafrika, besonders aber die Niederlage der 6. Armee der Wehrmacht in Stalingrad bedeutete die Kriegswende. Bis Mai 1945 eroberten die Alliierten in einer Zangenbewegung verlorene Gebiete zurück. Ab März 1942 starteten zunächst britische, später dann auch US-amerikanische Verbände breit angelegte Luftangriffe auf Deutschland. Ab September 1943 wurde Italien erobert, am 6. Juni 1944, dem D-Day, begann die alliierte Invasion der Normandie und am 12. Januar 1945 die Großoffensive der Roten Armee auf Ostpreußen und Schlesien. Am 8. Mai 1945 erklärte die Führung der deutschen Wehrmacht die bedingungslose Kapitulation. Adolf Hitler hatte sich bereits am 30. April 1945 im Führerbunker in Berlin selbst getötet. Nach den Atombombenabwürfen auf die japanischen Städte Hiroshima und Nagasaki (6./9.8.1945) kapitulierte auch Japan.

Der Kalte Krieg

Bereits vor der deutschen Kapitulation hatten auf der Konferenz von Jalta (4.–11.2.1945) die Staatschefs der USA, Großbritanniens und der UdSSR – Franklin D. Roosevelt, Winston Churchill und Stalin – ihr Vorgehen für die Nachkriegszeit abgestimmt. Auf der Potsdamer Konferenz (17.7.–2.8.1945) teilten Churchill, Stalin und Truman (der Nachfolger des am 12.2.1945 verstorbenen Roosevelt) Deutschland und Berlin in jeweils vier Besatzungszonen ein, Frankreich, das die vierte Zone erhielt, stimmte wenig später unter Vorbehalt zu. Ausgenommen wurden die Ostgebiete östlich der Oder-Neiße-Linie, die an die Volksrepublik Polen übergeben wurden. Der Alliierte Kontrollrat sollte die „oberste Regierungsgewalt“ für ganz Deutschland ausüben.

Nach dem Wegfall des gemeinsamen Gegners zerbrach das Zweckbündnis der Alliierten, traten die Differenzen zwischen Westmächten und der UdSSR schnell offen zutage. Ab 1946 zog sich der „Eiserne Vorhang" zu, der Europa in einen demokratisch verfassten und marktwirtschaftlich orientierten Westen und in einen totalitär regierten, sozialistischen Ostblock trennte. Dabei verlief diese Trennlinie mitten durch Deutschland, wo sich bis 1949 die faktische Teilung Deutschlands in zwei Staaten vollzog: Im Westen wurde am 23. Mai 1949 mit der Verkündung des Grundgesetzes die Bundesrepublik Deutschland (BRD) gegründet, die das Gebiet der amerikanischen, englischen und französischen Zonen (Trizone) umfasste. Am 7. Oktober des gleichen Jahres folgte die Gründung der Deutschen Demokratischen Republik in der sowjetischen Zone.

Die deutsche Teilung, 1961 durch den Bau der Berliner Mauer manifestiert, war der sichtbarste Ausdruck des Kalten Kriegs, in dem sich der US-amerikanisch dominierte Westen mit dem Militärbündnis der NATO und der sowjetrussisch dominierte Ostblock mit den Armeen des Warschauer Pakts gegenüberstanden – wobei das nukleare Drohpotenzial offene Konflikte zwischen den USA und der UdSSR verhinderte. Stattdessen kam es zu Stellvertreterkriegen, die in einem oder mehreren Drittstaaten ausgetragenen wurden und in denen die Supermächte direkt oder indirekt involviert waren.

Zu den bedeutendsten Stellvertreterkriegen zählen der Koreakrieg (1950–53) zwischen der sozialistischen Demokratischen Volksrepublik Korea (Nordkorea) und der von den USA unterstützten Republik Südkorea, der Vietnamkrieg, in dem die USA letztlich erfolglos und unter großen Verlusten in den Bürgerkrieg zwischen dem antikommunistischen Süden und den kommunistischen Vietminh (1964–1975) des Nordens eingriff, und der Afghanistankrieg (1979-1989), in dem die UdSSR ebenfalls erfolglos die kommunistische Regierung gegen die islamistischen Kräfte (*Mujaheddin*) zu unterstützen versuchte.

Schon gewusst?

Dem nuklearen Drohpotenzial zum Trotz stand die Welt insbesondere während der Kubakrise im August 1962 an der Schwelle zu einem atomaren Weltkrieg. Dabei ging es um den Versuch der UdSSR, im sozialistischen Bruderstaat Kuba – und damit quasi im „Vorgarten" der USA – Mittelstreckenraketen mit Atomsprengköpfen zu stationieren. Nur durch intensive Verhandlungen konnte eine Eskalation der Krise verhindert werden.

Letztlich führte das Wettrüsten des Kalten Kriegs, das 1983 durch die Ankündigung der USA, einen Abwehrschirm gegen Interkontinentalraketen (SDI) aufzubauen, nochmals angeheizt wurde, zum wirtschaftlichen Bankrott der UdSSR. Dieser wiederum erzwang Reformen, die ab 1985 durch Michail Gorbatschow unter den Schlagworten *Glasnost* (Offenheit) und *Perestroika* (Umbau) eingeleitet wurden. Doch anders als von Gorbatschow erwünscht, wurde die UdSSR nicht von oben reformiert, sondern

Das Three Soldiers Memorial *in Washington, DC, erinnert an den verlustreichen Krieg der USA in Vietnam.*

brach binnen sechs Jahren komplett in sich zusammen. Die sozialistischen Republiken innerhalb der UdSSR und auch die Bruderstaaten in Osteuropa lösten sich bis 1991 aus dem Einflussbereich Moskaus.

Die europäische Einigung

Unter dem Eindruck der ungeahnten Vernichtungskraft des Zweiten Weltkriegs setzte ein Prozess der europäischen Einigung ein, die Kriege in Europa künftig verhindern sollte. Anfangs blieb diese auf eine wirtschaftliche Zusammenarbeit in Westeuropa beschränkt. Den Anfang machte die 1952 gegründete Europäische Gemeinschaft für Kohle und Stahl (EGKS). Zusammen mit der Europäischen Atomgemeinschaft (Euratom) und der Europäischen Wirtschaftsgemeinschaft (EWG), beide mit den Römischen Verträgen von 1957 gegründet, bildete sie ab 1967 die Europäischen Gemeinschaften (EG). Gründungsmitglieder waren Belgien, Deutschland, Frankreich, Italien, Luxemburg und die Niederlande. Bis 1986 wurden die EG um weitere sechs Staaten, darunter Großbritannien, erweitert. Die britische Premierministerin Margaret Thatcher bremste jedoch Anfang der 1980er-Jahre weitere Einigungsprozesse aus, indem sie den „Britenrabatt", eine Reduzierung der britischen Beitragszahlungen, aushandelte.

Margaret Thatcher, von 1979 bis 1990 Premierministerin des Vereinigten Königreichs, ist eine der umstrittensten politischen Figuren britischer und europäischer Zeitgeschichte. Als sie am 8. April 2013 starb, legten Menschen Blumen vor ihrem Wohnhaus in London nieder.

Überreste der Berliner Mauer künden noch von der Spaltung Deutschlands in zwei Staaten.

Die deutsche Wiedervereinigung

Solange das Kommunistische Ein-Parteien-System in der UdSSR noch fest im Sattel saß, waren Absetzbewegungen der Ostblockstaaten aussichtslos. Das offenbarte sich beim niedergeschlagenen Volks- bzw. Arbeiteraufstand vom 17. Juni 1953 in der DDR ebenso wie 1968 beim gescheiterten Versuch der Kommunistischen Partei der Tschechoslowakei, Reformen im eigenen Land durchzuführen („Prager Frühling"). In beiden Fällen wurde die Opposition mit Waffengewalt unterdrückt.

Mit dem Abrücken Gorbatschows von der Breschnew-Doktrin, welche die Souveränität der Ostblockstaaten beschnitten hatte, war jedoch der Weg für einen friedlichen Wandel frei geworden. Vorreiter wurde Polen, wo die Gewerkschaft *Solidarność* eine politische Wende herbeiführte. Im Sommer 1989 löste der Abbau der Grenzsperren in Ungarn eine Fluchtwelle von DDR-Bürgern in den Westen aus. Proteste gegen die offensichtlichen Wahlfälschungen bei den Kommunalwahlen am 7. Mai erhöhten den Druck auf die DDR-Staatsführung: Ab Anfang September 1989 gingen montags Woche für Woche in Leipzig immer mehr Demonstranten auf die Straße, um gegen die Herrschaft der Sozialistischen Einheitspartei (SED) zu protestieren. Ohne Rückendeckung von Moskau wagte diese es nicht, gegen das eigene Volk militärisch vorzugehen, sondern musste letztlich mit der Öffnung der Grenzen am 9. November 1989 dem Druck nachgeben.

Am 18. März 1990 fand die erste freie Wahl in der DDR statt. In der Folge verhandelten Vertreter der beiden deutschen Staaten und der vier Alliierten den Zwei-plus-Vier-Vertrag aus, der die Wiedervereinigung Deutschlands regelte. Diese wurde mit dem Beitritt der fünf neuen ostdeutschen Bundesländer zur BRD am 3. Oktober 1990, über 45 Jahre nach Kriegsende, vollzogen.

Der Vollzug der Einheit Deutschlands war ab dem 2. Oktober 1990 von zahlreichen Feierlichkeiten und öffentlichen Ereignissen begleitet, die vor allem in Berlin, dem Symbol der Teilung, stattfanden. Dass der 3. Oktober von nun an als Tag der der Deutschen Einheit gefeiert werden sollte, war bereits zuvor in der Volkskammer, dem Parlament der DDR, beschlossen worden. Der damalige deutsche Bundeskanzler Helmut Kohl hob am 2. Oktober in einer Fernsehansprache die wichtige Rolle der alliierten Mächte für den Einigungsprozess hervor. Am späteren Abend desselben Tages versammelten sich anschließend eine Vielzahl von Bürgern auf dem Platz der Republik vor dem Reichstagsgebäude, um den Zeitpunkt der Vereinigung um Mitternacht gemeinsam zu erleben. Am 3. Oktober fand schließlich ein von Bundespräsident Richard von Weizsäcker angesetzter Staatsakt zur Wiedervereinigung in der Berliner Philharmonie statt.

Schon gewusst?

Seit dem 3. Oktober 1990 weht Tag und Nacht die sogenannte Fahne der Einheit auf dem Platz der Republik vor dem Reichstagsgebäude in Berlin. Der Mast der Flagge misst 28,5 Meter, auf seinem Sockel befindet sich in Kreisform die bronzene Inschrift: „Deutsche Einheit 3. Oktober 1990". Die Fahne der Einheit stellt ein nationales Denkmal in Gestalt der Deutschen Bundesflagge in den Farben Schwarz-Rot-Gold dar.

Wie merke ich es mir?

Wie lassen sich entscheidende Szenen der deutschen Einigung im Gedächtnis behalten?

Mithilfe eines *Römischen Raums* lassen sich die wichtigsten Ereignisse der Wiedervereinigung auf fantasievolle Weise merken. Als Römischer Raum soll ein PKW dienen – von der Motorhaube bis zum Kofferraum (um auch die richtige Reihenfolge der Ereignisse im Kopf zu haben).

Stellen Sie sich folgende Bilder an den Merkorten vor – und achten Sie gleichzeitig auf die Hinweise zu den Fakten: Auf der Motorhaube liegen Badeurlauber wie am „Balaton" auf einer „Wabe" in der Sonne, während DDR-Bürger so lustig wie der dumme „August" über die Urlauber „springen" (die Grenze überqueren). Damit haben Sie die Grenzöffnung Ungarns im August 1989 („Wabe" = 89 mithilfe des *Majorsystems*) sowie die Flucht vieler DDR-Bürger zuverlässig gemerkt.

Nächstes Bild: Durch die Speichen des Lenkrads ziehen „demonstrierende Monteure in Serpentinen" und reißen mit „Leibeskräften" daran. Dieses Bild zeigt gut, wie spielerisch Informationen in Bilder verpackt werden können: Die Montagsdemonstrationen werden zu „Monteuren", der September zu „Serpentinen" und die „Leibeskräfte" zu Leipzig. Trotzdem ist das Gehirn in der Lage, die Fakten darin zu erkennen.

Und weiter geht es: Die Grenzöffnung der DDR zeigt sich auf den „neuen" (für November), schwarz-rot-goldenen Vordersitzen, bei denen die Polster platzen und jede Menge Menschen aus dem Auto in Richtung Westen strömen.

Ab jetzt sind Sie dran: *Verorten* Sie auf den Rücksitzen die ersten freien Wahlen im März und im Kofferraum die deutsche Wiedervereinigung im Oktober 1990, um Ihr Wissen kreativ zu vervollständigen. Natürlich können Sie auch die Heckscheibe miteinbeziehen.

Ist Deutschland noch immer ein geteiltes Land?

Zwar ist Deutschland seit über 25 Jahren in politischer und rechtlicher Hinsicht wiedervereint. Doch oft ist die Rede davon, dass unser Land nach wie vor von einer – gleichwohl unsichtbaren – Grenze von Ost nach West durchzogen ist. Diese lässt sich an verschiedenen sozialen, wirtschaftlichen, kulturellen und politischen Unterschieden und Gegensätzen beobachten, die sich zwischen den in den neuen und alten Bundesländern lebenden Menschen offenbaren.

So wird ein Großteil der deutschen Wirtschaftsleistung noch immer im westlichen Teil des Landes erzeugt. Die neuen Bundesländer tragen nur in geringem Maße (ca. 15 Prozent) zum Bruttoinlandsprodukt bei. Damit geht eine soziale Ungleichheit der Lebensverhältnisse in Ost und West einher: Die Arbeitslosenquote in Ostdeutschland übersteigt diejenige in Westdeutschland, wohingegen das Lohnniveau zum Beispiel in Leipzig und Dresden niedriger ist als in Hamburg und München. Politikverdrossenheit lässt sich zwar in beiden Landesteilen ausmachen, doch die Bewohner der neuen Bundesländer bleiben den Wahllokalen öfter fern – das Ergebnis ist regelmäßig eine niedrigere Wahlbeteiligung.

Übersteht die Europäische Union die Zerreißprobe? Die Zukunft wird es zeigen.

Die Welt von heute – ein kurzer Ausblick

Die Phase der globalen Entspannung nach der Beendigung des Kalten Krieges währte nur kurz, neue Krisenherde entstanden. So droht die Einheit Europas schon wieder zu zerbrechen, der Nahostkonflikt drängt noch immer auf eine Lösung und Terroristen bekämpfen die freiheitliche Lebensweise der westlichen Welt. Ein kurzer Überblick.

Die Zukunft Europas

Erst 1987 gewann der Europäische Einigungsprozess durch die Verabschiedung der Einheitlichen Europäischen Akte an neuer Dynamik. In der Folge vertieften mehrere Reformverträge die politische Zusammenarbeit der Mitgliedstaaten. So wurde mit dem Vertrag von Maastricht (1992) die EG zur Europäischen Union (EU) erweitert und die Bildung einer Wirtschafts- und Währungsunion beschlossen; am 1. Januar 2002 wurde der Euro als offizielles Barzahlungsmittel in zwölf Staaten der EU eingeführt. Seit einigen Jahren leidet die EU jedoch unter einem großen Vertrauensdefizit in vielen der derzeit 28 Mitgliedstaaten. Finanz- und Währungskrisen, die Flüchtlingskrise und der 2016 in einem Referendum beschlossene Austritt Großbritanniens aus der EU („Brexit") stellen die Solidarität zwischen den EU-Staaten auf eine harte Belastungsprobe.

Der Nahostkonflikt

Seit nunmehr fast hundert Jahren besteht der Konflikt um die Region Palästina zwischen Juden und Arabern. Bis heute verhindern radikale Kräfte auf beiden Seiten eine Zweistaatenlösung, die einen arabischen Staat Palästina neben dem 1948 gegründeten jüdischen Staat Israel vorsieht. Der 1993 mühsam in Gang gesetzte Oslo-Friedensprozess scheiterte spätestens durch den arabischen Aufstand der Zweiten Intifada (2000-2005). Diesem folgten bis heute mehrere kriegerische Auseinandersetzungen, die den gesamten Nahen und Mittleren Osten destabilisierten.

Der internationale Terrorismus

Den Anschlägen auf das World Trade Center in New York und das Pentagon am 11. September 2001 folgte der von den USA und ihren Verbündeten geführte internationale Krieg gegen den islamistischen Terrorismus. Zwar gelang es 2011, Osama bin Laden zu töten, den ideologischen Anführer der Terrororganisation al-Qaida, die sich zu den Anschlägen bekannt hatte. Doch weder in Afghanistan noch im Irak gelang es, demokratische Strukturen aufzubauen. Und mit dem Islamischen Staat, der in den von ihm eroberten Gebieten in Syrien und Irak 2014 das Kalifat ausrief, hat sich eine weitere Terrororganisation etabliert, die sich u. a. zu den Anschlägen in Paris (13.11.2015), Nizza (17.7.2016) und Berlin (19.12.2016) auf europäischem Boden bekannt hat.

Der Klimawandel

Nicht nur internationale Krisen und Konflikte sowie islamistische Terroristen stellen eine Bedrohung für unsere Sicherheit und unser Wohlergehen dar, sondern es gibt eine weitere ernsthafte Gefahr: den Klimawandel. Seit dem Beginn des industriellen Zeitalters im 19. Jahrhundert ist die Temperatur auf dem Erdball um durchschnittlich 0,85 Grad Celsius gestiegen. Dass der Mensch dafür verantwortlich ist, bestreitet mittlerweile kaum mehr ein Klimaforscher. Es handelt sich um einen auf anthropogene (menschliche) und nicht natürliche Einflüsse zurückgehenden Wandel des Klimas.

Der Grund dafür ist: Das Verbrennen von fossilen Energieträgern wie Kohle und Gas, welches Grundlage der industriellen Wirtschaft, aber auch unserer alltäglichen Wohn- und Lebensweise sowie des globalen Waren- und Personenverkehrs ist, macht die Erdkugel zu einem Treibhaus. Die Durchschnittstemperatur auf der Erde könnte bis zum Ende des Jahrhunderts sogar um zusätzliche vier Grad steigen – wenn die Industrie- und Schwellenländern den Ausstoß von Treibhausgasen nicht spürbar senken. Zumindest sagen das anerkannte Klimaforscher und Experten voraus.

Die Folgen des Temperaturanstiegs sind jedenfalls bedrohlich: Es droht ein Abschmelzen der Polkappen und ein dramatischer Anstieg des Meeresspiegels. Und Wetterextreme wie Dürren, Wasserknappheit, Stürme und Überschwemmungen könnten bald auch in Europa zur Gewohnheit werden.

Aus den großen Schornsteinen der Fabriken und industriellen Anlagen werden jede Menge klimaschädlicher Gase ausgestoßen.

DER KREATIVE MENSCH

Jerusalem, eine Stadt mit großer Bedeutung. Links im Bild mit goldener Kuppel: der Felsendom, der älteste monumentale Sakralbau des Islams. Der Felsen, der den Mittelpunkt des Doms bildet, wird „Gründungsfels" genannt, denn auf diesem Felsen sei, so besagt es die jüdische Tradition, die Welt gegründet worden.

Weltreligionen – zwischen Frieden und Gewalt

Der Glaube an Gott oder eine höhere Macht findet sich nahezu in allen menschlichen Kulturkreisen. Die fünf großen Weltreligionen gliedern sich in monotheistische Religionen, die nur einen Gott kennen, und in polytheistische Religionen, in denen mehrere Götter verehrt werden. So wie es in allen Weltreligionen einerseits Gebote zum friedlichen Zusammenleben gibt, so gibt es andererseits ebenso religiös motivierte Gewalt.

Das Judentum ist die älteste monotheistische Religion überhaupt. Es entstand etwa 2000 v. Chr. und stellt nicht nur eine Glaubensgemeinschaft, sondern auch ein Volk dar. Juden glauben an den einen Gott *Jahwe*, ihre Bibel ist der *Tanach* und besteht aus drei Büchern: *Tora*, *Nebiim* und *Ketubim*. Die *Tora*, übersetzt als „Weisung", enthält die *Fünf Bücher Mose*, die dieser auf dem Berg Sinai erhalten hat: *Genesis*, *Exodus*, *Leviticus*, *Numeri* und *Deuteronomium*. Zu den wichtigsten Festen im Judentum zählen *Pessach*, das an den Auszug der Israeliten aus Ägypten erinnert, das Neujahrsfest *Rosch Haschana* sowie *Chanukka*. Der höchste Feiertag ist *Jom Kippur*, der Versöhnungstag. Er wird zehn Tage nach dem Neujahrsfest mit Fasten und Gebeten begangen.

Wie merke ich es mir?

Wie lauten die Namen der zwölf Apostel?

Die zwölf Apostel sind nicht leicht zu merken, da es sich um Namen und damit abstrakte Fakten handelt. Auch ihre Zahl übersteigt das, was sich der Kopf mittels einer einfachen Eselsbrücke auf die Schnelle einprägen kann. In diesem Artikel nutzen wir die *Routen*-Methode, um uns die Namen der Apostel auch in der richtigen Reihenfolge zu merken. Als Route, die wir im Geist beschreiten, wählen wir die zwölf Monate – ein Gang durchs ganze Jahr sozusagen. Anschließend werden die Apostel mithilfe eines Bildes mit den Monaten *verbunden*.

Je lebendiger Sie sich diese Bilder vorstellen (können), desto besser werden sie in Ihrem Gehirn hängen bleiben. Die Liste der Apostel entstammt dem Evangelium des Matthäus (andere Evangelien weisen teilweise andere Namen und eine abweichende Reihenfolge aus):

Januar & Simon Petrus: „Im Januar wurde die gesamte Sippe geboren." Der Januar steht für den Anfang des Jahres, weshalb sich als zugehöriges Bild die Geburt anbietet. „Sippe" ist die Kombination der Namen Simon und Petrus.

Februar & Andreas: „Im Februar geht es Andreas ganz anders, weil er Fieber hat." In Österreich wird der Februar auch „Feber" genannt, was wie Fieber klingt. Und wenn man krank ist, fühlt man sich eben „anders" (was an Andreas erinnert).

März & Jakob: „Der Kriegsgott Mars setzt ja immer seinen Kopf durch." Der März stammt vom griechischen Gott Mars. Jakob lässt sich in die Wörter „ja" und „Kop(f)" zerlegen.

April & Johannes: „Im April sind die Hagelkörner so groß wie Johannisbeeren." Der Frühlingsmonat ist bekannt für das schlechte Wetter – und auch der Vergleich mit den Beeren und der Größe der Hagelkörner sollte im Kopf hängen bleiben.

Mai & Philippus: „Der Maya(-König) küsst viele Lippen." Der Name des Monats Mai klingt wie Maya; genauso klingt Philipp wie „viele Lippen" – fertig ist das Merkbild.

Juni & Bartholomäus: „Im Juni muss der Bart ab, weil es warm wird." Durch das Bild ist der Name „Bart(holomäus)" fest mit dem Sommermonat verbunden.

Nun sind Sie an der Reihe! Verknüpfen Sie Juli und Thomas, August und Matthäus, September und Jakobus, Oktober und Thaddäus, November und Simon Kananäus sowie Dezember und Judas.

Judentum

In der *Tora* ist nicht nur die Geschichte von der Entstehung der Welt und des Judentums enthalten, sondern dort finden sich auch die 613 Ver- und Gebote, die das jüdische Leben regeln. Dazu gehören etwa das Sabbat-Gebot, die Vorschrift zur Beschneidung aller männlichen Nachkommen sowie die Reinheits- und Speisevorschriften. Eine Kurzfassung der Gottesweisung in der *Tora* sind die *Zehn Gebote*. Im wichtigsten jüdischen Gesetzbuch, dem *Talmud*, werden die Regeln der *Tora* von den Gelehrten, den Rabbinern, interpretiert.

Jesus und die zwölf Apostel während des letzten Abendmahls (Fenstermalerei aus der Kathedrale St. Michael und St. Gudula, Brüssel).

Christentum

Im Unterschied zum Judentum tritt der Gott des Christentums in drei Erscheinungsformen auf (Dreifaltigkeit oder Trinität), das sind Vater, Sohn und Heiliger Geist. Als Wanderprediger lehrte Gottes Sohn Jesus Christus die Menschen, dass vor Gott alle Menschen gleich seien. Zentraler Gedanke des Christentums ist die Nächstenliebe, die sich in dem Kernsatz „Liebe Gott und deinen Nächsten wie dich selbst" am deutlichsten ausdrückt. Jesus gilt nicht nur als Sohn Gottes, sondern auch als sein Repräsentant auf Erden. Er scharte Jünger um sich, unter denen er zwölf Apostel auswählte.

Während das *Alte Testament* auch die niedergeschriebene Basis für das Judentum ist, tritt im Christentum das *Neue Testament* mit den *Evangelien* hinzu. Gemeinsam bilden sie die *Bibel*, die heilige Schrift. So finden sich auch im Christentum im *Alten Testament* die *Zehn Gebote* als Regelwerk. Verstoßen Gläubige gegen Gottes Gebote, gilt das als Sünde. Darüber hinaus gibt es besonders schwerwiegende Sünden, bekannt als die *Sieben Todsünden*. Das sind: Stolz, Habsucht, Neid, Zorn, Unkeuschheit, Unmäßigkeit und Trägheit.

Schon gewusst?

Seine Lebensgeschichte hat Jesus Christus nicht selbst niedergeschrieben, sondern sie wurde zunächst mündlich überliefert. Erst Jahre nach seinem Tod am Kreuz ist sie in den *Evangelien* von vier verschiedenen Autoren, den Evangelisten, schriftlich festgehalten worden: Markus, Matthäus, Lukas und Johannes.

Islam

Während im Christentum die heilige Schrift aus Menschenhand geflossen ist, ist dem Islam und Judentum gemein, dass sie *Tora* und *Koran* als direkt von Gott gegeben betrachten. Wie *Tora* und *Bibel* enthält auch der *Koran* einen Schöpfungsbericht. Der einzige Gott und Weltenschöpfer ist *Allah*. Als wichtigste Schrift des Islams enthält der Koran die *114 Suren*, die Offenbarungen des Propheten Mohammed (570-632 n. Chr.) in gereimter Form. Die heilige Schrift ist auch Grundlage des islamischen Rechts, der *Scharia*. Insgesamt fußt der Islam auf fünf Säulen, dem Glaubensbekenntnis (*Shahada*), dem rituellen Gebet an fünf Tageszeiten in Richtung Mekka, der Armensteuer (*Zakat*), dem 30-tägigen Fasten während des Ramadan und der Pilgerfahrt nach Mekka. Dort sollen die Gläubigen das höchste Heiligtum, die *Kaaba*, siebenmal umrunden.

Der Islam hat sich nach dem Tod von Mohammed in zwei Glaubensrichtungen gespalten, die Sunniten und Schiiten. Während letztere mit Ali Ibn Abu Talib als Nachfolger einen direkten Familienangehörigen Mohammeds favorisierten, waren die Sunniten der Ansicht, es sollte eine vertrauensvolle Person unabhängig von der Herkunft die Nachfolge antreten. Sie wählten Abu Bakr zum ersten Kalifen. Mit 85 Prozent zählt der Großteil der Muslime heute zur Glaubensgruppe der Sunniten.

Der Koran, die heilige Schrift des Islams, mit einer Misbaha *oder* Subh*, wie die Gebetskette korrekt bezeichnet wird, und einem Kompass.*

Hinduismus

Anders als die auf zentralen Büchern aufbauenden Religionen ist der Hinduismus polytheistisch und kennt mehrere Haupt- und Nebengötter. So ist er auch weniger eine Religion als ein Sammelbegriff für viele verschiedene Glaubensrichtungen. Hauptgott beziehungsweise bedeutendste göttliche Kraft ist *Brahma*. Mit *Vishnu*, dem Erhalter der Welt, und *Shiva*, dem Zerstörer, bildet er eine göttliche Trinität. Der Hinduismus entstand vor etwa 4500 Jahren, zu seinen wichtigsten Schriften zählen etwa die *Veden*, *Upanishaden* oder die *Bhagavad Gita*. Eine einheitliche Schrift wie *Bibel*, *Tora* oder *Koran* gibt es allerdings nicht.

Zentral für den hinduistischen Glauben ist die Vorstellung der Reinkarnation, des Kreislaufs von Geburt, Tod und Wiedergeburt als Mensch, Tier, Pflanze oder Stein, und des *Karma*-Prinzips, nachdem alle Taten – ob gut oder schlecht – auf das zukünftige Schicksal wirken. Darauf basiert auch das soziale System der Kasten insofern, als sich das vorherige Leben auf die Geburt ins nächste und in eine der vier Hauptkasten mit ihren jeweiligen Unterkasten auswirkt. Die höchste Kaste ist die der *Brahmanen* (Priester und Gelehrte), es folgen *Kshatriyas* (Krieger und Adlige), *Vaishyas* (Händler) und *Shudras* (Diener und Arbeiter). Darüber hinaus gibt es noch die *Parias*, die Unberührbaren. Sie stellen die niedrigste Kaste dar.

Buddhismus

Während der Hinduismus keine historischen Leitfiguren kennt, gründet sich der Buddhismus auf den Religionsstifter Siddhartha Gautama, der um 560 v. Chr. als Sohn einer Adelsfamilie geboren wurde. Auch einen Schöpfergott oder Götter gibt es im Buddhismus nicht, vielmehr steht der Mensch selbst im Mittelpunkt des Glaubens. Siddhartha Gautama zog mit 29 Jahren auf Wanderung und lebte fortan als strenger Asket mit dem Ziel, die Erlösung der Menschen aus dem Kreislauf des Leidens und der Wiedergeburten, dem *Samsara*, zu finden. Im Alter von 35 Jahren fand er unter dem *Bodhi-Baum*, dem „Baum der Weisheit", die Erleuchtung – daher auch sein künftiger Name *Buddha*, „der Erleuchtete". Wichtig für seine Erleuchtungs- und Erlösungslehre sind die vier Wahrheiten. Ziel ist es, das *Nirwana* zu erreichen, einen Zustand völligen Friedens und ohne Leid außerhalb des *Samsara*.

Um das *Nirwana*, die Befreiung vom Leiden und das Erwachen, zu erreichen, nennt Buddha sechs Tugenden oder Vollkommenheiten, die *Paramitas*. Das sind Großzügigkeit, Ethik, Geduld, begeistertes Bemühen, Meditation und Weisheit.

Schon gewusst?

Die vier edlen Wahrheiten im Buddhismus sind: 1. Leben ist Leiden. 2. Unwissenheit, Gier, Hass und Neid sind Ursachen des Leids. 3. Ein Ende des Leids ist möglich durch Befreiung. 4. Der Weg, um das Leid zu beenden, ist der achtfache Pfad, das heißt rechte Ansicht, rechtes Denken, Reden, Handeln, Leben und Streben, rechte Wachsamkeit und Meditation.

Bodhgaya, Indien: Hier soll Siddhartha Gautama, der Religionsstifter des Buddhismus, 534 v. Chr. erleuchtet worden sein. Außerdem steht dort eine der heiligsten Stätten des Buddhismus, der Mahabodhi-Tempel.

Der „Heilige Krieg" soll so lange geführt werden, bis der Islam die beherrschende Religion ist. So besagt es die klassische islamische Rechtslehre, die sogenannte Fiqh.

Glaubenskriege im Namen des einen Gottes

Eindrücklichstes Beispiel religiös motivierter Gewalt in jüngster Zeit sind die islamistischen Terroranschläge vom 11. September auf das World-Trade-Center in New York. Dabei gibt es im Islam ebenfalls eine Pflicht zum Frieden, die als „großer Einsatz" bezeichnet wird, um den Glauben in der muslimischen Gemeinschaft (*Umma*) zu festigen. Der *Dschihad*, der „Heilige Krieg", wird dagegen so lange geführt, wie nicht alle Menschen den Glauben an Gott angenommen haben. Historisches Beispiel sind die zahllosen Eroberungszüge der Araber im 7. und 8. Jahrhundert und die Expansion des Islams, die ihren Höhepunkt zwischen 661 und 775 hatte. Auch das Christentum weist mit seinem Gebot der Nächstenliebe eine pazifistische Grundlage auf, der allerdings Glaubenskriege und Verfolgung von Ketzern seitens der Kirchen gegenüberstehen. Zu nennen sind vor allem die Kreuzzüge zwischen 1096 und 1192. Um etwa die heilige Stadt Jerusalem 1099 zurückzuerobern, töteten die Kreuzritter rund 70 000 Juden und Muslime.

Während im Islam und Christentum missionarischer Eifer wesentlich ist, spielt dies im Judentum praktisch keine Rolle, da Juden nicht nur eine religiöse Gruppierung, sondern auch ein Volk darstellen. Gewaltsame Konflikte resultieren bei ihnen hauptsächlich aus der Abwehr feindlicher Übergriffe, so zum Beispiel die Aufstände beziehungsweise Kriege gegen die Römer zwischen 66 und 70 sowie 132 und 135. Folgenreich ist bis heute allerdings die Besiedlung *Kanaans*, des gelobten Landes und heutigen Israels, das Gott gemäß Überlieferung Abraham und seinem Volk versprochen hat. Das Land beherrscht bis heute der Konflikt zwischen Israelis und Palästinensern. Seit der Staatsgründung Israels 1948 kam es zu mehreren Kriegen und Aufständen der Palästinenser, etwa dem Palästinakrieg (1948–1949), auf den wenige Jahre später die Sueskrise (1956–1957) folgte. Im Sechstagekrieg vom 5. bis zum 10. Juni 1967 eroberte Israel die Insel Sinai und den Gazastreifen, der seit 2005 wieder unter alleiniger Kontrolle der Palästinenser ist. Der Küstenstreifen am Mittelmeer, auf dem 1,7 Millionen Menschen auf nur 365 Quadratkilometern leben, ist immer wieder Schauplatz für gewalttätige Auseinandersetzungen.

Religiöse Konflikte im Hinduismus und Buddhismus

Krieg und Gewalt finden sich aber nicht nur in den monotheistischen Religionen. Auch im Hinduismus und gar im Buddhismus gibt es Beispiele für religiös motivierte Gewalt. Im Hinduismus ist zwar das Nicht-Verletzen von Lebewesen (*Ahimsa*) eines der wichtigsten Prinzipien. Und Mahatma Gandhi (1869-1948) ist einer der bedeutendsten Vertreter der Gewaltlosigkeit überhaupt. Dennoch kennt der Hinduismus Gewalt in zwei verschiedenen Formen: als Gewalt gegen sich selbst (*Askese*) und gegen andere, wofür die Kaste der Krieger bezeichnend ist. Gewalttätige Konflikte finden sich in heutiger Zeit vor allem in Gestalt des Hindu-Fundamentalismus. Ein Beispiel ist der Streit um die Babri-Moschee im Ort Ayodhyâ, die am 6. Dezember 1992 von fanatischen Hindus zerstört worden ist. Ziel war es, statt der Moschee einen Hindu-Tempel zu Ehren des Gottes *Râma* zu errichten, dessen Geburtsort sich eben an jener Stelle befinden soll. Es kam zu blutigen Unruhen zwischen Hindus und Muslimen, bei denen Hunderte von Menschen starben.

Auch im Buddhismus gibt es in der Neuzeit durchaus fundamentalistische Strömungen, obwohl Gewaltlosigkeit als Glaubensideal gilt und zu den fünf ethischen Grundprinzipien zählt. Ein Beispiel für religiös motivierte Gewalt findet sich in Sri Lanka. Dort herrschte zwischen 1989 und 2009 ein Bürgerkrieg zwischen den hinduistischen Tamilen und den buddhistischen Singhalesen. Der Konflikt ist offiziell zwar beigelegt, aber bereits 2012 gründeten radikale buddhistische Mönche die Organisation *Bodu Bala Sena*, übersetzt „Armee der buddhistischen Macht". Ähnliches geschieht in Myanmar: Dort schürt die extremistische Gruppe „969", die von buddhistischen Mönchen gegründet wurde, Hass gegen Muslime.

Statue von Mahatma Gandhi (1869-1948) in Malpe, Indien. Als einer der größten Verfechter der Gewaltlosigkeit setzte sich Mohandas Karamchand Gandhi, so sein eigentlicher Name, zu Lebzeiten stets für die Versöhnung zwischen Hindus und Muslimen ein.

Feingliedriges Muster in Ton: Seit dem 19. Jahrhundert zählt auch das Kunsthandwerk, wie hier die Töpferei, als offizielle Gattung der Kunst.

Kunst – die Gestaltung von Fläche und Raum

Unter Kunst verstehen wir heute allgemein bildende, sprich gestaltende Kunst. Das können Gemälde, Zeichnungen, Skulpturen und Plastiken oder Gebäude sein, die nach ästhetischen Prinzipien geschaffen worden sind. Dementsprechend lassen sich fünf verschiedene Kunstgattungen unterscheiden. Das sind Malerei, Grafik, Bildhauerei, Baukunst und seit dem 19. Jahrhundert auch das Kunsthandwerk.

Reden wir von Kunst, meinen wir umgangssprachlich in erster Linie gemalte Bilder. Die ersten Kunstwerke der Menschheitsgeschichte sind detailgetreue Abbildungen von Tieren an den Wänden von Höhlen. Diese ersten Höhlenmalereien stammen bereits aus der Eiszeit vor knapp 25 000 Jahren. Zu den bekanntesten in Europa zählen die Darstellungen in der Höhle von Lascaux in Frankreich, die um 15 000 v. Chr. entstanden sind.

Gattungen in der bildenden Kunst

Wichtiges Merkmal der Malerei ist ihre Flächigkeit. Mit Pinsel, Spachtel und anderem Werkzeug wird Farbe auf einem Malgrund, zum Beispiel Leinwand, Holz oder Karton, aufgetragen. Zur Malerei zählen unter anderem auch Wand-, Tafel-, Buch- und Glasmalerei. Waren die Höhlenmalereien und überhaupt die Malerei bis ins Mittelalter noch durch Zweidimensionalität gekennzeichnet, ist es seit dem 14. Jahrhundert mittels Perspektive möglich, Raumtiefe und Körperlichkeit zu erzeugen.

Ähnlich verhält es sich mit der Grafik. Im Gegensatz zur Malerei basiert sie allerdings auf Linien und nicht auf Farben. Der Begriff geht auf das lateinische Wort *graphein* zurück, das „einritzen" oder „schreiben" bedeutet. Als Zeichenfläche dient neben Papier und Leinwand auch Holz, Stein oder Metall. So ist die Grafik nicht nur ein Mittel zur zeichnerischen Gestaltung, sondern ebenso zur Vervielfältigung mittels unterschiedlicher Druckverfahren, zum Beispiel Radierung, Holzschnitt oder Steindruck.

Von Malerei und Grafik ist die Bildhauerei als räumliches und dreidimensionales Gestalten abzugrenzen, zu dem zwei unterschiedliche Verfahren zählen. Das Modellieren oder Antragen von Material wie Ton, Gips, Wachs, Kunststoff oder Metall zu einer Form ist das gestalterische Verfahren der Plastik. Demgegenüber formt der Bildhauer bei der Skulptur mittels Abtragen aus festem Material, zum Beispiel aus Stein, Holz oder Elfenbein, ein dreidimensionales Objekt. In der *Assemblage*, das aus dem Französischen übersetzt „Zusammenfügung" bedeutet, findet sich dieses Verfahren als Ausdrucksform wieder. In der Baukunst ist diese dreidimensionale Ausformung auf die Spitze getrieben, indem die Umwelt selbst gestaltet wird, sei es in Form von einzelnen Gebäuden oder im Rahmen einer gesamten Stadtplanung. Auch wenn die Baukunst nicht allein der Nützlichkeit unterliegt, müssen doch deren Aspekte, etwa die Funktionalität, bedacht werden.

Im Kunsthandwerk spielt die praktische Funktion ebenfalls eine zentrale Rolle. Mit der Industrialisierung und der Massenproduktion von Gebrauchsgegenständen im 19. Jahrhundert war die handwerkliche, künstlerische sowie dekorative Gestaltung derselben keineswegs mehr die Regel.

Schon gewusst?

Kunst zeichnet sich im Allgemeinen dadurch aus, dass sie im Gegensatz zur Natur etwas vom Menschen schöpferisch und künstlich Geschaffenes ist. Im engeren Sinn ist sie an keine bestimmte Funktion gebunden oder dadurch festgelegt. Der Begriff „Kunst" stammt etymologisch vom Wort „können" und umfasst damit weiterhin bestimmte Fähigkeiten und Fertigkeiten sowie Wissen. Literatur, Musik, darstellende Kunst wie Theater, Tanz und Film sind ebenso als Kunst zu betrachten wie bildende Kunst.

Skulptur aus Chromnickelstahl des Künstlerehepaars Matschinsky-Denninghoff in der Tauentzienstraße in Berlin (1987). Mit ihren ineinander verschlungenen, aber getrennt aufgestellten beiden Teilen sollte das Kunstwerk das damals noch geteilte Berlin symbolisieren.

Was sind die verschiedenen Gattungen bildender Kunst?

Bündel von Fakten, bei denen die Reihenfolge keine Rolle spielt, können einfach durch *Römische Räume* gemerkt werden. Schauen Sie sich Ihr Badezimmer an und wählen Sie Merkplätze, mit denen sich Malerei, Grafik (Zeichnen und Drucken), Bildhauerei, Baukunst und Kunsthandwerk *verbinden* lassen.

In den meisten Bädern sind Waschbecken, Dusche, Badewanne, Spiegel und Toilette zu finden. Wenn Sie sich (in Gedanken oder in echt) ins Bad gestellt und diese markanten Gegenstände entdeckt haben, dann ist der Großteil der Lernarbeit bereits erledigt.

Jetzt heißt es nur noch verbinden und einprägsame – also lustige, verrückte oder auch unanständige – Bilder finden: „In der Badewanne steht eine Schönheit, die sich den Körper bemalt. Auf dem Spiegel zeichnet ein Architekt, weil dieser glatt ist und sich gut als Hintergrund für Grafiken eignet. Das Klo ist noch nicht fertig: Ein Bildhauer mit Hammer und Meißel gibt der Schüssel gerade den letzten Schliff. Das Waschbecken ist hässlich und undicht, denn es ist aus Ziegeln gebaut und gemauert. Und in der Dusche flechtet ein Kunsthandwerker die Wasserfäden zu einem Korb zusammen."

Wenn Sie sich später erinnern wollen, brauchen Sie sich nur in Gedanken in Ihr Badezimmer zu stellen und dort nach diesen Dingen Ausschau halten. Kleiner Tipp: Wenn Sie sich nur merken wollen, wie viele Arten der Kunst es gibt, stellen Sie sich einen Wachmann vor, der Sie hindern will, dieses Bad zu betreten – und Ihnen die Hand mit fünf gespreizten Fingern entgegenhält.

Die Rolle des Künstlers

Ob Bildhauerei, Grafik oder Malerei – der Begriff des Künstlers und seine Rolle in der Kunstgeschichte haben sich mit dieser gewandelt. Zwar mag es den einsamen Künstlertypus, der zwischen Genie und Wahnsinn schwankt, durchaus gegeben haben, wie das Beispiel Vincent van Goghs zeigt. Aber Künstler organisierten sich ebenso in Gruppen und Kolonien, um gemeinsamen ästhetischen Zielen zu folgen. Damit beeinflussten oder initiierten sie gar künstlerische Bewegungen.

Die Rolle des Künstlers hat im Lauf der Geschichte eine grundlegende Wandlung erfahren. Im Mittelalter war der Künstler Handwerker, der Aufträge von Monarchen oder der Kirche erhielt. In der Hochrenaissance des 16. Jahrhunderts wurde er zum Universalgelehrten auf-

Künstler zu sein ist für viele weit mehr als nur ein Beruf, und zwar eine Lebenshaltung. Goethe und Schiller zum Beispiel sahen in einem Künstler den Inbegriff des gebildeten Menschen.

gewertet und im 18. Jahrhundert verwies der Genie-Begriff auf seine schöpferische und kreative Autonomie und Originalität. Bis ins 20. Jahrhundert teils noch von Mäzenen finanziert, müssen sich Künstler heute selbst auf dem freien Markt durchsetzen und übernehmen auch eine Rolle als Unternehmer.

Um sich gemeinsamen künstlerischen Zielen zu widmen oder auch berufsständische Interessen zu vertreten, schlossen sich Künstler immer wieder zu Künstlergruppen zusammen. Vorläufer waren unter anderem die Zünfte im Mittelalter oder wissenschaftliche Akademien, zum Beispiel die 1494 von Leonardo da Vinci (1452–1519) gegründete *Accademia Vinciana*. Künstlergruppen oder -vereinigungen sind von Künstlerkolonien abzugrenzen und hatten ihre Blütezeit im 19. und 20. Jahrhundert. Die bedeutendsten von ihnen entstanden im europäischen Raum.

Schon gewusst?

Künstlerkolonien, die ebenfalls im 19. und 20. Jahrhundert entstanden, richteten sich vor allem gegen den Akademismus in der Kunst und zogen sich auf das Land zurück, abseits der Zivilisation. Sie betrieben Naturstudien und widmeten sich in erster Linie der Landschaftsmalerei. Wichtige Kolonien waren die Schule von Barbizon, die Künstlerkolonie in Worpswede und die Darmstädter Künstlerkolonie.

Der Wald von Fontainebleau: Hier holten sich die Mitglieder der französischen Künstlerkolonie von Barbizon, die 1830 von Théodore Rousseau in der Nähe von Fontainebleau gegründet wurde, ihre Inspiration. Mit der Ablehnung der bis dahin strengen technischen und ästhetischen Regeln der Kunstakademien beeinflussten sie die Landschaftsmalerei in Europa.

Künstlergruppen im 19. Jahrhundert

Als eine der ersten und wichtigsten Künstlergruppen gelten die Präraffaeliten (1848-1853), die sich unter der Bezeichnung *The Pre-Raphaelite Brotherhood* in England gegründet haben. Die davon abgeleitete Abkürzung „PRB“ findet sich als Monogramm stets in ihren Bildern. Sie bezogen sich auf italienische Maler vor Raffael (1483-1520), um die Kunst zu reformieren. Ihre Werke zeichnen sich durch leuchtende Farben aus. Die Präraffaeliten gelten als Vorbereiter des Jugendstils.

Doch auch andere Gruppen sind Wegbereiter für nachfolgende Kunstepochen gewesen, so zum Beispiel die Schule von Barbizon (1830-1870) für den Impressionismus. Im engeren Sinne handelt es sich hierbei aber eher um eine Künstlerkolonie als um eine Künstlergruppe. Ganz im Gegensatz zur expressionistischen Künstlervereinigung Brücke (1905-1913), die 1905 in Dresden von Ernst Ludwig Kirchner, Karl Schmidt-Rottluff, Erich Heckel und Franz Bleyl gegründet worden ist. In Abgrenzung zum Impressionismus ist ihre Malerei

Die Künstlervereinigung „Brücke“ – auch KG Brücke genannt – gilt als ein Wegbereiter des deutschen Expressionismus. Hier zu sehen ist ein Ausstellungsplakat der Galerie Arnold in Dresden aus dem Jahre 1910 von Ernst Ludwig Kirchner, einem der Gründer.

Wie merke ich es mir?

Wie bildet man kreative Eselsbrücken?

Präraffaeliten! Schauen Sie manchmal in die Wolken? Wenn Sie diesen Begriff anschauen, ohne zu wissen, was dahintersteckt, dann vermuten Sie dahinter vielleicht eine Sorte Salat – und nicht unbedingt ein paar Wortteile, die zum Thema Kunst gehören. Genau wie beim Blick in den Himmel. Das Gehirn kann mit ungeordneten Wolken nichts anfangen und macht etwas Wunderbares: Es wird kreativ und bildet sich Dinge ein, die den Formationen ähnlich sehen. In der rationalen Verarbeitung von Wörtern und Informationen geht diese *Kreativität* leider oft verloren.

Genießen Sie Momente, in denen der Kopf nicht sofort auf präzise und erkannt schaltet. Wer mit Merktechniken erfolgreich sein will, sollte sogar gezielt in diesen Modus schalten können. Nehmen Sie sich ein paar Minuten Zeit und lassen Sie den Begriff Präraffaeliten auf Ihren Kopf wirken. Welche Begriffe innerhalb des Worts fallen Ihnen dabei auf? Es gelten auch Begriffe, die nicht ganz genau enthalten sind.

„Prärie“, „Affe“ und „Eliten“ sollten Ihnen mindestens eingefallen sein. Diese Kombination ergibt bereits ein merkbares Bild in Form eines *Merkspruches* bzw. einer *Eselsbrücke*: „In der Prärie bilden die Affen die Elite.“ Völliger Unsinn, aber fantasievoll und merkfähig!

Ein antikes Sprichwort sagt: Jedes Problem lässt sich lösen, wenn man nur lange genug darüber nachdenkt. Und ihr Kopf produziert jede Menge kreative Einfälle, wenn Sie ihm ein paar Minuten Zeit dafür geben. Also probieren Sie aus, was Ihnen noch alles zu Präraffaeliten einfällt und bilden Sie griffige Eselsbrücken.

flächig und durch intensivleuchtende, kontrastreiche Farben charaktarisiert. Ebenfalls prägend für den Expressionismus war die internationale Künstlergruppe Der Blaue Reiter (1911-1914), die in der gleichnamigen Programmschrift eine Art Manifest hatte und auf ein Bild von Wassily Kandinsky zurückging.

Künstlergruppen im 20. Jahrhundert

Auch der Surrealismus wurzelt letztlich im Schaffen einer Künstlergruppe. Die Stilrichtung geht auf die Gruppe um den führenden Kopf und Theoretiker André Breton zurück. Mit seinen *Surrealistischen Manifesten* von 1924 und 1930 initiierte er eine zunächst literarische Bewegung, die sich anschließend auf andere Medien wie Kunst, Film und Aktionen ausweitete.

Eine Abwendung vom Surrealismus und Hinwendung zum Expressionismus strebten die Künstler und Schriftsteller der internationalen Vereinigung CoBrA (1948-1953) an. Der Name ist eine Zusammensetzung der Städte Copenhagen, Brüssel und Amsterdam, aus denen die Mitglieder stammten. Die Düsseldorfer Künstlergruppe ZERO (1958-1967) hingegen bezweckte eine Reduktion in der künstlerischen Darstellung und arbeitete allein mit Farbe, Licht und geometrischen Formen. Sie hatten einen wesentlichen Einfluss auf die kinetische Kunst mit ihren beweglichen Skulpturen. Die älteste Künstlervereinigung, die es auch heute noch gibt, ist die Werkstatt Rixdorfer Drucke. 1963 gründete Günter Bruno Fuchs die Gruppe in Berlin, in deren Werken sich Druck- und Wortkunst miteinander verbinden.

Schon gewusst?

Surrealismus bedeutet aus dem Französischen übersetzt etwa „Über-Realität“. Die Traumbilder von Salvador Dali mit den zerfließenden Uhren sind ebenso surrealistisch wie die Darstellungen von René Magritte, in denen die Wahrnehmung selbst aufgebrochen wird. Ziel war es, Sehgewohnheiten und rational-logisches Denken zu erschüttern. Als ein wichtiger Bezugspunkt galten Sigmund Freud und seine Theorie des Unbewussten.

Epochen der Malerei seit dem Mittelalter

Die Kunst des Mittelalters war durch Religion bestimmt und die Kirche war Auftraggeber von Kunstwerken in zweidimensionaler Form. Das änderte sich mit der Renaissance (15. und 16. Jahrhundert), in der der Mensch in den Mittelpunkt künstlerischer Arbeit rückte. Wesentliche Neuerung war die Entwicklung der Linearperspektive, um Tiefenräumlichkeit zu erzeugen. Statt religiöser Motive malten Künstler auch weltliche Szenerien und Porträts, wobei Natürlichkeit und realistische Darstellung angestrebt wurden.

Im Barock dagegen waren seit dem Ende des 16. Jahrhunderts fantasievolle Ausschmückung und mythische Motive bestimmend, die der Rokoko zu Beginn des 18. Jahrhunderts mit heiteren Szenerien und Pastelltönen ablöste. Als Gegenbewegung dazu verstand sich der Klassizismus mit einer Rückbesinnung auf antike Vorbilder. Etwa zeitgleich entwickelte sich die Romantik, die sich in Sachen Motiv- und Formgebung auf das Mittelalter bezog. Der Realismus hingegen wollte seit Mitte des 19. Jahrhunderts soziale Wirklichkeit abbilden.

Ende des 19. Jahrhunderts entstanden für die moderne Malerei wichtige Kunstströmungen, etwa der

Winterlandschaft von Gustave Courbet (1819 bis 1877): Im Gegensatz zum fantasievollen und heiteren Stil des Barocks oder Rokokos setzt der Realismus auf die möglichst unverfälschte Darstellung der sozialen Wirklichkeit.

Symbolismus, Jugendstil oder zuvor der Impressionismus. Dieser war durch tupfenartigen Malduktus und ausschnitthafte, flüchtige Landschafts- und Momentaufnahmen gekennzeichnet. Statt hellen bestimmten im Expressionismus grelle Farben, breite Pinselstriche und der seelische Ausdruck des Künstlers die Malerei. Den Grundstein für den parallel entstehenden Kubismus legte bereits Paul Cézanne (1839-1906) mit der Idee, die Natur auf geometrische Formen zurückzuführen. Diese Abstraktion revolutionierte die Malerei, insofern Gegenstände durch polyvalente Perspektiven gleichzeitig von verschiedenen Seiten darstellbar waren.

Während im Surrealismus unter Bezugnahme auf Kubismus und das Unbewusste Traumbilder realistisch abgebildet wurden, hielten in der Pop-Art, die Mitte des 20. Jahrhunderts vor allem in Amerika entstand, das Alltägliche und die Auseinandersetzung mit der Konsumgesellschaft Einzug in die bildende Kunst. In der nachfolgenden Postmoderne steigerte sich das: Stile, Genres und Epochen wurden frei zitiert und kombiniert in der Überzeugung, dass nichts Neues mehr entsteht.

Epochen der Architekturgeschichte bis zum Barock

Die Architektur oder Baukunde ist eine der fünf Gattungen in der bildenden Kunst. Sie hat ihren Ursprung in den ersten Siedlungszentren der Menschheit und erreichte eine erste große Blüte im Altertum der Hochkulturen Ägyptens und Mesopotamiens, im antiken Griechenland und Rom. Nach dem Zusammenbruch des Römischen Reiches entwickelte sich die Baukunst in Europa in folgenden Epochen:

Der Speyerer Dom ist die größte erhaltene romanische Kirche der Welt und seit 1981 UNESCO-Weltkulturerbe.

Bedeutende Maler in der Kunstgeschichte

Renaissance (1400-1600): Albrecht Dürer (1471-1528), Leonardo da Vinci (1475-1564)
Barock (1600-1700): Peter Paul Rubens (1577-1640), Rembrandt van Rijn (1606-1669)
Rokoko (1730-1760): Giovanni Antonio Canaletto (1697-1768)
Klassizismus (1770-1830): Jacques-Louis David (1748-1825)
Romantik (1790-1830): Caspar David Friedrich (1774-1840), Francisco de Goya (1746-1828)
Realismus (1830-1890): Edouard Manet (1832-1883)
Impressionismus (1860-1870): Claude Monet (1840-1926)
Symbolismus (1880-1910): Arnold Böcklin (1827-1901)
Jugendstil (1890-1910): Gustav Klimt (1862-1918)
Expressionismus (1905-1920): Vincent van Gogh (1853-1890), Wassily Kandinski (1866-1944)
Kubismus (1907-1914): Pablo Picasso (1881-1973)
Surrealismus (1920er-1930er): Salvador Dali (1904-1989), Joan Miro (1893-1983)
Pop-Art (1950er-1960er): Andy Warhol (1928-1987)
Postmoderne (ab 1978): Joseph Beuys (1921-1986), Gerhard Baselitz (*1938)

Eine frühe Phase stellte die Romanik (1000-1200) im Mittelalter dar, die von der römischen Antike beeinflusst war, wie der Name deutlich macht. Da der Städtebau noch keine große Rolle spielte, spiegelte sich die Bauweise vor allem in Kirchen, Kathedralen und Pfalzen (burgähnliche Anlagen) wieder. Typisches Merkmal der Romanik ist der Rundbogen, aber auch das Kreuzgratgewölbe als Deckenkonstruktion sowie die Basilika beim Kirchenbau.

Schon gewusst?

In der römischen Antike war die Basilika eine überdachte „Königshalle", wurde in der abendländischen Kultur aber ein zentraler Bautyp für Kirchengebäude. Sie besteht aus einem Mittelschiff, das ist der längliche Versammlungsraum in der Mitte, und zwei Seitenschiffen, die oft niedriger sind. Diese können von einem Querschiff gekreuzt werden, sodass in der Überschneidung ein quadratischer Raum entsteht, das sogenannte Vierungsquadrat. Im Gegensatz zur Basilika sind bei der Hallenkirche alle Schiffe gleich hoch, während die Saalkirche nur aus einem Mittelschiff besteht.

Die Gotik (1300-1500) war vom allmählichen Aufschwung der Städte geprägt. Neben Kirchen entstanden vermehrt weltliche Bauten. Durch die Entwicklung des Kreuzrippengewölbes 1135 und mittels Strebepfeilern war es möglich, mehr in die Höhe zu bauen. Dickes Mauerwerk war kaum noch notwendig. Der Spitzbogen löste den Rundbogen ab, die Fenster waren größer und mit farbigem Glas dekoriert, um die Lichtwirkung zu erhöhen. Ein typisches Beispiel gotischer Bauweise ist in Deutschland der Kölner Dom.

Gotische Elemente kennzeichneten zwar auch die Renaissance (1420-1600), aber antike Motive wie Säulen, Pilaster und Kapitelle traten hinzu. Harmonie, Symmetrie und Ausgewogenheit in allen Proportionen waren der wichtigste Maßstab. Im Kirchenbau wurde die Basilika von der Hallen- und Saalkirche abgelöst. Der sich daran anschließende Barock (1600-1730) übernahm wiederum Bauelemente aus der Renaissance, doch Gebäude wurden nun viel stärker mit Skulpturen, Stuck, Wand- und Deckenmalereien ausgeschmückt, beinahe überladen.

Der Spiegelsaal des Schlosses Versailles in Frankreich stellt einen Höhepunkt der europäischen barocken Palastarchitektur dar.

Häufiges Baumaterial waren Gold und Marmor. Im Kirchenbau etablierte sich der Zentralbau, dessen Grundriss quadratisch, rund oder oval war. Vor allem in Frankreich entstanden barocke Palastbauten zur Repräsentation absolutistischer Macht. Bekanntestes Beispiel ist das Schloss Versailles (1678-1689). In der Spätphase des Barocks, dem Rokoko (1730-1770), steigerte sich die repräsentative Dekorationskunst. Die Muschel als Ornament wurde zentrales Motiv, von dessen französischer Bezeichnung *rocaille* sich auch der Name der Epoche ableitet.

Vom Klassizismus bis zum Bauhaus

Im Klassizismus (1770-1830) wandte man sich von der reichen Dekoration des Barocks und Rokokos wieder ab und besann sich zurück auf klare Linien und schlichte Formen, zum Beispiel rechte Winkel und Dreiecksform in Giebeln. Als Vorbild diente die griechische Antike mit ihren Tempelbauten. Neben Kirchen, Museen oder Theatern wurden auch Triumphbögen und Stadttore im klassizistischen Stil erbaut. Ein frühes Beispiel ist das Brandenburger Tor (1789-1794) in Berlin.

Bereits der Klassizismus deutete auf historisierende Baustile hin, die unter dem Begriff des Historismus (1810-1900) zusammengefasst werden. Charakteristisch für die sogenannten Neo-Stile war die Rückbesinnung auf ältere Architekturepochen und teilweise auch die Vermischung ihrer Stilelemente. Zu ihnen gehörten Neoromanik, Neogotik, Neorenaissance, Neobarock und Neorokoko. Durch die Industrialisierung entstanden zunehmend auch funktionale Bauten, wie Krankenhäuser, Fabriken oder Brücken, mit denen im Lauf der Zeit immer größere Hindernisse und Strecken überwunden werden konnten. Der Historismus endete mit dem Jugendstil (1895-1920), der sich von cer Nachahmung vorheriger Epochen abwandte. Stattdessen wurde die Natur zum Vorbild des Bauens mit floralen, geschwungenen Ornamenten als charakteristisches Merkmal. Besonders ausschweifende, organische Formen finden sich beispielsweise in den Gebäuden des spanischen Architekten Antoni Gaudi (1852-1926). Dagegen war der belgische Architekt Victor Horta (1861-1947) bekannt für ornamentale Eisenkonstruktionen.

Einen wesentlichen Grundstein für die moderne Architektur im 20. Jahrhundert legte die staatliche Bauhaus-Hochschule (1919-1933), die vom Architekten Walter Gropius (1883-1969) gegründet und 1924 nach Dessau verlegt wurde. Gestalterisches Ziel war es, ästhetische und funktionale Aspekte zu verbinden. Charakteristisch sind die kubische Form der Gebäude, großflächige Glasfassaden, die Grundfarben Rot, Gelb und Blau, klare Formen und der Verzicht auf Verzierungen und Ornamente. Häufig verwendete Materialien waren Glas, Stahl und Stahlbeton. Der Bauhaus-Stil übt bis heute einen großen Einfluss auf nationale und internationale Architekten aus.

Der Park Güell in Barcelona, erschaffen von Antoni Gaudi zwischen 1900 und 1914: Benannt wurde der Park nach seinem Auftraggeber, dem Industriellen Eusebi Güell. Die Steine der vielen Mosaike stammen aus den Abfällen nahe gelegener Keramikfabriken.

Wie merke ich es mir?

Wie merkt man sich die längste Brücke über Wasser?

Baukunst ist gleich Ingenieurskunst. Ein Beispiel unter vielen ist die Qingdao-Bucht-Brücke in China, die mit 36,48 Kilometern die längste Brücke der Welt über Wasser ist. In diesem Artikel wird Ihnen gezeigt, wie sich Zahlen – in diesem Fall die Länge des Bauwerks – mithilfe von *Zahlen-Symbolen* und der Grundtechnik des *Verbindens* in ein merkwürdiges Bild verwandeln können. Das Ergebnis lautet:
„Wer auf der Brücke Kirschen isst, wird mit einem Messer vertrieben und in Ketten gelegt."

Diese Regel ist natürlich frei erfunden, aber sie enthält Hinweise auf die Brückenlänge: Die „Brücke" selbst sieht aus wie eine auf die Seite gelegte 3. Die „Kirsche" lässt sich zweifelsfrei in die 6 übersetzen. Die 4 sieht einem „Messer" ähnlich – oder umgekehrt. Und die 8 ähnelt einer „Kette" (mit zwei Gliedern). Durch Verbinden der einzelnen Symbole in einen griffigen *Merkspruch* kann das Gehirn die Zahl nun leicht im Gedächtnis behalten. Eine alternative Methode zu Zahlen-Symbolen stellt das *Majorsystem* dar.

Unter Literatur versteht man seit dem 19. Jahrhundert alle schriftlich, aber auch alle mündlich, zum Beispiel durch Versform oder Rhythmus, fixierten sprachlichen Zeugnisse.

Literatur – ein vielseitiges und spannendes Medium

Literatur ist ein Medium, das durch historische und gesellschaftliche Entwicklungen geprägt wird. So lassen sich im europäischen wie im deutschen Sprachraum verschiedene Epochen gegeneinander abgrenzen, die durch wesentliche Merkmale in den literarischen Gattungen und Formen gekennzeichnet sind.

Die literarische Überlieferung in Deutschland setzte mit dem Mittelalter ein, als ab etwa 750 die ersten Texte in althochdeutscher Sprache verbreitet wurden und lateinische Schriften verdrängten. Der erste namentlich bekannte deutsche Dichter war Otfried von Weißenburg. Mit Herausbildung der höfischen Kultur ab dem 12. Jahrhundert differenzierte sich die Literatur stärker aus. Minnesang und epische Heldendichtung thematisierten ritterlich-höfische Tugenden wie Ehre und Tapferkeit. Doch im Spätmittelalter zerfielen ritterliche Kultur und Gesellschaft zunehmend. An die Stelle des Minnesangs trat der Meistersang, und die Prosa setzte sich allmählich durch. Die Erfindung des Buchdrucks 1453 durch Johannes Gutenberg änderte nicht nur die Produktion von Literatur, sondern machte auch ihre weitere Verbreitung möglich.

Gutenbergs Verdienst war es, den zuvor aufwendigen Holztafeldruck zu revolutionieren, indem er bewegliche Lettern aus Groß- und Kleinbuchstaben, Satzzeichen und Abkürzungen sowie die Druckerpresse erfand.

Literaturgeschichte seit der Renaissance

Ende des 14. Jahrhunderts leiteten Renaissance (1350-1600) und Humanismus die Neuzeit ein und ließen das christlich-religiös geprägte Mittelalter hinter sich. Ausgehend von Italien breitete sich die Renaissance im 15. und 16. Jahrhundert in ganz Europa aus, ihr Kennzeichen war eine Rückbesinnung auf die antike Kultur und Literatur. In Deutschland etablierten sich im 16. Jahrhundert lehrhafte Dichtungen, die satirische und zum Teil groteske Züge trugen. Neben Volksbüchern wie *Till Eulenspiegel* sind *Das Narrenschiff* von Sebastian Brant und die *Fastnachtspiele* von Hans Sachs wichtige Beispiele. Geprägt von den traumatischen Erfahrungen des Dreißigjährigen Krieges (1618-1848) folgte mit dem Barock (1600 – 1720) eine von Gegensätzen geprägte Epoche, in der die Vergänglichkeit und der Leitspruch *memento mori* (lat. für „Gedenke zu sterben") eine zentrale Rolle spielten.

Wichtige Vertreter in den Literaturepochen (8. bis 18. Jahrhundert)

Höfische Epik: Wolfram von Eschenbach, Gottfried von Straßburg, Hartmann von Aue
Minnesang: Walther von der Vogelweide
Renaissance: Erasmus von Rotterdam, Martin Luther, Sebastian Brant, Hans Sachs
Barock: Andreas Gryphius, Johann Jakob von Christoffel von Grimmelshausen

Die Emanzipation des „Ich" und des Bürgers

Weitaus optimistischer gab sich dagegen die Epoche der Aufklärung (1720-1800) mit ihrem Fortschrittsglauben. Ihr Schlüsselbegriff war die „Vernunft". Der Mensch wurde nun als selbstbewusstes und selbstverantwortliches Wesen verstanden. Mit dem zunehmenden Machtverlust von Kirche und Hof erstarkte auch das Bürgertum. So schuf Christoph Martin Wieland (1733-1813) mit der *Geschichte des Agathon* (1766/67) den ersten bürgerlichen Bildungsroman, während Gotthold Ephraim Lessing (1729-1781) das bürgerliche Trauerspiel entwickelte. Als Gegenreaktion zur Aufklärung stellte die Epoche der Empfindsamkeit (1740-1790) das Gefühl in den Mittelpunkt und gipfelte im Sturm und Drang (1767-1790), für den unter anderen auch Johann Wolfgang von Goethe und Friedrich Schiller wichtige Vertreter sind. Sie inspirierten sich gegenseitig und veröffentlichten gemeinsam die Literaturzeitschrift *Die Horen* (1795-97). Bis heute unvergessen und von hoher literarischer Bedeutung ist auch ihr Briefwechsel, den sie von 1794 bis zum Tod Schillers 1805 pflegten.

Bild von Walther von der Vogelweide aus dem Codex Manesse *(um ca. 1300). Von dem berühmten Minnesänger sind über 500 Strophen, 150 Sangsprüche und 90 Minnelieder überliefert – eine der umfangreichsten Liedersammlungen des deutschen Mittelalters.*

Johann Wolfgang von Goethe: Seine Italienreise im Jahre 1786 läutete den Beginn der Weimarer Klassik ein.

Schon gewusst?

Der Genie-Begriff im 18. Jahrhundert ist wohl die deutlichste Folge der Emanzipation des Subjekts und zentrales Merkmal des Sturm und Drangs. Abgeleitet aus dem Lateinischen bedeutet er etwa „Geist" oder „Begabung". Das Genie galt als gottähnlich, das aus sich selbst schöpfen und Neues erschaffen kann. In seiner Individualität und Unabhängigkeit grenzt es sich von gesellschaftlichen Konventionen ab. Es vereint in sich ebenso Gefühl und Naturschwärmerei, womit der Genie-Begriff auch die Romantik beeinflusste.

Schiller und Goethe prägten schließlich die Epoche der Weimarer Klassik (1786-1805), die sich, ähnlich wie die Renaissance, an der griechisch-römischen Antike orientierte. Doch auch hier entwickelte sich mit der Romantik (1798 – 1835) eine Gegenbewegung, die in der Empfindsamkeit ihren Vorläufer hatte. Sie setzte dem klassizistischen Regelzwang das Fragment entgegen, rückte das Interesse am Mittelalter und am Naiven, an Volkspoesie und Natur ins Zentrum und zeichnete sich durch eine subjektive Weltanschauung aus.

Im Gegensatz zur überbordenden Fantasie der Romantik setzte der bürgerliche Realismus (1848-1890) auf Alltagsbeschreibungen und Charakterstudien und verzichtete auf subjektive Positionen. Eine Steigerung dieses Konzepts findet sich im Naturalismus (1880 bis 1890), in dem Wirklichkeit möglichst wahrheitsgetreu abgebildet werden sollte. Im Fokus standen soziale Randgruppen und Milieus wie das Kleinbürgertum und Proletariat in den Städten.

Wichtige Vertreter in den Literaturepochen (18. und 19. Jahrhundert)

Aufklärung: Immanuel Kant, Johann Christoph Gottsched, Gotthold Ephraim Lessing, Christoph Martin Wieland

Empfindsamkeit: Matthias Claudius, Friedrich Gottlieb Klopstock

Sturm und Drang: Friedrich Maximilian Klinger, Gottfried August Bürger, Jakob Michael Reinhold Lenz

Weimarer Klassik: Johann Wolfgang von Goethe, Friedrich Schiller, Johann Gottfried von Herder

Romantik: Achim von Arnim, Clemens Brentano, E.T.A. Hoffmann, Novalis, Brüder Grimm, Joseph Freiherr von Eichendorff

Realismus: Theodor Fontane, Theodor Storm, Gottfried Keller, Adalbert Stifter

Naturalismus: Gerhart Hauptmann, Arno Holz

Die bittere Erfahrung von zwei Weltkriegen

In den 1890er-Jahren setzte die Moderne (1890-1920) mit verschiedenen antinaturalistischen Stilrichtungen wie Impressionismus oder Symbolismus einen Kontrapunkt und rückte das „Ich" wieder ins Zentrum. Sprachkritik wurde laut und die Frage danach, inwieweit sich durch Sprache überhaupt Realität abbilden ließe. Im Expressionismus (1910-1920) wiederum manifestierte sich eine Protestbewegung gegen das wilhelminische Bürgertum, die zunehmende Industrialisierung und

Das Buddenbrookhaus in Lübeck, Schauplatz für den Roman Buddenbrooks *von Thomas Mann, wurde 2000 im Rahmen der EXPO vollständig umgebaut und beherbergt seitdem die beiden Ausstellungen „Die ‚Buddenbrooks' – ein Jahrhundertroman" und „Die Manns – eine Schriftstellerfamilie".*

Technisierung. Als Ausdruckskunst durchbricht sie sprachlogische Grenzen und Konventionen und hebt in der Lyrik den Reim auf. Im Zuge des Dadaismus (1915-1925) wurde die Sprache in reinen Laut- und Buchstabengedichten schließlich auf spielerische Weise ganz und gar zertrümmert und dekonstruiert.

Nach dem Ende des Ersten Weltkriegs und der Konstituierung der Weimarer Republik hielten in der Epoche der Neuen Sachlichkeit (1919-1932) Realismus, Objektivität und politisches Interesse Einzug in die Literatur. Doch diese Epoche war nur von kurzer Dauer. Nach der Machtübernahme der Nationalsozialisten 1933 verließen zahlreiche Schriftsteller Deutschland. Dazu zählte

Wie merke ich es mir?

Heinrich, Thomas und Klaus Mann und ihre Hauptwerke

Wie hießen die drei bekanntesten Schriftsteller aus der Autorenfamilie Mann? Im Folgenden wird aufgezeigt, wie Sie sich auf einen Schlag die drei Vornamen und auch die Hauptwerke der Literaten merken können. Das erste, was Sie dafür im Kopf behalten müssen, ist der *Merkspruch*: „Hey, Männer, klaut das Tor!"

Der Satz hat auf den ersten Blick nichts mit Weltliteratur zu tun, aber wenn Sie genau hinschauen, erkennen Sie, welche Namen darin stecken: „Männer" ist der Hinweis auf den Nachnamen, klar oder? „Hey" steht für Heinrich, „klaut" für Klaus und „Tor" für Thomas. Damit haben Sie drei Namen in einem kurzen *Merkbild* versteckt und leicht und schnell gemerkt.

Wenn Sie sich jetzt noch einprägen wollen, wie die Hauptwerke der Männer heißen, nutzen Sie am besten den Merkspruch als eine Art *Mini-Route* und *verbinden* Sie mit den einzelnen Bestandteilen davon weitere Informationen zu den Buchtiteln:

Der Name *Buddenbrooks* klingt holländisch (auch wenn er es nicht ist), trotzdem können Sie aus dieser Vorstellung eine zuverlässige Merkhilfe machen.

Was kommt nämlich aus Holland? Genau, „Tulpen" und „Tomaten". Beides wiederum ist ein Hinweis auf den Namen Thomas Mann. *Professor Unrat* – so der zweite Titel – ist „heimlich reinlich" (was bei diesem Namen einfach naheliegt). Das Werk wurde also von Heinrich verfasst. Und *Mephisto* – so der Titel des dritten Buchs – leidet unter „Klaustrophobie", also Platzangst. Und damit ist das Werk ganz klar Klaus Mann aus der Feder geflossen.

auch Thomas Mann, einer der bedeutendsten Erzähler des 20. Jahrhunderts, der 1933 zuerst in die Schweiz und 1939 in die USA emigrierte (sein älterer Bruder Heinrich und vier seiner Kinder waren ebenfalls Schriftsteller). Gemeinsam ist den in alle Himmelsrichtungen verstreuten Autoren der Exilliteratur (1933-1945) der literarische Protest gegen Nazi-Deutschland. Einer der wichtigsten Repräsentanten der deutschsprachigen Exilliteratur war übrigens Klaus Mann (1906-1949), der Sohn von Thomas Mann.

Die traumatischen Erfahrungen des Krieges, die Zerstörung, aber auch der Aufbruch in eine neue Zeit mit dem Ausrufen der „Stunde Null" kennzeichneten die sogenannte Trümmer- oder Kahlschlagliteratur (1945-1950) in der Nachkriegszeit. Doch die Autoren waren längst nicht einer Meinung. Während die einen um eine Aufarbeitung des Nationalsozialismus rangen, übten sich die anderen lieber in Verdrängung. Auch die Spaltung Deutschlands, die erst 1989 mit dem Mauerfall aufgehoben wurde, hinterließ ihre literarische Spuren.

Wichtige Vertreter in den Literaturepochen (20. und 21. Jahrhundert)

Moderne: Franz Kafka, Thomas Mann, Rainer Maria Rilke, Hugo von Hofmannsthal

Expressionismus: Alfred Döblin, Gottfried Benn, Else Lasker-Schüler, Georg Trakl

Dadaismus: Hugo Ball, Kurt Schwitters

Neue Sachlichkeit: Bertolt Brecht, Erich Kästner

Exilliteratur: Stefan Zweig, Thomas Mann, Kurt Tucholsky

Trümmerliteratur: Wolfgang Borchert, Paul Celan

BRD: Günter Grass, Martin Walser, Peter Weiss, Ingeborg Bachmann

DDR: Hermann Kant, Erwin Strittmatter, Anna Seghers, Brigitte Reimann, Christa Wolf

Anders als in der westdeutschen Literatur, wo das Thema „Berliner Mauer" oft verdrängt wurde, verlor es innerhalb der DDR-Literatur nicht ihren Schrecken. Allerdings wurden meist nur Andeutungen gemacht, um die Zensur zu umgehen.

Epik, Lyrik, Dramatik – die Gattungstrias in der Literatur

Literatur umfasst fiktionale und nicht-fiktionale Werke, die sich in ihrer Stilistik voneinander unterscheiden. In der Literaturwissenschaft werden sie daher in drei Hauptgattungen unterteilt: Die Gattungstrias von Lyrik, Epik und Dramatik bildete sich im 18. Jahrhundert heraus und ist seit dem 19. Jahrhundert fester Bestandteil des Literaturkanons. Sie geht auf die *Poetik* des griechischen Philosophen Aristoteles zurück.

Schon gewusst?

Unter dem Begriff Kanon werden in der Literatur Werke zusammengefasst, die für eine bestimmte Zeit charakteristisch und darüber hinaus richtungsweisend sind. Aus dem Griechischen übersetzt bedeutet das Wort etwa „Maßstab" oder „Richtschnur". Der Literaturkanon kann beispielsweise eine Liste bedeutender Autoren und Werke in den einzelnen literarischen Epochen umfassen und dient etwa als Lernbasis in Schule und Studium.

Wie merke ich es mir?

Wie lassen sich drei unbekanntere epische Formen merken?

Zur Epik gehören eine Vielzahl von literarischen Ausdrucksformen. Zu den verbreitetsten zählen heute Novelle, Kurzgeschichte und Roman. Sie sind uns wohlbekannt. Doch wie sieht es mit Sage (eine auf mündlicher Überlieferung basierende, kurze Erzählung), Anekdote (eine skizzenhafte, pointierte Erzählung), Fabel (kurze Erzählung mit belehrender Absicht) und Volksballade (eine Mischform aus Epik und Lyrik) aus?

Hier handelt es sich lediglich um vier Informationen, die wir uns, wie üblich, durch *Verbildern* merken wollen. Das Ergebnis ist ein griffiges Merkbild in Form eines *Merkspruchs*. Dabei *verbinden* wir jeweils zwei Begriffe miteinander zu einem Wort: „Ansage bei einer Bahnfahrt – auf dem Weg ins Epi(k)zentrum der Literatur."

„Ansage" steht für Anekdote und Sage. „Bahnfahrt" enthält die Gattungen Ballade und Fabel. Wenn man sich nun noch vorstellt, dass die „Bahn" durchgeschüttelt wird, weil sie über die Saiten einer „Lyra" fährt, erhält man einen Hinweis darauf, dass die Ballade teilweise der Lyrik zugeordnet wird – so hat man den Merkspruch zu einer kurzen *Geschichte* ausgebaut.

Selbstverständlich könnten Sie auch versuchen, sich die vier Informationen durch *Verorten* zu merken.

Unter Poetik *verstand der antike Philosoph Aristoteles alle Künste, die nachahmenden bzw. darstellenden Charakter besitzen: Epik, Tragödie, Komödie, die sogenannte Dithyrambendichtung sowie Tanz und Musik.*

Dabei nimmt die Epik eine Mittelstellung zwischen den beiden anderen Gattungen ein. Sie umfasst die erzählende Literatur mit dem wohl breitesten Spektrum an literarischen Darstellungsformen. Demgegenüber ist Lyrik vor allem durch Vers, Strophe, Rhythmus und Monolog eines lyrischen Ichs geprägt, während in der Dramatik die Handlung durch Rede und Gegenrede der agierenden Figuren vorangetrieben wird – und auf der Bühne dargestellt werden kann.

Literarische Gattungen und wichtige Beispiele

Epik
Märchen: *Kinder- und Hausmärchen* (2 Bde., 1812/15), Jakob und Wilhelm Grimm
Fabel: *Edelstein* (ca. 1324), Ulrich Boner (älteste Fabelsammlung)
Novelle: *Das Erdbeben in Chili* (1807), Heinrich von Kleist
Kurzgeschichte: *Das Brot* (1946), Wolfgang Borchert
Roman: *Die Leiden des jungen Werther* (1774), Johann Wolfgang von Goethe
Lyrik
Ballade: *Der Knabe im Moor* (1842), Annette von Droste-Hülshoff
Sonett: *Es ist alles eitel* (1637), Andreas Gryphius
Elegie: *Brod und Wein* (um 1800), Friedrich Hölderlin
Minnelied: *Under der Linden* (?), Walther von der Vogelweide
Ode: *Ode an die Freude* (1785), Friedrich Schiller
Dramatik
Tragödie: *Medea* (431 v. Chr.), Euripides
Komödie: *Ein Sommernachtstraum* (1595/96), William Shakespeare
Tragikomödie: *Der Hofmeister* (1774), Jakob Michael Reinhold Lenz
Bürgerliches Trauerspiel: *Emilia Galotti* (1772), Gotthold Ephraim Lessing
Einakter: *Der zerbrochene Krug* (1811), Heinrich von Kleist
Historisches Drama: *Götz von Berlichingen* (1773), Johann Wolfgang von Goethe
Soziales Drama: *Die Weber* (1892), Gerhard Hauptmann
Episches Theater: *Dreigroschenoper* (1928), Bertolt Brecht
Dokumentartheater: *Der Stellvertreter* (1963), Rolf Hochhuth

Erfolgsgeschichte Krimi

Der Kriminalroman als literarisches Prosawerk macht einerseits deutlich, dass es zumeist keine scharfe Trennung zwischen den einzelnen Literaturformen gibt, da er zum Teil fließend in andere Genres übergeht, wie zum Beispiel den Abenteuer-, Detektiv- und Spionageroman. Darüber hinaus lässt sich anhand seines Beispiels zeigen, wie sich eine neue Erzählform etabliert, die heute

Lange galt der Kriminalroman als Trivialliteratur für den anspruchslosen Leser. Doch das hat sich geändert: Mittlerweile ist der Krimi eine anerkannte Literaturgattung, für die regelmäßig zahlreiche Literaturpreise verliehen werden.

zu einer der beliebtesten überhaupt zählt. Als eigenständige Erzählform entstand er Ende des 18. Jahrhunderts, als erstmals echte Kriminalfälle literarisch bearbeitet wurden. Zu wichtigen Vertretern der Kriminalgeschichte zählten in dieser Zeit unter anderem Friedrich Schillers *Der Verbrecher aus verlorener Ehre* (1785) und Heinrich von Kleists *Michael Kohlhaas* (1808). Während im Krimi ein Verbrecher oder ein Verbrechen im Mittelpunkt der Handlung steht, rankt sich die Sonderform des Detektivromans um die Aufklärung eines Verbrechens. Frühestes Beispiel ist Edgar Allen Poes Erzählung *Der Doppelmord in der Rue Morgue* (1841). Aber es war Arthur Conan Doyle (1859-1930), der anhand der Figuren Sherlock Holmes und Dr. Watson die wohl bekanntesten Detektivromane schuf.

Privatdetektive und Ermittler erobern die Literatur

Ab der Mitte des 19. Jahrhunderts hatte sich der Kriminalroman zu einer Hauptgattung in der Unterhaltungsliteratur herausgebildet, erreichte seinen Höhepunkt allerdings erst im 20. Jahrhundert. Basierend auf dem *Whodunit*-Konzept (Wer hat es getan?) suchten nicht nur Sherlock Holmes, sondern auch Agatha Christies (1890-1976) Figuren Miss Marple und Hercule Poirot nach dem Täter. Handelte es sich bei diesen beiden eher um Freizeitermittler, war die Handlung in den amerikanischen *Hardboiled*-Krimis eines Raymond Chandler (1888-1959) oder Dashiel Hammett (1894-1961) um einen Privatdetektiv zentriert. Dieser knallharte und abgebrühte Ermittlertyp, der mit Zynismus kokettiert und selbst mit der Polizei in Konflikt gerät, fand auch Eingang in den *Film noir*. So ist es kaum verwunderlich, dass Fernseh- und Filmbearbeitungen auch anderer Kriminalstoffe der Gattung mehr Aufwind verschafften und die weitere Verbreitung förderten. Man denke nur an die zahlreichen Verfilmungen der Romane von Edgar Wallace (1875-1932).

Neben den genannten Spielarten haben sich im Lauf des 20. und 21. Jahrhunderts aber noch weit mehr Untergattungen des Kriminalromans ausgebildet, zu nennen sind hier beispielsweise die Justizthriller von John Grisham (*1955) oder die Spionage- und Agentenromane von Ian Fleming (1908-1964) mit James Bond als Hauptfigur und John le Carré (*1931). Einzelne Ermittlerfiguren finden sich heute dagegen nur noch selten, wie zum Beispiel *Commissario Brunetti* in den Venedig-Krimis von Donna Leon (*1942) oder Henning Mankells (1948-2015) Kommissar Wallander. Stattdessen rückt das Verbrechen stärker ins Zentrum der Geschichte, wie etwa bereits bei Patricia Highsmith (1921-1995). Aktuell gehört der Kriminalroman wohl zu einer der beliebtesten Erzählformen überhaupt, die – nicht nur in der Literatur – viele Erfolge feiert.

Wichtige Krimi-Autoren und ihre Werke im Überblick

Edgar Wallace „Der Hexer“ (1925)
Georges Simenon „Nachtzug“ (1930)
Dashiell Hammett „Der Malteser Falke“ (1930)
Agatha Christie „Mord im Orient-Express“ (1934)
Friedrich Glauser „Wachtmeister Studer“ (1936)
Raymond Chandler „Der tiefe Schlaf“ (1939)
Friedrich Dürrenmatt „Der Richter und sein Henker“ (1952)
Patricia Highsmith „Der talentierte Mr. Ripley“ (1955)
Ian Fleming „Goldfinger“ (1959)
Maj Sjöwall und Per Wahlöö „Die Tote im Götakanal“ (1965)
Mario Puzo „Der Pate“ (1969)
John le Carré „Dame, König, As, Spion“ (1974) – George Smiley
Umberto Eco „Der Name der Rose“ (1980)
John Grisham „Die Jury“ (1989)
Henning Mankell „Mörder ohne Gesicht“ (1991)
Ingrid Noll „Die Apothekerin“ (1994)
Donna Leon „Die dunkle Stunde der Serenissima“ (2002)

Mord im Orient-Express?

Was Musik ist oder was nicht, darüber lässt sich trefflich streiten, doch eines steht fest: Musik kann uns im Inneren berühren und prägt uns von Geburt an.

Musik – eine lautstarke Kunstgattung

Musik ist ein wesentlicher Bestandteil menschlicher Kultur – und das bereits seit Zehntausenden von Jahren. Exemplarisch dafür sind die zahlreichen und unterschiedlichen Instrumente zur Erzeugung von Klängen, die sich im Lauf der Musikgeschichte veränderten und diese maßgeblich prägten.

Seit Anbeginn der Menschheitsgeschichte finden sich Spuren musikalischer Praxis. So gab es bereits vor über 30 000 Jahren erste Musikinstrumente, wie zum Beispiel Knochenflöten oder Trommeln aus hohlen Baumstämmen. Musik hatte zu dieser Zeit vorwiegend kultische Bedeutung. In den ersten Hochkulturen, zum Beispiel in Ägypten, war sie jedoch nicht nur zur rituellen Überhöhung, sondern ebenso als Tanz- oder Unterhaltungsmusik üblich. Zum Instrumentarium gehörten neben Flöten, Trommeln, Trompeten und Harfen insbesondere das Sistrum, eine Art Rassel. In der römischen und griechischen Antike erweiterte sich das Spektrum musikalischer Instrumente, wobei Musik und das gesprochene Wort eine Einheit bildeten, wie es beispielsweise bei der Kitharodie, einem gesungenen Vortrag, üblich war. Antike Instrumente waren die Kithara, ein Vorläufer der Gitarre, das Beckenpaar Kymbala, das Cornu, ein Blechblasinstrument, die Syrinx, eine Flöte, oder der Aulos, heute etwa mit der Oboe vergleichbar. Aber es geht noch vielfältiger.

Kennen Sie die Zahl der Saiten verschiedener Instrumente?

Nachstehend versuchen wir, mittels einfacher Merktechniken – *Verbildern* und *Verbinden* – prägnante Merkhilfen für die Anzahl der Saiten der folgenden Instrumente zu formulieren:

- Laute
- Banjo
- Mandoline
- Ukulele
- Gitarre
- Geige
- Bassgitarre

„Eine Laute ist ein Stück weit lauter als man Finger an der Hand hat (elf Saiten). Ein Banjo dagegen ist leiser, hat also eine Saite weniger, als man Finger an der Hand hat (also neun Seiten)."

„Mandoline und Ukulele verfügen über so viele Saiten, wie die Wörter Vokale aufweisen (nämlich vier) – und bei der Mandoline handelt es sich um Doppelsaiten (also zwei mal vier), weil in Mandoline ein *L für laut* steckt."

„Gitarre und Geige haben eine Saite weniger, als sie Buchstaben haben (das *G* sieht dem Kopf einer Geige ähnlich und zählt deswegen nicht als Saite). Und zuletzt hat ein Bass so viele Saiten wie er Buchstaben hat (meistens haben Bassgitarren vier Saiten – manchmal jedoch auch sechs)."

Wie viele Saiten die Ukulele hat, lässt sich leicht merken. Nämlich genauso viele, wie im Wort Vokale vorkommen – vier Stück. Der Name Ukulele stammt übrigens aus dem Hawaiianischen und bedeutet frei übersetzt „hüpfender Floh".

Prägende Musikinstrumente seit dem Mittelalter

Im Mittelalter entstanden parallel zueine nander geistliche und weltliche Musikformen, wobei erstere durch Liturgien, also Gebete und Lesungen, und Choräle geprägt waren. Bei der weltlichen Musik reichten Instrumente von Schlaginstrumenten wie Triangel, Pauke oder Schelle über Blasinstrumente wie Schalmei, Flöte oder Dudelsack bis hin zu zahlreichen Saiteninstrumenten, zu denen die Fiedel, das Begleitinstrument beim Minnesang, sowie Laute und Leier zählten.

In der Renaissance erreichte die instrumentale Vielfalt einen Höhepunkt, etwa mit dem Spinettino, einer Art Klavier, dem Psalterium, der Vorform der Zither, und etlichen Blasinstrumenten wie Krummhorn, Pommer oder Renaissance-Posaune. Die Orgel etablierte sich währenddessen in der Kirchenmusik als Hauptinstrument. Und mit Cembalo und Violoncello als Basis der Ensemblemusik entstanden im Barock neuartige Wege der instrumentalen Begleitung.

Neue Möglichkeiten dank elektronischer Klangerzeugung

Dabei rückte insbesondere die *Geige* als Instrument ins Zentrum der Aufmerksamkeit – und mit ihr berühmte Geigenbauer, zum Beispiel Antonio Stradivari

(1644-1737). In der sich an den Barock ab dem Ende des 18. Jahrhunderts anschließenden Wiener Klassik überwiegt die Instrumentalmusik in Form von Sonate, instrumentiert durch Klavier und Streichquartett (zwei Violinen, Bratsche und Violoncello), sowie Orchestermusik. Das Orchester wuchs in der Romantik auf bis zu 120 Instrumente an, da zahlreiche Komponisten ihre Stücke umfangreich instrumentierten. Das betrifft zum Beispiel Richard Strauss (1864-1949), insbesondere aber Richard Wagner (1813-1883).

Im 19. und beginnenden 20. Jahrhundert folgten für die Musik wesentliche Veränderungen: Während Arnold Schönberg (1874-1951) zwischen 1907 und 1909 die Zwölftonmusik begründete und damit die Wende von der klassischen Musik zur sogenannten Neuen Musik einleitet, brachten moderne technische Entwicklungen seit Beginn der Industrialisierung auch neue Musikinstrumente hervor. Das betrifft nicht erst die elektronische Musik, sondern zunächst vor allem Tasteninstrumente, die automatisch Melodien spielen können.

Schon gewusst?

Das Orchester leitet sich von dem griechischen Wort *orchestra* ab, das im antiken Theater den halbrunden Tanzplatz vor der Bühne bezeichnete. Das klassische Orchester ist ein Ensemble, das sich aus mehreren Instrumenten verschiedener Art zusammensetzt, zum Beispiel Streich-, Schlag-, Holzblas- und Blechblasinstrumente. Je nach Art und Besetzung gibt es viele unterschiedliche Typen von Orchestern, wie zum Beispiel Sinfonie-, Opern-, Musical-, Jazz-, Swing-, Blas- oder Streichorchester.

Dazu gehörte beispielsweise das mechanische Klavier, auch als Pianola bekannt, das 1895 von Edwin Scott Votey (1856-1931) erfunden worden ist. Ab der Mitte des 20. Jahrhunderts eröffnen sich mit der elektronischen Erzeugung von Musik weitere neue Möglichkeiten. Wurden bei E-Gitarre oder E-Bass die Klänge sowohl mechanisch als auch elektronisch erzeugt, basierten

Es gibt verschiedene Arten von Orchestern, im Bereich der klassischen Musik etwa das Sinfonieorchester, das im Gegensatz zum Kammerorchester stark besetzt ist. Außerdem unterscheidet man zwischen den Instrumenten, aus denen sich das Orchester zusammensetzt, zum Beispiel das Blas- oder Streichorchester.

Das Theremin, bei dem die elektrische Kapazität des menschlichen Körpers einen Einfluss auf ein elektromagnetisches Feld ausübt, ist das einzige Instrument, das ohne Berührung gespielt werden kann. Um einen Ton zu erzeugen, bewegt man die Hände über zwei Elektroden hinweg.

andere Instrumente auf rein elektronischen Mechanismen, wie zum Beispiel Synthesizer, E-Piano, Theremin oder elektronische Orgel, die vor allem im Jazz, Rhythm & Blues und der Rockmusik zum Einsatz kam.

Die unterschiedlichen Musikrichtungen im 20. Jahrhundert

Die Entstehung populärer Musikrichtungen ist direkt an die Entstehung der Großstädte geknüpft. In ihnen konzentrierten sich nicht nur industrielle Produktion und Arbeitskräfte, sondern auch kulturelle Massenbedürfnisse. Auch die technische Entwicklung neuer Kommunikationsmedien wirkte sich auf die Musik und vor allem ihre Rezeption und massenmediale Verbreitung aus. So hatte

Liste der bedeutendsten Komponisten

Mittelalter (500-1400): Walther von der Vogelweide (1170 – 1230), Hildegard von Bingen (1098 – 1179), Heinrich von Meissen (1250-1318)
Renaissance (1400-1600): Giovanni Gabrieli (1554-1612), William Byrd (1540-1623)
Barock (1600-1750): Johann Sebastian Bach (1685-1750), Georg Friedrich Händel (1685-1759), Antonio Vivaldi (1678-1741), Georg Philipp Telemann (1681-1767)
Wiener Klassik (1750-1830): Wolfgang Amadeus Mozart (1756-1791), Ludwig van Beethoven (1770-1827), Christoph Willibald Gluck (1714-1787)
Romantik (1820-1900): Robert Schumann (1810-1856), Carl Maria von Weber (1786-1826), Franz Schubert (1797-1828), Richard Wagner (1813-1883), Johannes Brahms (1833-1897), Friedrich Chopin (1810-1849)
Impressionismus (1890-1910): Claude Debussy (1862-1916), Maurice Ravel (1875-1937)
Expressionismus (1910-1920): Igor Stravinsky (1882-1971), Alban Berg (1885-1935), Bela Bartok (1881-1945), Arnold Schönberg (1874-1951)

Wie merke ich es mir?

Wer ist der Erfinder der Zwölftonmusik?

Um uns Arnold Schönberg als Erfinder dieses neuen kompositorischen Verfahrens zu merken, reicht die Grundtechnik des *Verbilderns* aus. Stellen Sie sich einfach folgendes Bild vor, das letztlich in einer griffigen *Eselsbrücke* mündet.

„Ein Unhold singt besonders schön von einem Berg hinunter." – Damit haben Sie den Namen von Arnold Schönberg bereits in Ihrem Kopf abgespeichert. Denken Sie aber nicht an einen „schönen Berg", sonst erinnern Sie sich am Ende vielleicht an den falschen Namen „Schöneberg".

Wenn Sie sich nun den „Berg" als eine Anhöhe in Österreich vorstellen, dann haben Sie sich die Nationalität des Komponisten auch noch mit gemerkt – durch die zweite grundlegende Merktechnik des *Verbindens*.

Der Vorläufer des Plattenspielers – das Grammofon – wurde 1887 von dem aus Hannover stammenden und in die USA ausgewanderten Emil Berliner erfunden. Er gilt auch als Erfinder der Schallplatte. Sein Bruder Joseph Berliner stellte 1898 die ersten Tonträger in Massenproduktion her.

Louis Glass, Manager der Pacific Phonograph Company, den 1877 von Thomas A. Edison entwickelten Phonographen 1889 zur Musikbox umfunktioniert, die bei Münzeinwurf Musik von einem Wachszylinder abspielte. Zwei Jahre zuvor hatte bereits Emil Berliner das Grammofon erfunden, mit dem ebenfalls Musik aufgezeichnet und wiedergegeben werden konnte. Als Tonträger dienten ab 1895 Schallplatten aus Schellack, die in der Folge vor allem in den Musikboxen Verwendung fanden.

Für die sich etablierende Musikindustrie war die Schallplatte das grundlegende Medium. Darüber hinaus etablierte sich der Rundfunk als wichtiges musikalisches Verbreitungsmedium. Die Verknüpfung von Musik und Film im Tonfilm leistete neuen musikalischen Formen weiteren Vorschub. Und so ist es kaum verwunderlich, dass sich ab 1927 mit *The Jazz Singer* der Tonfilm allmählich kommerziell durchsetzte. Denn immerhin war der Jazz eine jener neuen Musikrichtungen, die Anfang des 20. Jahrhunderts populär wurden und großen Einfluss auf die Entwicklung neuer Musikstile hatten.

Jazz und Swing ebnen den Weg für neue Stile

Der Jazz entwickelte sich in den USA aus zwei wesentlichen Strömungen, dem Ragtime und dem Blues. Beide wurzeln in der afroamerikanischen Kultur in Nordamerika. So basierte der Blues, ein Sologesang ohne Begleitung, unter anderem auf den Arbeitsliedern (*worksongs*) und Klagegesängen (moan) der auf den Baumwollfeldern arbeitenden Sklaven. Der Ragtime hingegen war mehr eine Tanzmusik, die auch großen Einfluss auf die *marchingbands* (engl. für „Blechblaskapellen") hatte. Beiden Musikstilen war die weitgehende Improvisation gemeinsam, die sich auch im Jazz wiederfand.

Dieser hatte seine ersten große Aufschwung in New Orleans unter anderem mit der Band von Buddy Bolden (1868-1931), der als Wegbereiter des Jazz gilt. Unter Einflüssen klassischer Musik folgte in den 1920er-Jahren in Chicago die zweite große Blütezeit. Zu den bekanntesten Künstlern des sogenannten Chicago-Jazz zählten beispielsweise Louis Armstrong (1901-1971), Sydney Bechet (1897-1959) und Jelly Roll Morton (1890-1941). Mit der Kommerzialisierung des Jazz zu Beginn der 1930er-Jahre traten immer mehr Big Bands in Erscheinung. Es entstand eine neue Musikrichtung, der Swing, der vor allem mit dem Orchester von Benny Goodman erste Erfolge feierte. Weitere wichtige Vertreter waren die *Dorsey Brothers Band* von Glenn Miller (1904-1944) sowie der Klarinettist Artie Shaw (1910-2004). Sowohl der Jazz als auch der Swing fanden mit Eintritt der USA in den Zweiten Weltkrieg ein abruptes, wenn auch nur vorläufiges Ende.

Beatles oder Rolling Stones?

In den 1950er-Jahren feierte stattdessen der Rock'n'Roll große Erfolge, dessen musikalische Wurzeln im Western Swing, einer Kombination aus Jazz-Elementen und Country Music, und dem Rhythm & Blues lagen. 1955 hatte Bill Haley (1929-1981) mit *Rock around the Clock* eine wahre Rock'n'Roll-Begeisterung ausgelöst. Zu den bekanntesten Vertretern dieses Musikstils zählten fortan Elvis Presley (1935-1977), Little Richard (*1932), Chuck Berry (*1926), Fats Domino (*1928) oder Buddy Holly (1936-1959).

In Großbritannien erfuhr der Rock'n'Roll in den 1960er-Jahren eine Weiterentwicklung zur Rockmusik. Stilprägend waren hier insbesondere The Beatles (1960-1970) und The Rolling Stones (seit 1962), die stärker der Tradition des Rhythm & Blues verpflichtet waren. Es folgten weitere Bands, die das Genre maßgeblich ausformten, wie The Who, The Kinks oder The Animals. Aber bereits mit den Beatles und den Rolling Stones zeichnete sich eine Spaltung ab in Richtung Pop-Rock und Hard Rock, welche die in der Folge starke Ausdifferenzierung des Genres in zahlreiche neue Rock-Stile ankündigte.

Dazu zählen etwa der Folk mit Bob Dylan als prägender Figur und Bands wie The Byrds oder Simon & Garfunkel, der Psychedelic-Rock mit Jefferson Airplane oder Greatful Dead, der Progressive Rock mit King Crimson oder Emerson, Lake & Palmer, der nur schwer davon abzugrenzende Art Rock mit Pink Floyd als bekanntestem Vertreter – sowie eben der Hard Rock mit Led Zeppelin, Deep Purple oder Black Sabbath.

Liste der bekanntesten Musikstars des 20. Jahrhunderts

Marilyn Monroe (1926-1962)
Ray Charles (1930-2004)
James Brown (1933-2006)
Elvis Presley (1935-1977)
John Lennon (1940-1980)
Bob Dylan (*1941)
Jimi Hendrix (1942-1970)
Aretha Franklin (*1942)
Janis Joplin (1943-1970)
Bob Marley (1945-1981)
David Bowie (1947-2016)
Stevie Wonder (*1950)
Michael Jackson (1958-2009)
Madonna (1958)

Popmusik als Teil der Jugendbewegung

Popmusik, abgeleitet aus dem Englischen von *popular music*, ist eng an die Entstehung jugendlicher Subkulturen geknüpft, die sich seit den 1950er-Jahren gegen die Elterngeneration abzugrenzen suchten. Bereits Rock'n'Roll und Rock, vor allem im Verlauf der Flower-Power-Bewegung der 1960er-Jahre, waren musikalische Ausdrucksmittel für den Protest junger Menschen. Hauptmerkmale der Popmusik sind ihre massenmediale Verbreitung, Tanzbarkeit und melodische Einfachheit.

Mit der zunehmenden Kommerzialisierung und der Entstehung von Hitparaden gingen in den 1970er-Jahren Rock und Pop weitgehend eigene Wege. Es entstehen neue Stile in der Popmusik mit Betonung des Unterhaltsaspekts abseits von politischem oder künstlerischem Anspruch. Dazu zählen etwa Disco-Musik, Schlager, Funk, Synthie Pop, New Wave und Neue deutsche Welle in den 1980er-Jahren. Dabei ist Popmusik direkt an neue technische Medien und entsprechende Vermarktungsstrategien gekoppelt, zum Beispiel Vinylschallplatte, CD, Kassette, Musikvideo oder digitale Medien. Bekannteste Vertreter im Bereich der Popmusik waren ABBA, Boney M., Madonna, Michael Jackson, Prince, Tina Turner oder Whitney Houston.

Liste der Nummer-1-Hits in Deutschland

1955: Bibi Johns *Die Gypsy Band*
1960: Caterina Valente/Melina Mercouri *Ein Schiff wird kommen*
1965: Petula Clark *Downtown*
1970: Led Zeppelin *Whole Lotta Love*
1975: George Baker Selection *Paloma Blanca*
1980: Lips Inc. *Funkytown*
1985: Modern Talking *Cheri Cheri Lady*
1990: Matthias Reim *Verdammt ich lieb' dich*
1995: Vangelis *Conquest of Paradise*
2000: Rednex *The Spirit of the Hawk*
2005: Schnappi, das kleine Krokodil *Schnappi*
2010: Lena Meyer-Landrut *Satellite*
2015: Adele *Hello*

Berühmt wurde die US-amerikanische Sängerin Madonna (1958) durch Songs wie* Like a Virgin *(1984) oder* La Isla Bonita *(1986), aber auch durch ihren extravaganten Kleidungs- und Lebensstil. Heute zählt sie zu den bedeutendsten Künstlern unserer Zeit.*

Seit dem 20. Jahrhundert zählt der Film zu den wichtigsten Massenmedien und ist zeitgleich eines der wichtigsten Elemente der modernen Kultur.

Film – wie die Bilder laufen lernten

Im Vergleich zu Literatur oder Musik ist der Film ein recht junges Medium. Erst Ende des 19. Jahrhunderts konnten Apparate entwickelt werden, mit denen sich bewegte Bilder auf einer Leinwand abbilden ließen. Voraussetzung hierfür waren optische Täuschungen, die lange vor Erfindung des Films die Menschen fasziniert haben.

Wichtige Vorläufer bei der Entwicklung von bewegten und unbewegten Bildern waren seit dem 16. Jahrhundert die *Camera Obscura* und seit dem 17. Jahrhundert die *Laterna Magica*. Mit der *Camera Obscura* wurde der Grundstein für die Fotografie gelegt. Die *Laterna Magica*, lateinisch für „Zauberlampe", entwickelte das Prinzip der *Camera Obscura* weiter. Mit diesem Projektionsapparat war bereits das Vortäuschen von Bewegungsabläufen mittels Phasenbildern möglich.

Dieses Prinzip machte sich auch das Phenakistiskop zunutze, das der belgische Physiker Joseph Plateau 1832 entwickelte. Hier waren die Phasenbilder auf einer kreisförmigen Scheibe abgedruckt. Beim Drehen der Scheibe mit Blick durch einen Sehschlitz entstand mithilfe eines Spiegels der Eindruck von Bewegung. Waren die Bilder in den Phenakistiskopen meist noch Zeichnungen, machte es die im 19. Jahrhundert entstandene Fotografie möglich, reale Bewegungsabläufe genau zu studieren.

Was sind die Vorläufer von Fotografie und Film?

Nutzen Sie eine der berühmtesten Requisiten der Filmgeschichte sowie die Merktechniken *Verorten* und das *Majorsystem*, um sich die drei technischen Vorläufer des Kinos und den Zeitraum ihrer Entstehung zu merken.
In den Star-Wars-Filmen spielen Szenen im *Millenium Falcon* an drei Stellen des Raumschiffs: Cockpit, Zentralbereich mit dem holografischen Schachspiel und auf der Laderampe unter dem Schiff. Bedenken Sie bitte, dass solche Merkorte nur funktionieren, wenn Sie den Film kennen. Sonst müssen Sie andere Orte wählen.

Zwei Technologien sind schnell gemerkt: „Im Cockpit peilt Han Solo durch ein Loch (das technische Prinzip der *Camera Obscura*) einen Tisch an (nach Majorsystem T=1 und SCH=6 für das 16. Jahrhundert). Im Zentralbereich steht auf einer Theke (T=1 und K=7 für das 17. Jahrhundert) die magische Laterne (*Laterna Magica*) und projiziert das holografische Schachspiel in den Raum.

Das *Phenakistiskop* stellen wir im Geiste auf die Laderampe. Trotzdem braucht das etwas mehr Denkleistung: Zunächst setzt sich das Wort aus den griechischen Begriffen *phenax* („Täuscher") und *skopein* („betrachten") zusammen und bedeutet „Augentäuscher". Wir sind also nicht sicher, ob die „Rampe offen oder geschlossen" ist (die Augen täuschen uns). Um das Jahrhundert dazu zu denken, „flattert eine Taube (T = 1 und B = 9) aus dem Raumschiff ins Freie".

Sollten diese Geräte in Ihrem Kopf keine klaren Bilder erzeugen, dann schauen Sie unbedingt ins Lexikon oder ins Internet, bis Sie diese und ihre Funktionsweise im wahrsten Sinne begriffen haben.

Die Camera Obscura *musste nicht immer ein Kasten sein, sondern konnte auch in Form eines Raums gebaut werden. Voraussetzung war nur, dass es absolut dunkel war. Nur so konnte man das Licht einer Szene, das durch das Loch fällt – daher auch der Name „Lochkamera" – auf der gegenüberliegenden Rückwand auch erkennen.*

Als Eadweard Muybridge (1830-1904) Serienfotografien eines galoppierenden Pferdes anfertigte, ließ er sie auf eine Scheibe drucken. In seinem 1879 entwickelten *Zoopraxiskop* konnten die Einzelbilder anschließend in schneller Abfolge wie bei einem Film projiziert werden. Damit konnte er nicht nur nachweisen, dass es einen Moment gab, bei dem alle vier Hufe des Pferdes nicht den Boden berührten, sondern sein Apparat war auch die Basis für das Kinestoskop. Muybridge ist so einer der wichtigsten Pioniere der Filmgeschichte.

Schon gewusst?

Camera Obscura leitet sich von den lateinischen Wörtern _camera_ für „Kammer" und _obscura_ für „dunkel" ab. Das zugrunde liegende Prinzip beschrieb bereits der griechische Philosoph Aristoteles vor 2400 Jahren. Durch ein kleines Loch, durch das Licht in einen dunklen, abgeschlossenen Raum fällt, kann ein auf dem Kopf stehendes Bild des Außenraumes projiziert werden – das ist das Grundprinzip der Fotografie.

Von der Jahrmarktattraktion zum neuen Medium

Eine Jahrmarktattraktion wurde das *Kinestoskop*, das Thomas Edison von W. K. L. Dickinson entwickeln ließ. Einziger Nachteil dieses Guckkastens und aller anderen Vorläufer des Films war jedoch, dass nur eine Person die bewegten Bilder betrachten konnte. Das änderte sich, als die Brüder Auguste Marie Louis Nicolas Lumière (1862-1954) und Louis Jean Lumière (1864-1948), Inhaber eines Unternehmens für fotografische Geräte, am 28. Dezember 1895 im *Café Grande* in Paris ihren Filmprojektor, den *Kinematographen*, vorführten.

Dank ihrer Erfindung konnten erstmals mehrere Personen gleichzeitig die sich bewegenden Bilder sehen. In ihren Kurzfilmen präsentierten die Brüder Alltagssituationen und Straßenszenen, wie zum Beispiel die Szene *Arbeiter verlassen die Lumière-Werke*. Ihre Filme waren vorwiegend dokumentarisch und dienten dazu, das neue Medium zu präsentieren.

Weitaus entscheidender für die Weiterentwicklung des Films als Kunstform war der Zauberer und Theaterbesitzer Georges Méliès (1861-1938). Durch Einsatz von Effekten wie Mehrfachbelichtung, Überblendung oder dem Stopptrick gilt er bis heute nicht nur als Erfinder des Filmtricks. Er hatte auch die ersten fiktiven Filme erfunden. Einer seiner bekanntesten Stummfilme war *Die Reise zum Mond*, der auf dem Literaturklassiker von Jules Verne basiert und als erster Science-Fiction-Film der Geschichte gilt. Mit seiner Firma „Star Film" schuf der Geschichtenerzähler Méliès weit mehr als 500 Stummfilme, in denen er oft selbst die Hauptrolle spielte. Seine filmischen Werke waren damit nicht nur Wegbereiter für unterschiedliche Filmgenres, sondern Méliès selbst wurde zum prägenden Vorbild für andere Regisseure.

Der Ruhm der Gebrüder Lumière ging weit über die Grenzen Frankreichs hinaus: Ein Denkmal befindet sich beispielsweise in der russischen Industriestadt Jekaterinburg.

Ton ab! Filme fangen an zu sprechen

Wie schnell sich der Film im 20. Jahrhundert entwickelt hat, machen vor allem die zahlreichen unterschiedlichen Genres deutlich, in denen sich Themen und Strukturen wiederholen. Zeigten die Brüder Lumière noch Alltagsszenen mit dokumentarischem Charakter, differenzierten sich in Hollywood, aber auch in Europa, neue filmische Erzählmöglichkeiten aus. So gilt beispielsweise *Nanuk, der Eskimo* (1922) von Robert Flaherty (1884-1951) als erster Dokumentarfilm im gegenwärtigen Sinne.

Das größte Publikum hatten jedoch in den 1920er-Jahren neben Westernfilmen, die bis in die 1960er-Jahre populär waren, die sogenannten Slapstick-Komödien, zu deren wichtigsten Vertretern Charlie Chaplin (1889-1977), Buster Keaton (1895-1966), Stan Laurel (1890-1965) und Oliver Hardy (1892-1957) in den USA oder Karl Valentin (1882-1948) in Deutschland zählten. Ihre Filme zeichneten sich durch starken körperlichen Ausdruck und Situationskomik aus, büßten aber schließlich mit der Entwicklung des Tonfilms 1928 an Popularität ein.

Stattdessen etablierte sich das Musical als neues Filmgenre, in dem Stars wie Fred Astaire (1899-1987) und später Ginger Rogers (1911-1995), Gene Kelly (1912-1996), Frank Sinatra (1915-1998) sowie Judy Garland (1922-1969) Erfolge feierten. Auch der Gangsterfilm erlebte seinen Aufschwung und seine Blüte erst mit dem Tonfilm, als Schüsse und harte Wortwechsel effektvoll in Szene gesetzt werden konnten. Als besonders gewalttätig ging der Film *Scarface* (1932) von Howard Hawks (1896-1977) in die Geschichte ein, den Brian De Palma 1983 als Remake mit Al Pacino in der Hauptrolle neu inszenierte. Parallel zu Gangsterfilm und Musical entstanden die ersten Horrorfilme, wie 1931 *Frankenstein* oder 1935 *Dracula* mit Bela Lugosi (1882-1956) als blutsaugendem Vampir.

Neben diesen Genres darf die *Screwball-Comedy* des klassischen Erzählkinos von Hollywood keinesfalls vergessen werden. Wichtigste Merkmale waren hier der Kampf der Geschlechter, dargestellt mit exzentrischen Figuren, schneller Handlung, frechem Humor und dem flotten Schlagabtausch in den Dialogen. Eines der bekanntesten Filmbeispiele ist *Es geschah in einer Nacht* (1934) mit Clark Gable (1901-1960) und Claudette Colbert (1903-1996) als Hauptdarsteller. Die Screwball-Komödie war der Vorläufer für romantische Komödien wie *Bettgeflüster* (1959) mit Rock Hudson und Doris Day oder moderne Varianten à la *Harry und Sally* (1989).

Der britische Komiker Charlie Chaplin zusammen mit dem vierjährigen Jackie Coogan in seinem ersten Langfilm The Kid, *der am 6. Januar 1921 Premiere feierte und ein Riesenerfolg wurde.*

Schwarze Krimis und der *Master of Suspense*

Die Anfänge des Films überlappen sich historisch sowohl mit dem Ersten als auch dem Zweiten Weltkrieg. Daher ist es nicht verwunderlich, dass zu den ersten Filmen auch Kriegsfilme gehörten. Sie sollten abschrecken und das Grauen in den Schützengräben zeigen, wurden aber oft auch als Propaganda genutzt. In Deutschland gehörten so seit Machtübernahme der Nationalsozialisten 1933 antisemitische Filme zum Kinoprogramm. In dieser Zeit verließen zahlreiche deutsche und österreichische Regisseure den europäischen Kontinent in Richtung USA. Zu ihnen gehörten beispielsweise Fritz Lang (1890-1976), Robert Siodmak (1900-1973) und Billy Wilder (1906-2002). Sie prägten nachweislich ein neues Genre während und nach dem Zweiten Weltkrieg, den *Film noir*.

Der *Master of Suspense* (auf Deutsch „Meister der Spannung") Alfred Hitchcock (1899-1980) griff mit seinen Thrillern Stilelemente und Themen des *Film noirs* auf. Seine Werke *Vertigo – Aus dem Reich der Toten* (1958) und *Psycho* (1960) gelten damit auch als Vorläufer des *Neo-Noirs*, ein Genre, das in den 1980er-Jahren entstand.

Schon gewusst?

„Schwarzer Film" heißt die Genre-Bezeichnung *Film noir* übersetzt und charakterisiert damit die düstere Atmosphäre der Filme, die durch Fotografie, ungewohnte Kameraperspektiven und das Spiel von Licht und Schatten geprägt sind. Die darin dargestellte Realität wirkt verzerrt. Kein Wunder, hat der *Film noir* seine Wurzeln doch in den deutschen expressionistischen Stummfilmen der 1920er- und 1930er-Jahre. Inspiriert waren sie insbesondere aber auch von Autoren der *Hardboiled*-Krimis, wie Raymond Chandler (1888-1959) und Dashiell Hammet (1894-1961), und den von ihnen geschaffenen männlichen Antihelden.

Eine typische Film-Noir-*Szene. Nun fehlt nur noch der Detektiv, auf den die Dame bestimmt wartet – mit einem verhängnisvollen Auftrag. Am Ende wird sich herausstellen, dass die Dame auf undurchsichtige Weise in das Verschwinden ihres Mannes verstrickt ist.*

Die Aufwertung des Regisseurs zum Autor

Die unterschiedlichen Genres ermöglichten es in Hollywood, die Filmproduktion zu erleichtern und zu beschleunigen. Im Zuge dessen waren auch viele bekannte Regisseure mit ganz bestimmten Filmgenres verbunden, wie Cecil B. DeMille (1881-1959) mit Monumentalfilmen. Nachteil der industriellen Filmproduktion war es allerdings, dass die Regisseure nicht allein die künstlerische Entscheidungsgewalt über ihre Werke hatten. Zu den Ausnahmen zählte neben Alfred Hitchcock, der selbst als Autor seiner frühen Filme auftrat, der berühmte Orson Welles (1915-1985).

Im Verlauf der Filmgeschichte lässt sich beobachten, dass neben teuren Produktionen (zumeist aus Hollywood) Filme entstanden, bei denen einzelne Regisseure die Fäden in der Hand hielten, indem sie abseits der Filmindustrie einen eigenen künstlerischen Anspruch verfolgten. Der sogenannte Autorenfilm nahm fernab der klassischen Genres auch sozial- und gesellschaftskritische Themen auf.

Schon gewusst?

Der Begriff Autorenfilm hat in der Geschichte des Films einen grundlegenden Bedeutungswandel erfahren. So waren damit vor 1914 zunächst lediglich Filme gemeint, die auf literarischen Werken wie Dramen oder Romanen basierten. Erst mit der weiteren Entwicklung des Films trat der Regisseur selbst als „Autor" auf, der ähnlich wie in der Literatur künstlerisch über sein Werk verfügt und wichtige Aspekte des Films, wie Drehbuch, Regie, Kamera oder Schnitt, selbst in der Hand hält.

Künstlerische Erneuerer des Kinos fanden sich besonders im europäischen Autorenfilm, vor allem im Rahmen der *Nouvelle Vague* in Frankreich mit Regisseuren wie Jean-Luc Godard (*1930) und François Truffaut (1932-1984). Grundsätzliche Ausdrucksmittel dieser Stilrichtung waren Filmaufnahmen außerhalb der Studios mit Handkameras sowie außergewöhnliche Erzählstile. Neben der 68er-Bewegung beeinflusste die *Nouvelle Vague* auch junge Regisseure in Deutschland. Rainer Werner Fassbinder, Alexander Kluge, Wim Wenders oder Volker Schlöndorff sind nur einige Regisseure, die daraufhin den Neuen Deutschen Film prägten. Aber die „neue Welle" erfasste auch andere Länder und brachte Meister-Regisseure hervor, zu denen Federico Fellini (1920-1993), Pier Paolo Pasolini (1922-1975) und Bernardo Bertolucci (*1940) in Italien zu zählen sind, Ingmar Bergmann (1918-2007) in Schweden oder Luis Buñuel (1900-1983) in Mexiko.

Die Einflüsse des europäischen Kinos wiederum nehmen Ende der 1960er-Jahre US-Filmemacher auf, indem sie das traditionelle Hollywood-Kino aufbrechen. Zu den wichtigsten und bekanntesten Regisseuren zählen John Cassevetes (1929-1989), Stanley Kubrick (1928-1999), Francis Ford Coppola (*1939), Martin Scorsese (*1942), Steven Spielberg (*1946), George Lucas (*1944), Brian de Palma (*1940), John Carpenter (*1948), Roman Polanski (*1933) oder Woody Allen (*1935).

Jean-Luc Godard gilt als einer der einflussreichsten Autorenfilmer der 1960er-Jahre. Der französisch-schweizerische Regisseur und Drehbuchautor wurde bekannt mit seinem Erstling Außer Atem *(1960), einem Gründungsfilm der* Nouvelle Vague.

Hollywood und sein Gegen-Kino

Doch diese Autorenfilmer verloren in den 1980er-Jahren zunehmend an Stand. Mit Blockbustern wie *Krieg der Sterne* oder *Der weiße Hai* erstarkte die Filmindustrie wieder und konnte mit aufwendigen Marketingkampagnen und kostspieligen Produktionen mehr Geld in die Kassen spülen. Zu den bevorzugten Genres gehörten nun Horrorfilme und der neu entstandene Action-Film mit Stars wie Silvester Stallone in *Rambo* (1982) und Arnold Schwarzenegger in *Terminator* (1984).

Nach wie vor gab es aber zahlreiche Regisseure, die sich Ende der 1980er-Jahre mit Independent-Filmen gegen das Mainstream-Kino stellten. Zu ihnen gehörten zum Beispiel die noch immer tätigen Jim Jarmusch (*1953), Spike Lee (*1957) oder Steven Soderbergh (*1963). In Dänemark forderten Filmemacher um Lars von Trier (*1956) und Thomas Vinterberg (*1969) mit dem Manifest *Dogma 95* analog zur *Nouvelle Vague* einen neuen Realismus ohne Spezialeffekte, künstliche Beleuchtung, Filter oder zusätzliche Requisiten. Derweil entwickelte sich in den USA die Independent-Filmszene immer weiter und brachte bedeutende Regisseure hervor wie Michael Mann (*1943), David Fincher (*1962), Ethan (*1957) und Joel Coen (*1954), Quentin Tarantino (*1963) oder Sofia Coppola (*1971). Auch außerhalb der USA machten sich zahlreiche Regisseure durch hervorragende Autorenfilme einen Namen. Zu nennen sind hier der Filmemacher Wong Kar-Wai (*1958) aus Hongkong, der Österreicher Michael Haneke (*1942), Pedro Almodovar (*1949) in Spanien oder der Südkoreaner Kim Ki-duk (*1960).

Die zehn kommerziell erfolgreichsten Filme

Avatar – Aufbruch nach Pandora (2009), Regie: James Cameron, 2,79 Milliarden Dollar
Fluch der Karibik 2 (2006), Regie: Gore Verbinski, 2,78 Milliarden Dollar
Titanic (1997), Regie: James Cameron, 2,19 Milliarden Dollar
Star Wars: Das Erwachen der Macht (2015), Regie: J. J. Abrams, 2,06 Milliarden Dollar
Marvel's The Avengers (2012), Regie: Joss Whedon, 1,52 Milliarden Dollar
Iron Man 3 (2013), Regie: Shane Black, 1,22 Milliarden Dollar
Der Herr der Ringe – Die Rückkehr des Königs (2003), Regie: Peter Jackson, 1,12 Milliarden Dollar
James Bond 007: Skyfall (2012), Regie: Sam Mendes, 1,11 Milliarden Dollar
Transformers: Ära des Untergangs (2014), Regie: Michael Bay, 1,09 Milliarden Dollar
Alice im Wunderland (2010), Regie: Tim Burton, 1,03 Milliarden Dollar

Dass die Produktion von Actionfilmen nicht gerade billig ist, lässt dieses Bild erahnen. Das ausgebrannte Autowrack stammt vom Filmset von Transformers 3 *im Juli 2010 in Chicago.*

Wie lassen sich Rollennamen im Gedächtnis behalten?

Klar, Sie wissen, dass Brad Pitt in *Fight Club* und Angelina Jolie in *Tomb Raider* mitspielen. Aber kennen Sie auch die Namen der Figuren in den Filmen? Das Gehirn merkt sich scheinbar problemlos, welches Gesicht in welchem Streifen auftaucht, doch die Namen der Rollen bleiben nicht recht im Gedächtnis hängen. Doch es gibt eine einfache Lösung, wie solche Namen (oder Namen überhaupt) problemlos im Gehirn haften bleiben – Stichwort: *Namen in Bilder verwandeln*, und zwar durch *Verbinden*.

Grundsätzlich ist beim Einprägen von Namen ein hohes Maß an Aufmerksamkeit gefragt. Wir bewegen uns heute in einem so großen sozialen Netz, dass wir gar nicht mehr richtig zuhören, wenn Menschen uns ihre Namen sagen. Das aber lässt sich beim Fernsehen hervorragend üben: Hören Sie ab jetzt genau hin, wenn Schauspieler sich im Film mit ihren Rollennamen ansprechen!

Auch wenn dieses Beispiel nicht unbedingt aus einem Film der jüngeren Generationen stammt: Erinnern Sie sich an die Rollennamen der Hauptdarsteller aus dem Kitsch-Klassiker *Dirty Dancing*? Tanzfilm-Kenner wissen, dass damals Jennifer Grey Miss Houseman und Patrick Swayze Mister Castle darstellten.

Konzentrieren wir uns in diesem Beispiel zunächst nur auf die Nachnamen: Miss Houseman und Mister Castle werden von nun an in Ihrem Gehirn in Form eines Merkbildes mit den beiden Rollen und der Geschichte des Films verknüpft. Dabei hilft, dass die Übersetzung der Rollennamen ins Deutsche leicht gelingt.

„Die junge Dame ist auf der Suche nach dem Mann fürs Leben. Es soll eine solide, amerikanische Ehe werden: Die glückliche Frau mit Haus und Mann." Wenn Sie die letzten beiden Stichworte ins Englische übersetzen, kommen Sie in Gedanken erfolgreich bei „House-Man" an.

Castle heißt übersetzt „Burg". „Der Tanzlehrer ist Ritter, der geradewegs und mit wehenden Fahnen aus einer Burg reitet, um die frische Verliebte zu erobern." Auch wenn es im Film eher um Tanzen als um das Mittelalter geht, so dürfte dieses Bild doch zuverlässig in Ihrer Erinnerung hängen bleiben und dabei helfen, den Rollennamen Mister Castle zu merken.

Probieren Sie aus, ob und wie lange Sie sich mithilfe der beiden Bilder an die Namen erinnern können. Und am besten versuchen Sie selbst, sich auf diese Weise die Vornamen – Frances und Johnny – mit dazu zu merken.

Könnten Sie sich den Namen des Herren merken? Hoppla, es steht ja gar keiner auf dem Schild. Wenn doch, verwandeln Sie den Namen in ein Bild!

Im Grunde wissen wir es alle: Der „König" Fußball regiert die Welt!

Sport – „König" Fußball & Co.

Fußball ist in vielen Ländern rund um die Erde Volkssport Nummer eins, allein der europäische Fußballmarkt setzte 2014/15 über 22 Milliarden Euro um, und die Fußball-Weltmeisterschaft ist das zweitgrößte Sportereignis der Erde – nach den Olympischen Spielen. Auch Tour de France, Formel 1 und die vier Grand-Slam-Tennisturniere zählen zu den größten Sportereignissen der Welt.

Vorläufer des Fußballs sind jedoch noch wesentlich älter, bereits im 2. Jahrtausend v. Chr. soll in China ein ähnliches Spiel namens *Ts'uh-küh* existiert haben. Im 14. Jahrhundert kannte man auf den britischen Inseln *football*, und in Italien kam im 15. Jahrhundert der *calcio* (ital. für „Fußtritt") in Mode. Doch weder gab es ein gemeinsames Regelwerk, noch hatten diese Vorläufer viel mit dem heutigen Fußball gemeinsam. In den meisten Fällen waren es eher wüste Raufereien und der Ball durfte auch mit den Händen gespielt werden. Der italienische Name für das Spiel – „Fußtritt" – ist angesichts dieser Schilderung vielsagend.

Erst Anfang des 19. Jahrhunderts setzte sich eine Spielform durch, in der dies nur noch in Ausnahmefällen erlaubt war. Während der Fußball als eigenständige Spielform entstand, entwickelten Anhänger der rustikaleren Variante das Rugby. 1863 wurde mit der englischen Football Association der erste nationale Verband gegründet, weshalb England auch als Mutterland des Fußballsports gilt. 1900 gründete sich der Deutsche Fußball-Bund (DFB), bis heute Dachverband aller deutschen Fußballvereine, 1904 der Österreichische Fußball-Bund (ÖFB) und bereits 1895 der Schweizerische Fußballverband (SFV).

Weltmeisterschaften im Fußball

Schon lange vor der ersten Fußball-Weltmeisterschaft trugen Auswahlmannschaften der nationalen Verbände sogenannte Länderspiele gegeneinander aus. Das erste der Geschichte fand am 30. November 1872 zwischen Schottland und England (0:0) statt. Die erste Weltmeisterschaft wurde dann 1930 in Uruguay unter 13 Nationen ausgespielt – und vom Gastgeber gewonnen. Seitdem veranstaltet der Weltfußballverband FIFA (Fédération Internationale de Football Association), der Dachverband aller nationalen Verbände, im Vierjahresrhythmus Weltmeisterschaften, lediglich unterbrochen durch den Zweiten Weltkrieg (in den Jahren 1942 und 1946 fand kein Turnier statt).

Seit 1998 nehmen 32 Mannschaften an der Endrunde teil, die sich zuvor über spezielle Wettbewerbe in den Kontinentalverbänden für die Endrunde qualifizieren müssen. In acht Vorrundengruppen werden dann 16 Achtelfinalisten ermittelt, die schließlich nach dem KO-Prinzip den Weltmeister ausspielen (ab 2026 hat die FIFA die Aufstockung des Turniers auf 48 Teams beschlossen). Erfolgreichstes Land in der WM-Geschichte ist Brasilien, das insgesamt fünf Titel gewinnen konnte, gefolgt von Italien und Deutschland mit je vier Titeln. Erfolgreichster Torschütze über mehrere Turniere hinweg ist der Deutsche Miroslav Klose mit 16 Toren (2002–2014). Nur drei Tore weniger erzielte der Franzose Just Fontaine 1958 in einem einzigen Turnier (1958) – wohl ein Rekord für die Ewigkeit.

Der erste Pokal der WM-Geschichte, der nach dem Erfinder der WM *Coupe Jules Rimet* benannt wurde, ging nach dem dritten Titelgewinn Brasiliens in dessen Besitz über, wurde aber 1983 dort gestohlen. 1974 wurde erstmals der neue FIFA-WM-Pokal überreicht, eine goldenen Statue zweier triumphierender Fußballer, die in ihren Händen die Weltkugel tragen. Außerdem gibt es für jeden Weltmeistertitel einen Stern, der das Trikot der jeweiligen Nationalmannschaft oberhalb des Verbandslogos ziert.

Die Fußball-Weltmeisterschaften im Überblick

Jahr	Ausrichter	Finale
1930	Uruguay	Uruguay–Argentinien 4:2
1934	Italien	Italien–Tschechoslowakei 2:1 n.V.
1938	Frankreich	Italien–Ungarn 4:2
1950	Brasilien	Uruguay (Finalrunde mit vier Mannschaften)
1954	Schweiz	Deutschland–Ungarn 3:2
1958	Schweden	Brasilien–Schweden 5:2
1962	Chile	Brasilien–Tschechoslowakei 3:1
1966	England	England–Deutschland 4:2 n.V.
1970	Mexiko	Brasilien–Italien 4:1
1974	Deutschland	Deutschland–Niederlande 2:1
1978	Argentinien	Argentinien–Niederlande 3:1 n.V.
1982	Spanien	Italien–Deutschland 3:1
1986	Mexiko	Argentinien–Deutschland 3:2
1990	Italien	Deutschland–Argentinien 1:0
1994	USA	Brasilien–Italien 0:0 n.V., 3:2 i.E.
1998	Frankreich	Frankreich–Brasilien 3:0
2002	Japan & Südkorea	Brasilien–Deutschland 2:0
2006	Deutschland	Italien–Frankreich 1:1 n.V., 5:3 i.E.
2010	Südafrika	Spanien–Niederlande 1:0 n.V.
2014	Brasilien	Deutschland–Argentinien 1:0 n.V.

Aktueller Weltmeister im Fußball ist … Genau! Deutschland.

Wie merke ich es mir?

Wer wurde wann Fußball-Weltmeister?

Wer, wann, Weltmeister? Mit *Majorsystem*, *Verbildern* und *Verbinden* sowie ein wenig Analyse und Planung lässt sich die Liste der Siegerländer leicht merken. Dabei müssen Sie bedenken, dass die Art der (Ab-)Frage wichtig beim Lernen ist. Vom Land zum Jahr hin zu denken ist leichter, als die Frage zu beantworten: Wer wurde 1930 Weltmeister?

Aber der Reihe nach: Schauen Sie sich die 20 Datenpaare in Ruhe an. Merken müssen Sie sich nur eine bildhafte Verknüpfung aus dem jeweiligen Siegerland und den letzten beiden Ziffern des Jahres. Außerdem sollten die Siegerjahre bei Mehrfach-Meistern in *einem* Bild zusammengefasst werden.

Wenn Sie Fragen nach dem Weltmeister eines bestimmten Jahres beantworten wollen, müssen Sie mit festen zweistelligen Begriffen arbeiten, damit Sie im Kopf gezielt nach den Zahlen-Bildern suchen können. Diese festen Majorbegriffe sind auch nützlich, wenn Sie sich schnell viele Zahlen merken müssen. Und sie funktionieren als Merk-*Route* mit stolzen hundert Punkten.

Auch für die Länder brauchen Sie griffige Bilder. Frankreich mit dem Eiffelturm und Brasilien mit dem Zuckerhut zu verbinden ist kein Problem. Aber haben Sie ein Bild für Uruguay und Chile im Kopf? Auch sollten alle Bilder das Thema Fußball enthalten, damit es keine Verwechslungen gibt, wenn Sie sich weitere Daten zu einem Land einprägen.

Zwei Beispiele zum Schluss: Die „Hand in Punta del Este" (eine Stadt in Uruguay mit einer fünf Meter breiten und drei Meter hohen Steinskulptur in Form einer Hand als Wahrzeichen) ist bewachsen mit „Moos" (= 30) und zwischen den Fingern klemmen Fußbälle. Auf dem „Eiffelturm" spielen „Möwe" (= 38) und „Pfau" (= 98) Fußball. Und jetzt sind Sie dran!

Wer durfte den Pokal bisher in Händen halten? Und wann?

Kontinentale Meisterschaften

Der älteste Wettbewerb dieser Art, die *Copa América* in Südamerika, fand lange vor der ersten Weltmeisterschaft bereits im Jahr 1916 statt. Bis die erste Fußball-Europameisterschaft (EM) aus der Taufe gehoben wurde, sollte es wesentlich länger dauern: Erst 1960 war es so weit, damals hieß der Wettbewerb noch Europapokal der Nationen. Wie die Weltmeisterschaft wurde auch das vom europäischen Fußballverband UEFA (Union of European Football Associations) organisierte Turnier immer mehr ausgeweitet: 2016 nahmen erstmals 24 Mannschaften teil. Erfolgreichste Teilnehmer sind Deutschland und Spanien mit jeweils drei Titeln, Frankreich folgt mit zwei Titeln. 2016 trug sich Portugal in die Siegerliste ein.

Vereinsfußball

Während die Turniere für Nationalmannschaften nur alle vier Jahre stattfinden, treten die besten Vereinsmannschaften der jeweiligen Kontinentalverbände Jahr für Jahr in verschiedenen Wettbewerben gegeneinander an. In Europa sind dies die UEFA Champions League mit den besten 32 Mannschaften Europas (früher spielten diese den Europapokal der Landesmeister aus) und die UEFA Europa League mit einem Teilnehmerfeld von 48 Mannschaften. Die Qualifikation zu den Wettbewerben erfolgt über die Ligen der jeweiligen Nationalverbände. Wie viele Vereine eines Landes teilnehmen dürfen, wird über die Fünfjahreswertung der UEFA ermittelt, einer Rangliste, die aus den Ergebnissen der beiden europäischen Wettbewerben errechnet wird.

Erfolgreichster Verein Europas ist Real Madrid, das bereits elfmal den Landesmeister-Pokal bzw. die Champions League gewann; die meisten Treffer in diesem Wettbewerb erzielte der Portugiese Cristiano Ronaldo. Auch der Rekordsieger der UEFA Europa League kommt mit dem FC Sevilla aus Spanien, Rekordtorschütze ist hier der Schwede Henrik Larsson.

Schon gewusst?

Lange Zeit galt Frauenfußball als verpönt, der DFB verbot gar seinen Vereinen, Frauenabteilungen zu gründen; das Verbot hatte bis 1970 Bestand. Erst seit den 1980er-Jahren etablierten sich nach und nach Wettbewerbsstrukturen wie im Männerfußball. 1984 fand die erste Fußball-Europameisterschaft der Frauen (Rekordsieger: Deutschland, 8 Titel) statt, 1991 folgte die erste Weltmeisterschaft (Rekordsieger: USA, 3 Titel).

Der Mexikaner Chicharito trifft beim Eröffnungsspiel der Copa América im Juni 2016 gegen Jamaica. Besonders in Mittel- und Südamerika ist Fußball ein unglaublich populäres Spiel.

Wie merke ich es mir?

In welchem Jahr fanden die ersten Olympischen Spiele statt?

Zahlen sind keine leichte Merkaufgabe für den Kopf – auch deswegen, weil sie sich nicht leicht in eine Eselsbrücke verwandeln lassen. Dieses Beispiel zeigt, wie sich mit ein wenig Kreativität auch Jahreszahlen leicht *verbildern* – und damit merken lassen.

Die ersten Olympischen Spiele fanden bereits im Jahr 776 v. Chr. statt. Es bietet sich vom Thema her an, die drei Ziffern am besten in ein möglichst sportliches Bild zu verwandeln. Stellen Sie sich folgende Szene vor – das Resultat ist eine griffige *Eselsbrücke*:

„Um bei den ersten Olympischen Spielen vorn dabei zu sein, musste ein Sportler über zwei Hürden springen und wurde damit gleich zum Sieger." Wenn Sie sich das merken können, haben Sie die Jahreszahl bereits im Kopf abgespeichert. Aber für welche Informationen und Zahlen stehen die Hinweise im Bild?

„Vorn" ist zuerst einmal der Hinweis, dass die Spiele vor Christi Geburt stattgefunden haben. Die beiden „Hürden" stellen mittels des *Zahlen-Symbol-Systems* zweimal die Ziffer 7 dar, und der „Sieger" ist ein Sportler, der seine Hand hochstreckt, was einer 6 ähnlich sieht. Insgesamt also ergibt das das Jahr 776 v. Chr.

Das ist im Grunde ganz leicht zu merken, wenn Sie das Bild wirklich lebendig vor Ihrem inneren Auge sehen.

Schwimmen ist seit 1896 olympische Sportart, das heißt seit den ersten modernen Spielen von Athen. Ob die Athleten damals schon so elegant durch das Wasser kraulten?

Im Zeichen der Ringe

Als der Franzose Pierre de Coubertin 1894 die olympische Idee wiederbelebte und – genau 1501 Jahre nach den letzten Olympischen Spielen der Antike – das Internationale Olympische Komitee (IOC) gründete, ahnte er wohl kaum, dass er damit das größte Sportereignis der Moderne auf den Weg brachte. Heute messen sich Sportler aus aller Welt in (aktuell) 41 Sommer- und 15 Wintersportarten und kämpfen um Gold, Silber und Bronze.

Doch die Olympischen Spiele der Antike waren im eigentlichen Sinn keine Sportveranstaltung, sondern ein religiöses Fest zu Ehren von Zeus, das von einer Reihe von Wettkämpfen begleitet wurde. De Coubertins Neubelebung der Olympischen Spiele war untrennbar mit der Olympischen Idee verbunden, nach der Sport Völker verbinden und friedensstiftend wirken sollte. Zwei Jahre nach der Gründung des IOCs fanden die ersten Olympischen Spiele der Neuzeit in Athen statt, das 776 v. Chr. bereits die ersten Olympischen Spiele der Antike beherbergte.

Die olympischen Ringe wurden als Teil der olympischen Symbole 1913 von Pierre der Coubertin, dem Gründer der modernen Olympischen Spiele, entworfen.

Seitdem treten alle vier Jahre die besten Athleten in den diversen Sportarten gegeneinander an, wobei nur Leichtathletik, Schwimmen, Radfahren, Fechten und Kunstturnen von Beginn an ununterbrochen olympisch waren. Hatten die Spiele 1896 noch ohne Beteiligung von Frauen stattgefunden, standen bereits vier Jahre später in Paris die ersten Frauenwettbewerbe auf dem Programm. 1924 kamen die Olympischen Winterspiele hinzu, die bis 1992 jeweils im gleichen Jahr wie die Sommerspiele ausgetragen wurden, seitdem aber um zwei Jahre versetzt stattfinden. Mangelndes Zuschauerinteresse bei den zweiten und dritten Spielen hätte aber beinahe schon früh das Aus bedeutet, bevor mit den Spielen von 1908 und 1912 ein wahrer Boom einsetzte.

Austragungsorte der Olympischen Spiele*

Jahr	Sommer	Winter
1896	Athen	
1900	Paris	
1904	St. Louis	
(1906)	Athen**	
1908	London	
1912	Stockholm	
1916	Berlin (abgesagt)	
1920	Antwerpen	
1924	Paris	Chamonix
1928	Amsterdam	St. Moritz
1932	Los Angeles	Lake Placid
1936	Berlin	Garmisch-Partenkirchen
1940	Helsinki (abgesagt)	Garmisch-Partenkirchen (abgesagt)
1944	London (abgesagt)	Cortina d´Ampezzo (abgesagt)
1948	London	St. Moritz
1952	Helsinki	Oslo
1956	Melbourne (Reitwettbewerbe in Stockho m)	Cortina d´Ampezzo
1960	Rom	Squaw Valley
1964	Tokio	Innsbruck
1968	Mexiko City	Grenoble
1972	München	Sapporo
1976	Montreal	Innsbruck
1980	Moskau	Lake Placid
1984	Los Angeles	Sarajevo
1988	Seoul	Calgary
1992	Barcelona	Albertville
1994		Lillehammer
1996	Atlanta	
1998		Nagano
2000	Sydney	
2002		Salt Lake City
2004	Athen	
2006		Turin
2008	Peking	
2010		Vancouver
2012	London	
2014		Sotschi
2016	Rio de Janeiro	

* Die Spiele während des Ersten und des Zweiten Weltkriegs fielen aus, werden aber in der offiziellen Zählung berücksichtigt.
** Die sogenannten Zwischenspiele von Athen bleiben in der offiziellen Zählung und in Siegerlisten unberücksichtigt.

Olympias Symbole

1908 wurde die heutige Form der Medaillenvergabe begründet: Gold, Silber, Bronze für die drei Erstplatzierten. Ab 1920 kamen dann weitere Olympische Symbole hinzu, die bis heute Bestand haben. 1920 war der Belgier Victor Boin der erste Sportler, der den Olympischen Eid sprach und damit das Versprechen auf einen ehrenwerten Wettkampf ablegte. Erstmals kam auch die olympische Flagge zum Einsatz, die bereits 1914 von de Coubertin vorgestellt worden war. Die fünf ineinander verschlungenen olympischen Ringe in den Farben Blau, Schwarz, Rot, Gelb und Grün stehen nach gängiger Interpretation für die fünf Kontinente. Seit 1928 wird zur Eröffnung der jeweiligen Spiele das olympische Feuer als Symbol für die Reinheit der Spiele entzündet; seit 1936 wird es im griechischen Olympia, der Stätte der antiken Spiele, mithilfe eines Hohlspiegels entzündet und durch einen Fackellauf in die Ausrichterstadt getragen.

Olympische Zeremonien

Die Eröffnungsfeier der Olympischen Spiele beinhaltet nicht nur das Entzünden des Feuers zumeist in einer großen Schale durch den letzten Läufer des Fackellaufs (oft ein bekannter Sportler des Gastgeberlandes). Bereits zuvor finden einige Zeremonien im Rahmen der Feier statt: So wird zuerst die Flagge der Gastgebernation gehisst und anschließend wird seine Nationalhymne gespielt. Darauf folgen Musik, Tanz und gesangliche Darbietungen. Schließlich beginnt der viel beachtete Einmarsch der Athleten. Nach einigen Reden von Würdenträgern ertönt dann die olympische Hymne und die olympische Fahne wird hochgezogen. Die Schlussfeier ist im Übrigen weit weniger konventionell vorgeplant, sondern spontaner im Ablauf. Deshalb laufen die Athleten diesmal auch nicht streng nach Nationen geordnet ins Stadion ein. Die Feierstätte betreten sie bunt gemischt.

Schon gewusst?

Nicht immer waren die Olympischen Spiele auf Sport beschränkt, von 1912 bis 1948 wurden auch in Kunstwettbewerben Medaillen vergeben. Zu den „Disziplinen" gehörten etwa Baukunst, Bildhauerei, Literatur, Malerei und Musik. Da aber renommierte Künstler den Spielen fernblieben, konnte gut ein Viertel der immerhin 210 Medaillen nicht vergeben werden. Übrigens: Auch de Coubertin errang eine Goldmedaille, seine *Ode an den Sport* hatte er unter einem Pseudonym eingereicht.

Neben der Ringen stellt das Feuer wohl das bekannteste der Olympischen Symbole dar. Hier lodert es während der Olympischen Winterspiele in Sotschi im Februar 2014.

Die erfolgreichsten Sommer-Olympioniken

Zu den erfolgreichsten Sommer-Olympioniken gehören zahlreiche Schwimmer. Das liegt auch daran, dass Schwimmer bei ein und denselben Spielen mehrere Wettbewerbe bestreiten können. Bisher einmalig ist daher die Leistung des US-Amerikaners Mark Spitz, der bei den Olympischen Spielen 1972 in München sieben Goldmedaillen errang und jeweils einen neuen Weltrekord aufstellte. Voller Ehrfurcht nannte man ihn daher auch „Mark the Shark". Mit den vier Jahren zuvor errungenen Medaillen kam er insgesamt auf neunmal Gold, eine Silber- und eine Bronzemedaille – und kann dennoch bei Weitem nicht seinem Landsmann Michael Phelps das Wasser erreichen: Sage und schreibe 28 Medaillen errang Phelps zwischen 2000 und 2016 bei olympischen Schwimmwettbewerben, 23-mal war es die goldene! Weitere überaus erfolgreiche Schwimmer(innen), ebenfalls aus den USA, waren Jenny Thompson (1992–2004, 8/3/1) und Matt Biondi (1984–1992, 8/2/1).

Auch Leichtathleten gehören aufgrund mehrerer Starts zu den fleißigen Medaillensammlern. Legendär wurde der „fliegende Finne" Paavo Nurmi, der 1920 bis 1928 auf den Mittel- und Langstrecken zwischen 1500 und 10 000 Meter neun Gold- und drei Silbermedaillen gewann. In die olympischen Geschichtsbücher hat sich auch der US-Amerikaner Carl Lewis eingetragen, der 1999 zum Leichtathleten des Jahrhunderts gekürt wurde. Mit seinen neun Goldmedaillen, errungen 1984 bis 1996 in den Sprintdisziplinen über hundert und 200 Meter, in der 4-mal-100-Meter-Staffel sowie im Weitsprung, liegt „Carl der Große" auf Platz fünf der erfolgreichsten Sommerolympioniken, gefolgt vom Jamaikaner Usain Bolt. Diesem gelang das bisher einmalige Kunststück, bei drei Spielen hintereinander (2008–16) bei all seinen Starts – über hundert und 200 Meter und in der 100-Meter-Staffel – Gold zu gewinnen.

Platz sieben der erfolgreichsten Sommerolympioniken belegt die Kanukönigin Birgit Fischer. Mit zwölf gewonnenen Medaillen bei sechs Olympischen Spielen (1980–2004, 8/4/0) ist sie zugleich die erfolgreichste Teilnehmerin aus Deutschland. Die österreichische Rangliste führt der Turner Julius Lenhart an, der 1904 zweimal Gold und einmal Silber gewann, und auch in der Schweiz ist ein Turner erfolgreichster Olympionike: Georges Miez (1924–36, 4/3/1).

Die erfolgreichsten Winter-Olympioniken

Das Dreigestirn der erfolgreichsten Winter-Olympioniken kommt aus Norwegen, dem Mutterland des nordischen Skisports. Erwartungsgemäß haben die drei Sportler ihre großen Erfolge auch auf Langlaufbrettern gefeiert. Ole Einar Bjørndalen hatte dabei zudem ein Gewehr im Anschlag: Der erfolgreichste Biathlet (Biathlon ist ein Zweikampf aus Langlauf und Schießen) gewann 1998 bis 2014 insgesamt 13 Medaillen (8/4/1). Und sein Medaillenhunger scheint noch nicht gestillt zu sein, 2018 will Bjørndalen im südkoreanischen Pyeongchang, dann im stolzen Sportleralter von 44 Jahren, nochmals

Erfolgreiche Olympioniken bringen es bis zur Wachsfigur. Der legendäre Schwimmer Mark Spitz bei Madame Tussauds™ *in New York.*

antreten. Seine Skier bereits an den Nagel gehängt hat hingegen der Langläufer Bjørn Dæhlie (1992–1998, 8/4/0), während seine Landsfrau Marit Bjørgen (2006–2014, 6/3/1) 2018 ebenfalls nochmals aktiv ins Geschehen eingreifen dürfte.

Während auf Platz vier eine weitere Langläuferin folgt, die Russin Ljubow Iwanowna Jegorowa (1992-94, 6/3/0), gehören die nächsten Ränge Sportlern, die auf Schlittschuhkufen über das Eis jagten: dem russisch-südkoreanischen Sportler Wiktor Ahn (2006-14, 6/0/2) sowie der Russin Lidija Skoblikowa (1960-64, 6/0/0) in der Disziplin Shorttrack und der Deutschen Claudia Pechstein (1992–2006, 5/2/2) im Eisschnelllaufen. Pechstein ist zudem erfolgreichste Winter-Olympionikin aus Deutschland. Fleißigster Schweizer Medaillensammler ist der Skispringer Simon Ammann, der 2002 völlig überraschend beide Einzelwettbewerbe (Groß- und Normalschanze) für sich entschied; dieses Kunststück wiederholte er acht Jahre später. Auf sieben Medaillen brachte es der österreichische nordische Kombinierer Felix Gottwald (2002–10, 3/1/3); die nordische Kombination ist ein Zweikampf aus Langlauf und Skispringen.

Schon gewusst?

Nur drei Sportlern gelang es, sowohl bei den Sommer- als auch bei den Winterspielen Medaillen zu erringen: Der US-Amerikaner Edward Eagan gewann 1920 als Boxer Gold und wiederholte diesen Triumph 1932 im Viererbob. Der Norweger Jakob Tullin Thams siegte 1932 im Skispringen und sicherte sich zwölf Jahre später beim Segeln Silber. Und die Deutsche Christa Luding-Rothenburger gewann als Eisschnellläuferin 1980–1992 zweimal Gold und je einmal Bronze und Silber und 1988 auch Silber im 1000-Meter-Sprint beim Bahnradfahren. Luding-Rothenburger ging (bis auf 1992) für die DDR an den Start.

Wer gehört zu den erfolgreichsten Olympioniken im Wintersport? Bei den Wettbewerben im alpinen Skisport gewann der Norweger Kjetil André Aamodt die meisten Medaillen: acht Stück zwischen 1992 und 2006.

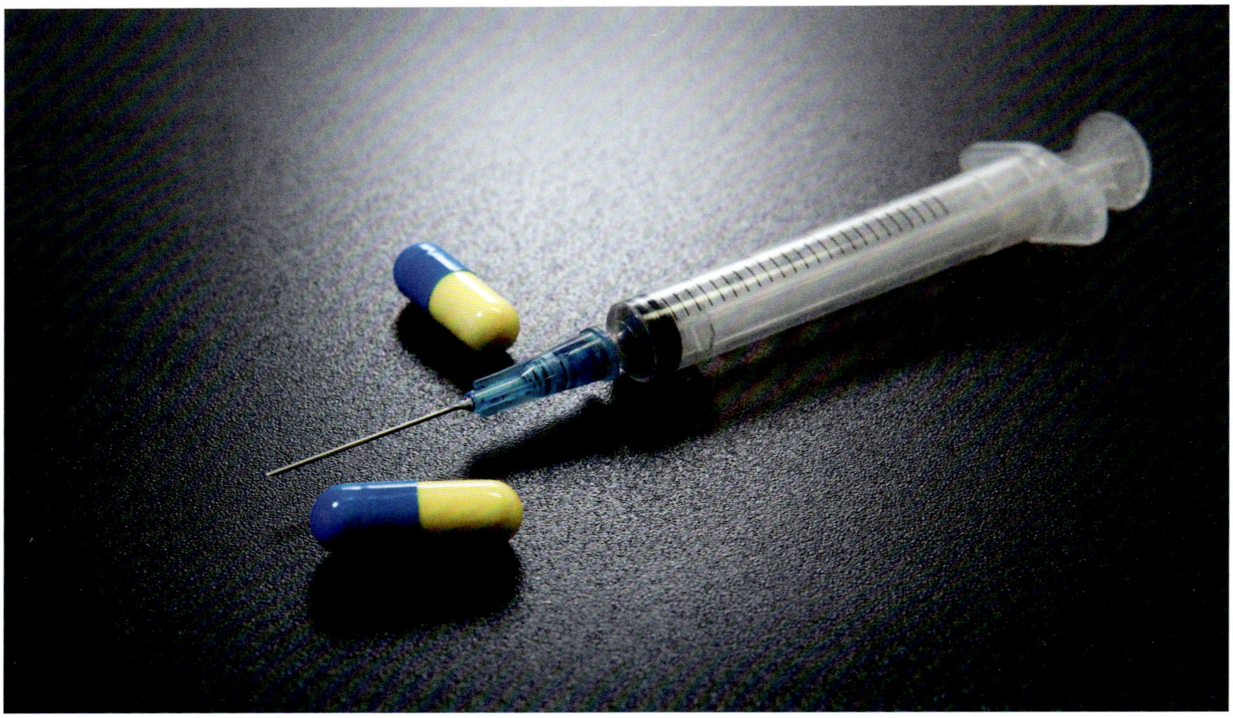

Illegale leistungsfördernde Substanzen sind leider Teil des Profisports – und gehören somit auch zur Geschichte der Olympischen Spiele.

Olympia und Doping

Doping ist so alt wie die Olympischen Spiele, selbst in der Antike nahmen die Sportler leistungsfördernde Substanzen wie Stierhoden zu sich. Der erste Dopingfall der Neuzeit wurde 1904 nachgewiesen: Betreuer hatten dem amerikanischen Marathonläufer Thomas Hicks einen Mix aus Brandy, Eiweiß und Strychnin verabreicht, um diesen am Aufgeben zu hindern – er gewann Gold, wurde mit Vergiftungserscheinungen ins Krankenhaus gebracht, aber nicht disqualifiziert. Der wohl berühmteste Dopingsünder war der kanadische Sprinter Ben Johnson, dessen Sieg über hundert Meter in neuer Weltrekordzeit 1988 nach nur wenigen Tagen annulliert wurde.

Nach den Winterspielen von 2014 deckten Journalisten systematisches „Staatsdoping" in Russland auf, bestätigt wurde dies anschließend von einer Untersuchungskommission der Welt-Anti-Doping-Agentur (WADA). Wie schwer sich das IOC jedoch mit dem Kampf gegen Doping tut, zeigt die Tatsache, dass es sich nicht zu einem kompletten Ausschluss der russischen Mannschaft bei den Spielen von Rio de Janeiro durchringen konnte.

Die Paralympics

Seit 1960 werden die „Olympischen Sommerspiele der Behinderten", wie die Paralympics zwischenzeitlich genannt wurden, in der Ausrichterstadt der jeweiligen Sommerspiele des gleichen Jahres veranstaltet (meist wenige Wochen danach); seit 1988 stehen den Behindertensportlern hierfür auch die gleichen Arenen zur Verfügung. Bis auch behinderte Wintersportler zu olympischen Ehren gelangen konnten, dauerte es bis 1976. Die Athleten werden in Leistungs- bzw. Startklassen eingeteilt, um trotz unterschiedlicher Handicaps eine Vergleichbarkeit der sportlichen Leistungen zu gewährleisten. Sie treten derzeit in insgesamt 22 Sommer- und sechs Wintersportarten an.

Die Paralympics standen viele Jahre über deutlich im Schatten der Olympischen Spiele. Auch wenn sie noch heute weitaus weniger öffentliche Wahrnehmung erfahren, so zeichnet sich doch in dieser Hinsicht ein langsamer Wandel ab: So wurden zumindest in Deutschland die Paralympischen Sommerspiele von 2012 in London medial durchaus gewürdigt – mit zahlreichen Übertragungen zu den besten Sendezeiten.

Tour de France

Initiator der ersten Tour de France 1903 war der Journalist Henri Desgrange. Seine Idee: Über 2428 Kilometer in sechs Etappen sollte es auf den damals einfachsten Rädern ohne Gangschaltung quer durch Frankreich gehen. 60 wagemutige Fahrer folgten seinem Aufruf, immerhin 21 kamen ins Ziel in Paris. Und sein Konzept ging auf, die Tour de France wird seitdem (mit Ausnahme einer Unterbrechung während der Weltkriege) alljährlich im Juli ausgetragen. Heute wie damals endet das größte Radrennen der Welt in Frankreichs Hauptstadt.

Sieger der Tour de France ist derjenige Fahrer, der für die derzeit insgesamt 21 Etappen am wenigsten Zeit benötigt hat. Während der Tour kennzeichnet das Gelbe Trikot den Führenden im Gesamtklassement. Jeweils fünf Gesamtsiege gelangen dem Franzosen Jacques Anquetil (1957–64), dem Belgier Eddy Merckx (1969–74), dem Franzosen Bernard Hinault (1978–85) und dem Spanier Miguel Induráin (1991–95). Die sieben Gesamtsiege des US-Amerikaners Lance Armstrong (1999–2005) wurden wegen Dopings nachträglich annulliert.

Darüber hinaus gibt es noch weitere Wertungen: Im Bergklassement wird der beste Bergfahrer ausgezeichnet. Dafür werden auf den Etappen besondere Anstiege als Bergwertungen ausgelobt (der höchste bisher erklommene Berg war mit 2802 Meter der Cime de la Bonette). Der Punktbeste trägt das Gepunktete Trikot. Nach einem ähnlichen Prinzip werden die besten Sprinter mit dem Grünen Trikot ausgezeichnet.

Welcher Fahrer die Gesamtwertung der Tour für sich entscheidet, stellt sich Jahr für Jahr in den Bergen heraus. Denn dort – vor allem im Hochgebirge – lassen sich größere zeitliche Abstände auf die Gegner herausfahren als in der Ebene (auch das Zeitfahren spielt ein ausschlaggebende Rolle). Manche Berge und Pässe in den Pyrenäen (zum Beispiel der Col du Tourmalet auf 2114 Metern) oder in den französischen Alpen (zum Beispiel der Col du Galibier auf 2645 Metern) stehen wiederholt auf dem Fahrplan der Tour. Mit der Zeit sind sie selbst zum Mythos geworden.

Die Abschlussetappe der Tour de France führt die Fahrer des Gesamtklassements traditionell nach Paris. Bejubelt wird der Sieger im Gelben Trikot, zum Beispiel der Brite Christopher Froome im Juli 2016.

Formel 1

Die Formel 1 ist eine Serie mehrerer Autoeinzelrennen (Grand Prix), die rund um den Globus zwischen Frühjahr und Herbst eines Jahres ausgetragen werden. Für die Plätze eins bis acht der Rennen werden Punkte vergeben, der Fahrer mit den meisten Punkten am Ende einer Saison ist Weltmeister. Derzeit besteht das Fahrerfeld aus 22 Piloten aus elf Rennställen, die ihrerseits um die Konstrukteurs-Weltmeisterschaft kämpfen; die Saison besteht aus 21 Grand Prix. Ohne Zweifel gilt die Formel 1 als Königsklasse des Automobilsports.

Die erste Formel-1-Weltmeisterschaft fand 1950 statt, der erste Weltmeister, der Italiener Giuseppe Farina, wurde in sieben Rennen ermittelt. Erfolgreichster Fahrer ist der Deutsche Michael Schumacher, der sieben Weltmeistertitel (1994–2004) errang. Ihm folgen der Argentinier Juan Manuel Fangio mit fünf Titeln (1951–57) sowie mit jeweils vier Titeln der Franzose Alain Prost (1985–93) und der Deutsche Sebastian Vettel (2010–13). Bis heute wird die Formel 1 immer wieder von schweren Unfällen überschattet, insgesamt 27 Fahrer verunglückten tödlich, zuletzt 1994 der Brasilianer Ayrton Senna in San Marino.

Wie merke ich es mir?

Wie lassen sich Namen zuverlässig merken?

Namen in Bilder verwandeln gehört zu den härteren Aufgaben unter den Merktechniken. Aber mit Kreativität und etwas Hintergrundwissen lassen sich auch Namen einfach merken. So sind die häufigsten Nachnamen Berufe – in der Formel 1 sind die prominentesten Beispiele dafür Schumacher und Ferrari, was ins Deutsche übersetzt „Schmied" bedeutet. Mit der Vorstellung, wie jemand Rennwagen mit einem Hammer schmiedet, haben Sie übrigens gleich eine *Eselsbrücke* für die Übersetzung im Kopf.

Unter den 15 geläufigsten deutschen Nachnamen ist nur eine Ausnahme zu finden – und „Klein" gehört zu den bei Nachnamen ebenfalls häufigen Eigenschaftsnamen. Wenn Sie sich bewusst sind, dass Namen oft aus Tätigkeiten (oder eben Eigenschaften) entstanden sind, ist es einfacher, merkwürdige Bilder dafür zu entwickeln. Zusätzliche Fakten erleichtern nicht nur das Merken, sondern sie kommen der üblichen Denkweise entgegen, mehr über eine Person zu wissen als nur den Namen.

Hier ist ein Fakten-Paket, um sich den ersten Champion der Formel-1-Geschichte zu merken: „Der erste Gewinner war ein Seppel, der in den Urlaub gefahren ist und dabei mit dem Lasso eine Kuh gefangen hat, auf der ein Pokal steht. Dabei hat er jede Menge Mehl aufgewirbelt."

Der Name Giuseppe lässt sich in einen italienischen „Seppel" verwandeln. Bei Farina hilft Recherche: Zum einen bedeutet der Name „Mehl", andererseits ähnelt er dem Künstlernamen des Sängers Farin „Urlaub". Der Rest ist Informations-Dekoration: Das „Lasso" (= 50) steht für das Jahr 1950 und die „Kuh" (= 7) für die Anzahl der Rennen.

Gewiss! Selbst ein kleines Go Cart *würde uns schwerfallen, wenn wir es mit dem Hammer schmieden müssten. Ganz zu schweigen von einem Formel-1-Boliden.*

Tennis-Grand-Slam

Der Begriff *Grand Slam* (engl. für „Großer Schlag") bezeichnet im Sport einen besonderen, nicht alltäglichen Erfolg. Im Tennissport ist dies der Sieg bei den vier größten Tennisturnieren der Welt in einem einzigen Kalenderjahr. Diese sind in der Reihenfolge ihrer Termine im Jahr die Australian Open in Melbourne (erstmals 1905), die French Open in Paris (1891), die Wimbledon Championships in London (1877) und die US Open in New York (1881). Die Bezeichnung selbst existiert seit 1933.

Nur insgesamt fünf Einzelspielern und drei Doppelpaaren ist seitdem dieses Kunststück gelungen: Im Einzel Don Budge (USA, 1938), Maureen Connolly (USA, 1953), Rod Laver (Australien, 1962 und 1969), Margaret Smith Court (Australien, 1970) und Steffi Graf (Deutschland, 1988), im Doppel Ken McGregor und Frank Sedgman (Australien, 1951), Margaret Smith Court und Ken Fletcher (Australien, 1963) sowie Martina Navrátilová und Pam Shriver (USA, 1984).

Tennis-Weltrangliste

Die Weltrangliste im Tennis wird bei den Herren von der ATP (Association of Tennis Professionals) und bei den Damen von der WTA (Women's Tennis Association) erstellt. Dabei wird auf folgende Weise vorgegangen: Es werden im Verlauf von 52 Wochen die Punkte zusammengezählt, welche die gelisteten Spieler bei den hochkarätigsten und wichtigsten Tennisturnieren der Welt erspielen. Dazu zählen selbstverständlich auch die Grand-Slam-Turniere. Die jeweilige Position in der Weltrangliste wird Woche für Woche bestimmt.

Und diese Position ist äußerst entscheidend – und zwar nicht nur weil es Ruhm und Ehre verspricht und von Preisgeldern zeugt, wenn man in der Weltrangliste weit oben steht, sondern auch weil es Auskunft darüber gibt, an welcher Stelle man „gesetzt" ist. Weltrangliste ist gleich Setzliste. Und diese bestimmt, wann welche Spieler bei einem Turnier gegeneinander antreten. So soll vermieden werden, dass die Topspieler gleich in den ersten Runden aufeinandertreffen. Und dass schlechtere Spieler von Losglück profitieren.

Schon gewusst?

Steffi Graf gehört zu den besten Tennisspielerinnen aller Zeiten, allein 22-mal gewann sie eines der vier Grand-Slam-Turniere. 1988 gelang ihr jedoch ein einmaliger Triumph, der *Golden Slam*: Sie gewann nicht nur die Turniere in Melbourne, Paris, London und New York, sondern auch die Goldmedaille bei den Olympischen Spielen in Seoul. Außerdem hält Steffi Graf, die mit dem ehemaligen US-amerikanischen Tennisspieler Andre Agassi verheiratet ist, mit 377 Wochen den Rekord bei der Führung in der Tennis-Weltrangliste.

Kleiner Ball, großer Sport!

Register

C

D

E

F

G

H

I

M

N

O

P

S

T

U

V

W

X

Z

Bildnachweis

Umschlagvorderseite: iStockphoto.com/pkruger;
Colourbox.de: 6-7, 8, 9 o., 9 u., 10, 13, 14 o., 14 u., 15, 16, 17, 18 o., 18 u., 19, 22 l., 23, 26, 27, 28, 29, 34, 36, 37, 38 u., 39, 41 u., 42, 43 o., 44-45, 48, 49, 50, 51, 52, 53, 54, 56, 58, 59, 60, 61, 62, 65, 66 o., 66 u., 67, 70, 76, 79, 80, 81, 85 o., 87, 95, 99 u., 107, 108, 109, 110, 111, 113, 117 u., 119, 120, 121, 127, 134, 135 o., 136, 137, 141, 142, 143, 147 u., 149, 151, 152, 153, 154, 155, 156, 159, 161 o., 161 u., 162, 165, 167, 168, 170 u., 171, 173, 177, 179, 185, 186, 190, 191, 193, 194, 195, 196, 197 l., 197 r., 198, 199, 200 l., 200 r., 202, 203, 204 o., 216 u., 219, 220, 223, 225, 232, 235, 238, 240, 241, 244 u., 247, 248, 253, 255, 258, 259, 260, 262, 265, 282, 294, 295, 299 o., 299 u., 304, 307;
Lizenz CC BY SA: 85 u. (Qwqchris), 86 (NYC Wanderer (Kevin Eng)), 133 (LadyofHats), 180 (Gretarsson), 215 (Pvanderloewe), 267 (Thesupermat), 268 (Mefusbren69), 274 (digi.ub.uni-heidelberg.de), 275 (by G. Meiners), 276 (Felix. matheis), 288 (McAllister), 290 (First National);
Shutterstock.com: 12 (photototo), 22 r. (JasaShmasa), 24 (Africa Studio), 25 (topseller), 30 (MaxyM), 31 (g-stockstudio), 32 (Monkey Business Images), 33 (podsolnuh), 35 (Chinnapong), 38 o. (Africa Studio), 40 (Kanuman), 41 o. (Rawpixel.com), 47 (Dima Zel), 55 o. (Vadim Sadovski), 55 u. (Rasica), 57 (panda3800), 63 (Marzolino), 64 (360b), 68 (Vladimir Daragan), 69 (Georgios Kollidas), 71 (Fotos593), 72 (sangriana), 73 (Philipp Dase), 74 (pirke), 75 (Alejo Miranda), 77 o. (ElenaTlt), 77 u. (Brooke Becker), 78 (ambrozinio), 82 (jennyt), 83 (chombosan), 84 (Stanisic Vladimir), 88 (Janaka Dharmasena), 89 o. (DeymosHR), 89 u. (360b), 90 (Ryan Rodrick Beiler), 91 (Chris Griffiths), 92 (LungLee), 93 (robertlamphoto), 94 (Vadim Sadovski), 96 (jatmika jati), 97 (Standret), 99 o. (studio23), 100 (Songsak P), 101 (Stephane Bidouze), 102 (Bernhard Staehli), 103 (lumen-digital), 104 (haraldmuc), 105 (arka 38), 106 (Nopkamon Tanayakorn), 112 (Galina Savina), 114 (Dihetbo), 115 (antantarctic), 116 (Jakub Czajkowski), 117 o. (Milosz Maslanka), 118 (douglas knight), 123 (Serban Bogdan), 124 (RrDmS), 125 (PHB.cz (Richard Semik)), 126 (Songquan Deng), 128 o. (yuri4u80), 128 u. (Boris Stroujko), 129 (andreiuc88), 130 (lassedesignen), 131 (Christoph Burgstedt), 132 (tony mills), 135 u. (Rattiya Thongdumhyu), 138 (Stanislav Fosenbauer), 139 (Singkham), 140 (fasthorses), 144 (pathdoc), 145 o. (asharkyu), 145 u. (wawritto), 146 (Barbol), 147 o. (NatureSmile), 148 (Violart), 150 (chanus), 157 (Kateryna Kon), 158 (sivivolk), 160 (Zoran Photographer), 163 (Ivan Smuk), 164 (Lightspring), 166 (SibFilm), 169 (apple2499), 170 o. (olgagorovenko), 174 (OhEngine), 175 o. (James A Dawson), 175 u. (Migel), 178 (Tinnaporn Sathapornnanont), 181 (Napat), 182 o. (Cindy Creighton), 182 u. (Rostislav Stefanek), 183 (Alexander Demyanov), 184 (Nataliia Sokolovska), 187 (bluecrayola), 188 (PhotocechCZ), 189 (Fedor Selivanov), 201 (pseudolongino), 204 u. (muratart), 205 (Phillip Maguire), 206 (PLRANG ART), 207 (Cristian Puscasu), 208 (Everett Historical), 209 (Moskwa), 210 (lingling7788), 211 (chbaum), 212 l. (jorisvo), 212 r. (Catherine Che), 213 (canadastock), 214 (Jose L Vilchez), 216 o. (milosk50), 217 (Rainer Fuhrmann), 218 (Muessig), 221 l. (Georgios Kollidas), 221 r. (lyricsaima), 222 (lulu and isabelle), 224 (Mikhail Markovskiy), 226 (Everett - Art), 227 (trabantos), 228 (Tony Baggett), 229 (Everett - Art), 230 (Vitolga), 231 (Rich Koele), 233 (Oleg Golovnev), 234 (Everett - Art), 236 (TasfotoNL), 237 (Philip Lange), 239 (Patrick Poendl), 242 (MSK Photography), 243 (mary416), 244 o. (Everett Historical), 245 (jorisvo), 246 (Elzbieta Sekowska), 249 (Adam Vilimek), 250 (Romrodphoto), 251 (Lissandra Melo), 252 (Dutourdumonde Photography), 256 (John Williams RUS), 257 (Eugene Lu), 261 (Radiokafka), 263 (d_odin), 264 (nofilm2011), 266 (sirtravelalot), 269 (Everett - Art), 270 (LaMiaFotografia), 271 (Frederic Legrand - COMEO), 272 (Mapics), 273 (Pixeljoy), 277 (david harding), 278 (thelefty), 279 (Olaf Speier), 280 (Pres Panayotov), 281 (Stokkete), 283 (Dziurek), 284 (catwalker), 285 (Everett Collection), 286 (andreynikolaev.com), 287 (Fer Gregory), 289 (Mikhail Markovskiy), 291 (iiiphevgeniy), 292 (Denis Makarenko), 293 (MaxyM), 296 (Jefferson Bernardes), 297 (AGIF), 298 (betto rodrigues), 301 (eWilding), 302 (JStone), 303 (gorillaimages), 305 (Frederic Legrand - COMEO), 306 (Ivan Kurmyshov);

Impressum

Autoren
Ulrich Bien (Merktechniken), Dana Kaule (Der kreative Mensch), Stephan Lamprecht (Faszination Wissenschaft & Rund um die Welt), Frank Müller (Von damals bis heute & Sport), Ingrid Pfendtner (Das Reich der Natur)

Compact Verlag
Redaktionsleitung: Anke Fischer
Redaktion: Maximilian Eberhard, Cornelia Giebichenstein
Fachredaktion: Lars Wilker

Innenlayout: red.sign GbR, Stuttgart
Satz: Reemers Publishing Services GmbH, Krefeld

Reader's Digest
Redaktion: Falko Spiller
Grafik: Peter Waitschies (auch Titelgestaltung)
Prepress: Frank Bodenheimer

Redaktionsdirektor: Michael Kallinger
Chefredakteurin Ressort Buch: Dr. Renate Mangold
Art Director: Susanne Hauser

Produktion
arvato distribution: Thomas Kurz

Druck und Binden
Neografia, Martin

Genehmigte Sonderausgabe 2017 für Reader's Digest Deutschland, Schweiz, Österreich –
Verlag Das Beste GmbH, Stuttgart, Zürich, Wien

GR 2463/G

Printed in Slovakia

ISBN 978-3-95619-284-5

Besuchen Sie uns im Internet:
www.readersdigest.de | www.readersdigest.ch | www.readersdigest.at